高等院校专业精品 **会计学**

· 在线课程教材 ·

# 税务会计实务

主编　刘彩霞

U0360917

清华大学出版社
北京

# 内 容 简 介

本书以增值税、消费税、城市维护建设税、企业所得税、个人所得税及其他税种的会计核算为项目,按照"税种计算—会计核算—纳税申报"三大具体工作任务编写;以读者的办税工作实际需要为核心,紧密结合税务会计工作的实际,注重具体操作技能训练,旨在提升学生的从业能力;通过一系列相对独立、分层递进的实训示范对读者进行训练,有利于读者养成税务会计方面的风险意识,提升职业判断与分析能力,为读者的职业成长奠定扎实的基础。本书的配套实训教材为《税务会计仿真实训》。

本书适合高等院校会计专业的师生作为教材使用,也可作为企业财务人员和会计初学者的参考用书。

**图书在版编目(CIP)数据**

税务会计实务 / 刘彩霞主编. —北京:清华大学出版社,2023.1
高等院校会计学专业精品在线课程教材
ISBN 978-7-302-54536-1

Ⅰ. ①税… Ⅱ. ①刘… Ⅲ. ①税务会计—高等学校—教材 Ⅳ. ①F810.62

中国版本图书馆 CIP 数据核字(2019)第 290370 号

责任编辑:刘士平
封面设计:傅瑞学
责任校对:赵琳爽
责任印制:沈 露

出版发行:清华大学出版社
   网 址:http://www.tup.com.cn,http://www.wqbook.com
   地 址:北京清华大学学研大厦 A 座   邮 编:100084
   社总机:010-83470000   邮 购:010-62786544
   投稿与读者服务:010-62776969,c-service@tup.tsinghua.edu.cn
   质 量 反 馈:010-62772015,zhiliang@tup.tsinghua.edu.cn
   课 件 下 载:http://www.tup.com.cn,010-83470410
印 装 者:三河市天利华印刷装订有限公司
经 销:全国新华书店
开 本:185mm×260mm  印 张:20.25  字 数:487 千字
版 次:2023 年 1 月第 1 版  印 次:2023 年 1 月第 1 次印刷
定 价:59.00 元

产品编号:083916-01

# 前　言

"税务会计"课程是财税类专业的核心课程,也是其他经管类专业的必修课程或选修课程。随着我国市场经济的不断完善及税制改革的不断深化,会计及税务等专业的培养对象是懂税务的会计和懂会计的办税员。随着"互联网＋"时代的到来,本书编者秉承新形态"一体化"教材的设计理念,将传统纸质教材与现代化数字资源有效结合,编写了本书。本书具有以下4个特点。

第一,融合性。本书结构新颖,实现"手工＋信息化"的双重目标。纸质教材以项目、任务为资源节点,以技能点为载体,按照"税种计算—会计核算—纳税申报"三大具体工作任务编写。注重发挥在线资源辅助学习的功能,数字资源内容丰富,包括涉税业务单据填写、涉税记账凭证填制、重难点解析微课、纳税申报表编制等实训类数字资源。

第二,职业性。本书以学生日后的办税工作实际需要为核心,紧密结合税务会计工作的实际,着重具体操作知识的编写,条理清晰,重在学生的技能训练,直接提升从业能力。

第三,及时性。本书根据最新发布的税法和税率变化,及时更新内容,力求准确,防范因政策变动而带来的税务风险,使学生准确理解税法、应用税法,正确处理各种涉税会计事项。

第四,规范性。本书基于税务会计工作领域,将其对应为学习领域,以不同税种会计为项目,通过一系列相对独立、分层递进的实训示范和训练,有利于养成学习者税务会计方面的风险意识,提升职业判断与分析能力,为学习者的职业成长奠定扎实的基础。

本书由湖北财税职业学院刘彩霞教授主编,由厦门铸远集团有限公司李晓夏负责制作仿真单据与在线课程。

本书既可作为高等院财经类专业的教学用书,也可作为成人高等学校、企业财务人员、税务工作人员培训或自学用书。

由于编者水平有限,书中不妥之处在所难免,恳请读者及时提出宝贵意见,以便修订时改进。

编　者
2023 年 1 月

# 前 言

# 目 录

项目 **1**

# 认识税务会计及其实务

### 知识目标

◆ 熟悉税收的特征及税制要素。

◆ 掌握税务会计的概念、目标、对象、基本假设、一般原则及特点。

◆ 熟悉税务登记、账簿凭证管理、纳税申报、税款缴纳和税务检查的基本要求。

### 技能目标

◆ 划分税务会计的工作范围。

◆ 制定税务会计的工作流程。

# 任务 1.1　认识税务会计

案例导入

小白是某高等院校会计专业应届毕业生。4月,她在人才交流会上看到国内一家大中型工业企业在招聘税务会计、出纳、成本核算会计等岗位的财务人员,而招聘书中税务会计的薪酬明显高于其他岗位。小白不知道应聘税务会计有哪些要求,自己能否胜任。

## 一、税收认知

税收自古有之,多数国家的税收都经历了一个由自愿纳税到强制纳税,再到立宪征收的过程。在这个过程中,无论是对于纳税人,还是征税机关来说,税收都无时不有、无处不在。

当今社会,税收已成为人们越来越关注的话题。企业的会计人员不仅要进行正确的会计处理,还要为企业计算、申报、缴纳税款;不仅要懂税,还要努力降低纳税成本,追求税收利益。因此,税务会计在现代企业中越来越重要。

### (一) 税收的概念

税收是国家为了满足公共需要,凭借政治权力,强制、无偿地取得财政收入的一种形式。对于税收的概念,可以从以下4个方面把握。

1. 税收是国家取得财政收入的一个重要工具,其本质是一种分配关系

国家要行使职能就必须有一定的财政收入作为保障。取得财政收入的手段多种多样,如税收、发行货币、发行国债、收费、罚没,而税收收入是世界上大多数国家取得财政收入的主要形式。我国自1994年税制改革以来,税收收入占财政收入的比重基本维持在90%以上,这足以说明税收是我国政府目前取得财政收入的最主要工具。

2. 国家征税的依据是政治权力,它有别于按要素进行的分配

国家通过征税,将一部分社会产品由纳税人所有转变为由国家所有,因此征税的过程实际上是国家参与社会产品分配的过程。国家与纳税人之间形成的这种分配关系与社会再生产中的一般分配关系不同。税收分配是以国家为主体所进行的分配,而一般分配则是以各

生产要素的所有者为主体所进行的分配;税收分配是国家凭借政治权力进行的分配,而一般分配则是基于生产要素所进行的分配。

3. 征税的目的是满足社会公共需要

国家在履行其公共职能的过程中必然要有一定的公共支出。公共产品提供的特殊性决定了公共支出在一般情况下不能由公民个人、企业采取自愿出价的方式,而只能采用由国家(政府)强制征税,由经济组织、单位和个人来负担的方式。国家征税的目的是满足国家提供公共产品的需要,其中包括政府弥补市场失灵,促进公平分配等需要。同时,国家征税也要受到所提供公共产品规模和质量的制约。

4. 税收的特征

税收的特征也称"税收形式特征",是指税收分配形式区别于其他财政分配形式的质的规定性。税收特征是由税收的本质决定的,是税收本质属性的外在表现,也是区别税与非税的外在尺度和标志,这是古今中外税收的共同特征。税收形式特征通常概括为税收"三性",即无偿性、强制性和固定性。

(1) 税收的无偿性,是指国家征税以后对具体纳税人既不需要直接偿还,也不需要付出任何直接形式的报酬,纳税人从政府支出所获利益通常与其支付的税款不完全成一一对应的比例关系。

(2) 税收的强制性,是指税收是国家凭借政治权力,通过法律形式对社会产品进行的强制性分配,而非纳税人的一种自愿交纳,纳税人必须依法纳税,否则会受到法律制裁。强制性是国家的权力在税收上的法律体现,是国家取得税收收入的根本前提。

(3) 税收的固定性,是指国家征税预先规定了统一的征税标准,这些标准一经确定,在一定时间内是相对稳定的。税收的固定性包括两层含义:第一,税收征收总量的有限性。由于预先规定了征税的标准,因此政府在一定时期内的征税数量要以此为限,从而保证了税收在国民经济总量中的适当比例。第二,税收征收具体操作的确定性。税法确定了课税对象及征收比例或数额,具有相对稳定、连续的特点。既要求纳税人必须按税法规定的标准缴纳税额,也要求税务机关只能按税法规定的标准对纳税人征税,不能任意降低或提高。

税收"三性"是一个完整的统一体,它们相辅相成、缺一不可。其中,无偿性是核心,强制性是保障,固定性是对强制性和无偿性的一种规范和约束。

## (二) 税收的分类

税收的分类是按照一定标准对税收制度中性质相同或相近的税种进行归并和综合。基于不同的分类标准,税收分类的方法主要有以下几种。

1. 按征税对象分类

(1) 货物劳务税。货物劳务税是指以商品或劳务买卖的流转额为课税对象课征的各种税,如增值税、消费税、关税等。其特点是与货物劳务生产、流通、消费有密切关系。

(2) 所得税(也称收益税)。所得税是指以纳税人的所得额为课税对象课征的各种税,如企业所得税、个人所得税。其特点是可以调节纳税人的收入,发挥其公平税负、调整分配关系的作用。

(3) 财产行为税。财产行为税是指以纳税人拥有或支配的财产为课税对象课征的各种税,行为税是指以纳税人所发生的某种行为为课税对象课征的各种税,如房产税、印花税、车船税、环境保护税、船舶吨税等。

（4）资源税。资源税是指对因开发和利用的自然资源的差异而形成的级差收入所征收的一种税，如资源税、城镇土地使用税、土地增值税、耕地占用税等。

**2. 按税收与价格的关系分类**

（1）价内税。价内税是指将税收作为价格组成部分的税种，计税依据是含税价格，如消费税。

（2）价外税。价外税是指将税收作为价格外加部分的税种，计税依据是不含税价格，如增值税。

**3. 按计税依据分类**

（1）从价税。从价税是指以课税对象的价格为依据而计算征收的税种，如增值税、消费税。

（2）从量税。从量税是指以课税对象的数量、重量、容量、面积或体积等为依据而计算征收的税种，如资源税。

（3）复合税。复合税是指对同一课税对象既从量计税又从价计税，如对卷烟、粮食白酒和薯类白酒这三种应税消费品征收的消费税，就属于复合税。

**4. 按税收收入的归属分类**

（1）中央税。中央税是指税收收入归中央一级政府的税种，如消费税。

（2）地方税。地方税是指税收收入归地方各级政府的税种，如房产税。

（3）中央和地方共享税。该种税收的收入由中央和地方按一定的比例分成，如增值税。

## （三）税收征收管理范围的划分

目前，我国的税收主要由税务、海关等系统负责征收管理。

（1）海关负责征收和管理的税种有：关税、船舶吨税，同时负责代征进出口环节的增值税和消费税。

（2）耕地占用税和契税在1996年以前由财政机关的农税部门征收管理，1996年财政部农税管理机构划归国家税务总局领导，部分省市机构相应划转，这些税种就改由税务部门负责征收，但部分省市仍由财政机关负责征收。

（3）除上述以外的税种由税务局征收和管理。1994年分税制改革，中央政府设立国家税务总局，在其内部设置一定的职能司局，省及省以下设置国税局和地税局。

2018年3月21日中共中央印发了《深化党和国家机构改革方案》，改革国税地税征管体制。为降低征纳成本、理顺职责关系、提高征管效率，为纳税人提供更加优质高效便利服务，将省级和省级以下国税地税机构合并，具体承担所辖区域内各项税收、非税收入征管等职责。将基本养老保险费、基本医疗保险费、失业保险费等各项社会保险费交由税务部门统一征收。截至2021年6月，由税务机关负责征收的政府非税收入项目有教育费附加、地方教育费附加、国有土地使用权出让收入等27项。

## 二、税制要素认知

税制是税收制度（也称税收法律制度）的简称。税制要素是税制的构成要素，每一个税种都要明确对谁征税、对什么征税、征多少税及征税的环节和期限等。税制要素一般包括纳税人、征税对象、税率、纳税环节、纳税期限、纳税地点、减税、免税等。其中纳税人、征税对象、税率是构成税收制度的 3 个基本要素。

## （一）纳税人

纳税人又称纳税主体，是指税法规定的直接负有纳税义务的单位和个人。纳税人可以是自然人，也可以是法人。相关概念的比照见表 1-1。

表 1-1　相关概念的比照

| 相关概念 | 含　义 |
| --- | --- |
| 负税人 | 实际负担税款的单位和个人。现实中，由于税负转移或转嫁的存在，纳税人与负税人有时不一致 |
| 代扣代缴义务人 | 有义务从持有的纳税人收入中扣除其应纳税款并代为缴纳的企业、单位或个人 |
| 代收代缴义务人 | 有义务借助与纳税人的经济交往而向纳税人收取应纳税款并代为缴纳的单位 |
| 代征代缴义务人 | 按税法规定，受税务机关委托而代征税款的单位和个人 |
| 纳税单位 | 申报缴纳税款的单位，是纳税人的有效集合 |

纳税人的权利与义务见图 1-1。

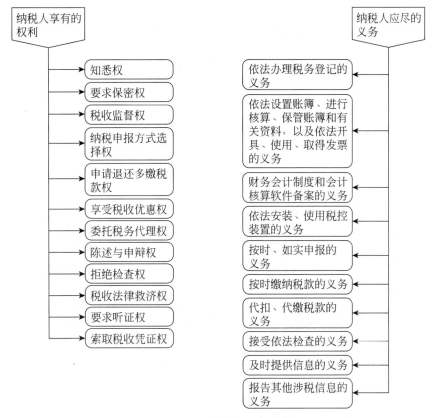

图 1-1　纳税人的权利与义务

## （二）征税对象

征税对象又称课税对象或征税客体，是指税法规定对什么征税，是一种税区别于另一种税的重要标志。征税对象体现了征税的最基本界限,决定了各个不同税种的名称及各税种在性质上的差别,并对税源、税收负担产生直接影响,是税法最基本的要素。与征税对象密切相关的概念有以下两个。

**1. 税目**

税目是指税法上规定应征税的具体项目,是征税对象的具体化,反映具体的征税范围,体现征税的广度,是对课税对象质的界定。

**2. 税基**

税基又称计税依据,是指税法中规定的据以计算各种应征税款的依据或标准。计税依据在表现形态上一般有两种:一种是价值形态,即以征税对象的价值作为计税依据,在这种情况下,征税对象和计税依据一般是一致的,如所得税类的征税对象是所得额,计税依据也是所得额;另一种是实物形态,即以征税对象的数量、重量、容积、面积等作为计税依据,在这种情况下,征税对象和计税依据一般是不一致的,如我国的车船税,其征税对象是各种车辆和船舶,而计税依据则是车船的吨位。

### (三)税率

税率是指应纳税额与征税对象数量之间的法定比例,是计算应纳税额的尺度,也是衡量税负轻重的重要标志。税率是最活跃、最有力的税收杠杆,是税收制度的中心环节。我国现行税率的具体形式及应用的税种见表 1-2。

表 1-2　我国现行税率的具体形式及应用的税种

| 税率类别 | | 具体形式 | 应用的税种 |
|---|---|---|---|
| 比例税率 | | 单一比例税率;差别比例税率;幅度比例税率 | 增值税、城市维护建设税、企业所得税等 |
| 定额税率 | | 按征税对象的一定计量单位规定固定的税额 | 城镇土地使用税、车船税等 |
| 累进税率 | 全额累进税率 | (我国目前没有采用) | |
| | 超额累进税率 | 把征税对象按数额大小分成若干等级,每一等级规定一个税率,税率依次提高,将纳税人的征税对象依所属等级同时适用几个税率分别计算,再将计算结果相加后得出应纳税款 | 个人所得税中的综合所得和经营所得 |
| | 全率累进税率 | (我国目前没有采用) | |
| | 超率累进税率 | 以征税对象数额的相对率划分若干级距,分别规定相应的差别税率,相对率每超过一个级距,对超过的部分就按高一级的税率计算征税 | 土地增值税 |

### (四)纳税环节

纳税环节是指税法上规定的征税对象从生产到消费的流转过程中应当缴纳税款的环节。纳税环节有广义和狭义之分。广义的纳税环节是指全部征税对象在再生产中的分布情况,如资源税分布在生产环节、所得税分布在分配环节等。狭义的纳税环节是指应税商品在流转过程中应纳税的环节。

## （五）纳税期限

纳税期限是指纳税人向国家缴纳税款的法定期限。国家开征的每一种税都有纳税期限的规定。合理确定和严格执行纳税期限,对于保证财政收入的稳定性和及时性具有重要作用。不同性质的税种以及不同情况的纳税人,其纳税期限也不同。

我国现行税制的纳税期限有 3 种形式,即按期纳税、按次纳税和按年计征分期预缴。

## （六）纳税地点

纳税地点是指纳税人依据税法规定向征税机关申报纳税的具体地点,一般包括纳税人机构所在地、经济活动发生地、财产所在地和特定行为发生地。

## （七）减税和免税

减税和免税是指对某些纳税人或征税对象的鼓励或照顾措施。减税是对应纳税额少征一部分税款,而免税是对应纳税额全部免征税款。减税和免税是对税率的重要补充,它的最大优点在于把税法的普遍性与特殊性、统一性与灵活性结合起来,可以对不同类型的纳税人和征税对象实行不同层次的减免,有利于全面、因地制宜地贯彻国家的社会经济政策。减税和免税可分为税基式减免、税率式减免和税额式减免 3 种形式。

### 1. 税基式减免

税基式减免是指通过直接缩小计税依据的方式来实现减税和免税,具体包括起征点、免征额、项目扣除以及跨期结转。

**想一想**

人们常说我国个人所得税综合所得的"起征点"是 5 000 元。这里表述"起征点"这一概念是否正确?为什么?

### 2. 税率式减免

税率式减免是指通过直接降低税率的方式来实现减税和免税,具体包括重新确定税率、选用其他税率、零税率。

### 3. 税额式减免

税额式减免是指通过直接减少应纳税额的方式来实现减税和免税,具体包括全部免征、减半征收等。

# 三、税务会计认知

## （一）税务会计的概念

税务会计是指纳税人依据现行税收法规和会计准则,运用会计方法对纳税人的税收资金运动,即应纳税额的计算、缴纳过程进行核算和反映,从而为企业经营者及相关部门提供企业涉税信息,同时保证企业利润最大化目标实现的一种管理活动。

税务会计作为企业会计的一个分支,目前已形成了一套独立的税务会计体系,它与财务会计、管理会计一起成为现代会计学科的三大分支。因此,税务会计和财务会计一样,也有其独特的概念结构,一般包括目标、对象、基本假设等。

## （二）税务会计的目标

税务会计的目标应与财务会计的总体目标一致，即努力提高纳税人的经济效益，维护企业的正当权益。税务会计的具体目标则有别于财务会计的具体目标，主要包括以下 3 个方面。

### 1. 依法纳税，认真履行纳税义务

税务会计要以国家现行的税法为依据，在财务会计有关资料的基础上，正确进行与税款形成、计算、申报、缴纳有关的会计处理和调整计算，准确、及时地填写有关纳税申报表，足额、及时缴纳各种税款，为税务机关（包括国家委托授权的代征机关）及时提供真实的税务会计信息。

### 2. 正确进行税务会计处理，认真协调与财务会计的关系

税务会计既要以国家现行税法为准绳，又要按会计法规做调整分录，还要在财务报告中显示有关税务会计信息。它与财务会计是相互补充、相互服务、相互依存的关系。两者作为企业会计的重要组成部分，只有认真配合、相互协调，才能完成各自的具体目标，才能服务好企业的共同目标。

### 3. 合理选择纳税方案，有效进行税务筹划

税务会计涉及的是与企业纳税有关的特定领域，在这个领域，要服从企业财务与会计的总目标，在其他各项收入、成本、费用不变的前提下，企业税负与企业盈利呈反比。所以税务会计的目标是如何选择税负较轻的纳税方案，在企业经营的各个环节如何事先进行税负的测算，以便作出税负最轻的决策，以及事后如何进行税负分析等。

## （三）税务会计的对象

税务会计的对象即税务会计核算和监督的内容。凡是在生产经营过程中能够用货币表现的各种税务活动，都是企业税务会计的研究对象。

### 1. 计税依据

纳税人的各种应缴税款是根据各税种的计税依据与其税率相乘之积。不同税种的计税依据不同，有收入额、销售额（量）、增值额（率）、所得额等。

### 2. 应税收入

应税收入是指企业因销售商品、提供劳务等应税行为所取得的收入，即税法所认定的收入，因此也可称为法定收入。应税收入与财务会计收入（简称"会计收入"）有密切联系，但不一定等同。确认应税收入的依据有以下两点：一是与应税行为相联系，即发生应税行为才能产生应税收入。换言之，如果纳税人发生非应税行为或免税行为，其所取得的收入就不是应税收入，而只是会计收入。二是与某一具体税种相关，即纳税人取得一项收入，如果是应税收入，必然与某一具体税种相关，即是某一税种的应税收入，而非其他税种的应税收入。

### 3. 扣除项目

扣除项目是指企业因发生应税收入而必须支付的相关成本费用项目，即税法所认可的允许在计税时扣除的项目，因此也称"法定扣除项目"。属于扣除项目的成本、费用、税金、损失应在财务会计确认、记录的基础上，分不同情况确认：一是按其与应税收入的发生是否为因果关系确认，如为因果关系，可按比例扣除；二是在受益期内，按税法允许的会计方法折

旧、摊销;三是对特定项目,不论财务会计采用什么会计原则,均不得超过扣除标准。由此可见,财务会计确认、记录的费用支出与法定扣除项目虽然有密切关系,但两者并不等同。

4. 应税所得与应税亏损

财务会计学与税务会计学中"所得"的含义并不同。财务会计中的"所得"是指账面利润或会计利润;税务会计中的"所得"是指应税所得,或称纳税所得,它是应税收入与法定扣除项目金额之差。在税务会计的实务操作中,企业是在财务会计提供的账面利润的基础上,按现行税法与财务会计的差异及其选定的所得税会计方法,确认应税所得,进而计算应纳税额。

与"应税所得"相对应的要素是"应税亏损"。如果财务会计提供的账面利润是负数,即为账面亏损。在账面亏损的基础上,按现行税法进行调整,如果调整后仍是负数,即为应税亏损。对应税亏损可按税法规定进行税前弥补,若企业有意虚列亏损,应视同逃税行为。

5. 应纳税额

应纳税额也称应缴税款,是税务会计特有的一个会计要素,其他会计没有这个要素。影响应纳税额的因素有计税依据、税率、单位税额和减免税规定。计税依据体现了征税的广度,对每个税种都要明确规定其计税依据;除附加税外,各个税种均有独立的计税依据。税率体现了征税的深度,各个税种一般都有其特定的税率。

6. 退(免)税、补税、罚款、罚金、滞纳金

纳税人出口货物,按税法规定可以享有免税和(或)退税的待遇,少缴税款应该补缴。违反税法规定,根据具体情况,要支付滞纳金、罚款或罚金。税务会计应该正确计算并进行相应的会计处理。

### (四) 税务会计的基本假设

1. 纳税主体假设

凡是发生经济业务的企业法人,都有纳税义务,都需要税务会计为之服务,都是一个特定的纳税主体。该假设界定了税务会计为之服务的空间范围。税务会计主体是包含于会计主体之中的纳税主体,它既是会计主体,又是纳税主体,主要是指单位法人,不是指普通个人纳税者。

2. 持续经营假设

持续经营是指税务会计应以其主体的既定经营方针、目标和持续、正常的生产经营活动为前提,选择会计程序与会计处理方法,进行会计核算。它假设税务会计主体在可预见的将来不会解散、破产、清算。税务会计应建立在连续、非清算的基础上,按原定用途使用现有资产,按现时承诺清偿债务,资产、负债在持续经营的基础上计价。例如,固定资产按历史成本计价,不考虑其清算价格,并以折旧形式分摊于各使用期间,使其损耗资金得到补偿,保证生产经营正常进行。再如,持续经营下对递延税款可采用债务法进行会计处理,对本期亏损准予前溯转回或后推结转。此外,根据资本维持原则,持续经营下新增价值需区分资本与收益,因此必须确认收入,界定费用,计算新增收益和资本,计算经营收益和资本收益,再根据不同的纳税客体,依法纳税。

税务会计主体必须在持续经营假设的前提下进行税务会计核算,这样才能使其会计处理方法保持稳定,使税务会计揭示的信息真实、可靠,并具有相关性。

### 3. 货币时间价值假设

货币时间价值是指由于时间因素，货币在周转使用过程中形成的增值。这使得货币计量中币值稳定的附带性假设受到越来越多的质疑。在货币时间价值的前提下，税法出于及时、足额征税的税收目的，规定纳税人应尽快确认收入；推迟计量费用，推迟确认收入。在依法纳税的前提下，出于纳税筹划、相对节税的财务利益考虑，会计往往采用尽快、加速计量费用，推迟确认收入的处理方法，如所得税会计中采用债务法进行递延税款处理。

在货币时间价值的前提下，对于税法和会计规范不一致引起的应税利润和会计利润的差异，在差异的处理上，税务会计必须以税法为依据。

### 4. 纳税年度假设

纳税年度是指纳税人应向国家缴纳各种税款的起止时间。在我国，为了便于协调税务会计与财务会计的有关数据，纳税年度与日历年度、财政年度、会计年度是相同的，都是从每年公历 1 月 1 日起到 12 月 31 日止。在其他一些国家，纳税年度多同于财政年度和会计年度，却不同于日历年度，如美国是从每年的 7 月 1 日起到次年的 6 月 30 日止。对于在纳税年度中间开始营业的纳税人来说，纳税年度是指其营业开始日至同期纳税年度终止日。

### 5. 年度会计核算假设

年度会计核算是指财务会计依据会计准则的规定，遵循财务会计理论的要求，在会计年度内对企业的各项经济活动运用专门的会计方法，正确、及时地进行记录、整理和汇总，并定期结账和决算，编制公允的年度财务会计报告的全过程。年度会计核算是税务会计的根本前提，即税务会计是建立在年度会计核算基础上的，而不是建立在某一特定业务基础上的，课税只针对某一特定纳税期间发生的全部事件的净结果，而不考虑当期事件在后续年度中的可能结果如何，后续事件将在其发生的年度内考虑。比如，在"所得税跨期摊配"中应用递延法，由于强调原始差异对税额的影响，而不强调转回差异对税额的影响，因此它与未来税率没有关联性。当暂时性差异后来转回时，按暂时性差异产生时递延的同一数额调整所得税费用。

## （五）税务会计的特点

作为融税收制度和会计核算于一体的特殊专业会计，税务会计主要具有以下特点。

### 1. 法定性

税务会计以国家现行税收法令为准绳，这是它区别于其他专业会计的一个最重要的特点。众所周知，对于会计核算中的一些计算方法（如存货计价方法）、技术处理等，企业可以根据其生产、经营的实际需要进行选择，但税务会计必须在遵守国家现行税收法令的前提下进行选择。税收法律是调节税企关系的准则，制约着征纳双方的分配关系。国家不能超越法律征税，企业也不得拒绝执行税法规定，不履行纳税义务。当财务会计制度的规定与现行税法的计税方法、计税范围等发生矛盾时，税务会计必须以现行税收法规为准，做适当调整、修改或补充。对某些按财务会计制度反映而不便按照税法规定反映的会计事项，必须单独设置账簿、单独核算其销售金额等，方能据以按不同税率计税或减税、免税，否则税率从高或不予减免。由此可见，法定性是税务会计的一个最显著特点。

### 2. 纳税主体的广泛性

凡是我国公民，都有纳税义务，而企业更是负有纳税义务的法人。也就是说，所有自然人和法人都可能是纳税人。法定纳税人的广泛性，决定了税务会计的广泛性。

**3. 会计处理的统一性**

由于税务会计是融会计和税收法规于一体的会计,因此税法的统一性决定了税务会计的统一性。也就是说,同一种税对不同企业(不同纳税人)的规定都是一样的。例如,工业企业要缴纳增值税,无论城镇工业、乡镇工业、校办工业、军事工业、农场办工业、商办工业、机关团体办工业等,都要严格执行,不分企业的隶属关系,也不分其所有制性质。当然,在统一的前提下,也不排除特殊情况下的灵活性,如减免税规定。个体工商户确实无力建账的,经批准可暂不建账等。

**4. 独立性**

税务会计有其相对的独立性和特殊性。对某些税种来说,其计税依据与财务会计账面记录提供的依据可能并不完全相同。因此,税务会计要根据税法的要求,重新计算调整,事后发现财务会计记录有不符合税法要求的项目,也要进行纳税调整。

# 任务 1.2 认识税务会计实务

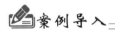案例导入

小白于某年7月1日正式去公司报到,该企业会计主管刚好要去税务部门办理企业新成立的一个分公司的税务登记,便叫了小白一起去,并告诉小白,以后这个分公司的税务会计由她来担任。小白迫切地想知道办税的流程以及自己的工作职责。

## 一、纳税程序认知

纳税程序是指纳税人在履行纳税义务的过程中所必须遵循的法定步骤、规程及先后顺序。实践中主要包括税务登记、账簿及凭证管理、发票管理、纳税申报、税款征收、纳税检查等基本环节。

### (一)税务登记

税务登记是指纳税人为依法履行纳税义务,就有关纳税事宜依法向税务机关办理登记的一种法定手续,它是整个税收征收管理的首要环节。纳税人必须按照税法规定的期限办理设立税务登记、变更税务登记或注销税务登记。

2016年7月,《国务院办公厅关于加快推进"五证合一、一照一码"登记制度改革的通知》发布。"五证合一"是在2014年10月1日各地全面实施工商营业执照、组织机构代码证、税务登记证"三证合一"登记制度改革的基础上,再整合社会保险登记证和统计登记证。我国从2016年10月1日起正式实施"五证合一、一照一码"。

**1. 设立税务登记**

企业,企业在外地设立的分支机构和从事生产、经营的场所,个体工商户和从事生产、经营的事业单位(统称从事生产、经营的纳税人)以及非从事生产、经营但依照法律、行政法规的规定负有纳税义务的单位和个人,均需办理税务登记。

工商登记机关受理申请后,申请材料和登记材料在部门间共享,各部门数据互换、档案

互认。各省税务机关在交换平台获取"五证合一"企业登记信息后,依据企业住所(以统一代码为标识)按户分配至县(区)税务机关。新设立企业领取"一照一码"营业执照后,无须再办理税务登记证。纳税人凭加载统一社会信用代码的营业执照前往税务机关办理相关涉税事项,企业登记机关将信息上传至并联审批平台。

对于工商登记已采集信息,税务机关不再重复采集;其他必要涉税基础信息,可在企业办理有关涉税事项时及时采集,陆续补齐。发生变化的,由企业直接向税务机关申报变更,税务机关应及时更新税务系统中的企业信息。

2. 一般纳税人资格登记

增值税一般纳税人资格实行登记制,登记事项由增值税纳税人向其主管税务机关办理。小规模纳税人以及新开业的纳税人,可以向主管税务机关申请增值税一般纳税人登记。

3. 涉税事项变更登记

"一照一码"企业的生产经营地、财务负责人、核算方式信息发生变化的,由企业向主管税务机关申请变更。除上述三项信息外,企业在登记机关新设时采集的信息发生变更,均由企业向登记机关申请变更。

4. 注销税务登记

"一照一码"企业办理注销税务登记,应向主管税务机关提出清税申请,并填报清税申报表。税务机关在结清税款、滞纳金、罚款,缴销发票和税控设备后,由受理方税务机关向纳税人出具清税证明。

注销税务登记的适用范围:①纳税人发生解散、破产、撤销的;②纳税人被工商行政管理机关吊销营业执照的;③纳税人因住所、经营地点或产权关系变更而涉及改变主管税务机关的;④纳税人发生的其他应办理注销税务登记情况的。

注销税务登记的流程:企业提出清税申报→主管税务机关核对企业清缴税款、缴销发票等情况→受理税务机关出具清税证明→企业持清税证明向企业登记机关申请办理注销登记。

5. 跨区域涉税事项报验登记

纳税人跨省(自治区、直辖市和计划单列市)临时从事生产经营活动的,向机构所在地的税务机关填报《跨区域涉税事项报告表》。纳税人跨区域经营合同延期的,可以向经营地或机构所在地的税务机关办理报验管理有效期限延期手续。

纳税人首次在经营地办理涉税事宜时,向经营地的税务机关报验跨区域涉税事项。纳税人跨区域经营活动结束后,应当结清经营地税务机关的应纳税款以及其他涉税事项,向经营地的税务机关填报《经营地涉税事项反馈表》。

经营地的税务机关核对《经营地涉税事项反馈表》后,及时将相关信息反馈给机构所在地的税务机关。纳税人无须另行向机构所在地的税务机关反馈。

## (二)账簿及凭证管理

账簿及凭证是纳税人记载与核算应缴税款、填报纳税申报表的主要数据来源,是纳税人履行纳税义务的基础环节,因此纳税人要按规定做好账簿及凭证的管理。

1. 账簿、凭证的设置

账簿设立及记账核算的具体要求见图1-2。

从事生产、经营的纳税人应自领取营业执照或者发生纳税义务之日起15日内,按照规定设置总账、明细账、日记账以及其他辅助性账簿

采用计算机记账的,可视同会计账簿,但应按期打印成书面记录并完整保存

账簿设立

自领取税务登记证件之日起15日内,将财务、会计制度或者财务、会计处理办法报送主管税务机关备案;采用计算机记账的,应当在使用前将其记账软件、程序和使用说明书及有关资料报送主管税务机关备案

纳税人、扣缴义务人必须根据合法、有效的凭证进行记账核算

记账核算

应当按照主管税务机关备案的财务、会计制度或财务、会计处理办法,真实、序时逐笔记账核算;会计核算与有关税收方面的规定不一致时,可以继续使用,但在计算应纳税额时,必须按照税收法规的规定计算纳税

图 1-2 账簿设立及记账核算的具体要求

2. 账簿、凭证的保管

税务会计账簿、记账凭证、报表、完税凭证、出口凭证以及其他有关涉税资料应当合法、真实、完整,保存期限分别为 30 年、30 年、10 年、10 年及 10 年,法律、行政法规另有规定的除外。

### (三)发票管理

发票是指一切单位和个人在购销商品、提供或者接受劳务服务以及从事其他经营活动时,提供给对方的收付款的书面证明。它是财务收支的法定凭证、会计核算的原始凭据。发票管理包括普通发票管理和增值税专用发票管理。

#### 1. 发票的领购及开具

发票由税务机关统一管理,套印全国统一发票监制章。从发票开具来看,增值税一般纳税人可以自行开具增值税专用发票和增值税普通发票、增值税电子普通发票。增值税小规模纳税人一般只能自行开具增值税普通发票、增值税电子普通发票,若对方需要增值税专用发票,需要向税务机关申请代开。其他纳税人如自然人,同样只能通过代开方式开具增值税专用发票和增值税普通发票。

(1)发票的领购。企业开办首次申领发票涉及相关事项所需填写、确认的《增值税一般纳税人登记表》《纳税人领用发票票种核定表》《税务行政许可申请表》《增值税专用发票最高开票限额申请单》等集成至《新办纳税人涉税事项综合申请表》,由纳税人一次填报和确认,实现企业开办"一表集成"。企业开办涉税事项办理参考流程见图 1-3。

(2)普通发票的开具。普通发票开具的要求如下。

① 应该按照规定的时限,顺序、逐栏、全联、全部栏次一次性如实开具,并加盖单位财务印章或者发票专用章。

② 限于领购单位在本省、自治区、直辖市内开具,未经批准不得跨越规定的使用区域携带、邮寄或者运输空白发票;不得携带、邮寄或者运输空白发票出入境。

③ 任何单位和个人都不得转借、转让、代开发票;未经税务机关批准,不得拆本使用发票;不得自行扩大发票的使用范围。

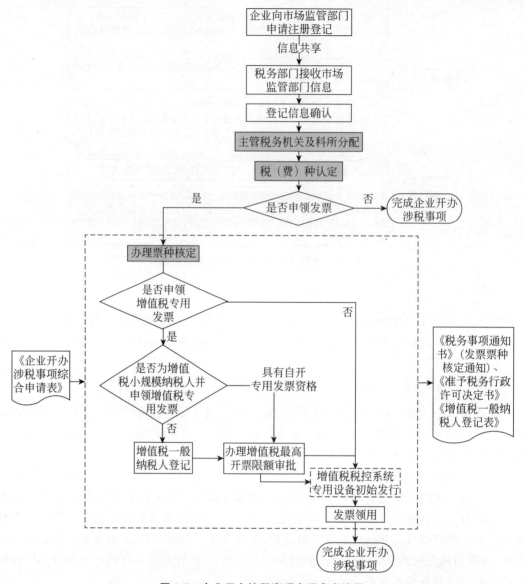

**图 1-3　企业开办涉税事项办理参考流程**

④ 开具发票后,如果发生销货退回需要开红字发票的,必须收回原发票并注明"作废"字样,或者取得对方的有效证明;发生销售折让的,在收回原发票并注明"作废"后重新开具发票。

(3) 增值税专用发票的开具。增值税专用发票的开具要求如下。

① 字迹清晰,项目填写齐全,内容准确无误,购货单位名称、地址、账号等不得简写,销货单位必须加盖具有"名称、地址、电话号码、税务登记证号、开户银行及账号"的印戳。

② 字迹清楚,不得压线、错格。

③ 发票联和抵扣联加盖财务专用章或者发票专用章。

④ 按照增值税纳税义务的发生时间开具。

2. 防伪税控系统增值税专用发票抄税、报税及认证

防伪税控报税子系统和防伪税控认证子系统采集的增值税专用发票存根联数据和抵扣联数据,是增值税计算机稽核系统发票比对的唯一数据来源。因此,税务机关需要纳税人抄税、报税和专用发票的认证来采集专用发票数据。一般纳税人增值税专用发票的抄报税程序见图 1-4。

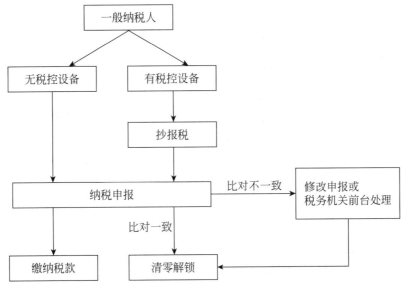

图 1-4　一般纳税人增值税专用发票的抄报税程序

(1) 抄税、报税。一般纳税人开具专用发票后,应进行抄税和报税,以便税务机关将专用发票存根联数据采集到防伪税控报税子系统。

抄税是指纳税人报税前用 IC 卡或者金税盘抄取开票数据电文。报税是指纳税人持 IC 卡或者金税盘向税务机关报送开票数据电文。

因 IC 卡、金税盘质量等问题无法报税的,应更换 IC 卡、金税盘。

因硬盘损坏、更换金税卡等原因不能正常报税的,应提供已开具未向税务机关报税的专用发票记账联原件或者复印件,由主管税务机关补采开票数据。

(2) 认证。认证是指税务机关通过防伪税控系统对专用发票所列数据的识别、确认。

用于抵扣增值税进项税额的专用发票一般应经税务机关认证相符(国家税务总局另有规定的除外)。认证相符的专用发票应作为购买方的记账凭证,不得退还销售方。认证相符,是指纳税人识别号无误,专用发票所列密文解译后与明文一致。

① 经认证,有下列情形之一的,不得作为增值税进项税额的抵扣凭证,税务机关退还原件,购买方可要求销售方重新开具专用发票。

a. 无法认证,即专用发票所列密文或者明文不能辨认,无法产生认证结果。

b. 纳税人识别号认证不符,即专用发票所列购买方纳税人识别号有误。

c. 专用发票代码、号码认证不符,即专用发票所列密文解译后与明文的代码或者号码不一致。

② 经认证,有下列情形之一的,暂不得作为增值税进项税额的抵扣凭证,税务机关应扣留原件,查明原因,分情况进行处理。

a. 重复认证,即已经认证相符的同一张专用发票再次认证。

b. 密文有误,即专用发票所列密文无法解译。

c. 认证不符,即纳税人识别号有误,或者专用发票所列密文解译后与明文不一致。

d. 列为失控专用发票,即认证时的专用发票已被登记为失控专用发票。

③ 专用发票抵扣联无法认证的,可使用专用发票发票联到主管税务机关认证。专用发票发票联复印件留存备查。

《国家税务总局关于扩大小规模纳税人自行开具增值税专用发票试点范围等事项的公告》(国家税务总局公告 2019 年第 8 号)规定,自 2019 年 3 月 1 日起,扩大取消增值税发票认证的纳税人范围。将取消增值税发票认证的纳税人范围由原来的纳税信用等级 A、B、M、C 扩大至全部一般纳税人。一般纳税人取得增值税发票(包括增值税专用发票、机动车销售统一发票、收费公路通行费增值税电子普通发票)后,可以自愿使用增值税发票选择确认平台查询、选择用于申报抵扣、出口退税或者代办退税的增值税发票信息。

**3. 发票的保管**

发票资料应当合法、真实、完整,保存期限为 10 年,法律、行政法规另有规定的除外。

发票的保管要建章立制,设置台账,定期保存。已开具的发票存根联和发票登记簿应当保存 5 年,保存期满报经税务机关查验后销毁。

### (四) 纳税申报

纳税申报是纳税人在发生纳税义务后,按税法规定的内容和期限,向主管税务机关以书面报表的形式申报有关纳税事项及应纳税款所履行的法定手续,它是纳税程序的中心环节。

**1. 纳税申报的对象**

凡是有纳税义务的单位和个人,无论当期是否有应纳税款,都应办理纳税申报;扣缴义务人在扣缴税款期间,无论有无代扣、代收税款,都必须在规定的期限内办理纳税申报;享受减税、免税的纳税人,在减免税期内,也应按规定的期限办理纳税申报。

**2. 纳税申报的方式**

我国目前的纳税申报方式主要有:直接申报、邮寄申报、电传申报和代理申报。纳税人采取电子方式办理报税的,应按照税务机关规定的期限和要求保存有关资料,并定期书面报送主管税务机关。

需定期定额缴纳税款的纳税人,可以采用简易申报的申报方式。

**3. 纳税申报的内容**

纳税人在法定期限内进行纳税申报时,申报的内容主要包含在填写的各种纳税申报表和代扣代缴、代收代缴税款报告内,部分包含在随纳税申报表附报的财务会计报表和有关纳税资料中。我国各税种都有相应的纳税申报表,实行税源控制的税种有代扣代缴、代收代缴报告表。不同税种的计税依据、计税环节、计税方法不同,纳税申报表的格式也不同,但各税种的纳税申报表的主要内容一般包括:纳税人名称、税种、应纳税项目、适用税率、单位税率、计税依据、应纳税额、税款所属期限等。扣缴义务人向税务机关报送的代扣代缴、代收代缴报告表一般包括:纳税人名称、代扣代收税款所属期限、应代扣代收税款项目、适用税率、计税依据、应代扣代收税额以及税务机关规定的其他应当申报的项目。

随纳税申报表附报的资料主要包括:财务会计报表及其说明材料,与纳税人有关的合同、协议书,跨区域涉税事项报验管理,境内或境外公证机关出具的有关证明文件,税务机关应当报送的其他有关证件、资料等。

4. 纳税申报的期限

纳税申报的期限是指法律、法规规定的或者税务机关依照法律、行政法规的规定确认的,纳税人或者扣缴义务人据以计算应纳税额的期限或者解缴税款的期限。纳税期限是根据各个税种的不同特点确定的,各个税种的纳税期限因其征收对象、计税环节的不同而不尽相同;同一税种,也因纳税人的生产经营情况及经营规模不同、财务会计核算不同、应纳税额大小不等,所以纳税期限也不一样,一般分为按期纳税和按次纳税。按期纳税是指以纳税人发生纳税义务的一定期间为纳税期限;不能按期纳税的,实行按次纳税。扣缴义务人扣缴税款期限也因税种不同而不同。

纳税人、扣缴义务人申报期限的最后一天如遇国家法定的公休假日,可以顺延。纳税人、扣缴义务人为了错开集中休息的时间,经有关部门批准,把双休日改在一周之内其他时间休息的,也视为公休假日。

5. 延期申报

纳税申报在以下两种情况下可以延期:一种是法定延期,当纳税申报期限的最后一天是星期天或法定节假日时,可以顺延到实际休假日的次日;另一种是核准延期,当纳税人、扣缴义务人不能按期办理纳税申报时,经税务机关核准,可以延期申报。但应按上期实际缴纳的税款或税务机关核定的税款预缴,并在核准的延期内办理税款结算。

**想一想**

根据税法规定,纳税人纳税申报期最后一日为法定休假日的,应顺延至休假后第一个工作日。在纳税申报期若遇 3 日(含)以上法定休假日的,可以顺延。假设某企业增值税是每月 1 日至 15 日为纳税申报期,1 月 1 日至 3 日为法定休假日,1 月 15 日是星期日,请问其纳税申报的最后一日是哪一天呢?

## (五) 税款征收

税款缴纳是纳税义务人依税法规定的期限,将应纳税款向国库解缴的活动,是纳税义务人完成纳税义务的体现,纳税人应按主管税务机关确定的征收方式缴纳税款。

1. 税款征收方式

税款征收方式是指税务机关根据各税种的不同特点、征纳双方的具体条件而确定的计算征收税款的方法和形式。税款征收方式见图 1-5。

2. 加收滞纳金

根据《中华人民共和国税收征收管理法》(以下简称《税收征收管理法》)的规定,纳税人、扣缴义务人应按照法律、行政法规规定的期限缴纳或解缴税款。纳税人、扣缴义务人未按照规定的期限缴纳或解缴税款的,税务机关除责令其限期缴纳税款外,还应从滞纳税款之日起,按日加收万分之五的滞纳金。加收滞纳金的起止时间,为法律、行政法规规定或者税务机关依照法律、行政法规规定确定的税款缴纳期限届满次日起至纳税人、扣缴义务人实际缴纳或解缴税款之日止。但是,因税务机关的责任,致使纳税人未缴或者少缴税款的,不得加收滞纳金。

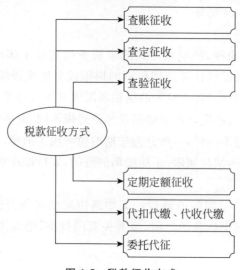

**图 1-5　税款征收方式**

### 3. 税款的补缴及追征

因税务机关的责任,致使纳税人、扣缴义务人未缴或者少缴税款的,税务机关在 3 年内可要求纳税人、扣缴义务人补缴税款,但不得加收滞纳金;因纳税人、扣缴义务人计算失误等,导致未缴或者少缴税款的,税务机关在 3 年内可以追征税款、滞纳金;有特殊情况的,追征期可以延长到 5 年。

### 4. 延期纳税

纳税人发生纳税义务后,应按照规定的期限缴纳税款,但考虑到纳税人在履行纳税义务的过程中可能会遇到某种特殊困难致使其不能按期纳税,因此《税收征收管理法》规定,纳税人因有特殊困难,不能按期缴纳税款的,经县以上税务局(分局)局长批准,可以延期缴纳税款,但最长不得超过 3 个月;同时还规定,在批准的期限内,不加收滞纳金。

延期纳税仅适用于有特殊原因而不能按照规定的期限缴纳税款的纳税人。延期纳税的特殊原因见图 1-6。

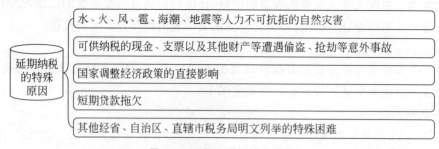

**图 1-6　延期纳税的特殊原因**

### 5. 减税、免税

减税、免税是国家根据一定时期的政治、经济、社会政策的要求,对某些纳税人给予免除部分或全部税收负担的一种特殊措施。减税、免税一般可分为法定减免、特定减免和临时减免。法定减免是指税收法律(法规)中直接规定的对某些项目给予的减免;特定减免是指根据社会、经济发展的需要,由国务院或其授权的机关颁布法规、规章特别规定的减免;临时减免是指除法定减免或特定减免以外的其他减免,主要是对某个纳税人由于特殊原因临时给予的减免,通常由国家财政、税务主管部门或地方政府依照税收管理权限做出规定。

6. 多缴税款的退还

纳税人多缴的税款,税务机关发现后应当立即退还;纳税人自结算缴纳税款之日起3年内发现多缴税款的,可以向税务机关要求退还多缴的税款并加算银行同期存款利息,税务机关及时查实后应当立即退还;涉及从国库中退库的,依照法律、行政法规有关国库管理的规定退还。

### (六) 纳税检查

纳税检查是纳税机关根据税法的规定,对纳税人、扣缴义务人履行纳税义务和扣缴义务的情况进行检查和处理工作的总称。

纳税检查的形式有重点检查、分类计划检查、集中性检查、临时性检查和专项检查等。

常见的纳税检查的方法有以下两种:一是税务查账,即对纳税人的应税货物进行的检查;二是实地调查,即对纳税人账外情况进行的现场调查。

## 二、税务会计工作范围、职责及流程认知

### (一) 税务会计的工作范围

税务会计在企业的经济活动中发挥着举足轻重的作用,每个企业在日常经营过程中都对税务会计的基本工作范围做了规定。税务会计的基本工作范围见图1-7。

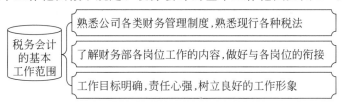

**图1-7　税务会计的基本工作范围**

税务会计在企业中又具备"管理工作"的性质,因此企业对其又提出了具体工作范围。税务会计的具体工作范围见图1-8。

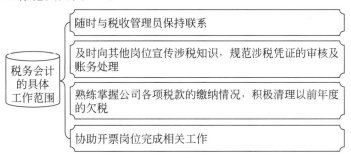

**图1-8　税务会计的具体工作范围**

## （二）税务会计的工作职责

在企业的日常工作中，税务会计的工作职责如下。

（1）严格按照国家税法的规定，对公司财务进行账务处理及纳税申报。

（2）每月 10 日前编制纳税申报表，负责在规定的时间内按时缴纳各种税费并进行纳税申报，遇法定节假日顺延。

（3）负责开具各种增值税发票及其他与税务相关的票据。

（4）负责审核接收的增值税专用发票和各类普通发票。

（5）负责未认证进项发票及已开出销项发票的登记管理；对于经常开发票的客户要按客户立账页进行管理；要对发票开出的合理性、真实性负责。

（6）负责日常涉税业务凭证的财务软件录入，以及凭证的编制、账簿登记。

## （三）税务会计的工作流程

税务会计的工作流程如下。

（1）开具发票。

（2）进项发票勾选确认（一般纳税人适用）：每月月末之前要将到期需申报抵扣的进项发票进行勾选确认并入账；未勾选确认进项税需在待认证进项税额中列支；待抵扣进项税额转为可以抵扣的进项税额进行抵扣并入账。

（3）月末纳税申报。

（4）编制季度报表。

（5）编制年度报表（根据企业具体业务增减）：收入明细表；成本支出明细表；期间费用明细表；职工薪酬支出及纳税调整明细表；资产折旧、摊销纳税调整明细表；广告费和业务宣传费跨年度纳税调整表；纳税调整项目明细表；免税、减计收入及加计扣除优惠明细表；企业所得税弥补亏损明细表；企业所得税年度纳税申报表。

项目 **2**

# 增值税会计

◆ 理解增值税的基本税制要素。

◆ 掌握增值税的计算。

◆ 掌握增值税会计账户的设置。

◆ 掌握增值税进项税额和进项转出的会计处理、增值税销项税额的会计处理、增值税结转和上缴的会计处理。

◆ 常见业务的增值税会计处理。

◆ 增值税纳税申报表的填写。

# 任务 2.1　认识增值税

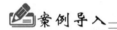案例导入

2016 年"营改增"后,小白发现有些业务的计缴税款方式有很大的不同。为了做好会计工作,小白需要先详细学习一下有关增值税的基本规定。

## 一、增值税的概念

增值税是指以在中华人民共和国境内销售货物或者提供应税劳务和应税行为以及进口货物的单位和个人取得的增值额为课税对象征收的一种流转税。

从计税原理而言,增值税是对商品生产和流通中各环节的新增价值或商品附加值进行征税,所以称为"增值税"。然而,由于新增价值或商品附加值在商品流通过程中是一个难以准确计算的数据,因此,在增值税的实际操作中采用间接计算办法,即从事货物销售以及提供应税劳务和应税行为的纳税人,要根据货物或应税劳务和应税行为的销售额,按照规定的税率计算税款,然后从中扣除上一道环节已纳增值税税额,其余额即为纳税人应缴纳的增值税税款。这种计算办法同样体现了对新增价值征税的原则。

现行增值税的基本规范是 1993 年 12 月 13 日国务院颁布的《中华人民共和国增值税暂行条例》(以下简称《增值税暂行条例》)。2008 年,我国对《增值税暂行条例》及其实施细则进行了全面修订,自 2009 年 1 月 1 日起正式施行。经国务院批准,自 2016 年 5 月 1 日起,在全国范围内全面推开营业税改征增值税(以下简称"营改增")试点,建筑业、房地产业、金融业、生活服务等全部营业税纳税人,纳入试点范围,由缴纳营业税改为缴纳增值税。

## 二、增值税的类型

为了避免重复征税,世界上实行增值税的国家,对纳税人外购原材料、燃料、动力、包装

物和低值易耗品等已纳的增值税税额,一般都准予从销项税额中抵扣。但对固定资产已纳的增值税税额是否允许扣除,政策不一,在处理上也不尽相同,由此产生了 3 种不同类型的增值税,分别为生产型增值税、收入型增值税、消费型增值税。

### (一) 生产型增值税

生产型增值税是指不允许纳税人从本期销项税额中抵扣购入固定资产的进项税额。就整个社会来说,由于增值税允许抵扣的范围只限于原材料等劳动对象的进项税额,因此实际征税对象相当于国民生产总值,所以称为生产型增值税。

### (二) 收入型增值税

收入型增值税是指只允许纳税人从本期销项税额中抵扣用于生产经营的固定资产的当期折旧价值额的进项税额。就整个社会来说,实际征税对象相当于全部社会产品扣除补偿消耗的生产资料以后的余额,即国民收入,所以称为收入型增值税。

### (三) 消费型增值税

消费型增值税是指允许纳税人从本期销项税额中抵扣用于生产经营的固定资产的全部进项税额。纳税人当期购入的固定资产虽然在以前的经营环节已经缴纳税金,但购入时其缴纳的税金允许全部扣除,因此这部分商品实际上是不征税的。就整个社会来说,相当于只对消费资料征税,而对生产资料不征税,所以称为消费型增值税。

1994 年,我国选择采用生产型增值税,原因如下:一是出于财政收入的考虑;二是为了抑制投资膨胀。2003 年,党的十六届三中全会明确提出要适时实施增值税转型改革。2004 年 7 月 1 日,我国率先在东北三省的装备制造业、石油化工业等八大行业进行增值税转型试点。自 2007 年 7 月 1 日起,我国又将试点范围扩大到中部 6 省 26 个老工业基地。2008 年 11 月 10 日,我国正式对外公布转型方案,决定自 2009 年 1 月 1 日起全面采用消费型增值税。

 想一想

哪种类型的增值税税基最广?

## 三、增值税的征税范围

增值税是对在中华人民共和国境内销售货物、提供应税劳务和应税行为,以及进口货物的单位和个人征收的一种流转税。

### (一) 对视同销售行为的征税规定

单位或个体工商户的下列行为,视同销售行为,征收增值税。

(1) 将货物交付其他单位或者个人代销。

(2) 销售代销货物。

(3) 设有两个以上机构并实行统一核算的纳税人,将货物从一个机构移送至其他机构用于销售,但相关机构设在同一县(市)的除外。

(4) 将自产、委托加工或购进的货物作为投资,提供给其他单位或个体工商户。

(5) 将自产、委托加工或购进的货物分配给股东或投资者。

(6) 将自产、委托加工的货物用于集体福利或个人消费。

（7）将自产、委托加工或购进的货物无偿赠送其他单位或者个人。

（8）《营业税改征增值税试点实施办法》（财税〔2016〕36 号）规定的视同销售服务、无形资产或者不动产的情形：单位或者个体工商户向其他单位或者个人无偿提供服务，但用于公益事业或者以社会公众为对象的除外；单位或者个人向其他单位或者个人无偿转让无形资产或者不动产，但用于公益事业或者以社会公众为对象的除外；财政部和国家税务总局规定的其他情形。

### （二）对混合销售和兼营行为的征税规定

#### 1. 混合销售

一项销售行为如果既涉及服务又涉及货物，为混合销售。从事货物的生产、批发或者零售的单位和个体工商户的混合销售行为，按照销售货物缴纳增值税；其他单位和个体工商户的混合销售行为，按照销售服务缴纳增值税。

上述从事货物的生产、批发或者零售的单位和个体工商户，包括以从事货物的生产、批发或者零售为主，并兼营销售服务的单位和个体工商户在内。

纳税人销售活动板房、机器设备、钢结构件等自产货物的同时提供建筑、安装服务，不属于《营业税改征增值税试点实施办法》规定的混合销售，应分别核算货物和建筑服务的销售额，分别适用不同的税率或者征收率。

#### 2. 兼营

根据《增值税暂行条例实施细则》和《营业税改征增值税试点有关事项的规定》，纳税人销售货物、加工修理修配劳务、服务、无形资产或者不动产适用不同税率或者征收率的，应当分别核算适用不同税率或者征收率的销售额，未分别核算销售额的，按照以下方法适用税率或者征收率。

（1）兼有不同税率的销售货物、加工修理修配劳务、服务、无形资产或者不动产，从高适用税率。

（2）有不同征收率的销售货物、加工修理修配劳务、服务、无形资产或者不动产，从高适用征收率。

（3）兼有不同税率和征收率的销售货物、加工修理修配劳务、服务、无形资产或者不动产，从高适用税率。

### （三）不征收增值税项目

（1）基本建设单位和从事建筑安装业务的企业附设的工厂、车间在建筑现场制造的预制构件，凡直接用于本单位或本企业建筑工程的，不征收增值税。

（2）供应或开采未经加工的天然水（如水库供应农业灌溉用水，工厂自采地下水用于生产），不征收增值税。

（3）国家管理部门行使其管理职能，发放的执照、牌照和有关证书等取得的工本费收入，不征收增值税。

（4）体育彩票的发行收入，不征收增值税。

（5）增值税纳税人收取的会员费收入，不征收增值税。

（6）代购货物行为，凡同时具备以下条件的，不征收增值税：受托方不垫付资金；销售方将发票开具给委托方，并由受托方将该项发票转交给委托方；受托方按销售方实际收取的销售额和销项税额(如系代理进口货物,则为海关代征的增值税税额)与委托方结算货款,并另外收取手续费。

(7) 纳税人资产重组征收增值税的有关问题。在资产重组过程中,通过合并、分立、出售、置换等方式,将全部或者部分实物资产以及与其相关联的债权、负债和劳动力一并转让给其他单位和个人,其中涉及的不动产、土地使用权转让行为,不征收增值税。

(8) 纳税人取得中央财政补贴征收增值税的有关问题。自 2013 年 2 月 1 日起,纳税人取得的中央财政补贴,不属于增值税应税收入,不征收增值税。燃油电厂从政府财政专户取得的发电补贴,不属于增值税规定的价外费用,不计入应税销售额,不征收增值税。

(9) 纳税人根据国家指令无偿提供的铁路运输服务、航空运输服务,属于《营业税改征增值税试点实施办法》第十四条规定的用于公益事业的服务,不征收增值税。

(10) 存款利息,不征收增值税。

(11) 被保险人获得的保险赔付,不征收增值税。

(12) 房地产主管部门或者其指定机构、公积金管理中心、开发企业以及物业管理单位代收的住宅专项维修资金,不征收增值税。

## 四、纳税义务人

### (一) 纳税义务人与扣缴义务人的界定

中华人民共和国境内销售货物、提供应税劳务和应税行为,以及进口货物的单位和个人,为增值税的纳税义务人。

单位以承包、承租、挂靠方式经营的,承包人、承租人、挂靠人以发包人、出租人、被挂靠人名义对外经营并由发包人承担相关法律责任的,以该发包人为纳税义务人;否则,以承包人为纳税义务人。

境外的单位或者个人在境内提供应税劳务、应税行为,在境内未设有经营机构的,以购买方为扣缴义务人。

### (二) 纳税义务人的分类

增值税纳税义务人的分类见表 2-1。

表 2-1　增值税纳税义务人的分类

| 纳税人 | 相　关　规　定 |
|---|---|
| 小规模纳税人 | (1) 增值税纳税人,年应税销售额在 500 万元(含)以下的(年应税销售额,是指纳税人在连续不超过 12 个月或 4 个季度的经营期内累计应征增值税销售额,包括纳税申报销售额、稽查查补销售额、纳税评估调整销售额。销售服务、无形资产或者不动产有扣除项目的纳税人,其年应税销售额按未扣除之前的销售额计算。纳税人偶然发生的销售无形资产、转让不动产的销售额,不计入应税行为年应税销售额)<br>(2) 下列纳税人不办理一般纳税人登记<br>① 按照政策规定(非企业性单位、不经常发生应税行为的企业),选择按照小规模纳税人纳税的<br>② 年应税销售额超过规定标准的其他个人 |

续表

| 纳税人 | | 相 关 规 定 |
|---|---|---|
| 一般纳税人 | 标准 | (1) 年应税销售额超过500万元的,除上述不办理一般纳税人登记规定外,应当向主管税务机关办理一般纳税人登记<br>(2) 年应税销售额未超过规定标准的纳税人,会计核算健全,能够提供准确税务资料的,可以向主管税务机关办理一般纳税人登记(会计核算健全是指能够按照国家统一的会计制度规定设置账簿,根据合法、有效凭证进行核算) |
| | 管理办法 | (1) 纳税人应当向其机构所在地主管税务机关办理一般纳税人登记手续<br>(2) 纳税人办理一般纳税人登记的程序如下<br>① 纳税人向主管税务机关填报增值税一般纳税人登记表,如实填写固定生产经营场所等信息,并提供税务登记证件<br>② 纳税人填报内容与税务登记信息一致的,主管税务机关当场登记<br>③ 纳税人填报内容与税务登记信息不一致,或者不符合填列要求的,税务机关应当场告知纳税人需要补正的内容<br>(3) 纳税人在年应税销售额超过规定标准的月份(或季度)的所属申报期结束后15日内按照规定办理相关手续;未按规定时限办理的,主管税务机关应当在规定时限结束后5日内制作税务事项通知书,告知纳税人应当在5日内向主管税务机关办理相关手续;逾期仍不办理的,次月起按销售额依照增值税税率计算应纳税额,不得抵扣进项税额,直至纳税人办理相关手续为止<br>(4) 纳税人自一般纳税人生效之日起,按照增值税一般计税方法计算应纳税额,并可以按照规定领用增值税专用发票,财政部、国家税务总局另有规定的除外(生效之日是指纳税人办理登记的当月1日或者次月1日,由纳税人在办理登记手续时自行选择)<br>(5) 纳税人登记为一般纳税人后,不得转为小规模纳税人,国家税务总局另有规定的除外〔自2018年5月1日起,转登记日前连续12个月(以一个月为一个纳税期)或者连续4个季度(以一个季度为一个纳税期)累计销售额未超过500万元的一般纳税人,在2019年12月31日前,可选择转登记为小规模纳税人〕 |

## 五、税率及征收率

按照增值税规范化的原则,我国增值税采取了基本税率加低税率的模式。

### (一) 基本税率

增值税一般纳税人销售或者进口货物,提供加工、修理修配劳务等应税行为,除低税率适用范围和销售个别旧货适用征收率外,税率一律为13%,这就是通常所说的基本税率。

### (二) 低税率

增值税一般纳税人销售或者进口下列货物,按低税率计征增值税,低税率为9%:农产品(含粮食)、自来水、暖气、石油液化气、天然气、食用植物油、冷气、热水、煤气、居民用煤炭制品、食用盐、农机、饲料、农药、农膜、化肥、沼气、二甲醚、图书、报纸、杂志、音像制品、电子出版物。

### (三) 零税率

出口货物、劳务或者境内单位和个人发生的跨境应税行为,税率为零。具体范围由财政部和国家税务总局另行规定。

### (四) 营改增税率

按照《营业税改征增值税试点实施办法》,在中华人民共和国境内销售服务、无形资产或者不动产(以下简称"应税行为")的单位和个人,增值税税率见表2-2。

表 2-2　"营改增"后增值税税率表

| 项目 | 具体行为 | 税率 |
| --- | --- | --- |
| 电信业 | 基础电信服务 | 9% |
| | 增值电信服务 | 6% |
| 交通运输业 | 陆路(含铁路)运输、水路运输、航空运输和管道运输服务 | 9% |
| 邮政业 | 邮政普遍服务、邮政特殊服务、其他邮政服务 | 9% |
| 建筑业 | 工程、安装、修缮、装饰及其他建筑服务 | 9% |
| 销售不动产、销售自然资源使用权 | 销售不动产、土地使用权、海域使用权、探矿权、采矿权、取水权和其他自然资源使用权 | 9% |
| 不动产租赁服务 | 不动产租赁服务 | 9% |
| 有形动产租赁服务 | 有形动产租赁服务 | 13% |
| 服务业 | 研发和技术服务、信息技术服务、文化创意服务、物流辅助服务、鉴证咨询服务、广播影视服务、生活服务 | 6% |
| 无形资产 | 除自然资源使用权以外的,技术、商标、著作权、商誉和其他权益性无形资产 | 6% |
| 金融保险业 | 贷款服务(融资性售后回租)、直接收费金融服务、保险服务、金融商品转让 | 6% |
| 境内单位和个人发生的跨境应税行为 | | 0 |

### (五) 征收率

增值税征收率为 3%,财政部和国家税务总局另有规定的除外。

## 六、增值税应纳税额的计算

增值税的计税方法,包括一般计税方法和简易计税方法。

### (一) 一般计税方法应纳税额的计算

一般纳税人销售货物、提供应税劳务和应税行为适用一般计税方法计税。

纳税人销售货物、提供应税劳务和发生应税行为,应纳税额为当期销项税额抵扣当期进项税额后的余额。应纳税额的计算公式为

$$应纳税额 = 当期销项税额 - 当期进项税额$$

1. 销项税额的计算

销项税额是指纳税人销售货物或者提供应税行为,按照销售额或应税行为收入及其适用税率计算并向购买方收取的增值税税额。销项税额的计算公式为

$$销项税额 = 销售额 \times 适用税率$$

销项税额是《增值税暂行条例》中的一个概念,它是由购买方支付的税额;对于属于一般纳税人的销售方来讲,在没有抵扣其进项税额前,销售方收取的销项税额还不是其应纳增值税税额。销项税额的计算取决于销售额和适用税率两个因素,适用税率在前面已有说明,此处主要介绍销售额。需要强调的是,增值税是价外税,公式中的"销售额"必须是不包括收取

的销项税额的销售额。

一般纳税人销售货物、提供应税劳务或应税行为取得的含税销售额在计算销项税额时，必须将其换算为不含税的销售额。将含税销售额换算为不含税销售额的计算公式为

$$不含税销售额=\frac{含税销售额}{1+税率}$$

（1）一般销售方式下的销售额。销售额是指纳税人销售货物或者提供应税行为而向购买方收取的全部价款和价外费用。

价外费用是指价外向购买方收取的手续费、补贴、基金、集资费、返还利润、奖励费、违约金（延期付款利息）、包装费、包装物租金、储备费、优质费、运输装卸费、代收款项、代垫款项及其他各种性质的价外收费。但下列项目不包括在内：向购买方收取的销项税额；受托加工应征消费税的消费品所代收代缴的消费税；同时符合以下条件的代垫运费：承运者的运费发票开具给购货方的，纳税人将该项发票转交给购货方的。

凡随同销售货物或提供应税行为向购买方收取的价外费用，无论其会计制度规定如何核算，均应并入销售额计算应纳税额。

（2）部分"营改增"特殊销售额。

① 部分金融业务销售额适用情形见表2-3。

表2-3    部分金融业务销售额适用情形

| 项目 | 销售额 |
|---|---|
| 贷款服务 | 提供贷款服务取得的全部利息及利息性质的收入 |
| 直接收费金融服务 | 提供直接收费金融服务收取的手续费、佣金、酬金、管理费、服务费、经手费、开户费、过户费、结算费、转托管费等各类费用 |
| 金融商品转让 | 卖出价扣除买入价后的余额。转让金融商品出现的正负差，盈亏相抵后的余额为销售额。若相抵后出现负差，可结转下一纳税期与下期转让金融商品销售额相抵，但年末时仍出现负差的，不得转入下一个会计年度 |
| 经纪代理服务 | 取得的全部价款和价外费用，扣除向委托方收取并代为支付的政府性基金或者行政事业性收费后的余额 |
| 融资租赁和融资性售后回租业务 | （1）经中国人民银行、银监会或者商务部批准从事融资租赁业务的试点纳税人，提供融资租赁服务，以取得的全部价款和价外费用，扣除支付的借款利息（包括外汇借款和人民币借款利息）、发行债券利息和车辆购置税后的余额为销售额<br>（2）经中国人民银行、银监会或者商务部批准从事融资租赁业务的试点纳税人，提供融资性售后回租服务，以取得的全部价款和价外费用（不含本金），扣除对外支付的借款利息（包括外汇借款和人民币借款利息）、发行债券利息后的余额作为销售额<br>（3）试点纳税人根据2016年4月30日前签订的有形动产融资性售后回租合同，在合同到期前提供的有形动产融资性售后回租服务，可继续按照有形动产融资租赁服务缴纳增值税<br>（4）经商务部授权的省级商务主管部门和国家经济技术开发区批准的从事融资租赁业务的试点纳税人，2016年5月1日后实收资本达到1.7亿元的，从达到标准的当月起按照上述第（1）、（2）、（3）项规定执行；2016年5月1日后实收资本未达到1.7亿元但注册资本达到1.7亿元的，在2016年7月31日前仍可按照上述第（1）、（2）、（3）项规定执行，2016年8月1日后开展的融资租赁业务和融资性售后回租业务不得按照上述第（1）、（2）、（3）项规定执行 |

② 建筑业务销售额适用情形见表 2-4。

表 2-4　建筑业务销售额适用情形

| 项　　目 | 销　售　额 |
| --- | --- |
| 一般纳税人跨县(市)提供建筑服务,适用一般计税方法计税的 | 取得的全部价款和价外费用 |
| 一般纳税人跨县(市)提供建筑服务,选择适用简易计税方法计税的 | 取得的全部价款和价外费用扣除支付的分包款后的余额 |

③ 销售取得的不动产的销售额适用情形见表 2-5。

表 2-5　销售取得的不动产的销售额适用情形

| 项　　目 | 销　售　额 |
| --- | --- |
| 销售其取得(不含自建)的不动产 | 全部价款和价外费用减去该项不动产购置原价或者取得不动产时的作价后的余额 |
| 销售其自建的不动产 | 全部价款和价外费用 |

④ 房地产开发企业销售房地产开发项目的销售额适用情形见表 2-6。

表 2-6　房地产开发企业销售房地产开发项目的销售额适用情形

| 项　　目 | 销　售　额 |
| --- | --- |
| 适用一般计税方法 | 全部价款和价外费用扣除受让土地时向政府部门支付的土地价款后的余额 |
| 适用简易计税方法 | 全部价款和价外费用 |

⑤ 其他。

a. 航空运输企业的销售额,不包括代收的机场建设费和代售其他航空运输企业客票而代收转付的价款。

b. 试点纳税人中的一般纳税人(以下简称一般纳税人)提供客运场站服务,以其取得的全部价款和价外费用,扣除支付给承运方运费后的余额为销售额。

c. 试点纳税人提供旅游服务,可以选择以取得的全部价款和价外费用,扣除向旅游服务购买方收取并支付给其他单位或者个人的住宿费、餐饮费、交通费、签证费、门票费和支付给其他接团旅游企业的旅游费用后的余额为销售额。

选择上述办法计算销售额的试点纳税人,向旅游服务购买方收取并支付的上述费用,不得开具增值税专用发票,可以开具普通发票。

在上述规定中有扣除项目的需要有效扣除凭证,否则,不得扣除。有效扣除凭证是指:支付给境内单位或者个人的款项,以发票为合法有效凭证;支付给境外单位或者个人的款项,以该单位或者个人的签收单据为合法有效凭证,税务机关对签收单据有疑义的,可以要求其提供境外公证机构的确认证明;缴纳的税款,以完税凭证为合法有效凭证;扣除的政府性基金、行政事业性收费或者向政府支付的土地价款,以省级以上(含省级)财政部门监(印)制的财政票据为合法有效凭证;国家税务总局规定的其他凭证。

纳税人取得的上述凭证属于增值税扣税凭证的,不得作为进项税额不得从销项税额中抵扣。

(3) 特殊销售方式下的销售额。

① 商业折扣、现金折扣、销售折让、销售退回。在商业折扣、现金折扣、销售折让、销售退回等不同的销售方式下,销售额的确定方法也不同,具体规定和区别见表2-7。

表2-7    商业折扣、现金折扣、销售折让、销售退回的具体规定和区别

| 销售方式 | | 发生时间 | 产生原因 | 表现形式举例 | 税务处理 |
|---|---|---|---|---|---|
| 商业折扣 | 价格折扣 | 在销售货物或提供应税行为之时 | 购买方购买数量较大 | 买100件,折扣10%;买200件,折扣20% | 销售额和折扣额必须在同一张发票上分别注明,才可按折扣后的余额作为销售额计算增值税 |
| | 实物折扣 | 在销售货物或提供应税行为之时 | 促销 | 买一台计算机,送一对小音箱 | 该实物款额不能从货物销售额中减除,且应按"视同销售"中的"赠送他人"计算征收增值税 |
| 现金折扣 | | 在销售货物或提供应税行为之后 | 鼓励购买方及早偿还款项 | 10天内付款,货款折扣2%;10天后全价付款 | 销售折扣不得从销售额中扣除 |
| 销售折让 | | 在销售货物或提供应税行为之后 | 品种或质量问题引起的部分款项退还 | 售价1000元,售后发现质量问题,折让100元 | 以折让后所得货款为销售额,但注意在折让处理过程中如何开具红字专用发票 |
| 销售退回 | | 在销售货物或提供应税行为之后 | 品种或质量问题引起全部款项退还 | 售价1000元,售后发现质量问题,全额退还 | 销售额为零,但注意在退回处理过程中如何开具红字专用发票 |

② 以旧换新销售。采取以旧换新方式销售货物的,应按新货物的同期销售价格确定销售额,不得扣减旧货物的收购价格。对金银首饰以旧换新业务,可以按销售方实际收取的不含增值税的全部价款征收增值税。

③ 以物易物销售。以物易物双方都应作购销处理,以各自发出的货物核算销售额并计算销项税额,以各自收到的货物按规定核算购货额并计算进项税额。

④ 出租、出借包装物。纳税人为销售货物而出租、出借包装物收取的押金,单独记账核算的,不并入销售额征税;但对逾期(以1年为期限)包装物押金,无论是否退还,均并入销售额征税。对于个别包装物周转使用期限较长的,报经税务机关确定后,可适当放宽逾期期限。自2004年7月1日起,纳税人为销售货物出租出借包装物收取的押金,无论包装物周转使用期限长短,超过1年(含1年)仍未退还的,均并入销售额征税。

自1995年6月1日起,对销售除啤酒、黄酒外的其他酒类产品而收取的包装物押金,无论是否返还以及会计上如何核算,均应并入当期销售额征税。对销售啤酒、黄酒所收取的押金,按上述一般押金的规定处理。

(4) 视同销售行为的销售额的确定。税法规定,对视同销售行为而无销售额的,按下列顺序确定其销售额。

① 按纳税人当月同类货物的平均销售价格确定。

② 按纳税人最近时期同类货物的平均销售价格确定。

③ 按组成计税价格确定。组成计税价格的公式为

$$组成计税价格＝成本×（1＋成本利润率）$$

征收增值税的货物，同时又征收消费税的，其组成计税价格中应加计消费税税额。其组成计税价格的公式为

$$组成计税价格＝成本×（1＋成本利润率）＋消费税税额$$

或

$$组成计税价格＝成本×\frac{1＋成本利润率}{1－消费税税率}$$

**2. 进项税额的计算**

纳税人购入货物、接受应税劳务或应税行为所支付或者负担的增值税税额为进项税额。

（1）准予从销项税额中抵扣的进项税额。

① 从销售方取得的增值税专用发票（含税控机动车销售统一发票，下同）上注明的增值税额。

② 从海关取得的海关进口增值税专用缴款书上注明的增值税额。

③ 纳税人购进农产品，取得一般纳税人开具的增值税专用发票或海关进口增值税专用缴款书的，以增值税专用发票或海关进口增值税专用缴款书上注明的增值税额为进项税额；从按照简易计税方法依照 3％征收率计算缴纳增值税的小规模纳税人取得增值税专用发票的，以增值税专用发票上注明的金额和 10％的扣除率计算进项税额；取得（开具）农产品销售发票或收购发票的，以农产品销售发票或收购发票上注明的农产品买价和 10％的扣除率计算进项税额。

④ 从境外单位或者个人购进服务、无形资产或者不动产，自税务机关或者扣缴义务人取得的解缴税款的完税凭证上注明的增值税额。

⑤ 高速公路、过路过桥通行费计算扣除进项税额。根据《财政部国家税务总局关于进一步明确全面推开营改增试点有关劳务派遣服务、收费公路通行费抵扣等政策的通知》（财税〔2016〕47 号）和《财政部国家税务总局关于收费公路通行费增值税抵扣有关问题的通知》（财税〔2016〕86 号）的规定，自 2016 年 5 月 1 日起（停止执行时间另行通知），一般纳税人支付的道路、桥、闸通行费，暂凭取得的通行费发票（不含财政票据）上注明的收费金额按照下列公式计算可抵扣的进项税额

$$\frac{高速公路通行费}{可抵扣进项税额}＝\frac{高速公路通行费发票上注明的金额}{1＋3％}×3％$$

$$\frac{一级公路、二级公路、桥、}{闸通行费可抵扣进项税额}＝\frac{一级公路、二级公路、桥、闸通行费发票上注明的金额}{1＋5％}×5％$$

通行费是指有关单位依法或者依规设立并收取的过路、过桥和过闸费用。

（2）新增不动产进项税额分期抵扣。适用一般计税方法的试点纳税人，2016 年 5 月 1 日后取得并在会计制度上按固定资产核算的不动产或者 2016 年 5 月 1 日后取得的不动产在建工程，其进项税额应自取得之日起分两年从销项税额中抵扣，第一年抵扣比例为 60％，第二年抵扣比例为 40％。

取得不动产,包括以直接购买、接受捐赠、接受投资入股、自建以及抵债等各种形式取得不动产,不包括房地产开发企业自行开发的房地产项目。

融资租入的不动产以及在施工现场修建的临时建筑物、构筑物,其进项税额不适用上述分两年抵扣的规定。自 2018 年 1 月 1 日起,纳税人租入固定资产、不动产,既用于一般计税方法计税项目,又用于简易计税方法计税项目、免征增值税项目、集体福利或者个人消费的,其进项税额准予从销项税额中全额抵扣。

(3) 不得从销项税额中抵扣的进项税额。

① 纳税人购入货物、接受应税劳务或应税行为,未按照规定取得并保存增值税扣税凭证,或者增值税扣税凭证未按照规定注明增值税税额及其他有关事项的。

② 用于简易计税方法计税项目、免征增值税项目、集体福利或者个人消费。其中涉及的无形资产、不动产,仅指专用于上述项目的无形资产(不包括其他权益性无形资产)、不动产。纳税人的交际应酬消费属于个人消费。

③ 非正常损失的购进货物,以及相关的加工修理修配劳务和交通运输服务。

④ 非正常损失的在产品、产成品所耗用的购进货物(不包括固定资产)、加工修理修配劳务和交通运输服务。

⑤ 非正常损失的不动产,以及该不动产所耗用的购进货物、设计服务和建筑服务。

⑥ 非正常损失的不动产在建工程所耗用的购进货物、设计服务和建筑服务。纳税人新建、改建、扩建、修缮、装饰不动产,均属于不动产在建工程。

⑦ 购进的旅客运输服务、贷款服务、餐饮服务、居民日常服务和娱乐服务。

⑧ 财政部和国家税务总局规定的其他情形。

上述第⑤和第⑥项所称货物,是指构成不动产实体的材料和设备,包括建筑装饰材料和给排水、采暖、卫生、通风、照明、通信、煤气、消防、中央空调、电梯、电气、智能化楼宇设备及配套设施。

纳税人接受贷款服务向贷款方支付的与该笔贷款直接相关的投融资顾问费、手续费、咨询费等费用,其进项税额不得从销项税额中抵扣。

适用一般计税方法的纳税人,兼营简易计税方法计税项目、免征增值税项目而无法划分不得抵扣的进项税额,按照下列公式计算不得抵扣的进项税额

$$\text{不得抵扣的进项税额} = \text{当期无法划分的全部进项税额} \times \frac{\text{当期简易计税方法计税项目销售额}+\text{免征增值税项目销售额}}{\text{当期全部销售额}}$$

主管税务机关可以按照上述公式依据年度数据对不得抵扣的进项税额进行清算。

已抵扣进项税额的无形资产或者不动产,发生上述规定情形的,按照下列公式计算不得抵扣的进项税额

$$\text{不得抵扣的进项税额} = \text{无形资产或者不动产净值} \times \text{适用税率}$$

不得抵扣且未抵扣进项税额的固定资产、无形资产、不动产,发生用途改变,用于允许抵扣进项税额的应税项目,可在用途改变的次月按照下列公式,依据合法有效的增值税扣税凭证,计算可以抵扣的进项税额

$$\text{可以抵扣的进项税额} = \frac{\text{固定资产、无形资产、不动产净值}}{1+\text{适用税率}} \times \text{适用税率}$$

上述可以抵扣的进项税额应取得合法有效的增值税扣税凭证。

（4）进货退出或折让。一般纳税人因进货退出或折让而收回的增值税税额,应从发生进货退出或折让当期的进项税额中扣减。

3. 应纳税额的计算

纳税人销售货物、提供应税劳务或应税行为,其应纳税额为当期销项税额抵扣当期进项税额后的余额。应纳税额的计算公式为

$$应纳税额＝当期销项税额－当期进项税额$$

在采用上述公式计算应纳税额时,应注意以下几点。

（1）计算应纳税额的时限规定。为了保证计算应纳税额的合理性、准确性,纳税人必须严格把握当期进项税额从当期销项税额中抵扣这个要点。"当期"是一个重要的时间限定,具体是指税务机关依照税法规定对纳税人确定的纳税期限;只有在纳税期限内实际发生的销项税额、进项税额,才是法定的当期销项税额或当期进项税额。

按销售结算方式的不同,销售货物增值税纳税义务的具体发生时间如下。

① 采取直接收款方式销售货物,无论货物是否发出,均为收到销售额或取得索取销售额的凭据,并将提货单交给买方的当天。

② 采取托收承付和委托收款方式销售货物,为发出货物并办妥托收手续的当天。

③ 采取赊销和分期收款方式销售货物,为按合同约定的收款日期的当天。

④ 采取预收货款方式销售货物,为货物发出的当天。

⑤ 委托其他纳税人代销货物,为收到代销单位销售的代销清单的当天。

⑥ 销售应税劳务,为提供劳务同时收讫销售款或取得销售款凭据的当天。

⑦ 部分视同销售行为,为货物移送的当天。

⑧ 进口货物,为报关进口的当天。

销售服务、无形资产或者不动产增值税纳税义务、扣缴义务发生时间如下。

① 纳税人发生应税行为并收讫销售款项或者取得索取销售款项凭据的当天;先开具发票的,为开具发票的当天。

收讫销售款项是指纳税人销售服务、无形资产、不动产过程中或者完成后收到款项。

取得索取销售款项凭据的当天,是指书面合同确定的付款日期;未签订书面合同或者书面合同未确定付款日期的,为服务、无形资产转让完成的当天或者不动产权属变更的当天。

② 纳税人提供租赁服务采取预收款方式的,其纳税义务发生时间为收到预收款的当天。

③ 纳税人从事金融商品转让的,为金融商品所有权转移的当天。

④ 纳税人发生视同销售情形的,其纳税义务发生时间为服务、无形资产转让完成的当天或者不动产权属变更的当天。

⑤ 增值税扣缴义务发生时间为纳税人增值税纳税义务发生的当天。

（2）购入货物、接受应税劳务或应税行为计入当期进项税额的时间。增值税一般纳税人申请抵扣的防伪税控系统开具的增值税专用发票,必须自该专用发票开具之日起 360 日内到税务机关认证,否则不予抵扣进项税额。增值税一般纳税人认证通过的防伪税控系统开具的增值税专用发票,应在认证通过的当月按照增值税有关规定核算当期进项税额并申报抵扣,否则不予抵扣进项税额。

（3）进项税额不足抵扣的税务处理。采用上述公式计算应纳税额时,可能会出现当期

销项税额小于当期进项税额的情况,其不足抵扣部分,我国现行增值税没有采用给予纳税人退税的办法,而是规定将其结转至下期继续抵扣,直至销项税额减去进项税额后有余额时再纳税。

(4) 销货退回或销售折让的税务处理。纳税人在货物购销活动中所发生的销货退回和销售折让,不仅涉及销货价款和折让价款的退回,还涉及增值税的退回。税法规定,一般纳税人因销货退回或销售折让而退回给购买方的增值税税额,应从发生销货退回或销售折让当期的销项税额中扣减;因进货退出或折让而收回的增值税税额,应从发生进货退出或折让当期的进项税额中扣减。纳税人销货退回或销售折让扣减销项税额时,必须提供相应的法定扣减凭证,否则不予扣减;纳税人进货退出或折让不按规定扣减进项税额,造成进项税额虚增,不纳或少纳增值税的,属于偷税行为,按逃避缴纳税款罪论处。

### 典型任务实例 2-1

某生产企业为增值税一般纳税人,适用增值税税率为 13%,2021 年 5 月有关生产经营业务如下。

(1) 销售甲产品给某大商场,开具增值税专用发票,取得不含税销售额 80 万元。同时取得价外送货运输费 5.65 万元。

(2) 销售乙产品,开具普通发票,取得含税销售额 30 万元。

(3) 将试制的一批应税新产品作为样品免费赠送客户,成本价为 20 万元,成本利润率为 10%,该新产品无同类产品市场销售价格。

(4) 销售使用过的摩托车 5 辆,开具普通发票,每辆取得含税销售额 1.04 万元。该摩托车原值每辆 0.9 万元,于 2018 年 3 月购进。

(5) 购进货物取得增值税专用发票,注明支付的货款 60 万元、进项税额 7.8 万元,货物已验收入库。另外,支付购货的运输费用 6 万元,取得运输公司开具的增值税专用发票。

(6) 向农业生产者购进免税农产品一批,支付收购价 30 万元,支付给运输单位运费 5 万元,取得运输公司开具的增值税专用发票,农产品已验收入库。本月下旬将购进的农产品的 20% 用于本企业职工福利。

请计算该企业 2021 年 5 月应缴纳的增值税税额。

**解析**

(1) 销售甲产品的销项税额 $= 80 \times 13\% + 5.65 \div (1 + 13\%) \times 13\% = 11.05$(万元)

(2) 销售乙产品的销项税额 $= 30 \div (1 + 13\%) \times 13\% = 3.45$(万元)

(3) 赠送新产品的销项税额 $= 20 \times (1 + 10\%) \times 13\% = 2.86$(万元)

(4) 销售使用过的摩托车应纳税额 $= 5 \times 1.04 \div (1 + 13\%) \times 13\% = 0.6$(万元)

(5) 外购货物应抵扣的进项税额 $= 7.8 + 6 \times 9\% = 8.34$(万元)

(6) 外购免税农产品应抵扣的进项税额 $= (30 \times 9\% + 5 \times 9\%) \times (1 - 20\%) = 2.52$(万元)

该企业 5 月应缴纳的增值税税额 $= 11.05 + 3.45 + 2.86 + 0.60 - 8.34 - 2.5$
$$= 7.12(万元)$$

### (二) 简易计税方法应纳税额的计算

简易计税方法适用三种情形。

第一种情形:小规模纳税人适用简易计税方法计税。即按照销售额和适用的征收率计

算应纳税额,不得抵扣进项税额。应纳税额的计算公式为

$$应纳税额＝销售额×征收率$$

上述公式中的销售额与一般纳税人计算销项税额的销售额包含的内容是一致的。小规模纳税人购入货物、接受应税劳务或应税行为采用销售额和应纳税额合并定价方法的,按以下公式计算销售额

$$销售额＝\frac{含税销售额}{1＋征收率}$$

因销货退回或销售折让退还给购买者的销售额,应从发生销货退回或销售折让当期的销售额中扣减。

(1) 小规模纳税人增值税征收率一般为 3%。

(2) 小规模纳税人(除其他个人外)销售自己使用过的有形动产固定资产,减按 2% 的征收率征收增值税,应纳税额的计算公式为

$$应纳税额＝\frac{含税销售额}{1＋3\%}×2\%$$

(3) 小规模纳税人销售其取得(不含自建)的不动产(不含个体工商户销售购买的住房和其他个人销售不动产),应以取得的全部价款和价外费用减去该项不动产购置原价或者取得不动产时作价后的余额为销售额,按照 5% 的征收率计算应纳税额。

小规模纳税人销售其自建的不动产,应以取得的全部价款和价外费用为销售额,按照 5% 的征收率计算应纳税额。

(4) 小规模纳税人出租其取得的不动产(不含个人出租住房),应按照 5% 的征收率计算应纳税额。个人出租住房,应按照 5% 的征收率减按 1.5% 计算应纳税额。

(5) 小规模纳税人提供劳务派遣服务,可以按照《营业税改征增值税试点实施办法》(财税〔2016〕36 号)的有关规定,以取得的全部价款和价外费用为销售额,按照简易计税方法依 3% 的征收率计算缴纳增值税;也可以选择差额纳税,以取得的全部价款和价外费用,扣除代用工单位支付给劳务派遣员工的工资、福利和为其办理社会保险及住房公积金后的余额为销售额,按照简易计税方法依 5% 的征收率计算缴纳增值税。

### 典型任务实例 2-2

某商店为增值税小规模纳税人,2021 年 8 月取得零售收入总额 12.36 万元,计算该商店 2021 年 8 月应缴纳的增值税税额。

**解析**

8 月取得的不含税销售额＝12.36÷(1＋3%)＝12(万元)

8 月应缴纳的增值税税额＝12×3%＝0.36(万元)

第二种情形:一般纳税人提供财政部和国家税务总局规定的特定应税行为,可以选择适用简易计税方法计税,但一经选择,36 个月内不得变更。

一般纳税人发生下列应税行为可以选择适用简易计税方法计税。

(1) 公共交通运输服务。公共交通运输服务,包括轮客渡、公交客运、地铁、城市轻轨、出租车、长途客运、班车。

(2) 经认定的动漫企业为开发动漫产品提供的动漫脚本编撰、形象设计、背景设计、动

画设计、分镜、动画制作、摄制、描线、上色、画面合成、配音、配乐、音效合成、剪辑、字幕制作、压缩转码(面向网络动漫、手机动漫格式适配)服务,以及在境内转让动漫版权(包括动漫品牌、形象或者内容的授权及再授权)。

(3) 电影放映服务、仓储服务、装卸搬运服务、收派服务和文化体育服务。

(4) 以纳入"营改增"试点之日前取得的有形动产为标的物提供的经营租赁服务。

(5) 在纳入"营改增"试点之日前签订的尚未执行完毕的有形动产租赁合同。

(6) 建筑服务。

① 一般纳税人以清包工方式提供的建筑服务,可以选择适用简易计税方法计税。以清包工方式提供建筑服务是指施工方不采购建筑工程所需的材料或只采购辅助材料,并收取人工费、管理费或者其他费用的建筑服务。

② 一般纳税人为甲供工程提供的建筑服务,可以选择适用简易计税方法计税。甲供工程是指全部或部分设备、材料、动力由工程发包方自行采购的建筑工程。

③ 一般纳税人为建筑工程老项目提供的建筑服务,可以选择适用简易计税方法计税。建筑工程老项目是指建筑工程施工许可证注明的合同开工日期在 2016 年 4 月 30 日前的建筑工程项目;未取得建筑工程施工许可证的,建筑工程承包合同注明的开工日期在 2016 年 4 月 30 日前的建筑工程项目。

④ 一般纳税人跨县(市)提供建筑服务,选择适用简易计税方法计税的,应以取得的全部价款和价外费用扣除支付的分包款后的余额为销售额,按照 3% 的征收率计算应纳税额。

⑤ 一般纳税人销售电梯的同时提供安装服务,其安装服务可以按照甲供工程选择适用简易计税方法计税。

⑥ 建筑工程总承包单位为房屋建筑的地基与基础、主体结构提供工程服务,建设单位自行采购全部或部分钢材、混凝土、砌体材料、预制构件的,适用简易计税方法计税。

(7) 销售取得不动产。一般纳税人销售 2016 年 4 月 30 日前取得的不动产,可以选择适用简易计税办法。具体情形见表 2-8。

表 2-8　一般纳税人销售 2016 年 4 月 30 日前取得的不动产具体情形

| 项　目 | 销　售　额 | 征收率 |
| --- | --- | --- |
| 销售其 2016 年 4 月 30 日前取得(不含自建)的不动产 | 全部价款和价外费用减去该项不动产购置原价或者取得不动产时作价后的余额 | 5% |
| 销售其 2016 年 4 月 30 日前自建的不动产 | 全部价款和价外费用 | 5% |

(8) 房地产企业销售房地产开发项目。房地产开发企业中的一般纳税人,销售自行开发的房地产老项目,可以选择适用简易计税方法按照 5% 的征收率计税。所谓房地产老项目是指建筑工程施工许可证注明的合同开工日期在 2016 年 4 月 30 日前的房地产项目。房地产开发企业采取预收款方式销售所开发的房地产项目,在收到预收款时按照 3% 的预征率预缴增值税。

(9) 一般纳税人收取试点前开工的一级公路、二级公路、桥、闸通行费,可以选择适用简易计税方法,按照 5% 的征收率计算缴纳增值税。试点前开工,是指相关施工许可证注明的合同开工日期在 2016 年 4 月 30 日前。

（10）一般纳税人提供劳务派遣服务,可以按照《营业税改征增值税试点实施办法》(财税〔2016〕36 号)的有关规定,以取得的全部价款和价外费用为销售额,按照一般计税方法计算缴纳增值税;也可以选择差额纳税,以取得的全部价款和价外费用,扣除代用工单位支付给劳务派遣员工的工资、福利和为其办理社会保险及住房公积金后的余额为销售额,按照简易计税方法依 5% 的征收率计算缴纳增值税。

（11）一般纳税人提供人力资源外包服务,可以选择适用简易计税方法,按照 5% 的征收率计算缴纳增值税。

（12）纳税人转让 2016 年 4 月 30 日前取得的土地使用权,可以选择适用简易计税方法,以取得的全部价款和价外费用减去取得该土地使用权的原价后的余额为销售额,按照 5% 的征收率计算缴纳增值税。

（13）一般纳税人 2016 年 4 月 30 日前签订的不动产融资租赁合同,或以 2016 年 4 月 30 日前取得的不动产提供的融资租赁服务,可以选择适用简易计税方法,按照 5% 的征收率计算缴纳增值税。

**典型任务实例 2-3**

A 省某建筑企业(一般纳税人)2021 年 8 月分别在 B 省和 C 省提供建筑服务(均为简易计税项目),当月分别取得建筑服务收入(含税)1 635 万元和 2 943 万元,分别支付分包款 545 万元(取得增值税专用发票上注明的增值税额为 45 万元)和 763 万元(取得增值税专用发票上注明的增值税额为 63 万元),支付不动产租赁费用 109 万元(取得增值税专用发票上注明的增值税额为 9 万元),购入建筑材料 1 130 万元(取得增值税专用发票上注明的增值税额为 130 万元)。该建筑企业在 9 月纳税申报期应如何申报缴纳增值税?

**解析**

（1）就 B 省的建筑服务计算并向建筑服务发生地主管税务机关预缴增值税。

当期预缴税款 $=(1\,635-545)\div(1+3\%)\times3\%=31.75$(万元)

（2）就 C 省的建筑服务计算并向建筑服务发生地主管税务机关预缴增值税。

当期预缴税款 $=(2\,943-763)\div(1+3\%)\times3\%=63.49$(万元)

（3）分项目预缴后,需要回到机构所在地 A 省向主管税务机关申报纳税。

当期应纳税额 $=(1\,635+2\,943-545-763)\div(1+3\%)\times3\%=95.24$(万元)

当期应补税额 $=95.24-31.75-63.49=0$(万元)

第三种情形:对税法规定的一些特定货物销售行为(如寄售商店代售寄售物品,典当业销售死当物品,销售旧货,经批准的免税商店零售免税货物,单位或个体经营者销售自己使用过的游艇、摩托车、应征消费税的汽车等),无论其从事者是一般纳税人还是小规模纳税人,一律比照小规模纳税人实行简易办法计算应纳税额。

自 2009 年 1 月 1 日起,一般纳税人销售自己使用过的固定资产,应区分不同情形缴纳增值税。

（1）销售自己使用过的 2009 年 1 月 1 日以后购进或者自制的固定资产,按照适用税率缴纳增值税。

（2）2008 年 12 月 31 日以前未纳入扩大增值税抵扣范围试点的纳税人,销售自己使用过的 2008 年 12 月 31 日以前购进或者自制的固定资产,按照 3% 的征收率减按 2% 缴纳增值税。

（3）2008年12月31日以前已纳入扩大增值税抵扣范围试点的纳税人，销售自己使用过的在本地区扩大增值税抵扣范围试点以前购进或者自制的固定资产，按照3%的征收率减按2%缴纳增值税；销售自己使用过的在本地区扩大增值税抵扣范围试点以后购进或者自制的固定资产，按照适用税率缴纳增值税。

已使用过的固定资产，是指纳税人根据财务会计制度已经计提折旧的固定资产。

上述按简易办法缴税，应纳税额的计算公式为

$$应纳税额 = \frac{含税销售额}{1+3\%} \times 2\%$$

### （三）代扣代缴应纳税额的计算

境外单位或者个人在境内发生应税行为，在境内未设有经营机构的，扣缴义务人按照下列公式计算应扣缴税额

$$应扣缴税额 = \frac{购买方支付的价款}{1+税率} \times 税率$$

**典型任务实例 2-4**

一境外公司2021年8月为某纳税人提供咨询服务，合同价款106万元，该境外公司没有在境内设立经营机构。

**解析**

该应税行为应以服务购买方为增值税扣缴义务人。

应扣缴增值税 = 106万 ÷ (1+6%) × 6% = 6(万元)

## 七、进口货物的征税

对进口货物征税是一项国际惯例。根据《增值税暂行条例》的规定，一切进口货物的单位和个人都应当依照条例规定缴纳增值税。

### （一）进口货物征税的纳税义务人

进口货物的收货人或办理报关手续的单位和个人，为进口货物增值税的纳税义务人。也就是说，进口货物增值税纳税义务人的范围较宽，包括了国内一切从事进口业务的企事业单位、机关团体和个人。

对于企业、单位和个人委托代理进口应征增值税的货物，一律由进口货物代理者代交进口环节增值税。纳税后，由代理者将已纳税款和进口货物价款等与委托方结算，由委托者承担已纳税款。

### （二）进口货物的征税范围

根据《增值税暂行条例》的规定，申报进入中华人民共和国海关境内的货物，均应缴纳增值税。

确定一项货物是否属于进口货物，必须首先看其是否有报关进口手续。一般来说，境外产品要输入境内，必须向我国海关申报进口，并办理有关报关手续。只要是报关进口的应税货物，无论是国外产制还是我国已出口而转销国内的货物，是进口者自行采购还是国外捐赠

的货物,是进口者自用还是作为贸易或其他用途等,均应按照规定缴纳进口环节的增值税。

国家在规定对进口货物征税的同时,对某些进口货物制定了减免税的特殊规定。例如,属于来料加工、进料加工贸易方式进口国外的原材料、零部件等在国内加工后复出口的,对进口的原材料、零部件等按规定给予免税或减税;但这些免税或减税的进口原材料、零部件等若不能加工复出口,而是销往国内的,就要予以补税。对进口货物是否减免税,由国务院统一规定,任何地方、部门都无权规定减免税项目。

### (三)进口货物的适用税率

进口货物的增值税税率与增值税一般纳税人在国内销售同类货物的税率相同。

### (四)进口货物应纳税额的计算

纳税人进口货物,应按照组成计税价格和规定的税率计算应纳税额,不得抵扣任何税额。组成计税价格和应纳税额的计算公式为

$$组成计税价格＝关税完税价格＋关税＋消费税$$
$$应纳税额＝组成计税价格×税率$$

需要注意的是,进口货物增值税的组成计税价格中包括已纳关税税额,如果进口货物属于消费税应税消费品,其组成计税价格中还要包括已纳消费税税额。

**典型任务实例 2-5**

某商场于 2021 年 10 月进口货物一批。该批货物在国外的买价为 40 万元,另支付该货物相关的税金 3 万元;该批货物运抵我国海关前发生的运输费、保险费等共计 17 万元。货物报关后,商场按规定缴纳了进口环节的增值税并取得了海关开具的完税凭证。假定该批进口货物在国内全部销售,取得不含税销售额 80 万元。货物进口关税税率为 15%,增值税税率为 13%。

请计算该批货物进口环节、国内销售环节分别应缴纳的增值税税额。

**解析**

(1) 关税完税价格＝40＋3＋17＝60(万元)

(2) 应缴纳进口关税＝60×15%＝9(万元)

(3) 进口环节应纳增值税的组成计税价格＝60＋9＝69(万元)

(4) 进口环节应缴纳增值税税额＝69×13%＝8.97(万元)

(5) 国内销售环节的销项税额＝80×13%＝10.4(万元)

(6) 国内销售环节应缴纳增值税税额＝10.4－8.97＝1.43(万元)

## 八、出口货物退税的计算

### (一)免、抵、退税的计算方法

生产企业自营或委托外贸企业代理出口(以下简称生产企业出口)的自产货物,除另有规定外,增值税一律实行免、抵、退税管理办法。

上述生产企业,是指独立核算,经主管税务机关认定为一般增值税纳税人,并且具有实际生产能力的企业和企业集团。增值税小规模纳税人出口自产货物继续实行免征增值税办法。生产企业出口自产的属于应征消费税的产品,实行免征消费税办法。

实行免、抵、退税管理办法的"免"税,是指对生产企业出口的自产货物,免征本企业生产销售环节的增值税;"抵"税,是指生产企业出口自产货物所耗用的原材料、零部件、燃料、动力等所含应予退还的进项税额,抵顶内销货物的应纳税额;"退"税,是指生产企业出口的自产货物在当月内应抵顶的进项税额大于应纳税额时,对未抵顶完的部分予以退税。

生产企业出口货物免、抵、退税应根据出口货物离岸价格、出口货物适用退税率计算。出口货物离岸价格(FOB)以出口发票上的离岸价格为准(委托代理出口的,出口发票可以是委托方开具的或受托方开具的),若以其他价格条件成交的,应扣除按会计制度规定允许冲减出口销售收入的运费、保险费、佣金等。申报数与实际支付数有差额的,在下次申报退税时调整。若出口发票不能如实反映离岸价格,企业应按实际离岸价格申报免、抵、退税,税务机关有权按照《税收征收管理法》《增值税暂行条例》等有关规定予以核定。

1. 当期应纳税额的计算

当期应纳税额的计算公式为

$$
\begin{aligned}
\text{当期应纳税额} = & \text{当期内销货物的销项税额} - \left( \text{当期进项税额} - \text{当期免、抵、退税不得免征和抵扣税额} \right) \\
& - \text{上期留抵税额}
\end{aligned}
$$

其中,

$$
\begin{aligned}
\text{当期免、抵、退税不得免征和抵扣税额} = & \text{出口货物离岸价} \times \text{外汇人民币牌价} \times \left( \text{出口货物征税率} - \text{出口货物退税率} \right) \\
& - \text{免、抵、退税不得免征和抵扣税额的抵减额}
\end{aligned}
$$

出口货物离岸价格(FOB)以出口发票计算的离岸价格为准。出口发票不能如实反映实际离岸价格的,企业必须按照实际离岸价格向主管税务机关申报,同时主管税务机关有权依照《税收征收管理法》和《增值税暂行条例》等有关规定予以核定。

免、抵、退税不得免征和抵扣税额的抵减额的计算公式为

$$
\text{免、抵、退税不得免征和抵扣税额的抵减额} = \text{免税购进原材料价格} \times \left( \text{出口货物征税率} - \text{出口货物退税率} \right)
$$

免税购进原材料包括从国内购进免税原材料和进料加工免税进口料件,其中进料加工免税进口料件的价格为组成计税价格。

进料加工免税进口料件的价格(组成计税价格)=货物到岸价+海关实征关税和消费税

如果当期没有免税购进原材料价格,前述公式中的免、抵、退税不得免征和抵扣税额的抵减额,以及后面公式中的免、抵、退税额抵减额,就不用计算。

2. 免、抵、退税额的计算

免、抵、退税额的计算公式为

$$
\text{免、抵、退税额} = \text{出口货物离岸价} \times \text{外汇人民币牌价} \times \text{出口货物退税率} - \text{免、抵、退税额抵减额}
$$

其中,

$$
\text{免、抵、退税额抵减额} = \text{免税购进原材料价格} \times \text{出口货物退税率}
$$

3. 当期应退税额和免抵税额的计算

(1) 如当期期末留抵税额≤当期免、抵、退税额,则:

$$
\text{当期应退税额} = \text{当期期末留抵税额}
$$

$$
\text{当期免抵税额} = \text{当期免、抵、退税额} - \text{当期应退税额}
$$

（2）如当期期末留抵税额＞当期免、抵、退税额，则：

$$当期应退税额＝当期免、抵、退税额$$
$$当期免抵税额＝0$$

"当期期末留抵税额"根据当期"增值税纳税申报表"中的"期末留抵税额"确定。

**典型任务实例 2-6**

某自营出口生产企业是增值税一般纳税人，出口货物的征税率为 13％，退税率为 10％。8 月发生的有关经营业务为：购原材料一批，取得的增值税专用发票注明的价款为 200 万元，外购货物准予抵扣进项税额为 26 万元，货物已验收入库。当月进料加工免税进口料件的组成计税价格为 100 万元。上期末留抵税款 6 万元。本月内销货物不含税销售额为 100 万元，收款 113 万元存入银行。本月出口货物销售额折合人民币 200 万元。计算该企业当期的免、抵、退税额。

**解析**

（1）免、抵、退税不得免征和抵扣税额的抵减额＝免税进口料件的组成计税价格×（出口货物征税率－出口货物退税率）＝100×（13％－10％）＝3（万元）

（2）免、抵、退税不得免征和抵扣税额＝出口货物离岸价×外汇人民币牌价×（出口货物征税率－出口货物退税率）－免、抵、退税不得免征和抵扣税额的抵减额＝200×（13％－10％）－3＝6－3＝3（万元）

（3）当期应纳税额＝当期内销货物的销项税额－（当期进项税额－当期免、抵、退税不得免征和抵扣税额）－上期留抵税额＝100×13％－（26－3）－6＝13－23－6＝－16（万元）

（4）免、抵、退税额抵减额＝免税购进原材料价格×出口货物退税率＝100×13％＝10（万元）

（5）免、抵、退税额＝出口货物离岸价×外汇人民币牌价×出口货物退税率－免、抵、退税额抵减额＝200×10％－10＝10（万元）

（6）按规定，如当期期末留抵税额＞当期免、抵、退税额，则：当期应退税额＝当期免、抵、退税额，该企业应退税额为 10 万元

（7）当期免抵税额＝当期免、抵、退税额－当期应退税额＝10－10＝0

（8）8 月期末留抵结转下期继续抵扣税额＝16－10＝6（万元）

## （二）生产企业办理出口货物免、抵、退税的基本流程

生产企业出口货物增值税实行免、抵、退办法，办理免、抵、退税的业务流程如下。

（1）向商务主管部门取得进出口经营权。

（2）取得一般纳税人资格。

（3）向税务机关退税部门办理出口退（免）税开业认定。

（4）报送出口。

（5）进行纳税（预免抵）申报。

（6）取得"出口货物报关单"（出口退税专用）。

（7）作出口销售收入。

（8）收汇核销。

（9）单证齐全申报免、抵、退税。

（10）开具"税收收入退还书"及"免抵税调库通知书"。

（11）取得退税款。

### （三）免、退税的计算方法

免、退税是指免征最后环节增值部分应纳税款，按购进金额计算退还应退税款。免、退税方式主要适用于外贸出口企业。

外贸企业出口货物退还增值税应依据购进货物的增值税专用发票所注明的进项金额和出口货物对应的退税率计算。实行出口退税电子化管理后，外贸企业应退税款的计算方法有两种：一是单票对应法；二是加权平均法。

单票对应法就是对同一关联号下的出口货物数量、金额按商品代码进行加权平均，合理分配各出口货物占用的数量，计算每笔出口货物的应退税额。采用这种办法时，在一次申报中，同一关联号、同一商品代码下，应保持进口货物与出口货物的数量一致；如果进口货物的数量大于出口货物的数量，企业应到主管税务机关申请开具"出口退税进货分批申报单"。

加权平均法是指出口企业进货凭证按"企业代码＋部门代码＋商品代码"进行汇总，加权平均计算每种商品代码下的加权平均单价和平均退税率，出口申报按同样的关键字计算本次实际进货占用额，即用上述加权平均单价乘以平均退税率，再乘以实际退税数量，以计算每种商品代码下的应退税额的方法。审核数据按月保存，进货结余自动保留，可供下期退税时继续使用。

# 任务 2.2　增值税会计核算

 案例导入

小白理解了增值税计算规定后，现在要进行企业会计核算，但是由于企业是增值税一般纳税人，其使用的会计科目较多，有"应交税费——应交增值税""应交税费——未交增值税""应交税费——预交增值税""应交税费——待抵扣进项税额"及"应交税费——简易计税"等10个二级科目，"应交税费——应交增值税"还下设10个三级明细科目，小白不知道这些科目具体该如何使用。

## 一、涉税业务的主要会计科目

根据《中华人民共和国增值税暂行条例》和《财政部国家税务总局关于全面推开营业税改征增值税试点的通知》（财税〔2016〕36号）等有关规定，财政部制定了《增值税会计处理规定》（财会〔2016〕22号）。按此规定，会计科目及专栏设置如下。

（1）增值税一般纳税人应在"应交增值税"明细账内设置"进项税额""销项税额抵减""已交税金""转出未交增值税""转出多交增值税""减免税款""出口抵减内销产品应纳税额""销项税额""出口退税""进项税额转出"等专栏。

①"进项税额"专栏，记录一般纳税人购进货物、加工修理修配劳务、服务、无形资产或不动产而支付或负担的、准予从当期销项税额中抵扣的增值税额。

②"销项税额抵减"专栏,记录一般纳税人按照现行增值税制度规定因扣减销售额而减少的销项税额。

③"已交税金"专栏,记录一般纳税人当月已交纳的应交增值税额。

④"转出未交增值税"和"转出多交增值税"专栏,分别记录一般纳税人月度终了转出当月应交未交或多交的增值税额。

⑤"减免税款"专栏,记录一般纳税人按现行增值税制度规定准予减免的增值税额。

⑥"出口抵减内销产品应纳税额"专栏,记录实行"免、抵、退"办法的一般纳税人按规定计算的出口货物的进项税抵减内销产品的应纳税额。

⑦"销项税额"专栏,记录一般纳税人销售货物、加工修理修配劳务、服务、无形资产或不动产应收取的增值税额。

⑧"出口退税"专栏,记录一般纳税人出口货物、加工修理修配劳务、服务、无形资产按规定退回的增值税额。

⑨"进项税额转出"专栏,记录一般纳税人购进货物、加工修理修配劳务、服务、无形资产或不动产等发生非正常损失以及其他原因而不应从销项税额中抵扣、按规定转出的进项税额。

(2)"未交增值税"明细科目,核算一般纳税人月度终了从"应交增值税"或"预交增值税"明细科目转入当月应交未交、多交或预缴的增值税额,以及当月交纳以前期间未交的增值税额。

(3)"预交增值税"明细科目,核算一般纳税人转让不动产、提供不动产经营租赁服务、提供建筑服务、采用预收款方式销售自行开发的房地产项目等,以及其他按现行增值税制度规定应预缴的增值税额。

(4)"待抵扣进项税额"明细科目,核算一般纳税人已取得增值税扣税凭证并经税务机关认证,按照现行增值税制度规定准予以后期间从销项税额中抵扣的进项税额。包括:实行纳税辅导期管理的一般纳税人取得的尚未交叉稽核比对的增值税扣税凭证上注明或计算的进项税额。

(5)"待认证进项税额"明细科目,核算一般纳税人由于未经税务机关认证而不得从当期销项税额中抵扣的进项税额。包括:一般纳税人已取得增值税扣税凭证、按照现行增值税制度规定准予从销项税额中抵扣,但尚未经税务机关认证的进项税额;一般纳税人已申请稽核但尚未取得稽核相符结果的海关缴款书进项税额。

(6)"待转销项税额"明细科目,核算一般纳税人销售货物、加工修理修配劳务、服务、无形资产或不动产,已确认相关收入(或利得)但尚未发生增值税纳税义务而需于以后期间确认为销项税额的增值税额。

(7)"增值税留抵税额"明细科目,核算兼有销售服务、无形资产或者不动产的原增值税一般纳税人,截至纳入营改增试点之日前的增值税期末留抵税额按照现行增值税制度规定不得从销售服务、无形资产或不动产的销项税额中抵扣的增值税留抵税额。

(8)"简易计税"明细科目,核算一般纳税人采用简易计税方法发生的增值税计提、扣减、预缴、缴纳等业务。

(9)"转让金融商品应交增值税"明细科目,核算增值税纳税人转让金融商品发生的增值税额。

(10)"代扣代交增值税"明细科目,核算纳税人购进在境内未设经营机构的境外单位或个人在境内的应税行为代扣代缴的增值税。

小规模纳税人只需在"应交税费"科目下设置"应交增值税"明细科目,无须设置上述专栏及除"转让金融商品应交增值税""代扣代交增值税"外的明细科目。

## 二、增值税账户设置

1. 一般纳税人的账户设置

(1)"应交税费——应交增值税"账户设置。

企业应根据增值税核算的会计科目设置账簿。"应交税费——应交增值税"账簿的设置有两种方法。

① "应交增值税"二级账下,按明细项目设置专栏(见表2-9)。

表2-9 应交税费——应交增值税

| 略 | 借方 | | | | | | | 贷方 | | | | | 借或贷 | 余额 |
|---|---|---|---|---|---|---|---|---|---|---|---|---|---|---|
| | 合计 | 进项税额 | 已交税金 | 减免税款 | 转出未交增值税 | 出口抵减内销产品应纳税额 | 销项税额抵减 | 合计 | 销项税额 | 出口退税 | 进项税额转出 | 转出多交增值税 | | |
| | | | | | | | | | | | | | | |
| | | | | | | | | | | | | | | |
| | | | | | | | | | | | | | | |
| | | | | | | | | | | | | | | |
| | | | | | | | | | | | | | | |
| | | | | | | | | | | | | | | |

这种账页格式在一张账页上总括反映所有明细项目的发生和结转情况,可以达到一目了然的效果。但因账页较长,登账时必须注意不要串栏、串行,以免发生记账错误的情况。

② 将"进项税额""销项税额"等明细项目在"应交税费"账户下分别设置明细账进行核算(见表2-10)。

表2-10 应交税费——进项税额

| 年 | | 凭证号 | 摘要 | 入账发票份数 | | 借方 | | | | | | 借或贷 | 余额 |
|---|---|---|---|---|---|---|---|---|---|---|---|---|---|
| 月 | 日 | | | 专用 | 普通 | 13% | 9% | 6% | 5% | 3% | 1.5% | | |
| | | | | | | | | | | | | | |
| | | | | | | | | | | | | | |
| | | | | | | | | | | | | | |

月终,应将有关明细账的金额结转至"应交税费——应交增值税"科目的借方或贷方,然

后再将期末多交或未交增值税税额结转至"应交税费——未交增值税"科目。

（2）"应交税费——未交增值税"账户设置。

"应交税费——未交增值税"账户可设借方、贷方、余额三栏式账页（见表 2-11）。

表 2-11　应交税费——未交增值税

| 年 | | 凭证号 | 摘要 | 借方 | 贷方 | 借或贷 | 余额 |
|---|---|---|---|---|---|---|---|
| 月 | 日 | | | | | | |
| | | | | | | | |
| | | | | | | | |
| | | | | | | | |
| | | | | | | | |

企业也可以将"应交增值税"明细账与"未交增值税"明细账合并设置，这样可以在一本账上反映增值税核算的全貌（见表 2-12）。

表 2-12　应交税费——应交、未交增值税

| 年 | | 凭证号 | 摘要 | 应交增值税 | | | | | | | | | | | | | 余额（借） | 未交增值税 | | | | 借或贷余额 |
|---|---|---|---|---|---|---|---|---|---|---|---|---|---|---|---|---|---|---|---|---|---|---|
| | | | | 借方 | | | | | | 贷方 | | | | | | | | 借方 | | 贷方 | | |
| 月 | 日 | | | 合计 | 进项税额 | 已交税金 | 减免税款 | 转出未交增值税 | 出口抵减内销产品应纳税额 | 销项税额抵减 | 合计 | 销项税额 | 出口退税 | 进项税额转出 | 转出多交增值税 | | | 转入多交 | 上交未交 | 转入未交 | | |
| | | | | | | | | | | | | | | | | | | | | | | |
| | | | | | | | | | | | | | | | | | | | | | | |
| | | | | | | | | | | | | | | | | | | | | | | |
| | | | | | | | | | | | | | | | | | | | | | | |

2. 小规模纳税人的账户设置

由于增值税小规模纳税人采用简易方法计算增值税应纳税额，不实行进项税额抵扣制度，因此可设置三栏式"应交税费——应交增值税"账户进行核算（见表 2-13）。借方反映上缴的增值税税额，贷方反映当月销售货物或提供应税劳务及应税行为应交的增值税税额；期末借方余额反映多缴的增值税税额，期末贷方余额反映尚未缴纳的增值税税额。

表 2-13　应交税费——应交增值税

| 年 | | 凭证号 | 摘要 | 借方 | 贷方 | 借或贷 | 余额 |
|---|---|---|---|---|---|---|---|
| 月 | 日 | | | | | | |
| | | | | | | | |
| | | | | | | | |
| | | | | | | | |
| | | | | | | | |

**【温馨提示】**

为了全面反映一般纳税人增值税的欠交、多交以及不足抵扣的具体情况,便于税务机关的征收管理,企业应按财政部发布的增值税会计处理规定,根据企业"应交税费——应交增值税"明细账户和"应交税费——未交增值税"明细账户,填报"应交增值税明细表",作为资产负债表的附表上报主管税务机关。其格式见表2-14。

**表 2-14 应交增值税明细表**

编制单位: 年 月 单位:元

| 项目 | 项次 | 本月数 | 本年累计数 |
|---|---|---|---|
| 一、应交增值税 | 1 | | |
| 1. 年初未抵扣数(以"—"号填列) | 2 | | |
| 2. 销项税额 | 3 | | |
| 出口退税 | 4 | | |
| 进项税额转出 | 5 | | |
| 转出多交增值税 | 6 | | |
| | 7 | | |
| 3. 进项税额 | 8 | | |
| 已交税金 | 9 | | |
| 减免税款 | 10 | | |
| 出口抵减内销产品应纳税额 | 11 | | |
| 转出未交增值税 | 12 | | |
| 销项税额抵减 | 13 | | |
| | 14 | | |
| 4. 期末未抵扣数(以"—"号填列) | 15 | | |
| 二、未交增值税 | 16 | | |
| 1. 年初未交数(多交数以"—"号填列) | 17 | | |
| 2. 本期转入数(多交数以"—"号填列) | 18 | | |
| 3. 本期已交数 | 19 | | |
| 4. 期末未交数(多交数以"—"号填列) | 20 | | |

表2-14可以全面反映企业本期以及本年累计缴纳增值税的情况,并可计算本月或全年累计应交的增值税。

$$\begin{aligned}\text{本月实际应交增值税} = &\left(\text{本月发生的销项税额} - \text{本月销项税额抵减}\right) + \text{本月收到的出口退税} - \left(\text{本月发生的进项税额} - \text{本月进项税额转出}\right) \\ & - \text{本月发生的减免税款} - \text{本月发生的出口抵减内销产品应纳税额} - \text{上月多交税额或未抵扣的进项税额}\end{aligned}$$

$$\begin{aligned}\text{本年累计实际应交增值税} = &\left(\begin{array}{c}\text{年初未交增值税}\\ \text{多交或未抵扣的增值税以负号表示}\end{array}\right) + \left(\text{本年发生的销项税额} - \text{本年销项税额抵减}\right) \\ & + \text{本年实际收到的出口退税} - \left(\text{本年发生的进项税额} - \text{本年进项税额转出}\right)\end{aligned}$$

小规模纳税人、零星少量缴纳增值税的企业可以不填列"应交增值税明细表"。

## 三、一般纳税人增值税一般计税方法的会计处理

### (一) 一般纳税人增值税进项税额的会计处理

1. 一般购进业务增值税的会计处理

一般纳税人购进货物、加工修理修配劳务、服务、无形资产或不动产,按应计入相关成本费用或资产的金额,借记"在途物资"或"原材料""库存商品""生产成本""无形资产""固定资产""管理费用"等科目,按当月已申请抵扣增值税额,借记"应交税费——应交增值税(进项税额)"科目,按当月未申请抵扣增值税额,借记"应交税费——待认证进项税额"科目,按应付或实际支付的金额,贷记"应付账款""应付票据""银行存款"等科目。

**典型任务实例 2-7**

某公司 2021 年 5 月支付水费 2 200 元,取得防伪税控系统开具的增值税专用发票,发票上注明的价款为 2 000 元,增值税税额为 200 元。增值税发票已申请抵扣。请做出该业务的会计处理。

**解析**

本业务的会计分录如下。

| | |
|---|---:|
| 借:应付账款 | 2 000 |
| 　应交税费——应交增值税(进项税额) | 200 |
| 　贷:银行存款 | 2 200 |

**典型任务实例 2-8**

某公司 2021 年 5 月购入一批原材料,取得防伪税控系统开具的增值税专用发票,尚未申请抵扣,增值税专用发票上注明的原材料价款为 40 万元,增值税税额为 5.2 万元;开出一张 3 个月到期的商业汇票支付货款,材料已到并验收入库。发票 6 月申请抵扣。请做出该业务的会计处理。

**解析**

(1) 5 月材料运达时的会计分录如下。

| | |
|---|---:|
| 借:原材料 | 400 000 |
| 　应交税费——待认证进项税额 | 52 000 |
| 　贷:应付票据 | 452 000 |

(2) 发票 6 月申请抵扣时的会计分录如下。

| | |
|---|---:|
| 借:应交税费——应交增值税(进项税额) | 52 000 |
| 　贷:应交税费——待认证进项税额 | 52 000 |

2. 购入农产品的涉税会计处理

按税法规定,纳税人购进农产品,取得一般纳税人开具的增值税专用发票或海关进口增值税专用缴款书的,以增值税专用发票或海关进口增值税专用缴款书上注明的增值税额为进项税额;从按照简易计税方法依照 3% 征收率计算缴纳增值税的小规模纳税人取得增值税专用发票的,以增值税专用发票上注明的金额和 10% 的扣除率计算进项税额;取得(开具)农产品销售

发票或收购发票的,以农产品销售发票或收购发票上注明的农产品买价和 10% 的扣除率计算进项税额。对于一般纳税人购入农产品,按买价(收购金额)的一定比率计算进项税额的,在会计核算时,按有关凭证上确定的金额扣除规定比率的进项税额,作为购进成本,借记"原材料"等科目;按买价(收购金额)和规定的扣除率计算的进项税额,借记"应交税费——应交增值税(进项税额)"科目;按应付或实际支付的价款,贷记"应付账款""银行存款"等科目。

### 典型任务实例 2-9

某公司 2021 年 5 月购进免税农产品(非用于生产销售或委托加工 13% 税率货物)一批,收购凭证上注明的价款为 5 000 元,另支付 109 元运费,取得增值税专用发票,发票注明价税合计为 109 元。材料已验收入库,货款未付。请做出该业务的会计处理。

**解析**

运费允许抵扣的进项税额 $=109\div(1+9\%)\times9\%=9$(元)

计入原材料成本的运输费用 $=109\div(1+9\%)=100$(元)

免税农产品允许抵扣的进项税额 $=5\,000\times9\%=450$(元)

计入原材料成本的金额 $=5\,000\times(1-9\%)=4\,550$(元)

编制的会计分录如下。

借:原材料 　　　　　　　　　　　　　　　　　　　　　　　4 650

　　应交税费——应交增值税(进项税额) 　　　　　　　　　　459

　　贷:应付账款 　　　　　　　　　　　　　　　　　　　　5 000

　　　　银行存款 　　　　　　　　　　　　　　　　　　　　109

**想一想**

购进免税农产品如果用于生产销售或委托加工 13% 税率的货物,该业务又该如何处理?

3. 进货退回进项税额的核算

一般纳税人购进货物发生退货时,购货方应区别下列两种不同情况进行具体处理。

(1) 购货方未付货款也未作账务处理。在这种情况下,购货方只需将发票联和抵扣联退还给销货方即可。既然购货方进货后还未作账务处理,退货时也无须进行账务处理。如果是部分退货,将发票联和抵扣联退还给销货方后,由销货方按实际数量重新开具增值税专用发票,购货方也不用对退货进行账务处理,只要按实购数量、金额进行正常的购货账务处理即可。

(2) 购货方已付货款,或者货款未付但已作账务处理。发生退货的,如原增值税专用发票已做认证,应根据税务机关开具的红字增值税专用发票做相反的会计分录;如原增值税专用发票未做认证,应将发票退回并做相反的会计分录。

### 典型任务实例 2-10

某公司 2021 年 5 月购进甲材料一批,6 月因上述材料存在质量问题退回一部分,取得当地主管税务机关开具的"红字增值税专用发票通知单"送交销货方,退回价款 2 000 元,增值税税额 260 元,已收到对方开具的红字增值税专用发票。请做出该业务的会计处理。

**解析**

本业务的会计分录如下。

借:银行存款　2 260
　　贷:原材料——甲材料　2 000
　　　　应交税费——应交增值税(进项税额)　260

**典型任务实例 2-11**

某公司 2021 年 5 月购入一批原材料,取得防伪税控系统开具的增值税专用发票,尚未申请抵扣,增值税专用发票上注明的原材料价款为 40 万元,增值税税额为 5.2 万元,已支付货款,材料已验收入库。6 月份发生退货,将发票联和抵扣联退还给销货方。请做出该业务的会计处理。

**解析**

本业务的会计分录如下。

借:银行存款　452 000
　　贷:原材料——甲材料　400 000
　　　　应交税费——待认证进项税额　52 000

4. 接受投资转入货物进项税额的核算

一般纳税人接受投资转入的货物,按照增值税专用发票上注明的增值税税额,借记"应交税费——应交增值税(进项税额)"科目。按照双方确认的货物价值,借记"原材料"等科目;按其在注册资本中所占的份额,贷记"实收资本"科目;按其差额,贷记"资本公积"科目。

**典型任务实例 2-12**

某有限责任公司接受华明公司投资转入原材料一批,取得防伪税控系统开具的增值税专用发票,注明双方确认的价格为 12 000 元,增值税税额为 1 560 元,增值税专用发票已申请抵扣。该项投资占该公司 20% 的股份,该公司注册资本为 50 000 元。请做出该业务的会计处理。

**解析**

本业务的会计分录如下。

借:原材料　12 000
　　应交税费——应交增值税(进项税额)　1 560
　　贷:实收资本　10 000
　　　　资本公积　3 560

5. 通过债务重组方式取得货物进项税额的核算

《企业会计准则》规定,债权人接受债务人以存货资产抵偿债务方式进行债务重组的,按受让存货资产公允价值,借记"原材料""库存商品"等科目;按增值税专用发票上注明的进项税额,借记"应交税费——应交增值税(进项税额)"科目;按该项债权已提的坏账准备,借记"坏账准备"科目;按重组债权的账面价值与受让存货资产公允价值和可抵扣增值税进项税额之和的差额,借记"营业外支出——债务重组损失"科目;按应收债权的账面余额,贷记"应收账款"等科目。

### 典型任务实例 2-13

2021 年 5 月 1 日,华明公司赊销一批材料给满天星公司,含税价为 113 000 元。2022 年 5 月 1 日,满天星公司发生财务困难,无法按合同规定偿还债务,经双方协议,华明公司同意满天星公司用产品抵偿该项应收账款。该产品市价为 8 000 元,增值税税率为 13%,产品成本为 7 000 元。华明公司为该项债权计提了坏账准备 500 元。假定不考虑其他税费,请做出华明公司在 2022 年 5 月的会计处理。

**解析**

本业务的会计分录如下。

| | |
|---|---|
| 借:原材料 | 8 000 |
| 应交税费——应交增值税(进项税额) | 1 040 |
| 坏账准备 | 500 |
| 营业外支出——债务重组损失 | 1 760 |
| 贷:应收账款 | 11 300 |

6. 委托加工物资进项税额的核算

企业委托加工物资,将发生货物的实际成本、加工过程中支付的加工费、运输费等,借记"委托加工物资"科目;按加工方提供的增值税专用发票的税款和准予抵扣运费的进项税额,借记"应交税费——应交增值税(进项税额)"科目;加工完毕收回后,借记有关科目,贷记"委托加工物资"科目。

### 典型任务实例 2-14

某厂当月发出原材料原木委托木器加工厂加工包装用木箱,原木的实际成本为 30 000 元,支付加工费 2 000 元,增值税税额为 260 元;加工过程中发生运输费用 1 090 元,取得增值税专用发票。月末货物加工完毕已验收入库,款项均已通过银行支付,取得的增值税扣税凭证已在当月申请抵扣。请做出该业务的会计处理。

**解析**

(1) 发出材料时的会计分录如下。

| | |
|---|---|
| 借:委托加工物资 | 30 000 |
| 贷:原材料 | 30 000 |

(2) 支付加工费时的会计分录如下。

| | |
|---|---|
| 借:委托加工物资 | 2 000 |
| 应交税费——应交增值税(进项税额) | 260 |
| 贷:银行存款 | 2 260 |

(3) 支付运费时的会计分录如下。

| | |
|---|---|
| 借:委托加工物资 | 1 000 |
| 应交税费——应交增值税(进项税额) | 90 |
| 贷:银行存款 | 1 090 |

（4）加工完毕收回入库时的会计分录如下。

借：周转材料                                                 33 000

   贷：委托加工物资                                   33 000

**7. 接受应税劳务的进项税额核算**

一般纳税人接受加工、修理修配劳务，按照增值税专用发票上注明的增值税税额，借记"应交税费——应交增值税（进项税额）"科目；按照增值税专用发票上注明的加工、修理修配费用，借记"委托加工物资""其他业务成本""制造费用""管理费用"等科目；按应付或实际支付的金额，贷记"银行存款""应付账款"等科目。

**典型任务实例 2-15**

某电机厂的基本生产车间委托某修理厂修理设备，取得的增值税专用发票上注明的修理费为 5 000 元，增值税税额为 650 元，以银行存款支付。请做出该业务的会计处理。

**解析**

本业务的会计分录如下。

借：管理费用                                             5 000

   应交税费——应交增值税（进项税额）           650

   贷：银行存款                                      5 650

**8. 接受应税服务的进项税额核算**

一般纳税人接受应税服务取得的增值税扣税凭证，按税法规定符合抵扣条件的，可在本期申报抵扣的进项税额，借记"应交税费——应交增值税（进项税额）"科目；按应计入相关项目成本的金额，借记"材料采购""原材料""制造费用""管理费用""销售费用""固定资产""主营业务成本""其他业务成本"等科目；按照应付或实际支付的金额，贷记"应付账款""应付票据""银行存款"等科目。所接受的服务中止时，做相反的会计分录。

**典型任务实例 2-16**

上海 A 企业系增值税一般纳税人，2021 年 9 月委托上海 B 公司一项送货上门运输业务，取得 B 公司开具的增值税专用发票，价款 20 万元，注明的增值税税额为 1.8 万元。请做出该业务的会计处理。

**解析**

A 企业取得 B 公司增值税专用发票后的会计分录如下。

借：销售费用                                        200 000

   应交税费——应交增值税（进项税额）         18 000

   贷：应付账款——B 公司                    218 000

**典型任务实例 2-17**

甲房地产企业系增值税一般纳税人，某项目采用一般计税方法，由 A 建筑公司承包建安工程，6 月 15 日，取得施工方开具的增值税专用发票，发票注明总价款 218 万元，其中不含税价款 200 万元，增值税税额 18 万元。请做出该业务的会计处理。

**解析**

甲房地产企业的会计分录如下。

借:开发成本——建安成本　　　　　　　　　　　　　　　　　　2 000 000
　　应交税费——应交增值税(进项税额)　　　　　　　　　　　　　180 000
　　贷:应付账款　　　　　　　　　　　　　　　　　　　　　　　　2 180 000

9. 进口货物进项税额的核算

增值税一般纳税人进口货物时应准确填报企业名称,确保海关缴款书上的企业名称与税务登记的企业名称一致。税务机关将进口货物取得的属于增值税抵扣范围的海关缴款书信息与海关采集的缴款信息进行稽核比对。经稽核比对相符后,海关缴款书上注明的增值税额可作为进项税额在销项税额中抵扣。稽核比对不相符,所列税额暂不得抵扣,待核查确认海关缴款书票面信息与纳税人实际进口业务一致后,海关缴款书上注明的增值税额可作为进项税额在销项税额中抵扣。一般纳税人进口货物或接受境外单位或者个人提供的应税服务,稽核比对前,按照海关提供的海关进口增值税专用缴款书上注明的增值税税额或中华人民共和国税收通用缴款书上注明的增值税税额进行会计核算,借记"应交税费——待认证进项税额"科目;按进口货物应计入采购成本的金额,借记"材料采购""原材料""固定资产""无形资产""库存商品"等科目;按照应付或实际支付的金额,贷记"应付账款""应付票据""银行存款"等科目。经稽核比对相符后,将"应交税费——待认证进项税额"转作"应交税费——应交增值税(进项税额)"在销项税额中抵扣。

**典型任务实例 2-18**

某厂从国外进口材料一批,海关核定的关税完税价格为 300 000 元,应缴纳的进口关税为 42 900 元,从海关取得的海关进口增值税专用缴款书上注明的增值税税额为 52 800 元。经稽核比对相符,材料已验收入库,款项以银行存款支付。请做出该业务的会计处理。

**解析**

本业务的会计分录如下。

借:原材料　　　　　　　　　　　　　　　　　　　　　　　　　　330 000
　　应交税费——应交增值税(进项税额)　　　　　　　　　　　　　42 900
　　贷:银行存款　　　　　　　　　　　　　　　　　　　　　　　　372 900

**典型任务实例 2-19**

2021 年 9 月,G 港口公司从澳大利亚 Re 公司进口散货装卸设备一台,价格为 1 500 万元已于上月支付,缴纳进口环节的增值税 195 万元,取得海关进口增值税专用缴款,尚未稽核比对。2021 年 12 月,企业稽核比对相符。请做出该业务的会计处理。

**解析**

2021 年 9 月的会计分录如下。

借:工程物资　　　　　　　　　　　　　　　　　　　　　　　　15 000 000
　　贷:预付账款　　　　　　　　　　　　　　　　　　　　　　　15 000 000
借:应交税费——待认证进项税额　　　　　　　　　　　　　　　　1 950 000
　　贷:银行存款　　　　　　　　　　　　　　　　　　　　　　　　1 950 000

2021 年 12 月的会计分录如下。

借:应交税费——应交增值税(进项税额)　　　　　　　　　　1 950 000

　　贷:应交税费——待认证进项税额　　　　　　　　　　　　　　1 950 000

10. 购买方作为扣缴义务人的核算

按照现行增值税制度规定,境外单位或个人在境内发生应税行为,在境内未设有经营机构的,以购买方为增值税扣缴义务人。境内一般纳税人购进服务、无形资产或不动产,按应计入相关成本费用或资产的金额,借记"生产成本""无形资产""固定资产""管理费用"等科目,按可抵扣的增值税额,借记"应交税费——应交增值税(进项税额)"科目,按应付或实际支付的金额,贷记"应付账款"等科目,按应代扣代缴的增值税额,贷记"应交税费——代扣代交增值税"科目。实际缴纳代扣代缴增值税时,按代扣代缴的增值税额,借记"应交税费——代扣代交增值税"科目,贷记"银行存款"科目。

**典型任务实例 2-20**

2021 年 9 月,G 港口公司在进行传输带系统技术改造的过程中,接受了澳大利亚 Re 公司的技术指导,合同总价为 18 万元。当月改造完成,澳大利亚 Re 公司境内无经营机构,G 公司办理扣缴增值税手续,取得完税凭证,并将扣税后的价款支付给 Re 公司。书面合同、付款证明和 Re 公司的对账单齐全。请做出该业务的会计处理。

**解析**

(1)扣缴增值税税款时的会计分录如下。

借:应交税费——代扣代交增值税　　　　　　　　　　　　　　10 188.68

　　贷:银行存款　　　　　　　　　　　　　　　　　　　　　　　10 188.68

(2)支付价款时的会计分录如下。

借:在建工程　　　　　　　　　　　　　　　　　　　　　　　169 811.32

　　应交税费——应交增值税(进项税额)　　　　　　　　　　　　10 188.68

　　贷:银行存款　　　　　　　　　　　　　　　　　　　　　　169 811.32

　　　应交税费——代扣代交增值税　　　　　　　　　　　　　　　10 188.68

11. 购进不动产或不动产在建工程进项税额的核算

一般纳税人自 2016 年 5 月 1 日后取得并按固定资产核算的不动产或者 2016 年 5 月 1 日后取得的不动产在建工程,其进项税额按现行增值税制度规定自取得之日起分两年从销项税额中抵扣的,应当按取得成本,借记"固定资产""在建工程"等科目,按当期可抵扣的增值税额,借记"应交税费——应交增值税(进项税额)"科目,按以后期间可抵扣的增值税额,借记"应交税费——待抵扣进项税额"科目,按应付或实际支付的金额,贷记"应付账款""应付票据""银行存款"等科目。尚未抵扣的进项税额待以后期间允许抵扣时,按允许抵扣的金额,借记"应交税费——应交增值税(进项税额)"科目,贷记"应交税费——待抵扣进项税额"科目。

**典型任务实例 2-21**

2021 年 6 月 5 日,纳税人购进办公大楼一座,该大楼用于公司办公经营,计入固定资产,并于次月开始计提折旧。6 月 20 日,该纳税人取得该大楼增值税专用发票并申报抵扣,专用发票注明价款 10 000 万元,税额 900 万元。请做出该业务的会计处理。

**解析**

根据财税〔2019〕39 号文件规定,该 900 万元进项税额不再分两年抵扣,可以一次性抵扣。

2021 年 6 月,购进大楼时的会计分录如下。

借:固定资产——办公楼             100 000 000
  应交税费——应交增值税(进项税额)     9 000 000
  贷:银行存款              109 000 000

**想一想**

如果购进不动产,在会计账上按照"投资性房地产"核算,其进项税额又该如何抵扣?

**典型任务实例 2-22**

2021 年 8 月 1 日,某企业购进材料一批用于生产,取得增值税专用发票,发票上注明不含税金额为 1 000 万元,税款为 160 万元。2021 年 10 月 10 日,该企业将该批材料用于不动产在建工程。请做出该业务的会计处理。

**解析**

购进时已抵扣进项税额 160 万元。

2021 年 10 月用于在建工程时的会计分录如下。

借:在建工程              10 000 000
  贷:原材料              10 000 000

已抵扣进项税额的原材料用于不动产在建工程的进项税额不再分两年抵扣,可以一次性扣除,因此不做进项税额转出。

12. 货物等已验收入库但尚未取得增值税扣税凭证的核算

一般纳税人购进的货物等已到达并验收入库,但尚未收到增值税扣税凭证并未付款的,应在月末按货物清单或相关合同协议上的价格暂估入账,无须将增值税的进项税额暂估入账。下月初,用红字冲销原暂估入账金额,待取得相关增值税扣税凭证并申请抵扣后,按应计入相关成本费用或资产的金额,借记"原材料""库存商品""固定资产""无形资产"等科目,按可抵扣的增值税额,借记"应交税费——应交增值税(进项税额)"科目,按应付金额,贷记"应付账款"等科目。

**典型任务实例 2-23**

2021 年 8 月 20 日,甲公司采用委托收款结算方式购入原材料一批,材料已验收入库,月末发票账单尚未收到也无法确定其实际成本,暂估价值为 30 000 元。请做出该业务的会计处理。

**解析**

甲公司应编制如下会计分录。

借：原材料　　　　　　　　　　　　　　　　　　　　　　　　30 000
　　贷：应付账款——暂估应付账款　　　　　　　　　　　　　　　30 000

9 月初作相反的会计分录予以冲回。

借：应付账款——暂估应付账款　　　　　　　　　　　　　　30 000
　　贷：原材料　　　　　　　　　　　　　　　　　　　　　　　　30 000

上述购入的原材料于 9 月 5 日收到发票账单,增值税专用发票上记载的货款为 31 000元,增值税税额 4 030 元,取得相关增值税扣税凭证已经认证,已用银行存款付讫。甲公司应编制如下会计分录。

借：原材料　　　　　　　　　　　　　　　　　　　　　　　　31 000
　　应交税费——应交增值税(进项税额)　　　　　　　　　4 030
　　贷：银行存款　　　　　　　　　　　　　　　　　　　　　　　35 030

13. 进项税额不得抵扣的核算

(1) 采购时进项税额不得抵扣的核算。一般纳税人购进货物、加工修理修配劳务、服务、无形资产或不动产,用于简易计税方法计税项目、免征增值税项目、集体福利或个人消费等,其进项税额按照现行增值税制度规定不得从销项税额中抵扣的,取得增值税专用发票时,应借记相关成本费用或资产科目,借记"应交税费——待认证进项税额"科目,贷记"银行存款""应付账款"等科目,经税务机关认证后,转入"应交税费——应交增值税(进项税额)",同时应借记相关成本费用或资产科目,贷记"应交税费——应交增值税(进项税额转出)"科目。

**典型任务实例 2-24**

2021 年 7 月 5 日,纳税人购进一幢大楼用作职工食堂,计入固定资产,并于次月开始计提折旧。7 月 20 日,该纳税人取得该大楼增值税专用发票并申请抵扣,专用发票注明价款1 000 万元,税额 90 万元。请做出该业务的会计处理。

**解析**

本业务的会计分录如下。

借：固定资产　　　　　　　　　　　　　　　　　　　　　10 000 000
　　应交税费——待认证进项税额　　　　　　　　　　　　900 000
　　贷：银行存款　　　　　　　　　　　　　　　　　　　　　10 900 000
借：应交税费——应交增值税(进项税额)　　　　　　　900 000
　　贷：应交税费——待认证进项税额　　　　　　　　　　　900 000
借：固定资产　　　　　　　　　　　　　　　　　　　　　900 000
　　贷：应交税费——应交增值税(进项税额转出)　　　　　900 000

**【请注意】**

适用于一般计税方法的纳税人,兼营简易计税方法计税项目、免征增值税项目而无法划分不得抵扣的进项税额,按照下列公式计算不得抵扣的进项税额

$$货物不得抵扣的进项税额 = 当期无法划分的全部进项税额 \times \frac{当期简易计税方法计税项目销售额 + 免征增值税项目销售额}{当期全部销售额}$$

一般纳税人销售自行开发的房地产项目,兼有一般计税方法计税、简易计税方法计税、免征增值税的房地产项目而无法划分不得抵扣的进项税额的,应以建筑工程施工许可证注

明的"建设规模"为依据进行划分。

$$\text{不得抵扣的进项税额} = \text{当期无法划分的全部进项税额} \times \frac{\text{简易计税、免税房地产项目建设规模}}{\text{房地产项目总建设规模}}$$

（2）进项税额抵扣情况发生改变的核算。因发生非正常损失或改变用途等，原已计入进项税额、待抵扣进项税额或待认证进项税额，但按现行增值税制度规定不得从销项税额中抵扣的，借记"待处理财产损溢""应付职工薪酬""固定资产""无形资产"等科目，贷记"应交税费——应交增值税（进项税额转出）""应交税费——待抵扣进项税额"或"应交税费——待认证进项税额"科目；原不得抵扣且未抵扣进项税额的固定资产、无形资产等，因改变用途等用于允许抵扣进项税额的应税项目的，应按允许抵扣的进项税额，借记"应交税费——应交增值税（进项税额）"科目，贷记"固定资产""无形资产"等科目。固定资产、无形资产等经上述调整后，应按调整后的账面价值在剩余尚可使用寿命内计提折旧或摊销。

① 非正常损失转出进项税额的会计处理。非正常损失的存货等所耗用的购进货物或应税劳务、服务的进项税额，不得从销项税额中抵扣。当发生非正常损失时，按非正常损失的在产品、产成品的实际成本与负担的进项税额的合计数，借记"待处理财产损溢——待处理流动资产损溢"科目，按实际损失的在产品、产成品成本，贷记"生产成本——基本生产成本""库存商品"科目，按计算出的应转出的增值税税额，贷记"应交税费——应交增值税（进项税额转出）"科目。

**典型任务实例 2-25**

华明公司上月外购原材料一批，数量为 20 吨，取得的专用发票上注明的价款为 100 000 元，税款为 13 000 元，款项已付，进项已认证抵扣。因人为因素入库后造成非正常损失 2 吨。请做出该业务的会计处理。

**解析**

本业务的会计分录如下。

借：待处理财产损溢——待处理流动资产损溢　　　　　　　　　11 300
　　贷：原材料　　　　　　　　　　　　　　　　　　　　　　10 000
　　　　应交税费——应交增值税（进项税额转出）　　　　　　 1 300

② 改变用途转出进项税额的会计处理。

a. 已抵扣进项税额的购进货物（不含固定资产）、劳务、服务，发生按现行增值税制度规定不得从销项税额中抵扣的规定情形（简易计税方法计税项目、免征增值税项目除外）的，应当将该进项税额从当期进项税额中扣减；无法确定该进项税额的，按照当期实际成本计算应扣减的进项税额。

**典型任务实例 2-26**

大华食品公司 2021 年 5 月购进 10 吨月饼，取得的防伪税控系统开具的增值税专用发票上注明的材料价款为 80 000 元，增值税税额为 10 400 元。增值税专用发票尚未申请抵扣，6 月增值税专用发票申请抵扣并将其中的 2 吨作为福利发给职工。请做出该业务的会计处理。

**解析**

6 月增值税专用发票申请抵扣，会计分录如下。

| 借:应交税费——应交增值税(进项税额) | 10 400 |
| 贷:应交税费——待认证进项税额 | 10 400 |

6月作为福利发给职工时,会计分录如下。

| 借:应付职工薪酬 | 18 080 |
| 贷:原材料 | 16 000 |
| 应交税费——应交增值税(进项税额转出) | 2 080 |

b. 已抵扣进项税额的固定资产、无形资产,用于按规定不得抵扣进项税额项目,按照下列公式计算不得抵扣的进项税额

$$不得抵扣的进项税额=固定资产、无形资产净值×适用税率$$

固定资产、无形资产净值,是指纳税人根据财务会计制度计提折旧或摊销后的余额。

按规定计算的不得从销项税额中抵扣的税额,借记"固定资产""无形资产"等科目,贷记"应交税费——应交增值税(进项税额转出)""应交税费——待认证进项税额"科目。

c. 已抵扣进项税额的不动产,发生非正常损失,或者改变用途,专用于简易计税方法计税项目、免征增值税项目、集体福利或者个人消费的,按照下列公式计算不得抵扣的进项税额,并从当期进项税额中扣减:

$$不得抵扣的进项税额=已抵扣进项税额×不动产净值率$$
$$不动产净值率=(不动产净值÷不动产原值)×100\%$$

不得抵扣的进项税额,应借记相关成本费用或资产科目,贷记"应交税费——应交增值税(进项税额转出)"科目。

### 典型任务实例 2-27

2021年12月1日,纳税人买了一座楼办公用,价款为1 200万元,进项税额为108万元,且已抵扣。可是2022年11月,纳税人将办公楼改造成了员工食堂。请做出该业务的会计处理。

**解析**

该固定资产已提折旧=1 200÷20÷12×11=55(万元)

$$不动产净值率=\frac{不动产净值}{不动产原值}×100\%$$

$$=\frac{1\ 200-55}{1\ 200}×100\%=95.42\%$$

不得抵扣的进项税额=已抵扣进项税额×不动产净值率
$$=108×95.42\%=103.05(万元)$$

按照规定,应编制如下会计分录。

| 借:固定资产——食堂 | 13 030 500 |
| 贷:应交税费——应交增值税(进项税额转出) | 1 030 500 |
| 固定资产——办公楼 | 12 000 000 |

d. 原不得抵扣且未抵扣进项税额的固定资产、无形资产等,因改变用途等用于允许抵扣进项税额的应税项目的,应按允许抵扣的进项税额,借记"应交税费——应交增值税(进项税额)"科目,贷记"固定资产""无形资产"等科目。

e. 按照规定不得抵扣进项税额的不动产,发生用途改变,用于允许抵扣进项税额项目的,按照下列公式在改变用途的次月计算可抵扣进项税额。

可抵扣进项税额＝增值税扣税凭证注明或计算的进项税额×不动产净值率

可抵扣进项税额,应借记"应交税费——应交增值税(进项税额)",贷记"固定资产"科目。

**? 想一想**

如果典型任务实例 2-27 中是将食堂(购买时进项已认证)改为办公楼,又该如何进行账务处理?

### (二)一般纳税人增值税销项税额的会计处理

#### 1. 一般销售业务的核算

企业销售货物、加工修理修配劳务、服务、无形资产或不动产,应当按应收或已收的金额,借记"应收账款""应收票据""银行存款"等科目,按取得的收入金额,贷记"主营业务收入""其他业务收入""固定资产清理""工程结算"等科目,按现行增值税制度规定计算的销项税额,贷记"应交税费——应交增值税(销项税额)"科目。

(1)直接收款方式销售的核算。纳税人采取直接收款方式销售货物的,企业应根据销售结算凭证和银行存款进账单,借记"应收账款""应收票据""银行存款"等科目;按照实现的销售收入,贷记"主营业务收入""其他业务收入"等科目;按照规定收取的增值税税额,贷记"应交税费——应交增值税(销项税额)"科目。

**典型任务实例 2-28**

某生产企业当月销售产品一批,开具的增值税专用发票上注明的货款为 750 000 元,增值税税额为 97 500 元,另外开出支票代垫运费 1 800 元,款项未收。请做出该业务的会计处理。

**解析**

本业务的会计分录如下。

| | | |
|---|---|---|
| 借:应收账款 | | 849 300 |
| 贷:主营业务收入 | | 750 000 |
| 应交税费——应交增值税(销项税额) | | 97 500 |
| 银行存款 | | 1 800 |

**典型任务实例 2-29**

某市 C 餐饮企业提供餐饮服务总收入 106 万元,将其闲置房屋出租收入 5.45 万元(该企业选择一般计税方法),按照适用税率,分别开具增值税专用发票,款项已收。请做出该业务的会计处理。

**解析**

取得餐饮服务收入的会计分录如下。

| | | |
|---|---|---|
| 借:银行存款 | | 1 060 000 |
| 贷:主营业务收入 | | 1 000 000 |

| | 应交税费——应交增值税(销项税额) | 60 000 |

取得房屋出租收入的会计分录如下。

| 借:银行存款 | 54 500 |
| 　贷:其他业务收入 | 50 000 |
| 　　应交税费——应交增值税(销项税额) | 4 500 |

(2) 托收承付和委托收款方式销售的核算。纳税人采取托收承付和委托收款方式销售货物的,纳税义务发生时间为发出货物并办妥托收手续的当天。按照实现的销售收入和按规定收取的增值税税额,借记"应收账款"科目;按照实现的销售收入,贷记"主营业务收入"科目;按照规定收取的增值税税额,贷记"应交税费——应交增值税(销项税额)"科目。

**典型任务实例 2-30**

明华公司用托收承付结算方式向异地某公司销售货物一批,货款为 30 000 元,增值税税额为 3 900 元,另支付运费 2 180 元,取得增值税专用发票。托收手续已办理完毕。请做出该业务的会计处理。

**解析**

(1) 销售货物确认收入时的会计分录如下。

| 借:应收账款 | 33 900 |
| 　贷:主营业务收入 | 30 000 |
| 　　应交税费——应交增值税(销项税额) | 3 900 |

(2) 支付运费时的会计分录如下。

| 借:销售费用 | 2 000 |
| 　　应交税费——应交增值税(进项税额) | 180 |
| 　贷:银行存款 | 2 180 |

(3) 预收货款方式销售的核算。

① 纳税人采取预收货款方式销售货物的,纳税义务发生的时间为货物发出的当天。纳税人在收到预收款项时,借记"银行存款"科目,贷记"预收账款"科目;在发出产品时,按实现的收入和应收取的增值税税额,借记"预收账款""银行存款"等科目,按实现的收入贷记"主营业务收入"科目,按应收取的增值税税额贷记"应交税费——应交增值税(销项税额)"科目,同时结转成本。

**典型任务实例 2-31**

永明公司以预收账款方式销售 C 产品一批。8 月收到预收货款 90 000 元;12 月 5 日发出 C 产品,实际成本 85 000 元,不含税售价 100 000 元,增值税税额 13 000 元,当日收到对方补付的货款。请做出该业务的会计处理。

**解析**

(1) 8 月收到预收货款时的会计分录如下。

| 借:银行存款 | 90 000 |
| 　贷:预收账款 | 90 000 |

(2) 12 月 5 日发出产品、补收货款时的会计分录如下。

借：预收账款 90 000

  银行存款 23 000

  贷：主营业务收入 100 000

    应交税费——应交增值税（销项税额） 13 000

（3）结转成本时的会计分录如下。

借：主营业务成本 85 000

  贷：库存商品——C 85 000

② 按照增值税制度确认增值税纳税义务发生时点早于按照国家统一的会计制度确认收入或利得的时点的，应将应纳增值税额，借记"应收账款"科目，贷记"应交税费——应交增值税（销项税额）"科目，按照国家统一的会计制度确认收入或利得时，应按扣除增值税销项税额后的金额确认收入。

a. 提供建筑服务收到预收款。建筑业纳税人跨县（市、区）提供建筑服务，应按照《财政部、国家税务总局关于全面推开营业税改征增值税试点的通知》（财税〔2016〕36 号）规定的纳税义务发生时间和计税方法，向建筑服务发生地主管税务机关预缴税款，向机构所在地主管税务机关申报纳税。一般纳税人跨县（市、区）提供建筑服务，适用一般计税方法计税的，以取得的全部价款和价外费用扣除支付的分包款后的余额，按照 2% 的预征率计算应预缴税款。具体计算公式为

$$应预缴税款＝\frac{全部价款和价外费用－支付的分包款}{1＋9\%}×2\%$$

### 典型任务实例 2-32

嘉达建筑公司为一般纳税人，机构所在地为武汉市，2021 年 10 月 5 日与贵阳市创达贸易公司签订一份房屋建设合同。合同约定，合同签订后 3 日内创达公司向嘉达建筑公司支付预付款 100 万元。收到款项后 5 日内，嘉达公司组织队伍进场施工，该项目为包工包料。请做出该业务的会计处理。

**解析**

（1）10 月收到预收工程款时的会计分录如下。

借：银行存款 100 000

  贷：预收账款 100 000

（2）嘉达建筑公司在收到"预收款"100 万元时，应在贵阳市工程所在地主管税务机关预缴增值税。

$$应预缴税款＝1\ 000\ 000÷(1＋9\%)×2\%＝1.834\ 9（万元）$$

借：应交税费——预交增值税 18 349

  贷：银行存款 18 349

提供建筑服务收到预收款时，尚未达到纳税义务发生时间，月末，不需要将"预交增值税"明细科目余额转入"未交增值税"明细科目。

（3）假设 2021 年 12 月 31 日按完工进度结算不含税收入 100 万元，工程成本 78 万元。

借：主营业务成本 780 000

  工程施工——合同毛利 310 000

　　贷：主营业务收入　　　　　　　　　　　　　　　　　　　　1 000 000
　　　　应交税费——应交增值税（销项税额）　　　　　　　　　90 000

　　b. 提供租赁服务收到预收款。纳税人提供租赁服务采取预收款方式的，其纳税义务发生时间为收到预收款的当天。

**典型任务实例 2-33**

　　嘉达建筑公司为一般纳税人，机构所在地为武汉市，2021 年 8 月将其 2016 年 5 月 1 日后在贵阳市新建设的一栋办公楼出租给城西公司办公使用，租房合同上注明年租金为 120 万元（含税）（月租金 10 万元），租期为 3 年（自 2021 年 9 月 1 日至 2024 年 8 月 31 日），合同签订日为 8 月 25 日，约定城西公司在 9 月 1 日前一次性支付嘉达建筑公司第一年的租金 120 万元。请做出该业务的会计处理。

**解析**

（1）8 月收到预收租金时的会计分录如下。

借：银行存款　　　　　　　　　　　　　　　　　　　　　　　1 200 000
　　贷：预收账款　　　　　　　　　　　　　　　　　　　　　　1 100 917.43
　　　　应交税费——应交增值税（销项税额）　　　　　　　　　99 082.57

（2）嘉达建筑公司应在贵阳市房屋所在地主管税务机关预缴增值税。

$$应预缴税款 = 1 200 000 \div (1 + 9\%) \times 3\% = 33\ 027.52（元）$$

借：应交税费——预交增值税　　　　　　　　　　　　　　　　33 027.52
　　贷：银行存款　　　　　　　　　　　　　　　　　　　　　　33 027.52

（3）月末，企业应将"预交增值税"明细科目余额转入"未交增值税"明细科目。

借：应交税费——未交增值税　　　　　　　　　　　　　　　　33 027.52
　　贷：应交税费——预交增值税　　　　　　　　　　　　　　　33 027.52

（4）假设 2021 年 9 月 30 日确认当月租金收入。

借：预收账款　　　　　　　　　　　　　　　　　　　　　　　91 743.12
　　贷：主营业务收入　　　　　　　　　　　　　　　　　　　　91 743.12（不含税）

　　c. 销售自行开发的房地产项目收到预收款。根据国家税务总局《关于发布〈房地产开发企业销售自行开发的房地产项目增值税征收管理暂行办法〉的公告》（国家税务总局公告〔2016〕18 号）规定，一般纳税人采取预收款方式销售自行开发的房地产项目，应在收到预收款时按照 3% 的预征率预缴增值税。

**典型任务实例 2-34**

　　东方房产公司为一般纳税人，机构所在地为武汉市，开发的房地产项目与机构所在地为同一区。项目建筑工程施工许可证登记的开工日期在 2019 年 5 月 30 日前，2021 年 12 月 8 日进行了预售，取得预收款 109 万元。请做出该业务的会计处理。

**解析**

（1）12 月收到预收款时的会计分录如下。

借：银行存款　　　　　　　　　　　　　　　　　　　　　　　1 090 000
　　贷：预收账款　　　　　　　　　　　　　　　　　　　　　　1 090 000

（2）东方房产公司应在取得预收款的次月纳税申报期向主管税务机关预缴税款。

$$应预缴税款＝109÷（1＋9\%）×3\%＝3（万元）$$

借：应交税费——预交增值税　　　　　　　　　　　　　　　　30 000

　　贷：银行存款　　　　　　　　　　　　　　　　　　　　　　　30 000

房地产公司收到预收款时，尚未达到纳税义务发生时间，月末，不需要将"预交增值税"明细科目余额转入"未交增值税"明细科目。

d. 销售充值卡收到预收款。根据《国家税务总局关于营改增试点若干征管问题的公告》（国家税务总局公告〔2016〕53号）规定，单用途卡发卡企业或者售卡企业（以下统称"售卡方"）销售单用途卡，或者接受单用途卡持卡人充值取得的预收资金，不缴纳增值税。支付机构销售多用途卡取得的等值人民币资金，或者接受多用途卡持卡人充值取得的充值资金，不缴纳增值税。支付机构可按照本公告第九条的规定，向购卡人、充值人开具增值税普通发票，不得开具增值税专用发票。在充值卡进行实际消费时，再根据适用税率或征收率进行纳税申报。

### 典型任务实例2-35

佳新连锁超市11月对外预售购物卡，面值2 000元/张，城西公司一次性购买了100张购物卡，总金额20万元。请做出佳新连锁超市的会计处理。

**解析**

佳新连锁超市11月收到预收货款时的会计分录如下。

借：银行存款　　　　　　　　　　　　　　　　　　　　　　　200 000

　　贷：预收账款　　　　　　　　　　　　　　　　　　　　　　200 000

**？想一想**

企业在销售充值卡时如何开具增值税普通发票才能不被征税？

（4）赊销和分期收款方式销售货物的核算。纳税人采取赊销和分期收款方式销售货物的，纳税义务发生的时间为合同约定的收款日期的当天。会计准则规定，合同或协议价款的收取采用递延方式，实质上具有融资性质，应在发出货物时按照应收合同或协议价，借记"长期应收款"科目；按照应收合同或协议价款的公允价值，贷记"主营业务收入"科目；按应收的合同价或协议价与其公允价值之间的差额，贷记"未实现融资收益"科目；并在合同或其协议期间内采用实际利率法进行摊销，计入当期损益（财务费用）。根据《增值税会计处理规定》，按照国家统一的会计制度确认收入或利得的时点早于按照增值税制度确认增值税纳税义务发生时点的，应将相关销项税额记入"应交税费——待转销项税额"科目，待实际发生纳税义务时再转入"应交税费——应交增值税（销项税额）"科目。

### 典型任务实例2-36

某公司于2021年1月1日采用分期收款方式销售大型设备，合同价格为1 000万元，分5年于每年年末平均收取。假定该大型设备不采用分期收款方式时的销售价格为800万元，该设备的成本为600万元。请做出该业务的会计处理。

**解析**

（1）2021 年 1 月 1 日，发出产品时：

借：长期应收款　　　　　　　　　　　　　　　　　　　　　　11 300 000

　　贷：主营业务收入　　　　　　　　　　　　　　　　　　　　　8 000 000

　　　　应交税费——待转销项税额　　　　　　　　　　　　　　1 300 000

　　　　未实现融资收益　　　　　　　　　　　　　　　　　　　2 000 000

借：主营业务成本　　　　　　　　　　　　　　　　　　　　　　6 000 000

　　贷：库存商品　　　　　　　　　　　　　　　　　　　　　　6 000 000

（2）2021 年 12 月 31 日，收到货款时：

借：银行存款　　　　　　　　　　　　　　　　　　　　　　　　2 260 000

　　贷：长期应收款　　　　　　　　　　　　　　　　　　　　　2 260 000

（3）实际发生纳税义务转入"应交税费——应交增值税（销项税额）"科目。

借：应交税费——待转销项税额　　　　　　　　　　　　　　　　260 000

　　贷：应交税费——应交增值税（销项税额）　　　　　　　　　260 000

其他分录略。

2．特殊销售业务的核算

（1）折扣方式销售的核算。

① 商业折扣。税法规定，如果销售额和折扣额在同一张发票上分别注明，可以折扣后的余额作为销售额计算增值税；如果将折扣额另开发票，不论其在财务上如何处理，均不得从销售额中扣减。企业按应收金额，借记"应收账款"科目；按扣除折扣额后的销售额，贷记"主营业务收入"科目；按应收取的增值税税额，贷记"应交税费——应交增值税（销项税额）"科目。

**典型任务实例 2-37**

华明公司向客户销售一批商品，不含税销售额为 500 000 元，给予客户 10% 的商业折扣，折扣额与销售额在同一张发票上分别注明，货款尚未收到。请做出该业务的会计处理。

**解析**

销项税额＝500 000×（1－10%）×13%＝58 500（元）

借：应收账款　　　　　　　　　　　　　　　　　　　　　　　　508 500

　　贷：主营业务收入　　　　　　　　　　　　　　　　　　　　450 000

　　　　应交税费——应交增值税（销项税额）　　　　　　　　　58 500

② 现金折扣。现金折扣有总价法和净价法两种确认方法。我国会计实务中规定采用总价法，即在销售业务发生时，以未扣减销售折扣的销售价格和增值税税额，确认销售收入、销项税额和应收账款，而现金折扣则通过"财务费用"进行核算。企业在发生现金折扣时，应借记"财务费用"等科目，贷记"应收账款"科目。

**典型任务实例 2-38**

华明公司向客户销售一批商品，增值税专用发票注明的价款为 800 000 元，增值税税额为 104 000 元，其付款条件为"2/10,1/20,n/30"。请做出该业务的会计处理。

**解析**

（1）商品发出并办妥托收手续时的会计分录如下。

借：应收账款                                                904 000
　贷：主营业务收入                                        800 000
　　　应交税费——应交增值税（销项税额）               104 000

（2）若购货方在 10 天内支付货款，相应的会计分录如下。

借：银行存款                                                888 000
　　财务费用                                                 16 000
　贷：应收账款                                              904 000

 想一想

> 如果典型任务实例 2-38 中企业分别在 20 天内付款、30 天内付款，该如何进行账务处理？

（2）销售退回和折让的核算。企业在产品销售过程中，如果发生退货与折让，无论是当年销售的退货与折让，还是以前年度销售的退货与折让，除特殊情况外，一般应冲减当月的主营业务收入，在收到购货单位退回的增值税专用发票或寄来的"证明单"后，分不同情况进行会计处理。

① 购货方未申报抵扣并且未作账情况下的处理。在此种情况下，购货方需将原发票联和税款抵扣联主动退还给销售方。销售方收到后，应在该发票联和税款抵扣联及有关的存根联、记账联上注明"作废"字样，作为扣减当期销项税额的凭证。借记"主营业务收入"科目，贷记"应交税费——应交增值税（销项税额）"（红字）、"应收账款"及"银行存款"等科目。收到购货方退还的专用发票前，销售方不得扣减当期销项税额。属于销售折让的，销售方应按折让后的价格重开专用发票。

**典型任务实例 2-39**

12 月 2 日，A 物流企业与 H 公司签订合同，为其提供购进货物的运输服务，H 公司于签订协议时全额支付现金 60 000 元，且开具了增值税专用发票。12 月 8 日，由于前往目的地的道路被冲毁，双方同意中止履行合同。H 公司将尚未申报抵扣的专用发票退还给 A 企业，A 企业返还运费。请做出该业务的会计处理。

**解析**

（1）A 企业 12 月 2 日取得运输收入的会计分录如下。

借：库存现金                                                60 000
　贷：主营业务收入——运输                             55 045.87
　　　应交税费——应交增值税（销项税额）              4 954.13

（2）A 企业 12 月 8 日发生服务中止的会计分录如下。

借：主营业务收入——运输                              55 045.87
　贷：应交税费——应交增值税（销项税额）           （4 954.13）
　　　库存现金                                            60 000

② 购货方已付货款,或者货款未付但已作账情况下的处理。在此种情况下,销货方在收到"开具红字增值税专用发票通知单"后,根据退回货物的数量、价款或折让金额向购货方开具红字专用发票。红字专用发票的存根联、记账联作为销货方扣减当期销项税额的凭证,其发票联、税款抵扣联作为购货方扣减进项税额的凭证。

### 典型任务实例 2-40

华明公司 9 月销售给大明公司一批产品,增值税专用发票注明销售额 60 000 元,增值税税额 7 800 元,货款已支付,双方均已作账务处理。由于质量原因,双方协商折让 30%,10 月收到大明公司转来的当地主管税务机关开具红字增值税专用发票通知单。请做出该业务的会计处理。

**解析**

本业务的会计分录如下。

借:主营业务收入 18 000
　贷:应交税费——应交增值税(销项税额) (2 340)
　　银行存款 20 340

### 典型任务实例 2-41

3 月 X 设备租赁公司出租给 L 公司两台数控机床,收取半年租金 18 万元并开具发票,L 公司使用两个月后发现其中一台机床的齿轮存在故障无法运转,要求 X 公司派人进行维修并退还 L 公司维修期间租金 2 万元,L 公司至主管税务机关开具"开具红字增值税专用发票通知单",X 公司开具红字专用发票,退还已收租金 2 万元。请做出该业务的会计处理。

**解析**

(1)X 公司 3 月取得租金收入的会计分录如下。

借:银行存款 180 000
　贷:主营业务收入——设备出租 159 292.04
　　应交税费——应交增值税(销项税额) 20 707.96

(2)X 公司开具红字专用发票的会计分录如下。

借:主营业务收入——设备出租 17 699.12
　贷:应交税费——应交增值税(销项税额) (2 300.88)
　　银行存款 20 000

(3)附有销售退回条件的商品销售的核算。会计准则规定:附有销售退回条件的商品销售,能够估计退货可能性的,在发出商品时确认收入;不能估计退货可能性的,在退货期满时确认收入。税法规定,附有销售退回条件的商品销售,通常应在发出商品时确认相关税费。

### 典型任务实例 2-42

甲公司 1 月 1 日售出 5 000 件商品,单位价格 500 元,单位成本 400 元,增值税发票已开出。协议约定,购货方应于 2 月 1 日前付款,6 月 30 日前有权退货。甲公司根据经验,估计退货率为 20%。退回的增值税均取得扣税凭证。请做出该业务的会计处理。

（1）1月1日，销售成立时

| 借：应收账款 | 2 825 000 |
|---|---|
| 　贷：主营业务收入 | 2 000 000 |
| 　　　合同负债（5 000×500×20％） | 500 000 |
| 　　　应交税费——应交增值税（销项税额） | 325 000 |
| 借：主营业务成本 | 1 600 000 |
| 　　合同资产 | 400 000 |
| 　贷：库存商品 | 2 000 000 |

（2）12月1日收到货款时

| 借：银行存款 | 2 825 000 |
|---|---|
| 　贷：应收账款 | 2 825 000 |

（3）如6月30日实际退货量为1 000件，款项已经支付

| 借：合同负债 | 500 000 |
|---|---|
| 　贷：银行存款 | 565 000 |
| 　　　应交税费——应交增值税（销项税额） | （65 000） |
| 借：库存商品 | 400 000 |
| 　贷：合同资产 | 400 000 |

（4）如果实际退货量为800件时

| 借：合同负债 | 500 000 |
|---|---|
| 　贷：银行存款 | 452 000 |
| 　　　主营业务收入 | 100 000 |
| 　　　应交税费——应交增值税（销项税额） | （52 000） |
| 借：主营业务成本 | 80 000 |
| 　　库存商品 | 320 000 |
| 　贷：合同资产 | 400 000 |

（5）如果实际退货量为1 200件时

| 借：合同负债 | 500 000 |
|---|---|
| 　　主营业务收入 | 100 000 |
| 　贷：银行存款 | 678 000 |
| 　　　应交税费——应交增值税（销项税额） | （78 000） |
| 借：库存商品 | 480 000 |
| 　贷：合同资产 | 400 000 |
| 　　　主营业务成本 | 80 000 |

假设甲公司无法根据经验估计退货率，则相关会计处理如下。

（1）1月1日，发出商品

| 借：应收账款 | 325 000 |
|---|---|
| 　贷：应交税费——应交增值税（销项税额） | 325 000 |
| 借：发出商品 | 2 000 000 |
| 　贷：库存商品 | 2 000 000 |

（2）2 月 1 日,收到货款

| 借:银行存款 | 2 825 000 |
|---|---|
| 　贷:应收账款 | 2 825 000 |

（3）6 月 30 日,没有退货

| 借:应收账款 | 2 500 000 |
|---|---|
| 　贷:主营业务收入 | 2 500 000 |
| 借:主营业务成本 | 2 000 000 |
| 　贷:发出商品 | 2 000 000 |

如 6 月 30 日退货 2 000 件,则会计处理如下。

| 借:应收账款 | 2 500 000 |
|---|---|
| 　贷:主营业务收入 | 1 500 000 |
| 　　银行存款 | 1 130 000 |
| 　　应交税费——应交增值税(销项税额) | (130 000) |
| 借:主营业务成本 | 1 200 000 |
| 　库存商品 | 800 000 |
| 　贷:发出商品 | 2 000 000 |

（4）以旧换新方式销售货物的核算。

① 一般商品以旧换新。采取以旧换新方式销售货物的,应按新货物的同期销售价格确定销售额,不得冲减旧货物的收购价格。按实际收到的价款借记"库存现金""银行存款"等科目,按回收旧货物的抵偿价值借记"库存商品"科目,按新货物的同期销售价格和计算的增值税税额贷记"主营业务收入""应交税费——应交增值税(销项税额)"科目。

**典型任务实例 2-43**

华夏公司采用以旧换新方式销售彩电一批,不含税售价为 380 000 元,收回旧彩电冲减售价 20 000 元,增值税税率为 13%。请做出该业务的会计处理。

**解析**

本业务的会计分录如下。

| 借:银行存款 | 409 400 |
|---|---|
| 　库存商品 | 20 000 |
| 　贷:主营业务收入 | 380 000 |
| 　　应交税费——应交增值税(销项税额) | 49 400 |

② 金银首饰以旧换新。鉴于金银首饰以旧换新业务的特殊情况,财政部、国家税务总局明确规定,对于金银首饰以旧换新业务,按销售方实际收取的不含增值税的全部价款计缴增值税。按实际收到的价款,借记"库存现金""银行存款"等科目;按回收旧货物的抵偿价值,借记"库存商品"科目;按实际收取的不含税价款和旧物抵偿价值之和,贷记"主营业务收入"科目;按实际收取的不含税货款计算的增值税税额,贷记"应交税费——应交增值税(销项税额)"科目。

（5）售后回购销售货物的核算。采用售后回购方式销售商品的,税法规定在销售时按销售价格计算销项税额。会计准则规定不应确认收入,企业应当根据结算凭证和银行进账单,借记"银行存款"科目;按照发出商品的成本,贷记"库存商品"科目;按照增值税专用发票上注明的增值税,贷记"应交税费——应交增值税(销项税额)"科目;按其售价高于成本的差额,贷记"其他应付款"科目。对于回购价格大于原售价的差额,应在回购期间按期计提利息,借记"财务费用"科目,贷记"其他应付款"科目。

(6) 以物易物方式销售货物的核算。以物易物是业务双方在进行交易时,不以货币结算或不主要以货币结算,而以货物相互结算,从而实现货物购销的一种交易方式。在财务会计中,此类业务属非货币性资产交换业务。按增值税税法的有关规定,对于以物易物,双方都要作购销处理,以各自发出的货物核定销售额并计算销项税额,以各自收到的货物核定购货额,并依据对方开具的增值税发票抵扣进项税额,即同时反映进项税额、销项税额。

会计准则规定,非货币性资产交换同时满足两个条件时,才以公允价值计量。这两个条件为:该交易具有商业实质,换入或换出资产的公允价值能够可靠计量。不能同时满足这两个条件的,以换出资产的账面价值为基础计量。

① 以公允价值计量。以换出资产的公允价值加上应支付的相关税费(发生补价的,再加上支付的补价或减去收到的补价)作为换入资产的入账价值,借记"原材料""库存商品"等科目;按可抵扣的增值税进项税额,借记"应交税费——应交增值税(进项税额)"科目;按换出资产已提的跌价准备,借记"存货跌价准备"等科目。若换出资产为存货的,应当作销售处理,按其公允价值确认商品销售收入,贷记"主营业务收入";按应支付的销项税额贷记"应交税费——应交增值税(销项税额)"科目;同时结转存货销售成本和已提减值准备。换出资产为固定资产、无形资产的,按资产的账面价值(或余额)贷记"固定资产清理""无形资产"等科目;按换入资产公允价值和换出资产账面价值的差额,记入"营业外收入"或"营业外支出"科目。换出资产为长期股权投资,按资产的账面余额贷记"长期股权投资"科目;按换入资产公允价值和换出资产账面价值的差额,记入"投资收益"科目。

② 以账面价值计量。以换出资产的账面价值加上应支付的相关税费作为换入资产的入账价值,无论是否支付补价,均不涉及损益。

**典型任务实例2-44**

A公司决定以账面价值为9 000元、公允价值为10 000元的甲材料,换入B公司账面价值为11 000元、公允价值为13 000元的乙材料,另支付给B公司补价3 390元。A公司支付运费300元,B公司支付运费500元。A、B两公司均未对存货计提跌价准备,增值税税率均为13%(假定支付运费的进项税不能抵扣)。请做出该业务的会计处理。

**解析**

(1) 设双方交易具有商业实质,且甲、乙材料公允价值是可靠的,采用公允价值计价。

① A公司的会计处理。

A公司换入乙材料的入账价值=10 000+3 390+300+10 000×13%-13 000×13%

=13 300(元)

借:原材料——乙材料                                                    13 300

　　应交税费——应交增值税(进项税额)                                  1 690

　　贷:其他业务收入                                                    10 000

　　　　应交税费——应交增值税(销项税额)                              1 300

|  | 银行存款 |  | 3 690 |

借:其他业务成本                                           9 000

　　贷:原材料——甲材料                                   9 000

② B 公司的会计处理。

B 公司换入甲材料的入账价值＝13 000－3 390＋500＋1 690－1 300

　　　　　　　　　　　　　＝10 500(元)

借:原材料——甲材料                                     10 500

　　应交税费——应交增值税(进项税额)                      1 300

　　银行存款                                             2 890

　　贷:其他业务收入                                      13 000

　　　　应交税费——应交增值税(销项税额)                  1 690

借:其他业务成本                                          11 000

　　贷:原材料——甲材料                                  11 000

 **想一想**

典型任务实例 2-44 中 A 公司支付的补价为什么不是 3 000 元,而是 3 390 元,交易公允吗?

(2) 假设 A 公司换入乙材料非其所用,双方交易不具有商业实质,采用账面价值计价。

① A 公司的会计处理。

A 公司换入乙材料的入账价值＝9 000＋3 390＋300＋10 000×13％－13 000×13％

　　　　　　　　　　　　　＝12 300(元)

借:原材料——乙材料                                     12 300

　　应交税费——应交增值税(进项税额)                      1 690

　　贷:原材料——甲材料                                   9 000

　　　　应交税费——应交增值税(销项税额)                  1 300

　　　　银行存款                                          3 690

② B 公司的会计处理。

B 公司换入甲材料的入账价值＝11 000－3 390＋500＋1 690－1 300

　　　　　　　　　　　　　＝8 500(元)

借:原材料——甲材料                                      8 500

　　应交税费——应交增值税(进项税额)                      1 300

　　银行存款                                             2 890

　　贷:原材料——乙材料                                  11 000

　　　　应交税费——应交增值税(销项税额)                  1 690

(7) 带包装物销售货物的核算。

① 随同产品销售单独计价包装物的核算。随同产品销售单独计价包装物,其收入记入"其他业务收入"科目。按应收或实际收到的全部价款,借记"银行存款""应收账款"等科目;按应确认的收入,贷记"其他业务收入"科目;按规定应缴纳的增值税税额,贷记"应交税

费——应交增值税（销项税额）"科目。

② 随同产品销售不单独计价包装物的核算。随同产品销售不单独计价包装物的核算，其收入随同所销售的产品一起记入"主营业务收入"科目，会计处理同一般销售业务。

③ 逾期押金的核算。企业逾期未退还的包装物押金，按规定应缴纳增值税，借记"其他应付款"等科目，贷记"其他业务收入""应交税费——应交增值税（销项税额）"科目。企业逾期未退还的加收的包装物押金，按规定也应缴纳增值税，借记"其他应付款"等科目，贷记"营业外收入""应交税费——应交增值税（销项税额）"科目。

（8）销售自己使用过的固定资产的核算。增值税转型后购置固定资产的一般纳税人销售自己使用过的 2009 年 1 月 1 日以后购进（包括接受捐赠、实物投资）或者自制（包括改扩建、安装）的固定资产（主要是机器、机械、运输工具以及其他与生产经营有关的设备、工具、器具，不包括房屋、建筑物等不动产），以及 2008 年 12 月 31 日以前已纳入扩大增值税抵扣范围试点的纳税人销售自己使用过的在本地区扩大增值税抵扣范围试点以后购进或者自制的固定资产，按照适用税率征收增值税。

### 典型任务实例 2-45

A 企业于 8 月 2 日转让 5 月购入的一台设备，该设备原价为 200 000 元，累计已计提折旧 5 000 元，取得变价收入 180 000 元，增值税税额为 23 400 元，已经收到全部款项。该设备购进时所含增值税 26 000 元已全部计入进项税额。假定 A 企业未计提减值准备，不考虑其他相关税费。请做出该业务的会计处理。

**解析**

（1）转入清理时的会计分录如下。

| | |
|---|---|
| 借：固定资产清理 | 195 000 |
| 累计折旧 | 5 000 |
| 贷：固定资产 | 200 000 |

（2）收取价款和增值税税额时的会计分录如下。

| | |
|---|---|
| 借：银行存款 | 203 400 |
| 贷：固定资产清理 | 180 000 |
| 应交税费——应交增值税（销项税额） | 23 400 |

（3）结转固定资产清理损失时的会计分录如下。

| | |
|---|---|
| 借：资产处置损益 | 15 000 |
| 贷：固定资产清理 | 15 000 |

（9）视同销售行为的核算。

① 代销货物的核算。税法规定，将货物交付他人代销，其纳税义务发生时间为收到代销清单的当天。代销分为视同买断和收取手续费两种方式，在不同的方式下，其会计处理各不相同。在视同买断方式下，委托方在交付商品时应当确认销售商品收入，受托方作购进商品处理。受托方将商品销售后，应按实际售价确认销售收入，并向委托方开具代销清单。在收取手续费方式下，委托方应在收到受托方交付的商品代销清单时确认销售收入，受托方则按应收取的手续费确认收入。

## 典型任务实例 2-46

甲公司委托乙公司销售甲商品 100 件,协议价为 100 元/件,该商品成本为 60 元/件,增值税税率为 13%。乙公司将代销商品加价出售,与甲公司按协议价结算,不再另外收取手续费。甲公司在收到乙公司开来的代销清单时开具增值税发票,发票上注明售价 10 000 元,增值税税额为 1 300 元。乙公司实际销售时开具的增值税发票上注明售价 12 000 元,增值税税额为 1 560 元。请做出该业务的会计处理。

**解析**

(1) 甲公司的账务处理如下。

① 甲公司将甲商品交付乙公司时的会计分录如下。

借:委托代销商品      6 000
  贷:库存商品      6 000

② 收到代销清单,开具增值税专用发票时的会计分录如下。

借:应收账款——乙公司      11 300
  贷:主营业务收入      10 000
    应交税费——应交增值税(销项税额)      1 300

借:主营业务成本      6 000
  贷:委托代销商品      6 000

收到乙公司汇来的货款 11 300 元时的会计分录如下。

借:银行存款      11 300
  贷:应收账款——乙公司      11 300

(2) 乙公司的账务处理如下。

① 收到甲商品时的会计分录如下。

借:库存商品      10 000
  贷:应付账款——甲公司      10 000

② 实际销售时的会计分录如下。

借:银行存款      13 560
  贷:主营业务收入      12 000
    应交税费——应交增值税(销项税额)      1 560

借:主营业务成本      10 000
  贷:库存商品      10 000

③ 送交代销清单,取得增值税专用发票时的会计分录如下。

借:应交税费——应交增值税(进项税额)      1 300
  贷:应付账款——甲公司      1 300

按协议价将款项付给甲公司时的会计分录如下。

借:应付账款——甲公司      11 300
  贷:银行存款      11 300

### 典型任务实例 2-47

沿用典型任务实例 2-46 的资料,假定代销合同规定,乙公司应按每件 100 元销售给顾客,甲公司按售价的 10% 支付乙公司手续费。乙公司在实际销售时,即开具一张增值税专用发票,发票上注明甲商品售价为 10 000 元,增值税税额为 1 300 元。甲公司在收到乙公司交来的代销清单时,向乙公司开具一张相同金额的增值税发票。乙公司在收取甲公司代销手续费时,向甲公司开具增值税发票。请做出该业务的会计处理。

**解析**

(1) 甲公司的账务处理如下。

① 甲公司将甲商品交付乙公司时的会计分录如下。

| | |
|---|---|
| 借:委托代销商品 | 6 000 |
| 　贷:库存商品 | 6 000 |

② 甲公司收到代销清单时的会计分录如下。

| | |
|---|---|
| 借:应收账款——乙公司 | 11 300 |
| 　贷:主营业务收入 | 10 000 |
| 　　　应交税费——应交增值税(销项税额) | 1 300 |
| 借:主营业务成本 | 6 000 |
| 　贷:委托代销商品 | 6 000 |

③ 收到乙公司货款并支付代销手续费时的会计分录如下。

| | |
|---|---|
| 借:销售费用——代销手续费 | 943.40 |
| 　应交税费——应交增值税(进项税额) | 56.60 |
| 　贷:应收账款——乙公司 | 1 000 |
| 借:银行存款 | 10 300 |
| 　贷:应收账款——乙公司 | 10 300 |

(2) 乙公司的账务处理如下。

① 收到甲商品时的会计分录如下。

| | |
|---|---|
| 借:受托代销商品 | 10 000 |
| 　贷:受托代销商品款 | 10 000 |

② 实际销售时的会计分录如下。

| | |
|---|---|
| 借:银行存款 | 11 300 |
| 　贷:应付账款——甲公司 | 10 000 |
| 　　　应交税费——应交增值税(销项税额) | 1 300 |
| 借:应交税费——应交增值税(进项税额) | 1 300 |
| 　贷:应付账款——甲公司 | 1 300 |
| 借:代销商品款 | 10 000 |
| 　贷:受托代销商品 | 10 000 |

③ 归还甲公司货款并计算代销手续费时的会计分录如下。

| | |
|---|---|
| 借:应付账款——甲公司 | 11 300 |
| 　贷:银行存款 | 10 300 |

　　主营业务收入　　　　　　　　　　　　　　　　　　　　　　　943.40

　　应交税费——应交增值税(销项税额)　　　　　　　　　　　　56.60

　　②"统一核算,异地移送"。设有两个以上机构并实行统一核算的纳税人,将货物从一个机构移送至其他机构用于销售时,应视同销售,计算应交增值税,但相关机构设在同一县(市)的除外。当货物移送时,发出货物的机构应按税务机关核定的计税价格,开出增值税专用发票,借记"应收账款——内部往来""银行存款"等科目,贷记"应交税费——应交增值税(销项税额)"科目。接收货物的机构按取得的专用发票,借记"应交税费——应交增值税(进项税额)"科目,贷记"应付账款——内部往来""银行存款"等科目。由于两个机构实行统一核算,因此移送货物时只需完成税务处理,无须确认收入。

### 典型任务实例 2-48

　　大华公司将一批产品从郑州市销售部移送至洛阳市销售部,该批产品成本价为8 000元,售价为12 000元。请做出该业务的会计处理。

**解析**

(1) 郑州市销售部移送货物时的会计分录如下。

借:应收账款——内部往来　　　　　　　　　　　　　　　　　1 560

　　贷:应交税费——应交增值税(销项税额)　　　　　　　　　　1 560

(2) 洛阳市销售部接收货物时的会计分录如下。

借:应交税费——应交增值税(进项税额)　　　　　　　　　　　1 560

　　贷:应付账款——内部往来　　　　　　　　　　　　　　　　1 560

　　③ 将自产或委托加工的货物用于集体福利和个人消费的核算。纳税人将自产或委托加工的货物用于福利和个人消费的应视同销售,计算应交增值税。移送时按移送货物的售价和计算的增值税销项税额,借记"应付职工薪酬"等科目;贷记"主营业务收入"等科目;按货物计税价格乘以适用税率计算的应纳增值税税额,贷记"应交税费——应交增值税(销项税额)"科目。

　　④ 将自产、委托加工或购买的货物无偿赠送他人的核算。纳税人将自产、委托加工或购买的货物无偿赠送他人的,应在货物移送时,按移送货物的成本和计算的增值税销项税额,借记"营业外支出"等科目,按货物成本贷记"库存商品""自制半成品"等科目,按计算出的销项税额贷记"应交税费——应交增值税(销项税额)"科目。

### 典型任务实例 2-49

　　永明公司5月将A产品一批作为礼物赠送给自己的客户,该批产品无同类产品的销售价格,已知该批产品实际成本为12 000元,成本利润率为10%。请做出该业务的会计处理。

**解析**

组成计税价格=12 000×(1+10%)=13 200(元)

增值税销项税额=13 200×13%=1 716(元)

借:营业外支出　　　　　　　　　　　　　　　　　　　　　　13 716

　　贷:库存商品——A产品　　　　　　　　　　　　　　　　　12 000

　　　　应交税费——应交增值税(销项税额)　　　　　　　　　　1 716

⑤ 将自产、委托加工或购买的货物对外投资、分配给股东的核算。纳税人将自产、委托加工或购买的货物对外投资或作为利润分配给股东,应在货物移送时,按照依税法核定的销售额与增值税销项税额的合计数,借记"长期股权投资""应付股利""应付利润"科目;按核定的销售额,贷记"主营业务收入"等科目;按计算出的增值税销项税额,贷记"应交税费——应交增值税(销项税额)"科目。

### 典型任务实例 2-50

华为公司 5 月将自产的 A 产品一批作为利润分配给投资者,该批产品的实际成本为 250 000 元,不含税售价为 300 000 元;将 B 产品一批作为投资投入大华公司,该批产品的成本为 200 000 元,公允价值为 250 000 元,占大华公司股份的 10%。请做出该业务的会计处理。

**解析**

(1)利润分配时的会计分录如下。

借:应付股利                                                   339 000
　　贷:主营业务收入                                            300 000
　　　　应交税费——应交增值税(销项税额)                         39 000
借:主营业务成本                                               250 000
　　贷:库存商品                                               250 000

(2)投资大华公司时的会计分录如下。

借:长期股权投资——大华公司                                     282 500
　　贷:主营业务收入                                            250 000
　　　　应交税费——应交增值税(销项税额)                         32 500
借:主营业务成本                                               200 000
　　贷:库存商品                                               200 000

⑥ 以存货资产清偿债务的核算。以存货资产清偿某项债务的,债务人应按债务的账面价值,借记"应付账款"等科目;按存货资产已计提的跌价准备,借记"存货跌价准备"科目;按存货资产的公允价值,贷记"主营业务收入"科目;按增值税专用发票上注明的销项税额,贷记"应交税费——应交增值税(销项税额)"科目;按重组债务的账面价值与转让的存货资产公允价值和相关税费之和的差额,贷记"营业外收入——债务重组收益"科目;同时,结转成本。

### 典型任务实例 2-51

1 月 1 日,大华公司销售一批材料给红星公司,含税价为 113 000 元。5 月 1 日,红星公司发生财务困难,无法按合同规定偿还债务,经双方协议,大华公司同意红星公司用产品抵偿该应收账款。该产品市价为 80 000 元,增值税税率为 13%,产品成本为 70 000 元,已计提存货跌价准备 10 000 元。假定不考虑其他税费,请做出红星公司的会计处理。

**解析**

本业务的会计分录如下。

借:应付账款——大华公司                                         113 000

```
    贷:主营业务收入                                       80 000
        应交税费——应交增值税(销项税额)                     10 400
        营业外收入——债务重组收益                           22 600
    借:主营业务成本                                       60 000
        存货跌价准备                                      10 000
        贷:库存商品                                              70 000
```

⑦ 提供应税行为视同销售的核算。一般纳税人发生下列情形视同销售服务、无形资产或者不动产。

a. 单位或者个体工商户向其他单位或者个人无偿提供服务,但用于公益事业或者以社会公众为对象的除外。

b. 单位或者个人向其他单位或者个人无偿转让无形资产或者不动产,但用于公益事业或者以社会公众为对象的除外。

c. 财政部和国家税务总局规定的其他情形。

视同销售服务、无形资产或者不动产应提取的销项税额,借记"营业外支出""应付利润"等科目,贷记"应交税费——应交增值税(销项税额)"科目。

### 典型任务实例 2-52

8月3日,K律师事务所安排2名律师参加某企业家沙龙,免费提供资产重组相关业务法律咨询服务4小时。8月5日,该律师事务所安排3名律师参加"学雷锋"日活动,在市民广场为市民提供免费法律咨询服务3小时(该律师事务所民事业务咨询服务价格为每人800元/小时)。请做出该业务的会计处理。

**解析**

8月3日免费提供资产重组业务法律咨询,按同期提供同类应税服务的平均价格计算销项税额。

销项税额=(2×4×800)÷(1+6%)×6%=362.26(元)

本业务的会计分录如下。

```
借:营业外支出                                        362.26
    贷:应交税费——应交增值税(销项税额)                    362.26
```

8月5日以社会公众为对象的服务活动,不属于视同提供应税行为。

### 典型任务实例 2-53

5月3日,某市M美容院安排两名美容师参加某女企业家论坛,现场免费为3位女性化妆。重阳节时该美容院安排3名美发师参加"夕阳红"日活动,在社区免费为60位老人理发(该美容院化妆服务价格为1 000元/人次,理发20元/人次)。请做出该业务的会计处理。

**解析**

5月3日,免费为3位女性化妆,按同期提供同类应税服务的平均价格计算销项税额。

销项税额=(3×1 000)÷(1+6%)×6%=169.81(元)

本业务的会计分录如下。

```
借:营业外支出                                        169.81
```

　　　　贷:应交税费——应交增值税(销项税额)　　　　　　　　　　　　169.81

　　重阳节的免费理发活动,属于以社会公众为对象的服务活动,不属于视同提供应税行为。

　　(10)混合销售行为销项税额的核算。一项销售行为如果既涉及服务又涉及货物,为混合销售。从事货物的生产、批发或者零售的单位和个体工商户的混合销售行为,按照销售货物缴纳增值税;其他单位和个体工商户的混合销售行为,按照销售服务缴纳增值税。

　　企业应按销售货物、服务应收取款项的合计金额,借记"应收账款""银行存款"等科目;按货物、服务的销售额,贷记"主营业务收入"科目;按货物、服务的销售额合计额乘以适用税率计算的应纳增值税税额,贷记"应交税费——应交增值税(销项税额)"科目。

### 典型任务实例 2-54

　　华富房地产开发公司(增值税一般纳税人)2021 年 5 月销售房屋一套总价 500 000 元(不含税);同时,收取装修费用 100 000 元(不含税),装修费中包含空调、油烟机等设备 50 000 元(不含税)。请做出该业务的会计处理。

**解析**

　　对于此项业务,华富房地产开发公司发生了混合销售行为,其销售房屋和销售空调、油烟机等一并作为销售额,按销售不动产 10% 的适用税率征收增值税。

　　应交增值税=(500 000+100 000)×9%=54 000(元)

　　本业务的会计分录如下。

借:银行存款　　　　　　　　　　　　　　　　　　　　　　　654 000
　　贷:主营业务收入　　　　　　　　　　　　　　　　　　　　600 000
　　　　应交税费——应交增值税(销项税额)　　　　　　　　　54 000

　　(11)兼营销售行为销项税额的核算。纳税人兼营销售货物、劳务、服务、无形资产或者不动产,适用不同税率或者征收率的,应当分别核算适用不同税率或者征收率的销售额;未分别核算的,适用以下税率或者征收率。

　　① 兼有不同税率的销售货物、加工修理修配劳务、服务、无形资产或者不动产,从高适用税率。

　　② 兼有不同征收率的销售货物、加工修理修配劳务、服务、无形资产或者不动产,从高适用征收率。

　　③ 兼有不同税率和征收率的销售货物、加工修理修配劳务、服务、无形资产或者不动产,从高适用税率。

　　在分别核算的情况下,企业应按销售货物、加工修理修配劳务、服务、无形资产或者不动产收取的款项,借记"应收账款""银行存款"等科目;按货物、加工修理修配劳务、服务、无形资产或者不动产的销售额,贷记"主营业务收入""其他业务收入"科目;按货物、加工修理修配劳务、服务、无形资产或者不动产的销售额乘以适用税率计算的应纳增值税税额,贷记"应交税费——应交增值税(销项税额)"科目。在未分别核算的情况下,企业应按销售货物、加工修理修配劳务、服务、无形资产或者不动产收取的款项,借记"应收账款""银行存款"等科目;按货物、加工修理修配劳务、服务、无形资产或者不动产销售额之和,贷记"主营业务收入"科目;按货物、加工修理修配劳务、服务、无形资产或者不动产销售额之和从高税率计算的应纳增值税税额,贷记"应交税费——应交增值税(销项税额)"科目。

典型任务实例 2-55

大华公司为从事商品零售的增值税一般纳税人,附带经营一家餐厅。7月公司不含税商品销售额为 200 000 元,含税餐饮收入为 53 000 元。请做出该业务的会计处理。

**解析**

(1) 如果公司分别核算,会计分录如下。

借:银行存款　　　　　　　　　　　　　　　　　　　226 000
　　贷:主营业务收入　　　　　　　　　　　　　　　　200 000
　　　　应交税费——应交增值税(销项税额)　　　　　 26 000
借:银行存款　　　　　　　　　　　　　　　　　　　 53 000
　　贷:其他业务收入　　　　　　　　　　　　　　　　 50 000
　　　　应交税费——应交增值税(销项税额)　　　　　　3 000

(2) 如果公司未分别核算,则从高适用税率缴纳增值税。

　　增值税税额=200 000×13%+53 000÷(1+13%)×13%=32 097.35(元)

借:银行存款　　　　　　　　　　　　　　　　　　　279 000
　　贷:主营业务收入　　　　　　　　　　　　　　　246 902.65
　　　　应交税费——应交增值税(销项税额)　　　　 32 097.35

(12) 差额征税的核算。

① 企业发生相关成本费用允许扣减销售额的账务处理。按现行增值税制度规定,企业发生相关成本费用允许扣减销售额的,发生成本费用时,按应付或实际支付的金额,借记"主营业务成本""存货""工程施工"等科目,贷记"应付账款""应付票据""银行存款"等科目。待取得合规增值税扣税凭证且纳税义务发生时,按照允许抵扣的税额,借记"应交税费——应交增值税(销项税额抵减)",贷记"主营业务成本""存货""工程施工"等科目。

典型任务实例 2-56

2021 年 5 月 10 日,瑞安达房地产公司通过"招、拍、挂"取得一地块,土地价款为 10 900 万元,用于开发瑞安达花园,总建筑面积 4 万平方米。2022 年 8 月 1 日,瑞安达花园取得预售许可证,当月全部售罄,取得预收账款 52 320 万元。2022 年 8 月预缴增值税。2022 年 12 月 31 日,商品房交付,结转收入,同时允许扣除的土地价款进行销项税额抵减。请做出该业务的会计处理。

**解析**

2021 年 5 月取得土地时的会计分录如下。

借:开发成本——土地价款　　　　　　　　　　　　 10 900 万
　　贷:银行存款　　　　　　　　　　　　　　　　　 10 900 万

2021 年 8 月取得预售房款时的会计分录如下。

借:银行存款　　　　　　　　　　　　　　　　　　 52 320 万
　　贷:预收账款　　　　　　　　　　　　　　　　　 52 320 万

2022 年 8 月,预缴增值税。根据《国家税务总局关于发布〈房地产开发企业销售自行开发的房地产项目增值税征收管理暂行办法〉的公告》(国家税务总局公告〔2016〕18 号)规定,一般纳税人采取预收款方式销售自行开发的房地产项目,应在收到预收款时按照 3% 的预征率预缴增值税。应预缴税款按照以下公式计算

$$应预缴税款 = \frac{预收款}{1 + 适用税率或征收率} \times 3\%$$

适用一般计税方法计税的,按照 9% 的适用税率计算。

$$8 月预缴增值税 = 52\,320 \div (1 + 9\%) \times 3\% = 1\,440(万元)$$

借:应交税费——预交增值税                    1 440 万
    贷:银行存款                              1 440 万

2022 年 12 月,结转收入。根据《营业税改征增值税试点实施办法》(财税〔2016〕36 号)规定,纳税人发生本办法第十四条规定情形的,其纳税义务发生时间为服务、无形资产转让完成的当天或者不动产权属变更的当天。通常,房地产企业以交房时间作为纳税义务发生时间。

借:预收账款                                52 320 万
    贷:主营业务收入                          48 000 万
        应交税费——应交增值税(销项税额)        4 320 万

2022 年 12 月,扣除当期销售房地产项目对应的土地价款。根据《国家税务总局关于发布〈房地产开发企业销售自行开发的房地产项目增值税征收管理暂行办法〉的公告》(国家税务总局公告〔2016〕18 号)规定,房地产开发企业中的一般纳税人(以下简称一般纳税人)销售自行开发的房地产项目,适用一般计税方法计税,按照取得的全部价款和价外费用,扣除当期销售房地产项目对应的土地价款后的余额计算销售额。销售额的计算公式为

销售额 = (全部价款和价外费用 − 当期允许扣除的土地价款) ÷ (1 + 9%)

本例中允许扣除的土地价款抵减销项税额 = (10 900 ÷ 1.09) × 10%

$$= 900(万元)$$

借:应交税费——应交增值税(销项税额抵减)        900 万
    贷:主营业务成本                          900 万

② 金融商品转让按规定以盈亏相抵后的余额作为销售额的账务处理。金融商品实际转让月末,如产生转让收益,则按应纳税额借记"投资收益"等科目,贷记"应交税费——转让金融商品应交增值税"科目;如产生转让损失,则按可结转下月抵扣税额,借记"应交税费——转让金融商品应交增值税"科目,贷记"投资收益"等科目。交纳增值税时,应借记"应交税费——转让金融商品应交增值税"科目,贷记"银行存款"科目。年末,本科目如有借方余额,则借记"投资收益"等科目,贷记"应交税费——转让金融商品应交增值税"科目。

### (三)增值税缴纳与减免的核算

#### 1. 增值税缴纳的核算

月份终了,纳税人应根据"应交税费——应交增值税"明细科目各专栏本期发生额,计算企业当期应缴纳的增值税税额,并在规定期限内申报缴纳。

$$当期应纳税额 = \left(\begin{matrix}当期销\\项税额\end{matrix} + \begin{matrix}当期进项\\税额转出\end{matrix} + \begin{matrix}当期出口\\退税发生额\end{matrix}\right) - \left(上期留抵 + \begin{matrix}当期发生的允许\\抵扣的进项税额\end{matrix}\right)$$

企业计算出当月应缴未缴的增值税,借记"应交税费——应交增值税(转出未交增值税)"科目,贷记"应交税费——未交增值税"科目;当月多缴的增值税,借记"应交税费——未交增值税"科目,贷记"应交税费——应交增值税(转出多交增值税)"科目。

交纳增值税的账务处理如下。

(1) 企业交纳当月应交的增值税,借记"应交税费——应交增值税(已交税金)"科目,贷记"银行存款"科目。

(2) 企业交纳以前期间未交的增值税,借记"应交税费——未交增值税"科目,贷记"银行存款"科目。

(3) 企业预缴增值税时,借记"应交税费——预交增值税"科目,贷记"银行存款"科目。月末,企业应将"预交增值税"明细科目余额转入"未交增值税"明细科目,借记"应交税费——未交增值税"科目,贷记"应交税费——预交增值税"科目。房地产开发企业等在预缴增值税后,应直至纳税义务发生时方可从"应交税费——预交增值税"科目结转至"应交税费——未交增值税"科目。

### 典型任务实例 2-57

大华公司 5 月外购货物,发生允许抵扣的进项税额合计 200 000 元,5 月初"应交税费——应交增值税"明细账户借方余额为 30 000 元,5 月对外销售货物,取得销项税额合计为 310 000 元。请做出该业务的会计处理。

**解析**

大华公司 5 月应纳增值税=310 000-(200 000+30 000)=80 000(元)

借:应交税费——应交增值税(转出未交增值税)　　　　　　　　　　　80 000
　　贷:应交税费——未交增值税　　　　　　　　　　　　　　　　　　　　80 000

6 月大华公司依法申报缴纳上月应缴未缴的增值税 80 000 元、本月的增值税 120 000 元。

借:应交税费——未交增值税　　　　　　　　　　　　　　　　　　　　80 000
　　　　　　——应交增值税(已交税金)　　　　　　　　　　　　　　120 000
　　贷:银行存款　　　　　　　　　　　　　　　　　　　　　　　　　200 000

### 典型任务实例 2-58

光明公司 5 月初"应交税费——应交增值税"明细账户无余额,本月发生允许抵扣的进项税额合计为 100 000 元,销项税额合计为 70 000 元,本月已预缴增值税 9 000 元。请做出该业务的会计处理。

**解析**

本月应纳增值税=70 000-100 000=-30 000(元)

作为留抵的进项税额,抵减以后月份的销项税额。同时,做如下会计分录。

借:应交税费——未交增值税　　　　　　　　　　　　　　　　　　　　9 000
　　贷:应交税费——预交增值税　　　　　　　　　　　　　　　　　　　9 000

2. 增值税减免的核算

(1) 初次购入税控系统专用设备的核算。按现行增值税制度规定,企业初次购买增值税税控系统专用设备支付的费用以及缴纳的技术维护费允许在增值税应纳税额中全额抵减的,按规定抵减的增值税应纳税额,借记"应交税费——应交增值税(减免税款)"科目,贷记"管理费用"等科目。增值税一般纳税人支付的二项费用在增值税应纳税额中全额抵减的,其增值税专用发票不作为增值税抵扣凭证,其进项税额不得从销项税额中抵扣。

### 典型任务实例 2-59

10月,S生物科技公司首次购入增值税税控系统设备,取得增值税专用发票,价税合计850元,同时支付当年增值税税控系统专用设备技术维护费370元。请做出该业务的会计处理。

**解析**

(1)首次购入增值税税控系统专用设备及缴纳技术维护费时的会计分录如下。

借:管理费用——税控设备                                1 220
　　贷:银行存款                                        1 220

(2)抵减当月增值税应纳税额时的会计分录如下。

借:应交税费——应交增值税(减免税款)                    1 220
　　贷:管理费用                                        1 220

(2)收到返还的增值税的核算。根据有关规定,企业收到返还的增值税,或者直接减免的增值税,都应作为企业利润总额的组成部分,通过"其他收益"等科目进行核算。对于直接减免的增值税,还应通过"应交税费——应交增值税(减免税款)"科目核算。企业按规定享受直接减免的增值税,应借记"应交税费——应交增值税(减免税款)"科目,贷记其他收益科目。实际收到即征即退、先征后退的增值税,应借记"银行存款"等科目,贷记"其他收益"等科目。

### 典型任务实例 2-60

华夏公司为增值税一般纳税人,5月购进货物取得的增值税专用发票注明价款300 000元,增值税税额39 000元,当月实现销售收入500 000元,销项税额65 000元。经企业申请,主管税务机关批准,该企业减半征收增值税1年,如果该企业享受免税优惠属于直接减免形式,请做出该业务的会计处理。

**解析**

计算、缴纳当月应纳增值税时的会计分录如下。

应纳税额=(65 000-39 000)×50%=13 000(元)

借:应交税费——应交增值税(已交税金)                   13 000
　　贷:银行存款                                        13 000

核算减免税额时的会计分录如下。

借:应交税费——应交增值税(减免税款)                    13 000
　　贷:其他收益                                        13 000

假设该企业按规定享受先征后退办法进行减免,则该企业会计处理如下。

计算、缴纳当月应纳增值税税额时会计分录如下。

应纳税额=65 000-39 000=26 000(元)

借:应交税费——应交增值税(已交税金)                   26 000

　　　　贷:银行存款　　　　　　　　　　　　　　　　　　　　　　　　　26 000

　　收到先征后退的增值税税款时会计分录如下。

　　　　借:银行存款　　　　　　　　　　　　　　　　　　　　　　　　　13 000

　　　　　贷:其他收益　　　　　　　　　　　　　　　　　　　　　　　　13 000

## 四、一般纳税人增值税简易计税方法的会计处理

　　"应交税费——简易计税"明细科目,核算一般纳税人采用简易计税方法发生的增值税计提、扣减、预缴、缴纳等业务。

　　(1) 一般纳税人销售自己使用过的增值税转型前购置的未抵扣进项税额的固定资产及营业税纳税人"营改增"之前购置的固定资产。增值税转型前购置的未抵扣进项税额的固定资产及营业税纳税人"营改增"之前购置的固定资产,在 2014 年 7 月 1 日后均按照 3% 征收率减按 2% 征收增值税。

**典型任务实例 2-61**

　　B 企业系增值税一般纳税人,于 3 月转让 2008 年购入的生产设备,原价为 1 000 000 元,累计已计提折旧 800 000 元,取得变价收入 206 000 元,款项已收到。假定 B 企业未计提减值准备,不考虑其他相关税费。请做出该业务的会计处理。

　　**解析**

　　(1) 转入清理的会计分录如下。

　　　　借:固定资产清理　　　　　　　　　　　　　　　　　　　　　　200 000

　　　　　累计折旧　　　　　　　　　　　　　　　　　　　　　　　　800 000

　　　　　贷:固定资产　　　　　　　　　　　　　　　　　　　　　　1 000 000

　　(2) 收取价款的会计分录如下。

　　　　借:银行存款　　　　　　　　　　　　　　　　　　　　　　　　206 000

　　　　　贷:固定资产清理　　　　　　　　　　　　　　　　　　　　　206 000

　　(3) 计算应交增值税的会计分录如下。

$$应交增值税 = 206\ 000 \div (1 + 3\%) \times 2\% = 4\ 000(元)$$

　　　　借:固定资产清理　　　　　　　　　　　　　　　　　　　　　　　4 000

　　　　　贷:应交税费——简易计税　　　　　　　　　　　　　　　　　　4 000

　　(4) 结转固定资产清理损益的会计分录如下。

　　　　借:固定资产清理　　　　　　　　　　　　　　　　　　　　　　　2 000

　　　　　贷:资产处置损益　　　　　　　　　　　　　　　　　　　　　　2 000

　　(2) 一般纳税人销售自己使用过的符合税法规定不得抵扣且未抵扣进项税额的固定资产。根据国家税务总局公告 2014 年第 26 号,一般纳税人销售自己使用过的符合税法规定不得抵扣且未抵扣进项税额的固定资产,按简易办法 3% 的征收率减按 2% 征收增值税。这类资产包括一般纳税人购进的用于非增值税应税项目、免征增值税项目、集体福利或者个人消费的固定资产。

　　(3) 建安企业一般纳税人简易计税的核算。一般纳税人跨县(市、区)提供建筑服务,选择适用简易计税方法计税的,以取得的全部价款和价外费用扣除支付的分包款后的余额,按

照 3% 的征收率计算应预缴税款。适用简易计税方法计税的,应按以下公式计算:

$$应预缴税款=\frac{全部价款和价外费用-支付的分包款}{1+3\%}\times3\%$$

纳税人取得的全部价款和价外费用扣除支付的分包款后的余额为负数的,可结转下次预缴税款时继续扣除。纳税人应按照工程项目分别计算应预缴税款,分别预缴。

一般纳税人采用简易计税方法的,计提、扣减、预缴、缴纳增值税时,通过"应交税费——简易计税"科目核算。

### 典型任务实例 2-62

甲建筑公司是增值税一般纳税人,下设的 A 项目部从事公路建设,已办理外出经营活动税收管理证明,企业选择适用简易计税方法。6 月业主验工计价结算销售额为 17 523 600 元,当月项目专业分包乙公司结算计价为 6 000 000 元,取得分包发票(抵扣凭证)。

**解析**

(1) 计算预缴增值税。

该企业在 A 项目所在地应预缴增值税=(17 523 600-6 000 000)÷(1+3%)×3%
　　　　　　　　　　　　　　　　=335 638.83(元)

借:应交税费——简易计税　　　　　　　　　　　　　335 638.83
　　贷:银行存款　　　　　　　　　　　　　　　　　　　335 638.83

(2) 该企业结算分包款项时的会计分录如下。

借:工程施工——合同成本　　　　　　　　　　　　　6 000 000
　　贷:应付账款——乙公司　　　　　　　　　　　　　6 000 000

(3) 取得分包发票(抵扣凭证)时的会计分录如下。

借:应交税费——简易计税　　　　　　　　　　　　　174 757.28
　　贷:工程施工——合同成本　　　　　　　　　　　　174 757.28

(4) 该企业结算总包款项时的会计分录如下。

借:银行存款　　　　　　　　　　　　　　　　　　　17 523 600
　　贷:工程结算　　　　　　　　　　　　　　　　　　17 013 203.89
　　　　应交税费——简易计税　　　　　　　　　　　　510 396.11

此时,"应交税费——简易计税"=-335 638.83-174 757.28+510 396.11=0

该企业在机构所在地应申报增值税=(17 523 600-6 000 000)÷(1+3%)×3%=335 638.83(元),企业在 A 项目所在地已预缴增值税 335 638.83 元,补缴数=0。

(4) 房地产开发企业一般纳税人简易计税的核算。房地产开发企业采取预收款方式销售所开发的房地产项目,在收到预收款时按照 3% 的预征率预缴增值税。应预缴税款按以下公式计算:

$$应预缴税款=\frac{预收款}{1+征收率}\times3\%$$

企业预缴增值税时,借记"应交税费——简易计税"科目,贷记"银行存款"科目。房地产开发企业等在预缴增值税后,应直至纳税义务发生时确认记入"应交税费——简易计税"贷方科目。

**典型任务实例 2-63**

某市某房地产开发企业是一般纳税人,通过竞拍取得地块 10 000 平方米的土地使用权,用于开发临湖花园商住楼,支付土地出让金 1 800 万元,规划总可售建筑面积 20 000 平方米,取得的建筑工程施工许可证注明的合同开工日期为 2016 年 4 月 30 日。该企业选择简易计税方法。企业采取预收款方式销售所开发的房地产项目,2020 年 6 月取得预收款 444 万元(含税),当期签约房产销售合同建筑面积 2 000 平方米,收款进度为 50%。2020 年 12 月房屋交付使用。请做出该业务的会计处理。

**解析**

(1) 2020 年 6 月该企业预收款时的会计分录如下。

借:银行存款 4 440 000

　贷:预收账款 4 440 000

(2) 计算预缴增值税。

2020 年 6 月该企业应预缴增值税＝4 440 000÷(1＋5%)×3%＝126 857.14(元)

借:应交税费——简易计税 126 857.14

　贷:银行存款 126 857.14

(3) 2020 年 12 月房屋交付使用时的会计分录如下。

借:预收账款 4 440 000

　贷:主营业务收入 4 228 571.43

　　应交税费——简易计税 211 428.57

2020 年 12 月企业应补缴增值税按"应交税费——简易计税"账户计算＝211 428.57－126 857.14＝84 571.43(元)

按公式计算,2020 年 12 月企业应补缴增值税＝4 440 000÷(1＋5%)×(5%－3%)

＝84 571.43(元)

两者一致。

(4) 2021 年 1 月补缴增值税时的会计分录如下。

借:应交税费——简易计税 84 571.43

　贷:银行存款 84 571.43

## 五、出口退税的核算

出口货物退税是指货物报关出口销售后,将其在国内已缴纳或应缴纳的税款退还给货物出口企业或给予免税的一种制度,旨在世界范围内维护商品的公平竞争。根据出口企业的不同形式和出口产品的不同种类,我国的出口退税政策可以分为以下三种形式。

### (一) 出口不免税也不退税

出口不免税是指对国家限制或禁止出口的某些货物的出口环节视同内销环节,照常征收增值税(消费税);出口不退税是指对这些货物的出口不退还其出口前所负担的税款。适用于税法列举的限制或禁止出口的货物,如天然牛黄、麝香、铜及铜基合金、白银等。

这类货物在出口环节视同内销环节进行会计处理,即在出口时,按照出口货物实现的销售收入和按规定收取的增值税税额,借记"应收账款""应收票据""银行存款"等科目;按照出口货物实现的销售收入,贷记"主营业务收入""其他业务收入"等科目;按照规定收取的增值税税额,贷记"应交税费——应交增值税(销项税额)"科目。

## (二)出口免税不退税

出口免税是指对货物在出口环节不征增值税(消费税)。出口不退税是指适用这个政策的出口货物因在前一道生产、销售环节或进口环节是免税的,因此,出口时该货物本身就不含税,也无须退税。出口不退税适用于来料加工复出口的货物、列入免税项目的避孕药品和工具、古旧图书、免税农产品、国家计划内出口的卷烟及军用品等。

这类货物免征出口环节增值税,其耗用的购进货物所负担的进项税额不予退税,因此,在购进这类货物时,应将相应的进项税额直接计入购进货物的成本,借记"材料采购""原材料"等科目,贷记"应付账款""银行存款"等科目;或在出口后按规定自内销货物进项税额中转出,借记"主营业务成本"科目,贷记"应交税费——应交增值税(进项税额转出)"科目;同时确认收入,借记"银行存款"等科目,贷记"主营业务收入"科目。

### 典型任务实例 2-64

光华公司为外贸公司,收购免税农产品一批用于出口,购进农产品的价格为 70 000 元,出口离岸价为 20 000 美元,当日外汇市场美元对人民币的牌价为 1:6.4。请做出该业务的会计处理。

**解析**

(1)如果该公司在购进农产品时,未计算抵扣进项税额,则该公司的会计处理如下。

① 购进免税农产品并验收入库时的会计分录如下。

借:库存商品                                                    70 000

  贷:银行存款                                                  70 000

② 出口商品确认收入时的会计分录如下。

借:银行存款                                                   128 000

  贷:主营业务收入                                              128 000

(2)如果该公司在购进农产品时,已计算抵扣进项税额,则该公司的会计处理如下。

① 购进免税农产品并验收入库时的会计分录如下。

借:库存商品                                                    63 700

  应交税费——应交增值税(进项税额)                              6 300

  贷:银行存款                                                  70 000

② 出口商品确认收入时的会计分录同上。

③ 将出口农产品的进项税额转出时的会计分录如下。

借:主营业务成本                                                 6 300

  贷:应交税费——应交增值税(进项税额转出)                        6 300

## (三)出口免税并退税

目前,我国企业出口主要有三种形式:①生产企业自营出口自产货物;②生产企业没有进出口经营权,委托外贸代理出口自产货物;③流通企业以收购方式出口货物。

### 1. 先征后退方式

流通企业以收购方式出口的货物仍然实行先征后退的方式。先征后退方式是对流通企业在销售环节的增值税销项税额先进行征税,等出口单证齐全后再退税。先征后退的征、退增值税计税依据,均为出口货物的离岸价格。征税税率为增值税规定税率,退税税率为出口货物适用退税率。

(1)"先征后退"的计算。

① 征税的计算。

出口货物销项税额=出口货物的离岸价×外汇人民币牌价×征税税率

当期应纳税额=内销货物的销项税额+出口货物的销项税额-进项税额

② 退税的计算。

应退税额=出口货物的离岸价×外汇人民币牌价×退税率

(2)"先征后退"的账务处理。

实行"先征后退"增值税办法的企业,物资出口销售时,按当期出口物资应收的款项,借记"应收账款""银行存款"等科目;按当期出口物资实现的营业收入,贷记"主营业务收入"科目;按规定计算的增值税,贷记"应交税费——应交增值税(销项税额)"科目。收到退回的税款,借记"银行存款"科目,贷记"营业外收入"科目。

## 典型任务实例 2-65

商品流通企业购进存货,价格为 100 万元,出口销售该产品,销售额为 300 万元。该企业购销环节增值税税率均为 13%,企业已交增值税 32 万元。该商品流通企业出口退税采用先征后退的方式,退税率为 10%。请做出该业务的会计处理。

**解析**

(1)购入存货时的会计分录如下。

| | |
|---|---|
| 借:库存商品 | 1 000 000 |
| 应交税费——应交增值税(进项税额) | 130 000 |
| 贷:银行存款 | 1 130 000 |

(2)出口销售时的会计分录如下。

| | |
|---|---|
| 借:银行存款 | 3 390 000 |
| 贷:主营业务收入 | 3 000 000 |
| 应交税费——应交增值税(销项税额) | 390 000 |

(3)缴纳增值税时的会计分录如下。

| | |
|---|---|
| 借:应交税费——应交增值税(已交税金) | 320 000 |
| 贷:银行存款 | 320 000 |

(4)收到退税款时的会计分录如下。

实际退税额=300×10%=30(万元)

| | |
|---|---|
| 借:银行存款 | 300 000 |
| 贷:营业外收入 | 300 000 |

2. 免、抵、退税的方式

对生产企业自营或委托外贸企业代理出口的自产货物,除另有规定外,增值税一律实行免、抵、退税的管理办法。该办法适用于独立核算、经主管税务机关认定为具有增值税一般纳税人资格,并且具有实际生产能力的企业和企业集团。"免"指对上述两种出口企业,免征本企业生产、销售环节的增值税;"抵"指对上述两种出口企业自营或委托代理出口的产品中所耗用的原材料、零配件、燃料、动力等所含应予退还的进项税额,抵顶内销货物的应纳税额;"退"指上述两种出口企业出口的产品在当月内应抵顶的进项税大于应纳税额时,对未抵顶完的部分予以退税。

(1) 免、抵、退税的计算。

① 当期应纳税额的计算。

$$当期应纳税额 = 当期内销货物的销项税额 - \left(当期进项税额 - 当期出口货物不予免征抵扣和退税的税额\right) - 上期未抵扣完的进项税额$$

$$当期出口货物不予免征抵扣和退税的税额 = 当期出口货物的离岸价 \times 人民币外汇牌价 \times \left(出口货物征税率 - 出口货物退税率\right) - 当期免抵退税不得免征和抵扣税额抵减额$$

$$当期免抵退税不得免征和抵扣税额抵减额 = 免税进口料件组成计税价格 \times \left(出口货物征税率 - 出口货物退税率\right)$$

② 免抵退税额的计算。

$$免抵退税额 = 出口货物离岸价 \times 人民币外汇牌价 \times 出口货物退税率 - 免抵退税额抵减额$$

免抵退税额抵减额 = 免税购进原材料价格 × 出口货物退税率

③ 当期应退税额和免抵税额的计算。

若当期期末留抵税额≤当期免抵退税额:

当期应退税额 = 当期期末留抵税额

当期免抵税额 = 当期免抵退税额 - 当期应退税额

若当期期末留抵税额＞当期免抵退税额:

当期应退税额 = 当期免抵退税额

当期免抵税额 = 0

(2) 免、抵、退税的账务处理。

实行免、抵、退增值税办法的企业,按规定计算的当期出口物资不予免征、抵扣和退税的税额,计入出口物资成本,借记"主营业务成本"科目,贷记"应交税费——应交增值税(进项税额转出)"科目;对根据"生产企业出口货物免、抵、退税审批通知单"上的批准数作会计处理的,按批准的应退税额,借记"其他应收款",按批准的应免抵税额,借记"应交税费——应交增值税(出口抵减内销产品应纳税额)"科目,按两者之和,贷记"应交税费——应交增值税(出口退税)"科目;对根据"生产企业出口货物免、抵、退税申报汇总表"上的申报数作会计处理的,分别按以下三种情况进行处理:第一,申报的应退税额 = 0、申报的应免抵税额＞0 时,按申报的应免抵税额借记"应交税费——应交增值税(出口抵减内销产品应纳税额)"科目,贷记"应交税费——应交增值税(出口退税)"科目。第二,申报的应退税额＞0、申报的应免抵税额＞0 时,按申报的应退税额,借记"其他应收款"科目,按申报的应免抵税额,借记"应交税费——应交增值税(出口抵减内销产品应纳税额)"科目,按两者之和,贷记"应交税费——应交增值税(出口退税)"科目。第三,申报的应退税额＞0、申报的应免抵税额 = 0 时,按申报的应退税额,借记"其他应收款"科目,贷记"应交税费——应交增值税(出口退税)"科目。企业在收到出口退税时,借记"银行存款"科目,贷记"其他应收款"科目。

典型任务实例 2-66

某具有进出口经营权的生产企业,对自产货物经营出口及国内销售业务。该企业 1 月购进所需原材料等货物,允许抵扣的进项税额为 49 万元,内销产品取得销售额 300 万元,增值税为 39 万元,出口货物离岸价折合人民币 2 400 万元。假设上期留抵税款 5 万元,增值税税率为 13%,退税率为 12%,请做出该业务的会计处理。

**解析**

当期免抵退税不得免征和抵扣税额 = 2 400×(13%−12%) = 24(万元)

当期应纳税额 = 39−(49+5−24) = 9(万元)

期末留抵税额 = 0

当期应退税额 = 0

当期免抵税额 = 当期免抵退税额 = 2 400×12% = 288(万元)

(1) 计算当月出口货物不予抵扣和退税的税额时的会计分录如下。

借:主营业务成本　　　　　　　　　　　　　　　　　　　　240 000

　　贷:应交税费——应交增值税(进项税额转出)　　　　　　　　240 000

(2) 计算应纳税额时的会计分录如下。

借:应交税费——应交增值税(转出未交增值税)　　　　　　　　90 000

　　贷:应交税费——未交增值税　　　　　　　　　　　　　　　90 000

(3) 申报出口免抵退税时的会计分录如下。

借:应交税费——应交增值税(出口抵减内销产品应纳税额)　　　2 880 000

　　贷:应交税费——应交增值税(出口退税)　　　　　　　　　　2 880 000

如果本期外购货物的进项税额为 140 万元,其他资料不变,则(1)分录同上,其余账务处理如下。

当期免抵退税不得免征和抵扣税额 = 2 400×(13%−12%) = 24(万元)

当期应纳税额 = 39−(140+5−24) = −82(万元)

即:

当期应纳税额 = 0

当期期末留抵税额 = 82 万元

当期免抵退税额 = 2 400×12% = 288(万元)

当期期末留抵税额 82 万元≤当期免抵退税额 288 万元

当期应退税额 = 当期期末留抵税额 = 82 万元

当期免抵税额 = 当期免抵退税额 − 当期应退税额 = 288−82 = 206(万元)

(1) 申报出口免抵退税时的会计分录如下。

借:其他应收款——增值税　　　　　　　　　　　　　　　　820 000

　　应交税费——应交增值税(出口抵减内销产品应纳税额)　　2 060 000

　　贷:应交税费——应交增值税(出口退税)　　　　　　　　　2 880 000

（2）收到退税款时的会计分录如下。

借：银行存款　　　　　　　　　　　　　　　　　　　　　　　　　820 000
　　贷：其他应收款——增值税　　　　　　　　　　　　　　　　　　　820 000

如果本期外购货物的进项税额为 500 万元，其他资料不变，则（1）分录同上，其余账务处理如下。

当期免抵退税不得免征和抵扣税额＝2 400×（13%－12%）＝24（万元）

当期应纳税额＝39－（500＋5－24）＝－442（万元）

即：

当期应纳税额＝0

当期期末留抵税额＝442 万元

当期免抵退税额＝2 400×12%＝288（万元）

当期期末留抵税额 442 万元＞当期免抵退税额 288 万元

当期应退税额＝当期免抵退税额＝288 万元

当期免抵税额＝0

（1）申报出口免抵退税时的会计分录如下。

借：其他应收款——增值税　　　　　　　　　　　　　　　　　　　2 880 000
　　贷：应交税费——应交增值税（出口退税）　　　　　　　　　　　　2 880 000

（2）收到退税款时的会计分录如下。

借：银行存款　　　　　　　　　　　　　　　　　　　　　　　　　2 880 000
　　贷：其他应收款——增值税　　　　　　　　　　　　　　　　　　　2 880 000

## 六、小规模纳税人增值税的核算

### （一）小规模纳税人购进货物的核算

对小规模纳税人增值税的征收管理采取简易办法，不实行进项税抵扣制度，小规模纳税人购买物资、服务、无形资产或不动产，取得增值税专用发票上注明的增值税应计入相关成本费用或资产，不通过“应交税费——应交增值税”科目核算。因此，小规模纳税人购入货物、接受应税劳务或应税行为，均按应付或实际支付的价款借记“材料采购”“原材料”“管理费用”等科目，贷记“应付账款”“银行存款”等科目。

典型任务实例 2-67

某公司为小规模纳税人，本期购入的生产材料取得增值税专用发票上注明价款 600 000元，增值税税款 78 000 元。该公司以银行存款支付购入生产材料款项。请做出该业务的会计处理。

**解析**

本业务的会计分录如下。

借：材料采购　　　　　　　　　　　　　　　　　　　　　　　　　678 000
　　贷：银行存款　　　　　　　　　　　　　　　　　　　　　　　　678 000

按税法有关规定，小规模纳税人初次购买增值税税控系统专用设备支付的费用以及缴纳的技术维护费允许在增值税应纳税额中全额抵减的，按规定抵减的增值税应纳税额应直接冲减"应交税费——应交增值税"科目。

**典型任务实例 2-68**

甲公司是新设小规模纳税人,5 月首次购入增值税税控系统设备,支付价款 720 元,同时支付当年增值税税控系统专用设备技术维护费 330 元。当月两项合计抵减当月增值税应纳税额为 1 050 元。

**解析**

(1) 购入增值税税控系统设备及发生防伪税控系统专用设备技术维护费时的会计分录如下。

借:管理费用　　　　　　　　　　　　　　　　　　　　　　1 050
　贷:银行存款　　　　　　　　　　　　　　　　　　　　　　　　1 050

(2) 抵减当月增值税应纳税额时的会计分录如下。

借:应交税费——应交增值税　　　　　　　　　　　　　　　1 050
　贷:管理费用　　　　　　　　　　　　　　　　　　　　　　　　1 050

### (二) 小规模纳税人销售货物的核算

小规模纳税人销售货物或提供应税劳务,按实现的销售收入和按规定收取的增值税税额,借记"应收账款""银行存款"等科目;按实现的销售收入,贷记"主营业务收入""其他业务收入"等科目;按销售收入与征收率的乘积,贷记"应交税费——应交增值税"科目。

**典型任务实例 2-69**

某商店为小规模纳税人,本期实现的销售收入为 46 800 元,全部销给了消费者,所收款项全部送存银行。请做出该业务的会计分录。

**解析**

本期应纳增值税额＝46 800÷(1＋3％)×3％＝1 363.11(元)

借:银行存款　　　　　　　　　　　　　　　　　　　　　　46 800
　贷:主营业务收入　　　　　　　　　　　　　　　　　　　　　45 436.89
　　　应交税费——应交增值税　　　　　　　　　　　　　　　　　1 363.11

### (三) 小规模纳税人上缴税款的核算

小规模纳税人按规定的纳税期限缴纳税款时,借记"应交税费——应交增值税"科目,贷记"银行存款"等科目。收到退回多交的增值税时,进行相反的会计处理。

**典型任务实例 2-70**

某商店为小规模纳税人,缴纳上季度应交增值税 1 363.10 元。请做出本业务的会计处理。

**解析**

本业务的会计分录如下。

借:应交税费——应交增值税　　　　　　　　　　　　　　　1 363.10
　贷:银行存款　　　　　　　　　　　　　　　　　　　　　　　　1 363.10

### (四) 小规模纳税人销售自己使用过的固定资产的核算

根据《财政部、国家税务总局关于部分货物适用增值税低税率和简易办法征收增值税政策的通知》(财税〔2009〕9 号),小规模纳税人(除其他个人外)销售自己使用过的有形动产固定资产时,按 2%的征收率征收增值税,按下列公式确定销售额和应纳税额

$$销售额=\frac{含税销售额}{1+3\%}$$

$$应纳税额=销售额\times 2\%$$

### 典型任务实例 2-71

甲企业是小规模纳税人,2 月出售本企业使用过的一辆汽车,该车原值 300 000 元,累计折旧 100 000 元,转让价 150 000 元,款项已收到。请做出该业务的会计处理。

**解析**

(1) 转入清理的会计分录如下。

| | |
|---|---|
| 借:固定资产清理 | 200 000 |
| 　累计折旧 | 100 000 |
| 　贷:固定资产 | 300 000 |

(2) 取得价款的会计分录如下。

| | |
|---|---|
| 借:银行存款 | 150 000 |
| 　贷:固定资产清理 | 150 000 |

(3) 计算应交增值税的会计分录如下。

$$销售额=150\ 000\div(1+3\%)=145\ 631.07(元)$$

$$应纳税额=145\ 631.07\times 2\%=2\ 912.62(元)$$

| | |
|---|---|
| 借:固定资产清理 | 2 912.62 |
| 　贷:应交税费——应交增值税 | 2 912.62 |

(4) 结转固定资产清理损益的会计分录如下。

| | |
|---|---|
| 借:资产处置损益 | 52 912.62 |
| 　贷:固定资产清理 | 52 912.62 |

### (五) 小规模纳税人提供应税行为差额征税的会计处理

小规模纳税人提供应税行为,试点期间按照营业税改征增值税有关规定允许从销售额中扣除其支付给非试点纳税人价款的,按规定扣减销售额而减少的应交增值税,应直接冲减"应交税费——应交增值税"科目。

企业接受应税行为时,按规定允许扣减销售额而减少的应交增值税,借记"应交税费——应交增值税"科目,按实际支付或应付的金额与上述增值税额的差额,借记"主营业务成本"等科目,按实际支付或应付的金额,贷记"银行存款""应付账款"等科目。

对于期末一次性进行账务处理的企业,期末,按规定当期允许扣减销售额而减少的应交增值税,借记"应交税费——应交增值税"科目,贷记"主营业务成本"等科目。

(1) 2014 年 1 月 1 日后,试点纳税人提供知识产权代理服务、货物运输代理服务和代理报关服务,以其取得的全部价款和价外费用,扣除向委托方收取并代为支付的政府性基金或者行政事业性收费后的余额为销售额。

(2) 账务处理如下。

借:应交税费——应交增值税

　　主营业务成本

　　　贷：银行存款(应付账款等)

　　(3)对于期末一次性进行账务处理的企业,期末,按规定当期允许扣减销售额而减少的应交增值税,借记"应交税费——应交增值税"科目,贷记"主营业务成本"等科目。

**典型任务实例 2-72**

　　某代理公司为增值税小规模纳税人,2月共收取含增值税的技术服务费 103 000 元,其中代委托方支付的政府性基金和行政事业性收费共计 72 100 元。请做出该业务的账务处理。

**解析**

　　应纳增值税＝(103 000－72 100)÷(1＋3%)×3%＝900(元)

　　(1)确认收入时的会计分录如下。

| | |
|---|---|
| 借：银行存款 | 103 000 |
| 　贷：主营业务收入 | 100 000 |
| 　　应交税费——应交增值税 | 3 000 |

　　(2)对外支付款项时的会计分录如下。

| | |
|---|---|
| 借：应交税费——应交增值税 | 2 100 |
| 　主营业务成本 | 70 000 |
| 　贷：银行存款 | 72 100 |

# 任务 2.3　增值税纳税申报

## 案例导入

　　小白处理完当月的账务后,需要进行纳税申报,但是不知道纳税期限是如何规定的,纳税地点在哪里,该采用哪种申报方式,需携带哪些资料,如何填写纳税申报表。请跟着小白一起学习这些知识。

## 一、纳税期限

　　增值税的纳税期限分别为 1 日、3 日、5 日、10 日、15 日、1 个月或者 1 个季度。纳税人的具体纳税期限,由主管税务机关根据纳税人应纳税额的大小分别核定。以 1 个季度为纳税期限的规定适用于小规模纳税人、银行、财务公司、信托投资公司、信用社,以及财政部和国家税务总局规定的其他纳税人。不能按照固定期限纳税的,可以按次纳税。

　　纳税人以 1 个月或者 1 个季度为 1 个纳税期的,自期满之日起 15 日内申报纳税;以 1 日、3 日、5 日、10 日或者 15 日为 1 个纳税期的,自期满之日起 5 日内预缴税款,于次月 1 日起 15 日内申报纳税并结清上月应纳税款。

　　扣缴义务人解缴税款的期限,按照前两款规定执行。纳税人进口货物,应当自海关填发税款缴纳证的次日起 15 日内缴纳税款;纳税人出口货物,应按月向税务机关申报办理该项出口货物退税。

## 二、纳税地点

（1）固定业户应当向其机构所在地或者居住地主管税务机关申报纳税。总机构和分支机构不在同一县（市）的,应当分别向各自所在地的主管税务机关申报纳税;经财政部和国家税务总局或者其授权的财政和税务机关批准,可以由总机构汇总向总机构所在地的主管税务机关申报纳税。

（2）非固定业户应当向应税行为发生地主管税务机关申报纳税;未申报纳税的,由其机构所在地或者居住地主管税务机关补征税款。

（3）其他个人提供建筑服务,销售或者租赁不动产,转让自然资源使用权,应向建筑服务发生地、不动产所在地、自然资源所在地主管税务机关申报纳税。

（4）缴税义务人应当向其机构所在地或者居住地主管税务机关申报缴纳扣缴的税款。

（5）进口货物,应当由进口人或其代理人向报关地海关申报纳税。

## 三、申报方式

目前我国纳税申报方式主要有:直接申报、网上申报、委托申报、邮寄申报、银行网点申报。

### （一）直接申报

直接申报即纳税人或代理人直接到主管税务机关申报征收岗位办理纳税申报。

### （二）网上申报

网上申报是纳税人或代理人用网络传输的方式将电子数据文档发送到税务机关指定的网页或电子信箱,并将有关款项及时存入税款预储户的一种电子申报方式。

### （三）委托申报

委托申报指纳税人委托中介机构代为纳税申报。

### （四）邮寄申报

邮寄申报是纳税人使用统一规定的纳税申报特快专递专用信封,通过邮政部门邮寄纳税申报表的方式。

### （五）银行网点申报

银行网点申报指纳税人就近到银行网点进行纳税申报。

纳税人可根据实际情况,报经税务机关批准,选择纳税申报方式。对实行定期定额缴纳税款的纳税人,可以实行简易申报、简并征期等申报纳税方式。这里所称的"简易申报"是指实行定期定额缴纳税款的纳税人在法律、行政法规规定的期限内或者税务机关依照法律、行政法规的规定确定的期限内缴纳税款的,税务机关可以视同申报。而"简并征期"是指实行定期定额缴纳税款的纳税人,经税务机关批准,可以采取将纳税期限合并为按季、按半年、按一年的方式缴纳税款,具体期限由省级税务机关根据具体情况确定。

## 四、申报资料

纳税申报资料包括纳税申报表及其附列资料和纳税申报其他资料。

### (一) 增值税一般纳税人申报需报送资料

增值税一般纳税人申报需报送资料见表 2-15。

表 2-15　增值税一般纳税人申报需报送资料

| 序号 | 材料名称 | 数量 | 备注 |
|---|---|---|---|
| 1 | 《增值税及附加税费申报表(一般纳税人适用)》及其附列资料 | 2 份 | |

有以下情形的,还应提供相应材料

| 适用情形 | 材料名称 | 数量 | 备注 |
|---|---|---|---|
| 2015 年 4 月 1 日起使用增值税发票系统升级版的,按照有关规定不使用网络办税或不具备网络条件的特定纳税人 | 金税盘、税控盘或 Ukey | | |
| 中国铁路总公司的铁路建设基金增值税纳税申报 | 《铁路建设基金纳税申报表》 | 1 份 | |
| 海关回函结果为"有一致的入库信息"的海关缴款书 | 《海关缴款书核查结果通知书》 | 1 份 | |
| 辅导期一般纳税人 | 《稽核结果比对通知书》 | 1 份 | |
| 各类汇总纳税企业 | 分支机构增值税汇总纳税信息传递单 | 1 份 | |
| 采用预缴方式缴纳增值税的发、供电企业 | 《电力企业增值税销项税额和进项税额传递单》 | 1 份 | |
| 增值税一般纳税人发生代扣代缴事项 | 《代扣代缴税收通用缴款书抵扣清单》 | 1 份 | |
| 增值税一般纳税人在资产重组过程中,将全部资产、负债和劳动力一并转让给其他增值税一般纳税人,原纳税人在办理注销登记前尚未抵扣的进项税额可结转至新纳税人处继续抵扣 | 《增值税一般纳税人资产重组进项留抵税额转移单》 | 1 份 | |
| 纳税人取得的符合抵扣条件且在本期申报抵扣的相关凭证 | (1) 增值税专用发票(含税控机动车销售统一发票)的抵扣联 | 1 份 | 报备要求由省(自治区、直辖市和计划单列市)税务机关确定 |
| | (2) 海关进口增值税专用缴款书、购进农产品取得的普通发票的复印件 | | |
| | (3) 税收完税凭证及其清单,书面合同、付款证明和境外单位的对账单或者发票 | | |
| | (4) 已开具的农产品收购凭证的存根联或报查联 | | |

| 适用情形 | 材料名称 | | 数量 | 备注 |
|---|---|---|---|---|
| 纳税人销售服务、不动产和无形资产，在确定服务、不动产和无形资产销售额时，按照有关规定从取得的全部价款和价外费用中扣除价款 | 符合法律、行政法规和国家税务总局规定的有效凭证及清单，主要包括 | (1)支付给境内单位或者个人的款项，以发票为合法有效凭证 | 1份 | 备要求由省（自治区、直辖市和计划单列市）税务机关确定 |
| | | (2)支付给境外单位或者个人的款项，以该单位或者个人的签收单据为合法有效凭证，税务机关对签收单据有疑义的，可以要求其提供境外公证机构的确认证明 | | |
| | | (3)缴纳的税款，以完税凭证为合法有效凭证 | | |
| | | (4)扣除的政府性基金、行政事业性收费或者向政府支付的土地价款，以省级以上（含省级）财政部门监（印）制的财政票据为合法有效凭证 | | |
| | | (5)国家税务总局规定的其他凭证 | | |
| 部分行业试行农产品增值税进项税额核定扣除办法的一般纳税人 | 《农产品核定扣除增值税进项税额计算表（汇总表）》 | | 1份 | |
| | 《投入产出法核定农产品增值税进项税额计算表》 | | | |
| | 《成本法核定农产品增值税进项税额计算表》 | | | |
| | 《购进农产品直接销售核定农产品增值税进项税额计算表》 | | | |
| | 《购进农产品用于生产经营且不构成货物实体核定农产品增值税进项税额计算表》 | | | |
| 省（自治区、直辖市和计划单列市）税务机关规定的其他资料 | | | 1份 | |

【温馨提示】

纳税人通过网上申报的，不需要再向税务机关报送纸质资料，但需要自行将相关资料留存备查。纳税人根据自己经营业务实际选择需要申报提交的资料，并在报表上加盖公章。

自 2021 年 8 月 1 日起，增值税、消费税分别与城市维护建设税、教育费附加、地方教育附加申报表整合，启用《增值税及附加税费申报表（一般纳税人适用）》。增值税一般纳税人纳税申报表及其附列资料包括以下内容。

(1)《增值税及附加税费申报表(一般纳税人适用)》(见表 2-16)。

(2)《增值税及附加税费申报表附列资料(一)》(本期销售情况明细)(见表 2-17)。

(3)《增值税及附加税费申报表附列资料(二)》(本期进项税额明细)(见表 2-18)。

(4)《增值税及附加税费申报表附列资料(三)》(服务、不动产和无形资产扣除项目明细)(见表 2-19)。

(5)《增值税及附加税费申报表附列资料(四)》(税额抵减情况表)(见表 2-20)。

(6)《增值税及附加税费申报表附列资料(五)》(附加税费情况表)(见表 4-1)。

(7)《增值税减免税申报明细表》(见表 2-21)。

### 表 2-16　增值税及附加税费申报表
(一般纳税人适用)

根据国家税收法律法规及增值税相关规定制定本表。纳税人不论有无销售额,均应按税务机关核定的纳税期限填写本表,并向当地税务机关申报。

税款所属时间:自　年　月　日至　年　月　日　　填表日期:　年　月　日　　金额单位:元(列至角分)

纳税人识别号(统一社会信用代码):□□□□□□□□□□□□□□□□□□□□　　所属行业:

| 纳税人名称 | | | 法定代表人姓名 | | 注册地址 | | 生产经营地址 | |
|---|---|---|---|---|---|---|---|---|
| 开户银行及账号 | | | 登记注册类型 | | | | 电话号码 | |
| 项　目 | | | 栏次 | | 一般项目 | | 即征即退项目 | |
| | | | | | 本月数 | 本年累计 | 本月数 | 本年累计 |
| 销售额 | (一)按适用税率计税销售额 | | 1 | | | | | |
| | 其中:应税货物销售额 | | 2 | | | | | |
| | 　　　应税劳务销售额 | | 3 | | | | | |
| | 　　　纳税检查调整的销售额 | | 4 | | | | | |
| | (二)按简易办法计税销售额 | | 5 | | | | | |
| | 其中:纳税检查调整的销售额 | | 6 | | | | | |
| | (三)免、抵、退办法出口销售额 | | 7 | | | | — | — |
| | (四)免税销售额 | | 8 | | | | | |
| | 其中:免税货物销售额 | | 9 | | | | — | — |
| | 　　　免税劳务销售额 | | 10 | | | | — | — |
| 税款计算 | 销项税额 | | 11 | | | | | |
| | 进项税额 | | 12 | | | | | |
| | 上期留抵税额 | | 13 | | | | — | |
| | 进项税额转出 | | 14 | | | | | |
| | 免、抵、退应退税额 | | 15 | | | | — | — |
| | 按适用税率计算的纳税检查应补缴税额 | | 16 | | | | — | — |
| | 应抵扣税额合计 | | 17＝12＋13－14－15＋16 | | — | | — | |
| | 实际抵扣税额 | | 18(如 17<11,则为 17,否则为 11) | | | | | |

续表

| 项　目 | | 栏次 | 一般项目 | | 即征即退项目 | |
|---|---|---|---|---|---|---|
| | | | 本月数 | 本年累计 | 本月数 | 本年累计 |
| 税款计算 | 应纳税额 | 19＝11－18 | | | | |
| | 期末留抵税额 | 20＝17－18 | | | | — |
| | 简易计税办法计算的应纳税额 | 21 | | | | |
| | 按简易计税办法计算的纳税检查应补缴税额 | 22 | | | — | — |
| | 应纳税额减征额 | 23 | | | | |
| | 应纳税额合计 | 24＝19＋21－23 | | | | |
| 税款缴纳 | 期初未缴税额(多缴为负数) | 25 | | | | |
| | 实收出口开具专用缴款书退税额 | 26 | | | — | — |
| | 本期已缴税额 | 27＝28＋29＋30＋31 | | | | |
| | ① 分次预缴税额 | 28 | | — | | — |
| | ② 出口开具专用缴款书预缴税额 | 29 | | | — | — |
| | ③ 本期缴纳上期应纳税额 | 30 | | | | |
| | ④ 本期缴纳欠缴税额 | 31 | | | | |
| | 期末未缴税额(多缴为负数) | 32＝24＋25＋26－27 | | | | |
| | 其中:欠缴税额(≥0) | 33＝25＋26－27 | | | — | — |
| | 本期应补(退)税额 | 34＝24－28－29 | | | | |
| | 即征即退实际退税额 | 35 | — | — | | |
| | 期初未缴查补税额 | 36 | | | — | — |
| | 本期入库查补税额 | 37 | | | — | — |
| | 期末未缴查补税额 | 38＝16＋22＋36－37 | | | — | — |
| 附加税费 | 城市维护建设税本期应补(退)税额 | 39 | | | — | — |
| | 教育费附加本期应补(退)费额 | 40 | | | — | — |
| | 地方教育附加本期应补(退)费额 | 41 | | | — | — |

声明:此表是根据国家税收法律法规及相关规定填写的,本人(单位)对填报内容(及附带资料)的真实性、可靠性、完整性负责

纳税人(签章):　　　　年　月　日

经办人:<br>
经办人身份证号:<br>
代理机构签章:<br>
代理机构统一社会信用代码:

受理人:<br>
受理税务机关(章):<br>
受理日期:　年　月　日

**表 2-17　增值税及附加税费申报表附列资料（一）**

（本期销售情况明细）

税款所属时间：　　年　月　日至　　年　月　日

纳税人名称：(公章)

金额单位：元（列至角分）

| 项目及栏次 | | 开具增值税专用发票 | | 开具其他发票 | | 未开具发票 | | 纳税检查调整 | | 合计 | | | 服务、不动产和无形资产扣除项目本期实际扣除金额 | 扣除后 | |
|---|---|---|---|---|---|---|---|---|---|---|---|---|---|---|---|
| | | 销售额 | 销项（应纳）税额 | 销售额 | 销项（应纳）税额 | 销售额 | 销项（应纳）税额 | 销售额 | 销项（应纳）税额 | 销售额 | 销项（应纳）税额 | 价税合计 | | 含税（免税）销售额 | 销项（应纳）税额 |
| | | 1 | 2 | 3 | 4 | 5 | 6 | 7 | 8 | $9=1+3+5+7$ | $10=2+4+6+8$ | $11=9+10$ | 12 | $13=11-12$ | $14=13\div(100\%+税率或征收率)\times税率或征收率$ |
| 一、一般计税方法计税 | 全部征税项目 | | | | | | | | | | | | | | |
| | 1 13%税率的货物及加工修理修配劳务 | | | | | | | | | | | — | — | — | — |
| | 2 13%税率的服务、不动产和无形资产 | | | | | | | | | | | — | — | — | — |
| | 3 9%税率的货物及加工修理修配劳务 | | | | | | | | | | | — | — | — | — |
| | 4 9%税率的服务、不动产和无形资产 | | | | | | | | | | | | | | |
| | 5 6%税率 | | | | | | | | | | | | | | |

续表

| 项目及栏次 | | 开具增值税专用发票 | | 开具其他发票 | | 未开具发票 | | 纳税检查调整 | | 合计 | | | 服务、不动产和无形资产扣除项目本期实际扣除金额 | 扣除后 | |
|---|---|---|---|---|---|---|---|---|---|---|---|---|---|---|---|
| | | 销售额 | 销项(应纳)税额 | 销售额 | 销项(应纳)税额 | 销售额 | 销项(应纳)税额 | 销售额 | 销项(应纳)税额 | 销售额 | 销项(应纳)税额 | 价税合计 | | 含税(免税)销售额 | 销项(应纳)税额 |
| | | 1 | 2 | 3 | 4 | 5 | 6 | 7 | 8 | $9=1+3+5+7$ | $10=2+4+6+8$ | $11=9+10$ | 12 | $13=11-12$ | $14=13\div(100\%+税率或征收率)\times税率或征收率$ |
| 一、一般计税方法计税 其中：即征即退项目 | 即征即退货物及加工修理修配劳务 6 | —— | —— | —— | —— | —— | —— | —— | —— | | | —— | 12 | —— | —— |
| | 即征即退服务、不动产和无形资产 7 | —— | —— | —— | —— | —— | —— | —— | —— | | | —— | | —— | —— |
| 二、简易计税方法计税 全部征税项目 | 6%征收率 8 | | | | | | | | | | | | | | |
| | 5%征收率的货物及加工修理修配劳务 9a | | | | | | | | | | | | | | |
| | 5%征收率的服务、不动产和无形资产 9b | | | | | | | | | | | | | | |
| | 4%征收率 10 | | | | | | | | | | | | | | |
| | 3%征收率的货物及加工修理修配劳务 11 | | | | | | | | | | | | | | |
| | 3%征收率的服务、不动产和无形资产 12 | | | | | | | | | | | | | | |

续表

| 项目及栏次 | 栏次 | 开具增值税专用发票 销售额 | 开具增值税专用发票 销项（应纳）税额 | 开具其他发票 销售额 | 开具其他发票 销项（应纳）税额 | 未开具发票 销售额 | 未开具发票 销项（应纳）税额 | 纳税检查调整 销售额 | 纳税检查调整 销项（应纳）税额 | 合计 销售额 | 合计 销项（应纳）税额 | 价税合计 | 服务、不动产和无形资产扣除项目本期实际扣除金额 | 扣除后 含税（免税）销售额 | 扣除后 销项（应纳）税额 |
|---|---|---|---|---|---|---|---|---|---|---|---|---|---|---|---|
| | | 1 | 2 | 3 | 4 | 5 | 6 | 7 | 8 | $9=1+3+5+7$ | $10=2+4+6+8$ | $11=9+10$ | 12 | $13=11-12$ | $14=13÷(100\%+税率或征收率)×税率或征收率$ |
| 二、简易计税方法计税 全部征税项目 预征率/% | 13a | | | | | | | | | | | | | | |
| 预征率/% | 13b | | | | | | | | | | | | | | |
| 预征率/% | 13c | | | | | | | | | | | | | | |
| 其中：即征即退项目 即征即退货物及加工修理修配劳务 | 14 | — | — | | | — | — | — | — | | | | — | | |
| 即征即退服务、不动产和无形资产 | 15 | — | — | | | — | — | — | — | | | | — | | |
| 三、免抵退税 货物及加工修理修配劳务 | 16 | — | — | | | — | — | — | — | | — | — | — | — | — |
| 服务、不动产和无形资产 | 17 | — | — | | | — | — | — | — | | — | — | | — | — |
| 四、免税 货物及加工修理修配劳务 | 18 | — | — | | | — | — | — | — | | — | — | — | — | — |
| 服务、不动产和无形资产 | 19 | — | — | | | — | — | — | — | | — | — | | — | — |

表 2-18　增值税及附加税费申报表附列资料(二)

(本期进项税额明细)

税款所属时间：　　　年　月　日至　　　年　月　日

纳税人名称：(公章)　　　　　　　　　　　　　　　　　　　　金额单位:元(列至角分)

| 一、申报抵扣的进项税额 | | | | |
|---|---|---|---|---|
| 项目 | 栏次 | 份数 | 金额 | 税额 |
| (一)认证相符的增值税专用发票 | 1＝2＋3 | | | |
| 其中:本期认证相符且本期申报抵扣 | 2 | | | |
| 前期认证相符且本期申报抵扣 | 3 | | | |
| (二)其他扣税凭证 | 4＝5＋6＋7＋8a＋8b | | | |
| 其中:海关进口增值税专用缴款书 | 5 | | | |
| 农产品收购发票或者销售发票 | 6 | | | |
| 代扣代缴税收缴款凭证 | 7 | | — | |
| 加计扣除农产品进项税额 | 8a | — | — | |
| 其他 | 8b | | | |
| (三)本期用于购建不动产的扣税凭证 | 9 | | | |
| (四)本期用于抵扣的旅客运输服务扣税凭证 | 10 | | | |
| (五)外贸企业进项税额抵扣证明 | 11 | — | — | |
| 当期申报抵扣进项税额合计 | 12＝1＋4＋11 | | | |
| 二、进项税额转出额 | | | | |
| 项目 | 栏次 | | 税额 | |
| 本期进项税额转出额 | 13＝14 至 23 之和 | | | |
| 其中:免税项目用 | 14 | | | |
| 集体福利、个人消费 | 15 | | | |
| 非正常损失 | 16 | | | |
| 简易计税方法征税项目用 | 17 | | | |
| 免抵退税办法不得抵扣的进项税额 | 18 | | | |
| 纳税检查调减进项税额 | 19 | | | |
| 红字专用发票信息表注明的进项税额 | 20 | | | |
| 上期留抵税额抵减欠税 | 21 | | | |
| 上期留抵税额退税 | 22 | | | |
| 异常凭证转出进项税额 | 23a | | | |
| 其他应作进项税额转出的情形 | 23b | | | |
| 三、待抵扣进项税额 | | | | |
| 项目 | 栏次 | 份数 | 金额 | 税额 |
| (一)认证相符的增值税专用发票 | 24 | — | — | — |
| 期初已认证相符但未申报抵扣 | 25 | | | |
| 本期认证相符且本期未申报抵扣 | 26 | | | |

续表

| 三、待抵扣进项税额 | | | | |
|---|---|---|---|---|
| 项目 | 栏次 | 份数 | 金额 | 税额 |
| 期末已认证相符但未申报抵扣 | 27 | | | |
| 其中:按照税法规定不允许抵扣 | 28 | | | |
| (二)其他扣税凭证 | 29＝30 至 33 之和 | | | |
| 其中:海关进口增值税专用缴款书 | 30 | | | |
| 农产品收购发票或者销售发票 | 31 | | | |
| 代扣代缴税收缴款凭证 | 32 | | — | |
| 其他 | 33 | | | |
| | 34 | | | |
| 四、其他 | | | | |
| 项目 | 栏次 | 份数 | 金额 | 税额 |
| 本期认证相符的增值税专用发票 | 35 | | | |
| 代扣代缴税额 | 36 | | — | — |

**表 2-19　增值税及附加税费申报表附列资料(三)**

（服务、不动产和无形资产扣除项目明细）

税款所属时间:　　年　月　日至　　年　月　日

纳税人名称:(公章)　　　　　　　　　　　　　　　　　　　金额单位:元(列至角分)

| 项目及栏次 | | 本期服务、不动产和无形资产价税合计额（免税销售额） | 服务、不动产和无形资产扣除项目 | | | | |
|---|---|---|---|---|---|---|---|
| | | | 期初余额 | 本期发生额 | 本期应扣除金额 | 本期实际扣除金额 | 期末余额 |
| | | 1 | 2 | 3 | 4＝2＋3 | 5(5≤1 且 5≤4) | 6＝4－5 |
| 13%税率的项目 | 1 | | | | | | |
| 9%税率的项目 | 2 | | | | | | |
| 6%税率的项目(不含金融商品转让) | 3 | | | | | | |
| 6%税率的金融商品转让项目 | 4 | | | | | | |
| 5%征收率的项目 | 5 | | | | | | |
| 3%征收率的项目 | 6 | | | | | | |
| 免抵退税的项目 | 7 | | | | | | |
| 免税的项目 | 8 | | | | | | |

(8)增值税纳税申报表附列资料(四)(税额抵减情况表)(见表 2-20)。

（9）增值税减免税申报明细表（见表 2-21）。

**表 2-20　增值税及附加税费申报表附列资料（四）**

（税额抵减情况表）

税款所属时间：　　年　月　日至　　年　月　日

纳税人名称：（公章）　　　　　　　　　　　　　　　　　　　　　金额单位：元（列至角分）

| | 一、税额抵减情况 | | | | | |
|---|---|---|---|---|---|---|
| 序号 | 抵减项目 | 期初余额 | 本期发生额 | 本期应抵减税额 | 本期实际抵减税额 | 期末余额 |
| | | 1 | 2 | 3＝1＋2 | 4≤3 | 5＝3－4 |
| 1 | 增值税税控系统专用设备费及技术维护费 | | | | | |
| 2 | 分支机构预征缴纳税款 | | | | | |
| 3 | 建筑服务预征缴纳税款 | | | | | |
| 4 | 销售不动产预征缴纳税款 | | | | | |
| 5 | 出租不动产预征缴纳税款 | | | | | |
| | 二、加计抵减情况 | | | | | |
| 序号 | 加计抵减项目 | 期初余额 | 本期发生额 | 本期调减额 | 本期可抵减额 | 本期实际抵减额 | 期末余额 |
| | | 1 | 2 | 3 | 4＝1＋2－3 | 5 | 6＝4－5 |
| 6 | 一般项目加计抵减额计算 | | | | | | |
| 7 | 即征即退项目加计抵减额计算 | | | | | | |
| 8 | 合计 | | | | | | |

**表 2-21　增值税减免税申报明细表**

税款所属时间：自　　年　　月　　日至　　年　　月　　日

纳税人名称（公章）：　　　　　　　　　　　　　　　　　　　　　金额单位：元（列至角分）

| | | 一、减税项目 | | | | |
|---|---|---|---|---|---|---|
| 减税性质代码及名称 | 栏次 | 期初余额 | 本期发生额 | 本期应抵减税额 | 本期实际抵减税额 | 期末余额 |
| | | 1 | 2 | 3＝1＋2 | 4≤3 | 5＝3－4 |
| 合计 | 1 | | | | | |
| | 2 | | | | | |
| | 3 | | | | | |
| | 4 | | | | | |
| | 5 | | | | | |
| | 6 | | | | | |

续表

| 免税性质代码及名称 | 栏次 | 免征增值税项目销售额 | 免税销售额扣除项目本期实际扣除金额 | 扣除后免税销售额 | 免税销售额对应的进项税额 | 免税额 |
|---|---|---|---|---|---|---|
| | | 1 | 2 | 3＝1－2 | 4 | 5 |
| 合计 | 7 | | | | | |
| 出口免税 | 8 | | — | — | — | |
| 其中:跨境服务 | 9 | | — | — | — | |
| | 10 | | | | — | |
| | 11 | | | | — | |
| | 12 | | | | — | |
| | 13 | | | | — | |
| | 14 | | | | — | |
| | 15 | | | | — | |
| | 16 | | | | — | |

二、免税项目

### （二）增值税小规模纳税人申报需报送资料

自 2021 年 8 月 1 日起,增值税、消费税分别与城市维护建设税、教育费附加、地方教育附加申报表整合,启用《增值税及附加税费申报表(小规模纳税人适用)》。增值税小规模纳税人纳税申报表及其附列资料包括以下内容:

（1）《增值税及附加税费申报表(小规模纳税人适用)》(见表 2-22)。

（2）《增值税及附加税费申报表( 小规模纳税人适用) 附列资料(一)》(见表 2-23)。

（3）《增值税及附加税费申报表( 小规模纳税人适用) 附列资料(二)(附加税费情况表)》(见表 2-24)。

（4）《增值税减免税申报明细表》(见表 2-21)。

**表 2-22　增值税及附加税费申报表**

（小规模纳税人适用）

纳税人识别号(统一社会信用代码):□□□□□□□□□□□□□□□□□□□

纳税人名称:　　　　　　　　　　　　　　　　　　金额单位:元(列至角分)

税款所属期:　　年　月　日至　　年　月　日　　　填表日期:　　年　月　日

| 一、计税依据 | 项　目 | 栏次 | 本期数 | | 本年累计 | |
|---|---|---|---|---|---|---|
| | | | 货物及劳务 | 服务、不动产和无形资产 | 货物及劳务 | 服务、不动产和无形资产 |
| | （一）应征增值税不含税销售额(3％征收率) | 1 | | | | |
| | 增值税专用发票不含税销售额 | 2 | | | | |

续表

| 项　目 | 栏次 | 本期数 | | 本年累计 | |
|---|---|---|---|---|---|
| | | 货物及劳务 | 服务、不动产和无形资产 | 货物及劳务 | 服务、不动产和无形资产 |
| 其他增值税发票不含税销售额 | 3 | | | | |
| （二）应征增值税不含税销售额（5%征收率） | 4 | — | | — | |
| 增值税专用发票不含税销售额 | 5 | — | | — | |
| 其他增值税发票不含税销售额 | 6 | — | | — | |
| （三）销售使用过的固定资产不含税销售额 | 7(7≥8) | | — | | — |
| 其中：其他增值税发票不含税销售额 | 8 | | — | | — |
| （四）免税销售额 | 9＝10＋11＋12 | | | | |
| 其中：小微企业免税销售额 | 10 | | | | |
| 　　　未达起征点销售额 | 11 | | | | |
| 　　　其他免税销售额 | 12 | | | | |
| （五）出口免税销售额 | 13(13≥14) | | | | |
| 其中：其他增值税发票不含税销售额 | 14 | | | | |
| 本期应纳税额 | 15 | | | | |
| 本期应纳税额减征额 | 16 | | | | |
| 本期免税额 | 17 | | | | |
| 其中：小微企业免税额 | 18 | | | | |
| 　　　未达起征点免税额 | 19 | | | | |
| 应纳税额合计 | 20＝15－16 | | | | |
| 本期预缴税额 | 21 | | | | |
| 本期应补（退）税额 | 22＝20－21 | | — | | — |
| 城市维护建设税本期应补（退）税额 | 23 | | | | |
| 教育费附加本期应补（退）费额 | 24 | | | | |
| 地方教育附加本期应补（退）费额 | 25 | | | | |

一、计税依据（栏次3至14）　二、税款计算（栏次15至22）　三、附加税费（栏次23至25）

声明：此表是根据国家税收法律法规及相关规定填写的，本人（单位）对填报内容（及附带资料）的真实性、可靠性、完整性负责

纳税人（签章）：　　　　　年　月　日

经办人：
经办人身份证号：
代理机构签章：
代理机构统一社会信用代码：

受理人：
受理税务机关（章）：
受理日期：　　　年　月　日

**表 2-23　增值税及附加税费申报表(小规模纳税人适用)附列资料(一)**

(服务、不动产和无形资产扣除项目明细)

税款所属期：　年　月　日至　年　月　日　　　　　　　　　　　　填表日期：　年　月　日

纳税人名称(公章)：　　　　　　　　　　　　　　　　　　　　　　　金额单位:元(列至角分)

| 应税行为(3%征收率)扣除额计算 | | | |
|---|---|---|---|
| 期初余额 | 本期发生额 | 本期扣除额 | 期末余额 |
| 1 | 2 | 3(3≤1+2之和,且3≤5) | 4=1+2-3 |
| | | | |
| 应税行为(3%征收率)计税销售额计算 | | | |
| 全部含税收入<br>(适用3%征收率) | 本期扣除额 | 含税销售额 | 不含税销售额 |
| 5 | 6=3 | 7=5-6 | 8=7÷1.03 |
| | | | |
| 应税行为(5%征收率)扣除额计算 | | | |
| 期初余额 | 本期发生额 | 本期扣除额 | 期末余额 |
| 9 | 10 | 11(11≤9+10之和,且11≤13) | 12=9+10-11 |
| | | | |
| 应税行为(5%征收率)计税销售额计算 | | | |
| 全部含税收入<br>(适用5%征收率) | 本期扣除额 | 含税销售额 | 不含税销售额 |
| 13 | 14=11 | 15=13-14 | 16=15÷1.05 |
| | | | |

**表 2-24　增值税及附加税费申报表(小规模纳税人适用)附列资料(二)**

(附加税费情况表)

税(费)款所属时间：　年　月　日至　年　月　日

纳税人名称:(公章)　　　　　　　　　　　　　　　　　　　　　　　金额单位:元(列至角分)

| 税(费)种 | 计税(费)依据<br>增值税税额 | 税(费)率(%) | 本期应纳税(费)额 | 本期减免税(费)额 | | 增值税小规模纳税人"六税两费"减征政策 | | 本期已缴税(费)额 | 本期应补(退)税(费)额 |
|---|---|---|---|---|---|---|---|---|---|
| | | | | 减免性质代码 | 减免税(费)额 | 减征比例(%) | 减征额 | | |
| | 1 | 2 | 3=1×2 | 4 | 5 | 6 | 7=(3-5)×6 | 8 | 9=3-5-7-8 |
| 城市维护建设税 | | | | | | | | | |
| 教育费附加 | | | | | | | | | |
| 地方教育附加 | | | | | | | | | |
| 合计 | — | — | | — | | | | | |

### （三）增值税预缴税款表

纳税人跨县（市）提供建筑服务、房地产开发企业预售自行开发的房地产项目、纳税人出租与机构所在地不在同一县（市）的不动产，按规定需要在项目所在地或不动产所在地主管税务机关预缴税款的，需填写《增值税及附加税费预缴表》及其附列资料，见表 2-25 及表 2-26。

表 2-25　增值税及附加税费预缴表

税款所属时间：　　年 月 日至　　年 月 日

纳税人识别号（统一社会信用代码）：□□□□□□□□□□□□□□□□□□□□

是否适用一般计税方法　是 □　否 □

纳税人名称：　　　　　　　　　　　　　　　　　　金额单位:元(列至角分)

项目编号：　　　　　　　　项目名称：　　　　　　　　项目地址：

| 预征项目和栏次 | | 销售额 | 扣除金额 | 预征率 | 预征税额 |
|---|---|---|---|---|---|
| | | 1 | 2 | 3 | 4 |
| 建筑服务 | 1 | | | | |
| 销售不动产 | 2 | | | | |
| 出租不动产 | 3 | | | | |
| | 4 | | | | |
| | 5 | | | | |
| 合计 | 6 | | | | |
| 附加税费 | | | | | |
| 城市维护建设税实际预缴税额 | | | 教育费附加实际预缴费额 | | 地方教育附加实际预缴费额 |

声明:此表是根据国家税收法律法规及相关规定填写的，本人(单位)对填报内容(及附带资料)的真实性、可靠性、完整性负责

　　年 月 日　　　　　　　　　　　　　　　　纳税人(签章)：

| 经办人： | 受理人： |
|---|---|
| 经办人身份证号： | 受理税务机关(章)： |
| 代理机构签章： | 受理日期：　　年 月 日 |
| 代理机构统一社会信用代码： | |

表 2-26　增值税及附加税费预缴表附列资料

(附加税费情况表)

税(费)款所属时间：　　年　月　日至　　年　月　日

纳税人名称：(公章)　　　　　　　　　　　　　　　　　　　　　金额单位:元(列至角分)

| 税(费)种 | 计税(费)依据 | 税(费)率(%) | 本期应纳税(费)额 | 本期减免税(费)额 | | 增值税小规模纳税人"六税两费"减征政策 | | 本期实际预缴税(费)额 |
|---|---|---|---|---|---|---|---|---|
| | | | | | | 本期是否适用　□是 □否 | | |
| | 增值税预缴税额 | 税(费)率(%) | 本期应纳税(费)额 | 减免性质代码 | 减免税(费)额 | 减征比例(%) | 减征额 | |
| | 1 | 2 | 3=1×2 | 4 | 5 | 6 | 7=(3-5)×6 | 8=3-5-7 |
| 城市维护建设税 | | | | | | | | |
| 教育费附加 | | | | | | | | |
| 地方教育附加 | | | | | | | | |
| 合计 | — | — | | — | | — | | |

## (四) 纳税申报表及其附列资料填列方法

增值税一般纳税人申报比较复杂,其中增值税主表、附表一(销项)、附表二(进项)、附件五(附加税费)都是必填表,不管有无数据,都要填写;减免税申报明细表是选填表,如没有可不填。

一般网上申报填写方法及顺序如下。

(1) 附表一反映纳税人当期的销项。部分栏次对纯货物劳务类纳税人开放;部分栏次对纯服务、不动产、无形资产类纳税人开放;兼营纳税人相关行次都会放开。第 11、12 列的数据与附表三差额征税会勾稽。差额征税启用白名单管理,如果没有向主管税务所报送过,将无法填写差额征税栏次。

(2) 附表二填写的是本期进项税额明细,本期有进项税额时,网报填写第 2 栏的进项金额和税额后,会带出到最下面的 35 行金额和税额,并且还有 2+26=35 行数据公式,会校验。海关进口增值税专用缴款书纳税人如实填写,会在申报比对时与海关稽核系统数据比对。请注意:增值税进项发票当月认证,当月抵扣,这里的当月指所属期。

农产品收购发票或者销售发票这栏反映企业农产品进项,此栏是灰色的,数据来源于《农产品核定扣除增值税进项税额计算表(汇总表)》合计数。需要注意:当农产品那一行税额为空时,附表二是无法保存的,灰色项无法手工填写,此时单击左上角"补零"按钮,即可通过保存。

代扣代缴税收缴款凭证这一栏网报是有控制的,不应填写此行的单位填写完保存时会报错,显示为红色字体,鼠标放在红色字体附近会出现错误具体提示。

(3) 附表三无法直接填写,单击附表一 12 列服务、不动产和无形资产扣除项目本期实际扣除金额,会弹出填写框,在此框中填写数据,相关数据会带到附表三中相应的行次。如果没有差额征税,纳税人不应单击 12 栏,否则打开后无法关闭填写框,只能单击左上角退出此申报表。

（4）附表四税额抵减情况表。增值税税控系统专用设备费及技术维护费本期实际抵减税额，在主表 23 栏应纳税额减征额中要再次体现。

分支机构预征、建筑服务预征、销售不动产预征、出租不动产预征的本期实际抵减税额也应在主表 28 栏分次预缴中再次体现。

（5）增值税减免税申报明细表。此表不是必填表，如不涉及，请不要单击进入。当纳税人发生减征、免税业务时填写减免税申报明细表，填写减免税信息时，需要先单击选择减免大类，再单击选择减免小类，进而填写数据。一定要根据业务据实填写减免税明细数据。

（6）营改增税负分析测算明细表。适用于此次四大行业"营改增"企业。按照相应的增值税税率和营业税税率可以根据带出的应税项目代码及名称来选择填写。纳税人兼营此次"营改增"四大行业的应税行为，应分项目填报《测算明细表》，即多项应税行为分行填报对应"应税项目代码及名称"及相关栏次数据。

纳税人同期发生相同应税行为，适用不同计税方法的，应将不同计税方法的销售额、差额扣除额等数据分行填报《测算明细表》。纳税人享受增值税差额征税政策且发生差额扣除额的，才能按实际扣除额填报第 4 列"服务、不动产和无形资产扣除项目本期实际扣除金额"。

纳税人当期发生的应税项目，按国家统一的原营业税政策规定享受差额扣除政策的，可以填报对应行次第 9 列"本期发生额"。

（7）最后填写增值税主表，主表上相应的销项税额和进项税额来自附表，自动带出，不可修改。主表 15 行数据是取自出口退税系统出口退税部门审核后的免抵退应退税额，自动带出，不可修改。企业即征即退的税额必须是通过即征即退栏计算而来的税款，因此在申报时必须按照要求填写申报表。

项目 **3**

# 消费税会计

◆ 熟悉消费税的基本税制要素、应纳消费税的计算。

◆ 掌握消费税涉税业务的会计处理。

◆ 掌握消费税纳税申报表的填制方法。

◆ 能判断哪些项目应征收消费税,能根据业务资料计算应纳消费税税额。

◆ 能根据业务资料进行消费税的涉税会计业务处理。

◆ 能根据业务资料填制消费税纳税申报表。

# 任务 3.1 认识消费税

案例导入

小白到 ABC 股份有限责任公司报税岗位进行顶岗实习。该公司主要生产经营高档化妆品,3 月发生如下经济业务。

(1) 3 月 1 日,销售化妆品 100 套,已知增值税专用发票上注明的价款为 30 000 元,税额 3 900 元,该款已收到。

(2) 3 月 25 日,将一批自产的化妆品作为福利发给职工个人,这批化妆品的成本为 10 000 元。假设该类化妆品不存在同类消费品销售价格。

(3) 3 月 28 日,从国外购进成套化妆品,关税完税价格 80 000 美元,关税税率为 50%。假定当日美元对人民币的汇率为 1∶6.46,货款全部以银行存款付清。

请问:消费税的计算与增值税的计算依据有哪些不同?

## 一、消费税概述

### (一)消费税的概念和特点

1. 消费税的概念

消费税是对我国境内从事生产、委托加工和进口应税消费品的单位和个人,就其销售额或销售数量,在特定环节征收的一种税,也就是对特定的消费品和消费行为征收的一种税。

消费税是世界各国广泛开征的税种,开征的目的是加强经济宏观调控,体现国家一定的产业政策和消费政策。我国的消费税是 1994 年税制改革中新设置的税种,它与增值税相互配合,对某些产品进行特殊调节。

2. 消费税的特点

消费税的征收对象主要是与居民消费相关的最终消费品和消费行为。与其他税种相比,消费税有以下特点。

（1）征税项目具有选择性。消费税是对特定消费品和消费行为征收的税种,主要征收范围包括:特殊消费品、奢侈品、高能耗消费品、不可再生的资源消费品和税基宽广、消费普遍、不影响人民群众生活水平,但具有一定财政意义的普通消费品。

（2）征税环节具有单一性。消费税是在生产（进口）、流通或消费的某一环节一次性征收的,以后不再征收。

（3）征收方法具有多样性。消费税的计税方法比较灵活,既有从价定率征收方法,也可以从量定额征收,还可以用复合计税办法。

（4）税收调节具有特殊性。消费税是国家运用税收杠杆对某些消费品和消费行为进行特殊调节,配合价格杠杆来调节经济,限制生产和消费。

（5）消费税具有转嫁性。流转税通常都具有转嫁性,消费品中所含的消费税税款最终都要转嫁到消费者身上,由消费者负担。

## （二）消费税纳税义务人和征收范围

### 1. 纳税义务人

消费税的纳税义务人为在我国境内生产、委托加工和进口应税消费品的单位和个人。

（1）我国境内是指生产、委托加工和进口应税消费品的起运地或所在地在我国境内。

（2）委托加工的应税消费品由受托方在委托方提货时代扣代缴相关的消费税,但受托方如为个体经营者,则应由委托方在委托方所在地申报纳税;自产自用的应税消费品,由自产自用单位和个人在移送使用时缴纳消费税。

### 2. 征收范围

消费税的征收范围为:在中华人民共和国境内生产、委托加工和进口《消费税暂行条例》规定的消费品。列入消费税征收范围的消费品包括以下五类。

（1）过度消费会对人身健康、社会秩序、生态环境等方面造成危害的特殊消费品,如烟、酒、鞭炮、焰火等。

（2）非生活必需品,如高档化妆品、贵重首饰、珠宝玉石等。

（3）高能耗及高档消费品,如摩托车、小汽车等。

（4）不可再生和替代的石油类消费品,如成品油等。

（5）2015 年纳入消费税征税范围的电池、油漆等。

## （三）消费税的税目和税率

### 1. 税目

按照《消费税暂行条例》的规定,2015 年 1 月 26 日根据《关于对电池、涂料征收消费税的通知》（财税〔2015〕16 号）调整后,确定征收消费税的有烟、酒、高档化妆品、电池、涂料等 15 个税目,有的税目还进一步划分了若干子目。消费税属于价内税,实行单一环节征收,一般在应税消费品的生产、委托加工和进口环节缴纳,在以后的批发、零售等环节中,由于价款中已包含消费税,因此不必再缴纳消费税。

### 2. 税率

消费税税率有比例税率和定额税率两种形式,应根据不同的税目或子目确定相应的税率或单位税额,烟、酒实行复合税率。纳税人兼营不同税率的应税消费品,应当分别核算不同税率应税消费品的销售额、销售数量。未分别核算销售额、销售数量,或者将不同税率的应税消费品组成成套消费品销售的,从高适用税率。具体规定见表 3-1。

表 3-1　消费税税目、税率表

| 税　目 | 税率 |
|---|---|
| 一、烟 | |
| 　1. 卷烟 | |
| 　　(1) 甲类卷烟 | 56% 加 0.003 元/支 |
| 　　(2) 乙类卷烟 | 36% 加 0.003 元/支 |
| 　　(3) 商业批发 | 11% 加 0.005 元/支 |
| 　2. 雪茄烟 | 36% |
| 　3. 烟丝 | 30% |
| 二、酒 | |
| 　1. 白酒 | 20% 加 0.5 元/500 克(或者 500 毫升) |
| 　2. 黄酒 | 240 元/吨 |
| 　3. 啤酒 | |
| 　　(1) 甲类啤酒 | 250 元/吨 |
| 　　(2) 乙类啤酒 | 220 元/吨 |
| 　4. 其他酒 | 10% |
| 三、高档化妆品 | 15% |
| 四、贵重首饰及珠宝玉石 | |
| 　1. 金银首饰、铂金首饰、钻石及钻石饰品 | 5% |
| 　2. 其他贵重首饰和珠宝玉石 | 10% |
| 五、鞭炮、焰火 | 15% |
| 六、成品油 | |
| 　1. 汽油 | 1.52 元/升 |
| 　2. 柴油 | 1.20 元/升 |
| 　3. 航空煤油(暂缓征收) | 1.20 元/升 |
| 　4. 石脑油 | 1.52 元/升 |
| 　5. 溶剂油 | 1.52 元/升 |
| 　6. 润滑油 | 1.52 元/升 |
| 　7. 燃料油 | 1.20 元/升 |
| 七、摩托车 | |
| 　1. 气缸容量(排气量,下同)在 250 毫升的 | 3% |
| 　2. 气缸容量在 250 毫升以上的 | 10% |

续表

| 税　　目 | 税率 |
|---|---|
| 八、小汽车 | |
| 　　1. 乘用车 | |
| 　　　　(1) 气缸容量(排气量,下同)在 1.0 升(含 1.0 升)以下的 | 1% |
| 　　　　(2) 气缸容量在 1.0 升以上至 1.5 升(含 1.5 升)的 | 3% |
| 　　　　(3) 气缸容量在 1.5 升以上至 2.0 升(含 2.0 升)的 | 5% |
| 　　　　(4) 气缸容量在 2.0 升以上至 2.5 升(含 2.5 升)的 | 9% |
| 　　　　(5) 气缸容量在 2.5 升以上至 3.0 升(含 3.0 升)的 | 12% |
| 　　　　(6) 气缸容量在 3.0 升以上至 4.0 升(含 4.0 升)的 | 25% |
| 　　　　(7) 气缸容量在 4.0 升以上的 | 40% |
| 　　2. 中轻型商用客车 | 5% |
| 　　3. 超豪华小汽车(零售环节) | 10% |
| 九、高尔夫球及球具 | 10% |
| 十、高档手表 | 20% |
| 十一、游艇 | 10% |
| 十二、木制一次性筷子 | 5% |
| 十三、实木地板 | 5% |
| 十四、电池 | 4% |
| 十五、涂料 | 4% |

根据《国家税务总局关于配制酒消费税适用税率问题的公告》(国家税务总局〔2011〕53号)的规定,配制酒税率如下。

(1) 以蒸馏酒或食用酒精为酒基,同时符合以下条件的配制酒,按消费税税目税率表"其他酒"10%适用税率征收消费税。

① 具有国家相关部门批准的国食健字或卫食健字文号。

② 酒精度低于 38 度(含)。

(2) 以发酵酒为酒基,酒精度低于 20 度(含)的配制酒,按消费税税目税率表"其他酒"10%适用税率征收消费税。

(3) 其他配制酒,按消费税税目税率表"白酒"适用税率征收消费税。

上述蒸馏酒或以食用酒精为酒基是指酒基中蒸馏酒或食用酒精的比重超过 80%(含),以发酵酒为酒基是指酒基中发酵酒的比重超过 80%(含)。

 想一想

增值税和消费税的征税范围区别在哪里?

## 二、消费税应纳税额的计算

### （一）计税依据

我国消费税的计税方法分为从价计征、从量计征及复合计征三种。

1. 从价计征

在从价定率计算方法下，应纳税额等于应税消费品的销售额乘以适用税率，应纳税额的多少取决于应税消费品的销售额和适用税率两个因素。

（1）销售额的确定。销售额为纳税人销售应税消费品向购买方收取的全部价款和价外费用。销售，是指有偿转让应税消费品的所有权；有偿，是指从购买方取得货币、货物或者其他经济利益；价外费用，是指价外向购买方收取的手续费、补贴、基金、集资费、返还利润、奖励费、违约金、滞纳金、延期付款利息、赔偿金、代收款项、代垫款项、包装费、包装物租金、储备费、优质费、运输装卸费以及其他各种性质的价外收费。但下列项目不包括在内。

其一，同时符合以下条件的代垫运输费用：①承运部门的运输费用发票开具给购买方的；②纳税人将该项发票转交给购买方的。

其二，同时符合以下条件的代为收取的政府性基金或者行政事业性收费：①由国务院或者财政部批准设立的政府性基金，由国务院或者省级人民政府及其财政、价格主管部门批准设立的行政事业性收费；②收取时开具省级以上财政部门印制的财政票据；③所收款项全额上缴财政。

其他价外费用，无论是否属于纳税人的收入，均应并入销售额计算征税。

实行从价定率办法计算应纳税额的应税消费品连同包装销售的，无论包装是否单独计价，也不论在会计上如何核算，均应并入应税消费品的销售额中征收消费税。如果包装物不作价随同产品销售，而是收取押金，此项押金不应并入应税消费品的销售额中征税。但对因逾期未收回的包装物不再退还的或者已收取的时间超过 12 个月的押金，应并入应税消费品的销售额，按照应税消费品的适用税率缴纳消费税。

对既作价随同应税消费品销售，又另外收取押金的包装物的押金，凡纳税人在规定的期限内没有退还的，均应并入应税消费品的销售额，按照应税消费品的适用税率缴纳消费税。

纳税人销售的应税消费品，以外汇结算销售额的，其销售额的人民币折合率可以选择结算的当天或者当月 1 日的国家外汇牌价（原则上为中间价）。纳税人应事先确定采取何种折合率，确定后 1 年内不得变更。

（2）含增值税销售额的换算。应税消费品在缴纳消费税的同时，与一般货物一样，还应缴纳增值税。按照《消费税暂行条例实施细则》的规定，应税消费品的销售额，不包括应向购货方收取的增值税税款。如果纳税人应税消费品的销售额中未扣除增值税税款或者因不得开具增值税专用发票而发生价款和增值税税款合并收取的，在计算消费税时，应将含增值税的销售额换算为不含增值税税款的销售额。其换算公式为

$$应税消费品的销售额 = \frac{含增值税的销售额}{1 + 增值税税率或征收率}$$

在使用换算公式时，应根据纳税人的具体情况分别使用增值税税率或征收率。如果消费税的纳税人同时又是增值税一般纳税人的，应适用 13% 的增值税税率；如果消费税的纳税人是增值税小规模纳税人，则应适用 3% 的征收率。

2. 从量计征

在从量定额计算方法下，应纳税额等于应税消费品的销售数量乘以单位税额，应纳税额的多少取决于应税消费品的销售数量和单位税额两个因素。

（1）销售数量的确定。销售数量是指纳税人生产、加工和进口应税消费品的数量。其具体规定如下。

① 销售应税消费品的，为应税消费品的销售数量。

② 自产自用应税消费品的，为应税消费品的移送使用数量。

③ 委托加工应税消费品的，为纳税人收回的应税消费品数量。

④ 进口的应税消费品，为海关核定的应税消费品进口征税数量。

（2）计量单位的换算标准。《消费税暂行条例》规定，黄酒、啤酒以吨为税额单位；汽油、柴油以升为税额单位。但是，考虑到在实际销售过程中，一些纳税人会把吨或升这两个计量单位混用，为了规范不同产品的计量单位，以准确计算应纳税额，吨与升两个计量单位的换算标准见表 3-2。

表 3-2　吨、升换算标准

| 序号 | 类别 | 换算标准 |
| --- | --- | --- |
| 1 | 黄酒 | 1 吨＝962 升 |
| 2 | 啤酒 | 1 吨＝988 升 |
| 3 | 汽油 | 1 吨＝1 388 升 |
| 4 | 柴油 | 1 吨＝1 176 升 |
| 5 | 航空煤油 | 1 吨＝1 246 升 |
| 6 | 石脑油 | 1 吨＝1 385 升 |
| 7 | 溶剂油 | 1 吨＝1 282 升 |
| 8 | 润滑油 | 1 吨＝1 126 升 |
| 9 | 燃料油 | 1 吨＝1 015 升 |

3. 复合计征

在现行消费税的征收范围中，只有卷烟、粮食白酒、薯类白酒采用复合计征方法。应纳税额等于应税销售数量乘以定额税率再加上应税销售额乘以比例税率。

生产销售卷烟、粮食白酒、薯类白酒从量定额计税依据为实际销售数量，进口、委托加工、自产自用卷烟、粮食白酒、薯类白酒从量定额计税依据分别为海关核定的进口征税数量、委托方收回数量、移送使用数量。

（1）计税依据的特殊规定。

① 卷烟从价定率计税办法的计税依据为调拨价格或核定价格。

② 纳税人通过自设非独立核算门市部销售的自产应税消费品，应当按照门市部对外销售额或者销售数量征收消费税。

③ 纳税人用于换取生产资料和消费资料、投资入股和抵偿债务等方面的应税消费品，应当以纳税人同类应税消费品的最高销售价格作为计税依据计算消费税。

④ 兼营不同税率应税消费品的税务处理。纳税人生产销售应税消费品,如果不是单一经营某一税率的产品,而是经营多种不同税率的产品,这就是兼营行为。由于《消费税暂行条例》中对税目税率表列举的各种应税消费品的税率高低不同,因此,纳税人在兼营不同税率的应税消费品时,税法要针对其不同的核算方式分别规定税务处理方法,以加强税收管理,避免因核算方式不同而出现税款流失的现象。

纳税人兼营不同税率的应税消费品时,应当分别核算不同税率应税消费品的销售额、销售数量。未分别核算销售额、销售数量,或者将不同税率的应税消费品组成成套消费品销售的,从高适用税率。

需要解释的是,纳税人兼营不同税率的应税消费品,是指纳税人生产销售两种税率以上的应税消费品。所谓从高适用税率,就是对兼营高低不同税率的应税消费品,当不能分别核算销售额、销售数量,或者将不同税率的应税消费品组成成套消费品销售的,以应税消费品中适用的高税率与混合在一起的销售额、销售数量相乘,得出应纳消费税税额。

例如,某酒厂既生产税率为 20% 的粮食白酒,又生产税率为 10% 的其他酒,如汽酒、药酒等。对于这种情况,税法规定,该厂应分别核算白酒与其他酒的销售额,然后按各自适用的税率计税;如不分别核算各自的销售额,其他酒也按白酒的税率计算纳税。如果该酒厂还生产白酒与其他酒小瓶装礼品套酒,就是税法所指的成套消费品,应按全部销售额以白酒的税率 20% 计算应纳消费税税额,而不能以其他酒 10% 的税率计算其中任何一部分的应纳税额。对未分别核算的销售额按高税率计税,意在督促企业对不同税率应税消费品的销售额分别核算,准确计算纳税额。

(2) 销售额的确定。销售额包括纳税人销售应税消费品向购买方收取的全部价款和价外费用。确定销售额时,还应注意以下问题。

① 销售额不包括应向购货方收取的增值税税款。

② 实行从价定率办法计算应纳税额的应税消费品连同包装物销售的,包装物应并入应税消费品的销售额中征收消费税。包装物收取的押金,不应并入应税消费品的销售额中征税,但对因逾期未收回的包装物不再退还的和已收取一年以上的押金,应并入应税消费品的销售额,按照应税消费品的适用税率征收消费税。自 1995 年 6 月 1 日起,对酒类产品生产企业销售酒类产品而收取的包装物押金,需并入酒类产品销售额中,依酒类产品的适用税率征税。

③ 纳税人销售应税消费品,以外汇计算销售额的,应当按外汇市场价格折合成人民币计算应纳税额。其销售额的人民币折合率可以选择结算的当天或者当月 1 日的国家外汇牌价。纳税人应事先确定采取何种折合率,确定后 1 年内不得变更。

④ 纳税人自产自用和委托加工的应税消费品,按规定应当纳税的,按照纳税人生产的同类消费品的销售价格计算纳税。如果销售价格高低不同,应用加权平均价格,但有两种情况不得列入加权平均数据:一种是销售价格明显偏低又无正当理由的;另一种是没有销售价格的。

⑤ 纳税人自产的应税消费品用于换取生产资料和消费资料、投资入股和抵偿债务等方面,应当以纳税人同类应税消费品的最高销售价格作为计税依据。

⑥ 纳税人通过自设非独立核算门市部销售自产应税消费品的,应当按照门市部对外销售额或销售数量计算消费税。

（3）销售数量的确定。销售数量是指应税消费品的数量，具体规定如下。

① 销售应税消费品的，为应税消费品的销售数量。

② 自产自用应税消费品的，为应税消费品的移送使用数量。

③ 委托加工应税消费品的，为纳税人收回的应税消费品数量。

④ 进口的应税消费品，为海关核定的应税消费品进口征税数量。

 **想一想**

哪些消费品的消费税应该复合计征？

## （二）应纳税额的基本计算

我国对消费税实行价内税制度。其基本计算公式为

$$实行从价定率方法计算的应纳税额 = 销售额 \times 比例税率$$

$$实行从量定额方法计算的应纳税额 = 销售数量 \times 定额税率$$

$$\begin{array}{l}实行从价定率和从量定额\\复合计算的应纳税额\end{array} = 应税销售数量 \times 定额税率 + 应税销售额 \times 比例税率$$

**1. 生产应税消费品直接销售**

生产应税消费品直接销售的，按不同应税消费品适用的计税方法直接计算。

**典型任务实例 3-1**

某高档化妆品生产企业为增值税一般纳税人，10 月 15 日向某大型商场销售高档化妆品一批，开具增值税专用发票，取得不含增值税销售额 30 万元，增值税税额 3.9 万元；10 月 20 日向某单位销售高档化妆品一批，开具普通发票，取得含增值税销售额 4.52 万元。计算该高档化妆品生产企业上述业务应缴纳的消费税税额。

**解析**

（1）高档化妆品的应税销售额 $= 30 + 4.52 \div (1 + 13\%) = 34$（万元）

（2）由于高档化妆品适用的消费税税率为 15%，则：

应纳税额 $= 34 \times 15\% = 5.1$（万元）

**2. 外购已税消费品连续生产应税产品后销售**

由于消费税在课征时，选择的是单一环节课征，强调税不重征，因此消费税法规定对于用外购已税产品连续生产出来的应税消费品，在计算征税时，按当期生产领用数量计算准予扣除外购已税消费品已纳的消费税税额。

（1）准予扣除外购已税消费品已纳消费税的范围。

① 外购已税烟丝生产的卷烟。

② 外购已税高档化妆品生产的高档化妆品。

③ 外购珠宝玉石生产的贵重首饰及珠宝玉石。

④ 外购已税摩托车生产的摩托车。

⑤ 外购已税杆头、杆身和握把生产的高尔夫球杆。

⑥ 外购已税木制一次性筷子生产的木制一次性筷子。

⑦ 外购已税实木地板生产的实木地板。

⑧ 外购已税石脑油生产的应税消费品。

⑨ 外购已税润滑油生产的润滑油。

（2）准予扣除外购已税消费品的计算公式。

$$
\begin{array}{l}
\text{当期准予扣除的外购} \\
\text{应税消费品已纳税款}
\end{array} =
\begin{array}{l}
\text{当期准予扣除的} \\
\text{外购应税消费品买价}
\end{array} \times
\begin{array}{l}
\text{外购应税消费} \\
\text{品的适用税率}
\end{array}
$$

$$
\begin{array}{l}
\text{当期准予扣除的外购} \\
\text{应税消费品买价}
\end{array} =
\begin{array}{l}
\text{期初库存的外购} \\
\text{应税消费品的买价}
\end{array} +
\begin{array}{l}
\text{当期购进的应} \\
\text{税消费品的买价}
\end{array} -
\begin{array}{l}
\text{期末库存的外购} \\
\text{应税消费品的买价}
\end{array}
$$

（3）扣除环节的规定。

① 允许扣除已纳税款的应税消费品只限于从工业企业购进的应税消费品,从境内商业企业购进的应税消费品已纳税款不得扣除。

② 纳税人用外购的已税珠宝玉石生产改在零售环节缴纳消费税的金银首饰,在计税时一律不得扣除外购珠宝玉石已纳税款。

### （三）自产自用应税消费品应纳税额的计算

自产自用通常指的是纳税人生产应税消费品后,不是直接用于对外销售,而是用于连续生产应税消费品或用于其他方面。其纳税规定如下。

1. 用于连续生产应税消费品

按照《消费税暂行条例》的规定,纳税人自产自用的应税消费品,用于连续生产应税消费品的,不纳税。如卷烟厂外购烟叶加工烟丝,用烟丝生产卷烟,烟丝作为中间产品,用于卷烟连续生产时不纳税。

2. 用于其他方面

纳税人自产自用的应税消费品,用于其他方面视同销售,在移送使用环节纳税。

（1）"其他方面"是指纳税人用于生产非应税消费品和在建工程、管理部门、非生产机构、提供劳务以及用于馈赠、赞助、奖励等方面的应税消费品。

（2）应纳税额的计算。

① 有同类消费品销售价格的。按照纳税人生产的同类消费品的销售价格计算纳税,用于换取生产资料、消费资料、投资入股和抵偿债务方面的应税消费品,应使用同类产品的最高价。其应纳税额计算公式为

$$\text{应纳税额} = \text{同类消费品销售单价} \times \text{自产自用数量} \times \text{适用税率}$$

② 没有同类消费品销售价格的。按照规定,纳税人自产自用应税消费品没有同类消费品销售价格的,应按组成计税价格计算。

以从价定率办法计算纳税的组成计税价格计算公式为

$$\text{组成计税价格} = \frac{\text{成本} + \text{利润}}{1 - \text{比例税率}}$$

或

$$\text{组成计税价格} = \text{成本} \times \frac{1 + \text{成本利润率}}{1 - \text{比例税率}}$$

$$\text{应纳税额} = \text{组成计税价格} \times \text{适用比例税率}$$

以复合计税办法计算纳税的组成计税价格计算公式为

$$\text{组成计税价格} = \frac{\text{成本} + \text{利润} + \text{自产自用数量} \times \text{定额税率}}{1 - \text{比例税率}}$$

或

$$组成计税价格 = \frac{成本 \times (1 + 成本利润率) + 自产自用数量 \times 定额税率}{1 - 比例税率}$$

应纳税额 = 组成计税价格 × 适用比例税率 + 自产自用数量 × 定额税率

成本是指消费品的产品生产成本。消费品全国平均成本利润率由国家税务总局确定，并非增值税法规中全部采用的 10% 的成本利润率。

消费品全国平均成本利润率由国家税务总局统一确定如下：高档手表为 20%；甲类卷烟、粮食白酒、高尔夫球及球具、游艇等为 10%；乘用车为 8%；贵重首饰及珠宝玉石、摩托车等为 6%；乙类卷烟、雪茄烟、烟丝、薯类白酒、其他酒、化妆品、鞭炮焰火、木制一次性筷子、实木地板、中轻型商用客车等均为 5%。

**典型任务实例 3-2**

某化妆品公司将一批自产的高档化妆品用于职工福利，该高档化妆品的成本为 8 000 元，该高档化妆品无同类产品市场销售价格，但已知其成本利润率为 5%，消费税税率为 30%。计算该批高档化妆品应缴纳的消费税税额。

**解析**

（1）组成计税价格 = 成本 × $\dfrac{1 + 成本利润率}{1 - 消费税税率}$

$$= 8\,000 \times \frac{1 + 5\%}{1 - 15\%}$$

$$= \frac{8\,400}{0.85}$$

$$= 9\,882.35（元）$$

（2）应纳税额 = 9 882.35 × 15% = 1 482.35（元）

 **想一想**

增值税的视同销售行为和消费税的视同销售行为有何异同点？

### （四）委托加工应税消费品应纳税额的计算

委托加工产品是由委托方提供原材料及主要材料，受托方只收取加工费、代垫部分辅助材料的业务。根据消费税法的规定，委托加工应税消费品由受托方在委托方收回货物时代收代缴消费税（受托方为个体经营者的除外）。委托方收回货物后，用于直接销售的，如果价格不高于同类消费品销售价格或组成计税价格将不再征税。

根据《消费税暂行条例》的规定，委托加工的应税消费品，按照受托方同类消费品的销售价格计算纳税；受托方是个体经营者的，按照委托方的同类消费品的销售价格计算纳税；没有同类消费品销售价格的，按照组成计税价格计算纳税。

（1）有同类产品销售价格的，应纳税额计算公式为

应纳税额 = 同类消费品销售单价 × 委托加工数量 × 适用税率

（2）没有同类产品销售价格的。

① 以从价定率办法计算纳税的组成计税价格计算公式为

$$组成计税价格 = \frac{材料成本 + 加工费}{1 - 消费税税率}$$

$$应纳税额 = 组成计税价格 \times 适用比例税率$$

② 以复合计税办法计算纳税的组成计税价格计算公式为

$$组成计税价格 = \frac{材料成本 + 加工费 + 委托加工数量 \times 定额税率}{1 - 比例税率}$$

$$应纳税额 = 组成计税价格 \times 适用比例税率 + 委托加工数量 \times 定额税率$$

公式中的"材料成本"是指委托方所提供加工材料的实际成本;"加工费"是指受托方加工应税消费品向委托方收取的全部费用,包括代垫辅助材料的实际成本。材料成本、加工费以及代垫辅助材料成本,均不包含增值税和代收代缴的消费税。

根据税法的规定,纳税人用委托加工收回的应税消费品连续生产应税消费品的,以及委托加工收回直接销售的(销售价格高于同类消费品销售价格或高于组成计税价格)的,其已纳消费税税款准予扣除。委托加工收回的准予扣除的已税消费品范围与外购的相同。

$$\frac{当期准予扣除的委托加工}{应税消费品已纳税款} = \frac{期初库存的委托加工}{应税消费品已纳税款} + \frac{当期收回的委托加工}{应税消费品已纳税款} - \frac{期末库存的委托加工}{应税消费品已纳税款}$$

纳税人用委托加工收回的已税珠宝玉石生产改在零售环节缴纳消费税的金银首饰,在计税时一律不得扣除委托加工收回的珠宝玉石已纳税款。

### 典型任务实例 3-3

某鞭炮企业 4 月受托为某单位加工一批鞭炮,委托单位提供的原材料金额为 30 万元,收取委托单位不含增值税的加工费 4 万元,鞭炮企业当地无加工鞭炮的同类产品市场价格。计算鞭炮企业应代收代缴的消费税。

**解析**

鞭炮的适用税率为 15%,则:

(1) 组成计税价格 = (30 + 4) ÷ (1 - 15%) = 40(万元)

(2) 应代收代缴的消费税 = 40 × 15% = 6(万元)

### (五) 进口应税消费品应纳税额的计算

进口应税消费品以进口商品总值为课税对象,于报关进口时按照组成计税价格计算缴纳消费税。其应纳税额的计算如下。

(1) 实行从价定率办法计算应纳税额的计算公式为

$$组成计税价格 = \frac{关税完税价格 + 关税}{1 - 消费税税率}$$

$$应纳税额 = 组成计税价格 \times 适用比例税率$$

(2) 实行从量定额办法计算应纳税额的计算公式为

$$应纳税额 = 应税消费品数量 \times 消费税定额税率$$

(3) 实行复合计税办法计算应纳税额的计算公式为

$$组成计税价格 = \frac{关税完税价格 + 关税 + 进口数量 \times 消费税定额税率}{1 - 消费税比例税率}$$

$$应纳税额 = 组成计税价格 \times 适用比例税率 + 进口数量 \times 消费税定额税率$$

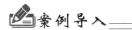

**典型任务实例3-4**

某商贸公司7月从国外进口一批应税消费品,已知该批应税消费品的关税完税价格为90万元,按规定应缴纳关税18万元。假定进口应税消费品的消费税税率为10%。计算该批消费品进口环节应缴纳的消费税税额。

**解析**

(1) 组成计税价格＝(90＋18)÷(1－10%)＝120(万元)

(2) 应纳税额＝120×10%＝12(万元)

# 任务3.2　消费税会计核算

## 案例导入

小白工作的A公司委托B公司(均为一般纳税人)加工烟丝,发出材料的实际成本为4 000元,加工费800元(不含税价),B公司同类、同量烟丝的销售收入为8 000元。A公司将烟丝提回后直接销售,已售7 900元,烟丝的加工费及B企业代交的消费税均已结算。小白想知道A公司月底应该缴纳多少消费税,应如何进行会计处理。

## 一、消费税核算的科目设置

为了准确地反映企业消费税的应交、已交、欠交等情况,需要缴纳消费税的企业,应在"应交税费"科目下增设"应交消费税"明细科目进行会计核算。"应交消费税"明细账户采用三栏式,借方核算实际缴纳的消费税或待扣的消费税;贷方核算按规定应缴纳的消费税;期末贷方余额表示尚未缴纳的消费税,借方余额表示多缴纳的消费税或待抵扣的消费税。

缴纳消费税的企业,除要设置"应交税费——应交消费税"明细账户外,还要设置"税金及附加"账户。"税金及附加"科目核算企业经营活动发生的消费税、城市维护建设税、资源税、教育费附加及房产税、土地使用税、车船税、印花税等相关税费。"税金及附加"账户可以按税种类别设置明细账。期末,应将"税金及附加"账户余额转入"本年利润"账户,结转后"税金及附加"账户应无余额。

## 二、生产销售应税消费品的会计处理

### (一)一般销售业务的会计处理

纳税人销售应税消费品,在销售确认时,计提消费税,借记"税金及附加"科目,贷记"应交税费——应交消费税"科目;按规定期限缴纳税款时,借记"应交税费——应交消费税"科目,贷记"银行存款"科目;期末结转销售税费时,借记"本年利润"科目,贷记"税金及附加"科目。发生销货退回或退税时,作相反的会计分录。

**典型任务实例3-5**

某化妆品公司2月销售一批高档化妆品,增值税专用发票上注明的不含税收入为

60 000元,该批化妆品的成本为 40 000 元,款项已收到并存入银行。试对该化妆品公司的上述业务进行会计处理。

**解析**

公司当月应纳消费税税额=60 000×15%=9 000(元)

(1)销售实现确认收入时的会计分录如下。

| 借:银行存款 | 69 600 |
| --- | --- |
| 　贷:主营业务收入 | 60 000 |
| 　　应交税费——应交增值税(销项税额) | 9 600 |

(2)计提消费税时的会计分录如下。

| 借:税金及附加 | 9 000 |
| --- | --- |
| 　贷:应交税费——应交消费税 | 9 000 |

(3)结转成本时的会计分录如下。

| 借:主营业务成本 | 40 000 |
| --- | --- |
| 　贷:库存商品 | 40 000 |

(4)缴纳税款时的会计分录如下。

| 借:应交税费——应交消费税 | 9 000 |
| --- | --- |
| 　贷:银行存款 | 9 000 |

### (二)应税消费品视同销售的会计处理

(1)纳税人将生产的应税消费品对外馈赠、赞助、广告,或用于在建工程、集体福利、个人消费等方面的会计处理。

纳税人将生产的应税消费品对外馈赠、赞助、广告,或用于在建工程、集体福利、个人消费等方面,在税法上属于视同销售,按规定应该计算缴纳消费税。在会计处理上,应于自产的应税消费品对外移送时,借记"固定资产""在建工程""销售费用""应付职工薪酬""营业外支出"等科目,贷记"库存商品""主营业务收入""应交税费——应交增值税(销项税额)""应交税费——应交消费税"等科目。对于视同销售的业务,会计上即使不作收入处理,直接按成本结转,也必须按同类消费品的销售价格或组成计税价格和适用的税率计算消费税。

**【温馨提示】**

纳税人用于换取生产资料和消费资料、投资入股和抵偿债务等方面的应税消费品,应当以纳税人同类应税消费品的最高销售价格作为计税依据计算消费税。

**典型任务实例 3-6**

某地板厂(一般纳税人)将自产 500 平方米高档实木地板用于本公司的新建办公楼装修。该批实木地板生产成本为 500 元/平方米,出厂价为 1 000 元/平方米,实木地板的消费税税率为 5%、增值税税率为 16%。试对该地板厂的上述业务进行会计处理。

**解析**

自产实木地板用于在建工程,会计上,按会计收入准则,企业对该实木地板仍"保留通常与所有权相联系的继续管理权",所有权上的"主要风险和报酬"并未转移,所以,不符合收入确认准则,不确认收入。

消费税上,自产应税消费品用于其他方面,按规定计算消费税。

$$消费税税额＝500×1\ 000×5\%＝25\ 000(元)$$

自产货物用于不动产在建工程,不影响增值税。

$$在建工程成本＝500×500＋25\ 000＝275\ 000(元)$$

会计分录如下。

借:在建工程　　　　　　　　　　　　　　　　　　　　　　　275 000

　　贷:应交税费——应交消费税　　　　　　　　　　　　　　　　25 000

　　　　库存商品——高档实木地板　　　　　　　　　　　　　　250 000

(2) 纳税人生产的应税消费品用于换取生产资料和消费资料的会计处理。

纳税人生产的应税消费品用于换取生产资料和消费资料的,应按纳税人同类应税消费品的最高销售价格和适用的税率计算缴纳消费税,贷记"应交税费——应交消费税"科目。

**典型任务实例 3-7**

某化妆品公司决定以账面价值为 20 000 元(同类化妆品最低售价 23 000 元,最高售价 25 000 元)的高档化妆品换入 B 公司账面价值为 19 000 元、公允价值为 25 000 元的乙材料(非应税消费品),两公司均未对存货计提跌价准备,增值税税率均为 16%,消费税税率为 13%。双方交易具有商业实质,且两公司产品的公允价值是可靠的。试对该化妆品公司的上述业务进行会计处理。

**解析**

应纳增值税税额＝(25 000＋23 000)÷2×13%＝3 120(元)

应纳消费税税额＝25 000×15%＝3 750(元)

借:原材料——乙材料　　　　　　　　　　　　　　　　　　　23 870

　　应交税费——应交增值税(进项税额)　　　　　　　　　　　　3 250

　　贷:主营业务收入　　　　　　　　　　　　　　　　　　　　24 000

　　　　应交税费——应交增值税(销项税额)　　　　　　　　　　　3 120

借:税金及附加　　　　　　　　　　　　　　　　　　　　　　　3 750

　　贷:应交税费——应交消费税　　　　　　　　　　　　　　　　3 750

借:主营业务成本　　　　　　　　　　　　　　　　　　　　　20 000

　　贷:库存商品　　　　　　　　　　　　　　　　　　　　　　20 000

(3) 纳税人生产的应税消费品用于抵偿债务的会计处理。

纳税人生产的应税消费品用于抵偿债务的,应按纳税人同类应税消费品的最高销售价格和适用的税率计算缴纳消费税,贷记"应交税费——应交消费税"科目。

**典型任务实例 3-8**

某汽车公司以自产的汽车抵偿所欠 A 公司的债务 100 000 元。该汽车的当月最低售价为 50 000 元、最高售价为 60 000 元,产品成本为 40 000 元,增值税税率为 16%,消费税税率为 12%。试对该汽车公司的上述业务进行会计处理。

**解析**

应纳增值税税额＝(60 000＋50 000)÷2×13%＝7 150(元)

应纳消费税税额＝60 000×12％＝7 200(元)

借:应付账款　　　　　　　　　　　　　　　　　　100 000

　　贷:主营业务收入　　　　　　　　　　　　　　　　55 000

　　　　应交税费——应交增值税(销项税额)　　　　　7 150

　　　　营业外收入——债务重组收益　　　　　　　　37 850

借:税金及附加　　　　　　　　　　　　　　　　　　7 200

　　贷:应交税费——应交消费税　　　　　　　　　　　7 200

借:主营业务成本　　　　　　　　　　　　　　　　　40 000

　　贷:库存商品　　　　　　　　　　　　　　　　　　40 000

(4) 纳税人生产的应税消费品用于投资入股的会计处理。

纳税人将自产的应税消费品作为投资,提供给其他单位或个体经营者,应在货物移送时,按同类应税消费品的最高售价和适用的税率计算缴纳消费税,贷记"应交税费——应交消费税"科目。

**典型任务实例 3-9**

某地板厂将自产的实木地板作为投资投入大华公司。该批实木地板的成本为 300 000元,最低售价为 350 000 元,最高售价为 400 000 元,占大华公司股份的 10％。试对该地板厂的上述业务进行会计处理。

**解析**

应纳增值税税额＝(350 000＋400 000)÷2×13％＝48 750(元)

应纳消费税税额＝400 000×5％＝20 000(元)

借:长期股权投资——大华公司　　　　　　　　　　423 750

　　贷:主营业务收入　　　　　　　　　　　　　　　375 000

　　　　应交税费——应交增值税(销项税额)　　　　 48 750

借:税金及附加　　　　　　　　　　　　　　　　　 20 000

　　贷:应交税费——应交消费税　　　　　　　　　　 20 000

借:主营业务成本　　　　　　　　　　　　　　　　 300 000

　　贷:库存商品——A 产品　　　　　　　　　　　　 300 000

(5) 对于金银首饰的以旧换新业务,按销售方实际收取不含增值税的全部价款计算缴纳消费税。会计上,也是按不含税收入全额确认营业收入,但是计税时,应该按差额计算消费税,借记"税金及附加"科目,贷记"应交税费——应交消费税"科目。

**典型任务实例 3-10**

东大金银首饰销售公司(一般纳税人),10 月以旧换新方式向个人消费者零售金戒指150 个,每个金戒指含税零售价为 3 000 元,旧金戒指作价 1 000 元/个,收现金 2 000 元/个。增值税税率为 13％,消费税税率为 5％。试对该公司的上述业务进行会计处理。

**解析**

会计上,实际的收入是零售收入总额剔除应纳增值税后的余额,金银首饰以旧换新业务,税法上要求按实际收取不含税金额计算增值税和消费税。

应纳增值税税额＝150×2 000÷(1+13％)×13％＝34 513.27(元)

应纳消费税税额＝150×2 000÷(1+13％)×5％＝13 274.34(元)

会计上的主营业务收入＝150×3 000－34 513.27＝415 486.73(元)

旧金戒指作为材料或库存商品入账,由于是从个人消费者手里购进,所以,不能取得专用发票。

旧金戒指入账金额＝150×1 000＝150 000(元)

销售确认收入的会计分录如下。

| | |
|---|---|
| 借:库存商品 | 150 000 |
|    库存现金 | 300 000 |
|   贷:主营业务收入 | 415 486.73 |
|     应交税费——应交增值税(销项税额) | 34 513.27 |

核算消费税的会计分录如下。

| | |
|---|---|
| 借:税金及附加 | 13 274.34 |
|   贷:应交税费——应交消费税 | 13 274.34 |

缴纳消费税的会计分录如下。

| | |
|---|---|
| 借:应交税费——应交消费税 | 13 274.34 |
|   贷:银行存款 | 13 274.34 |

**想一想**

对于视同销售行为,会计上什么情况下作收入处理?

### (三) 包装物缴纳消费税的会计处理

对于应税包装物的押金是否计税,如何计税,何时计税,以及相关业务如何进行账务处理,新企业会计准则的规定如下。

(1) 应税消费品连同包装销售的,无论包装物是否单独计价,均应并入应税消费品的销售额中缴纳消费税。其应缴纳的消费税均记入"税金及附加"科目。其中,随同产品销售且不单独计价的包装物,其收入随同所销售的产品一起记入"主营业务收入"科目;随同产品销售但单独计价的包装物,其收入记入"其他业务收入"科目。

(2) 出租出借包装物收取的押金,借记"银行存款"科目,贷记"其他应付款"科目;待包装物到期未收回而将押金没收时,借记"其他应付款"科目,贷记"其他业务收入"科目。这部分押金收入应缴纳的消费税应另相应借记"税金及附加",贷记"应交税费——应交消费税"科目。

(3) 包装物已作价随同产品销售,但为了促使购货人将包装物退回而另外加收的押金,借记"银行存款"科目,贷记"其他应付款"科目;包装物逾期未收回时,押金没收,没收的押金应缴纳的消费税应先自"其他应付款"科目冲抵,即借记"其他应付款"科目,贷记"应交税费——应交消费税"科目,冲抵后"其他应付款"科目的余额转入"营业外收入"科目。

(4) 包装物逾期的相关规定。《国家税务总局关于取消包装物押金逾期期限审批后有关问题的通知》(国税函〔2004〕827 号)对纳税人出租出借包装物收取的押金是否征税的问题重新做出了规定:纳税人为销售货物出租出借包装物而收取的押金,无论包装物周转使用的期限长短,只要超过一年以上仍未退还的,均应并入销售额征收税款。

（5）关于酒类包装物的相关规定。《财政部、国家税务总局关于酒类产品包装物押金征税问题的通知》(国税字〔1995〕53号)规定,从1995年6月1日起,对酒类产品生产企业销售酒类产品而收取的包装物押金,无论押金是否返还以及会计上如何核算,均需并入酒类产品销售额中依酒类产品的适用税率征收消费税。又根据《国家税务总局关于加强增值税征收管理若干具体问题的通知》(国税发〔1995〕192号)第三条关于酒类产品包装物的征税问题规定,从1995年6月1日起,对销售除啤酒、黄酒外的其他酒类产品而收取的包装物押金,无论是否返还以及会计上如何核算,均应并入销售额征税。而对销售啤酒、黄酒所收取的押金,按一般押金的规定处理。

一般包装物押金的涉税处理。

**典型任务实例 3-11**

甲企业销售应税消费品(非酒类)收取押金2 260元,逾期一年未收回包装物,适用的消费税税率为10%。请对该业务进行会计处理。

**解析**

（1）收取押金时的会计分录如下。

借:银行存款　　　　　　　　　　　　　　　　　　　　　　　　2 260

　贷:其他应付款——存入保证金　　　　　　　　　　　　　　　　　　2 260

（2）逾期时的会计分录如下。

借:其他应付款——存入保证金　　　　　　　　　　　　　　　　　2 260

　贷:其他业务收入　　　　　　　　　　　　　　　　　　　　　　2 000

　　　应交税费——应交增值税(销项税额)　　　　　　　　　　　　　260

借:税金及附加　　　　　　　　　　　　　　　　　　　　　　　　200

　贷:应交税费——应交消费税　　　　　　　　　　　　　　　　　　200

特殊包装物押金的处理。

① 一般消费品其押金逾期转收入时,计征消费税;销售啤酒、黄酒以外的其他酒类产品其押金在收取时计征消费税和增值税。

② 啤酒、黄酒收取的包装物押金,无论是否逾期,都不缴纳消费税。原因是啤酒、黄酒是从量征税,而非从价征税;而对销售啤酒、黄酒收取的包装物押金,逾期一年时,要计征增值税,这一点与一般包装物押金相同。

**典型任务实例 3-12**

乙企业1月销售粮食白酒,不含税价为20 000元,另收取包装物押金2 000元,适用的消费税税率为20%,从量计征的消费税为1 000元。请对该业务进行会计处理。

**解析**

（1）1月销售时的会计分录如下。

借:银行存款　　　　　　　　　　　　　　　　　　　　　　　　24 600

　贷:主营业务收入　　　　　　　　　　　　　　　　　　　　　20 000

　　　应交税费——应交增值税(销项税额)　　　　　　　　　　　　2 600

　　　其他应付款——存入保证金　　　　　　　　　　　　　　　　2 000

（2）同时做如下会计分录。

借：其他应付款——存入保证金（2 000÷1.13×13％）　　　　　　230.09
　　贷：应交税费——应交增值税（销项税额）　　　　　　　　　　　230.09
借：税金及附加（20 000×20％＋1 000）　　　　　　　　　　　　5 000
　　其他应付款——存入保证金（2 000÷1.13×20％）　　　　　　353.98
　　贷：应交税费——应交消费税　　　　　　　　　　　　　　　　5 353.98

到期如果归还押金，可将押金承担的增值税及消费税转入当前损益，如果没收押金，可将"其他应付款"余额转入"其他业务收入"。

### 典型任务实例3-13

承典型任务实例3-12，到期未收回包装物，没收该包装物押金。

**解析**

保证金到期，因其在计提时已作了涉税处理，现在到期时不再作纳税处理，只按余额转账。相关的科目"其他应付款——存入保证金"账户余额为1 415.93元。

借：其他应付款——存入保证金　　　　　　　　　　　　　　　1 415.93
　　贷：其他业务收入　　　　　　　　　　　　　　　　　　　　1 415.93

**【请注意】**

2006年2月财政部发布的《企业会计准则——基本准则》第五章第二十七条规定："利得是指由企业非日常活动所形成的、会导致所有者权益增加的、与所有者投入资本无关的经济利益的流入。""利得"是新企业会计准则引入国际会计准则的新概念之一，它与"收入"的区别关键在于其是"非"日常活动产生的。出租出借包装物的收入属于日常活动产生的，记入"其他业务收入"科目，包装物逾期未收回而没收的押金或者加收的押金都算是罚没收入，是企业非日常活动所形成的，记入"营业外收入"科目。

## 三、自产自用消费品的会计处理

### （一）用于连续生产应税消费品的会计处理

纳税人自产自用的应税消费品用于连续生产应税消费品的，不缴纳消费税，只进行实际成本的核算。

### 典型任务实例3-14

某卷烟厂领用库存自产烟丝，用于连续生产卷烟，烟丝的实际成本为60 000元。试对该卷烟厂领用烟丝的业务进行会计处理。

**解析**

本业务的会计分录如下。

借：生产成本　　　　　　　　　　　　　　　　　　　　　　　60 000
　　贷：自制半成品　　　　　　　　　　　　　　　　　　　　　60 000

### （二）用于连续生产非应税消费品的会计处理

纳税人自产自用的应税消费品用于连续生产非应税消费品的，由于最终产品不属于应税消费品,所以,应在移送使用环节纳税。在领用时借记"生产成本"等科目,贷记"自制半成品""应交税费——应交消费税"等科目。

### 典型任务实例 3-15

某糖酒厂领用库存 1 吨白酒,用于连续生产酒心糖 2 000 千克。白酒的成本 80 000 元,售价 100 000 元。试对上述业务进行会计处理。

**解析**

应纳消费税税额=100 000×20%＋1×2 000×0.5=21 000(元)

借:生产成本　　　　　　　　　　　　　　　　　　　　　　　　101 000
　　贷:自制半成品　　　　　　　　　　　　　　　　　　　　　　80 000
　　　　应交税费——应交消费税　　　　　　　　　　　　　　　　21 000

## 四、委托加工应税消费品的会计处理

### (一) 委托方收回后直接用于销售的应税消费品的会计处理

如果委托方将委托加工的应税消费品收回后直接用于销售,受托方在交货时已代收代缴消费税,按照《财政部国家税务总局关于〈中华人民共和国消费税暂行条例实施细则〉有关条款解释的通知》(财法〔2012〕8 号)的规定,委托方将收回的应税消费品,以不高于受托方的计税价格出售的,为直接出售,不再缴纳消费税;委托方以高于受托方的计税价格出售的,不属于直接出售,需按照规定申报缴纳消费税,在计税时准予扣除受托方已代收代缴的消费税。

### 典型任务实例 3-16

新华珠宝公司委托红星加工厂加工珠宝玉石一批,新华珠宝公司提供主要材料,发出材料的成本为 62 450 元,支付加工费 20 000 元。该批珠宝玉石收回后直接用于对外销售,销售价格不高于计税价格。试对新华珠宝公司的业务进行会计处理。

**解析**

(1) 发出材料时的会计分录如下。

借:委托加工物资　　　　　　　　　　　　　　　　　　　　　　62 450
　　贷:原材料　　　　　　　　　　　　　　　　　　　　　　　　62 450

(2) 支付加工费、消费税和增值税时的会计分录如下。

组成计税价格=(62 450＋20 000)÷(1－10%)=91 611.11(元)

应纳消费税税额=91 611.11×10%=9 161.11(元)

可抵扣增值税税额=20 000×13%=2 600(元)

借:委托加工物资　　　　　　　　　　　　　　　　　　　　　　29 161.11
　　应交税费——应交增值税(进项税额)　　　　　　　　　　　　2 600
　　贷:银行存款　　　　　　　　　　　　　　　　　　　　　　　31 761.11

(3) 收回加工物资入库时的会计分录如下。

借:库存商品　　　　　　　　　　　　　　　　　　　　　　　　91 611.11
　　贷:委托加工物资　　　　　　　　　　　　　　　　　　　　　91 611.11

**典型任务实例 3-17**

红星烟厂 10 月 3 日委托云南家悦烟厂加工烟丝,两厂均为增值税一般纳税人。红星烟厂提供烟叶价值 10 000 元。10 月 9 日家悦烟厂收取加工费 40 000 元,增值税 5 200 元,加工烟丝 1 吨;家悦烟厂没有同类烟丝的售价。红星烟厂 11 月 12 日收回烟丝。烟丝收回后在当月全部销售,不含税收入为 90 000 元。烟丝消费税税率为 30%。试针对烟丝直接对外销售进行相应的会计处理。

**解析**

(1) 10 月 3 日发出材料时的会计分录如下。

借:委托加工物资　　　　　　　　　　　　　　　　　　　　　10 000
　贷:原材料　　　　　　　　　　　　　　　　　　　　　　　　　　　10 000

(2) 10 月 9 日支付加工费、消费税和增值税时的会计分录如下。

受托方代收代缴消费税税额＝(10 000＋40 000)÷(1－30%)×30%＝21 428.57(元)

借:委托加工物资　　　　　　　　　　　　　　　　　　　　　61 428.57
　　应交税费——应交增值税(进项税额)　　　　　　　　　　　5 200
　贷:银行存款　　　　　　　　　　　　　　　　　　　　　　　　66 628.57

(3) 收回烟丝入库待销售的会计分录如下。

借:库存商品——烟丝(10 000＋40 000＋21 428.57)　　　　71 428.57
　贷:委托加工物资　　　　　　　　　　　　　　　　　　　　　　71 428.57

(4) 销售烟丝时的会计分录如下。

销项税额＝90 000×13%＝11 700(元)

借:银行存款　　　　　　　　　　　　　　　　　　　　　　　101 700
　贷:主营业务收入　　　　　　　　　　　　　　　　　　　　　　90 000
　　　应交税费——应交增值税(销项税额)　　　　　　　　　　　11 700

红星烟厂(委托方)收回烟丝后直接销售,售价为 90 000 元(不含税),以高于受托方的计税价格出售的,不属于直接出售,需按照规定申报缴纳消费税,在计税时准予扣除受托方已代收代缴的消费税。

当期应纳消费税＝90 000×30%－21 428.57＝5 571.43(元)

借:税金及附加　　　　　　　　　　　　　　　　　　　　　　5 571.43
　贷:应交税费——应交消费税　　　　　　　　　　　　　　　　　5 571.43

(5) 下月初缴纳消费税时的会计分录如下。

借:应交税费——应交消费税　　　　　　　　　　　　　　　　5 571.43
　贷:银行存款　　　　　　　　　　　　　　　　　　　　　　　　5 571.43

### (二) 委托方收回后用于连续生产应税消费品的会计处理

如果委托方将委托加工的应税消费品收回后用于连续生产应税消费品,则应将受托方代收代缴的消费税记入"应交税费——应交消费税"科目的借方,在最终应税消费品计算缴纳消费税时予以抵扣。委托方在提货时,按应支付的加工费等借记"委托加工物资"等科目,按受托方代收代缴的消费税,借记"应交税费——应交消费税"科目,按支付加工费相应的增值税税额借记"应交税费——应交增值税(进项税额)"科目,按加工费与增值税、消费税之和贷记"银行存款"等科目;待加工成最终应税消费品销售时,按最终应税消费品应缴纳的消费税,借记"税金及附加"科目,贷记"应交税费——应交消费税"科目;"应交税费——应交消费税"科目中这两笔借贷方发生额的差额为实际应缴的消费税;缴纳时,借记"应交税费——应交消费税"科目,贷记"银行存款"科目。

### 典型任务实例 3-18

承典型任务实例 3-16,假设新华珠宝公司将该批珠宝玉石收回后用于连续生产珠宝玉石,并全部实现对外销售,不含税销售收入为 120 000 元,珠宝玉石的消费税税率为 10%,其他条件相同。试对上述业务进行会计处理。

**解析**

(1)发出材料的会计处理同典型任务实例 3-16。

(2)支付加工费、消费税和增值税时的会计分录如下。

借:委托加工物资　　　　　　　　　　　　　　　　　　20 000
　　应交税费——应交增值税(进项税额)　　　　　　　　　2 600
　　　　　　　——应交消费税　　　　　　　　　　　　9 161.11
　　贷:银行存款　　　　　　　　　　　　　　　　　　31 761.11

(3)收回加工物资入库时的会计分录如下。

借:库存商品　　　　　　　　　　　　　　　　　　　　82 450
　　贷:委托加工物资　　　　　　　　　　　　　　　　　82 450

(4)对外销售时的会计分录如下。

应纳消费税=120 000×10%=12 000(元)

应纳增值税=120 000×13%=15 600(元)

借:银行存款　　　　　　　　　　　　　　　　　　　135 600
　　贷:主营业务收入　　　　　　　　　　　　　　　　120 000
　　　　应交税费——应交增值税(销项税额)　　　　　　15 600

借:税金及附加　　　　　　　　　　　　　　　　　　　12 000
　　贷:应交税费——应交消费税　　　　　　　　　　　　12 000

(5)下月初缴纳消费税时的会计分录如下。

当期应纳消费税=12 000-9 161.11=2 838.89(元)

借:应交税费——应交消费税　　　　　　　　　　　　　2 838.89
　　贷:银行存款　　　　　　　　　　　　　　　　　　2 838.89

### 典型任务实例 3-19

承典型任务实例 3-17,假定红星烟厂用委托加工收回的烟丝用于连续加工成卷烟 50 箱对外全部销售,取得不含税销售额 500 000 元。月初库存委托加工应税烟丝已纳消费税 7 000 元,期末库存委托加工应税烟丝已纳消费税 8 000 元。试针对上述业务进行相应的会计处理。

**解析**

当月不含税销售额为 500 000 元,单条售价为 40 元(500 000÷50÷250),消费税从价部分适用税率为 36%。

（1）发出材料的会计处理同典型任务实例 3-17。

（2）支付加工费、消费税和增值税时的会计分录如下。

借：委托加工物资  40 000

  应交税费——应交增值税（进项税额）  5 200

    ——应交消费税  21 428.57

  贷：银行存款  66 628.57

（3）收回委托加工烟丝入库时的会计分录如下。

借：原材料——烟丝  50 000

  贷：委托加工物资  50 000

（4）收回的烟丝加工成卷烟后销售的会计分录如下。

① 红星烟厂取得销售收入时的会计分录如下。

借：银行存款  565 000

  贷：主营业务收入  500 000

    应交税费——应交增值税（销项税额）（500 000×16%）  65 000

② 计算消费税时的会计分录如下。

应纳消费税税额＝500 000×36%＋50×150＝187 500（元）

借：税金及附加  187 500

  贷：应交税费——应交消费税  187 500

③ 下月初实际上缴消费税时的会计分录如下。

可以抵扣已纳消费税＝7 000＋21 428.57－8 000＝20 428.57（元）

本期实际向税务机构缴纳消费税＝187 500－20 428.57＝167 071.43（元）

借：应交税费——应交消费税  167 071.43

  贷：银行存款  167 071.43

## 五、进口应税消费品的会计处理

进口的应税消费品，应在进口时，由进口者缴纳消费税，缴纳的消费税应计入进口应税消费品的成本。在将消费税计入进口应税消费品成本时，直接贷记"银行存款"等科目。在特殊情况下，如先提货、后缴纳消费税的，也可以通过"应交税费——应交消费税"科目核算应交消费税税额。在进口时，应按应税消费品的进口成本连同消费税及不允许抵扣的增值税，借记"固定资产""库存商品""在途物资"等科目，按支付的允许抵扣的增值税，借记"应交税费——应交增值税（进项税额）"科目，按采购成本、缴纳的增值税及消费税的合计数，贷记"银行存款"等科目。

**典型任务实例 3-20**

某商业企业进口高档化妆品一批，到岸价格折合人民币 40 000 元，关税税率为 40%，消费税税率为 15%。企业以银行存款支付货款、关税、增值税、消费税。试对上述业务进行会计处理。

**解析**

组成计税价格＝（40 000＋40 000×40%）÷（1－15%）＝65 882.35（元）

应纳消费税＝65 882.35×15％＝9 882.35(元)

可抵扣增值税＝65 882.35×13％＝8 564.71(元)

借：库存商品　　　　　　　　　　　　　　　　　65 882.35

　　应交税费——应交增值税(进项税额)　　　　　8 564.71

　　贷：银行存款　　　　　　　　　　　　　　　　74 447.06

## 六、出口应税消费品的会计处理

纳税人出口应税消费品与已纳增值税出口货物一样,国家都是给予退(免)税优惠的。出口应税消费品同时涉及退(免)增值税和消费税,且退(免)消费税与出口货物退(免)增值税在退(免)税范围的限定、退(免)税办理程序、退(免)税审核及管理上都有许多一致的地方。这里仅以出口应税消费品退(免)消费税某些不同于出口货物退(免)增值税的特殊规定做出介绍。

### (一) 出口应税消费品退(免)税政策适用范围

出口应税消费品消费税退(免)税在政策适用上分为三种情况。

1. 出口免税并退税

适用这个政策的是:有出口经营权的外贸企业购进应税消费品直接出口,以及外贸企业受其他外贸企业委托代理出口应税消费品。需要注意的是,外贸企业只有受其他外贸企业委托,代理出口应税消费品才可办理退税;外贸企业受其他企业(主要是非生产性的商贸企业)委托,代理出口应税消费品是不予退(免)税的。这个政策限定与前述出口货物退(免)增值税的政策规定是一致的。

2. 出口免税但不退税

适用这个政策的是:有出口经营权的生产性企业自营出口或生产企业委托外贸企业代理出口自产的应税消费品,依据其实际出口数量免征消费税,不予办理退还消费税。这里,免征消费税是指对生产性企业按其实际出口数量免征生产环节的消费税;不予办理退还消费税,是指因已免征生产环节的消费税,该应税消费品出口时,已不含有消费税,所以无须再办理退还消费税。这与前述出口货物退(免)增值税的规定不一致,原因是消费税仅在生产环节征收,如果生产环节免税,出口的应税消费品就不含有消费税了;而增值税却在货物销售的各个环节征收,生产企业出口货物时,已纳的增值税就需退还。

3. 出口不免税也不退税

适用这个政策的是:除生产企业、外贸企业外的其他企业,具体是指一般商贸企业,这类企业委托外贸企业代理出口应税消费品一律不予退(免)税。

### (二) 出口应税消费品的退税率

计算出口应税消费品应退消费税的税率或单位税额,依据《消费税暂行条例》所附的"消费税税目税率(税额)表"执行。

当出口的货物是应税消费品时,其退还增值税要按规定的退税率计算,其退还消费税则按该应税消费品所适用的消费税税率计算。企业应将不同消费税税率的出口应税消费品分开核算和申报,凡划分不清适用税率的,一律从低适用税率计算应退消费税税额。这是退(免)消费税与退(免)增值税的一个重要区别。

## （三）出口应税消费品退税额的计算

### 1. 从价定率征收计算退税额

从价定率计征消费税的应税消费品，应依照外贸企业从工厂购进货物时征收消费税的价格计算应退消费税税额。其计算公式为

$$应退消费税税额 = 出口货物的工厂销售额 \times 税率$$

公式中的"出口货物的工厂销售额"不包含增值税，对含增值税的购进金额应换算成不含增值税的金额。

### 2. 从量定额征收计算退税额

从量定额计征消费税的应税消费品，应按货物购进和报关出口的数量计算应退消费税税额。其计算公式为

$$应退消费税税额 = 出口数量 \times 单位税额$$

### 3. 复合征收计算退税额

复合计征消费税的应税消费品，应按货物购进和报关出口的数量以及外贸企业从工厂购进货物时征收消费税的价格计算应退消费税税额。其计算公式为

$$应退消费税税额 = 出口货物的工厂销售额 \times 税率 + 出口数量 \times 单位税额$$

## （四）出口应税消费品的会计处理

生产企业直接出口自产应税消费品时，按规定予以直接免税，不计算应缴消费税；生产企业将应税消费品销售给外贸企业，由外贸企业自营出口的，按先征后退办法进行核算。

### 1. 直接免税

生产企业直接出口应税消费品的，可以在出口时，直接予以免税。免税后发生退货或退关的，也可以暂不办理补税，待其转为国内销售时，再申报缴纳消费税。

**典型任务实例 3-21**

某卷烟厂自营出口烟丝一批，价款为 300 万元人民币，后有 10% 的货物退回，转作国内销售，内销价格按外销价格的 80% 计算。试对上述业务进行会计处理。

**解析**

（1）自营出口时的会计分录如下。

| | |
|---|---|
| 借：银行存款 | 3 000 000 |
| 　贷：主营业务收入 | 3 000 000 |

（2）收到退货时的会计分录如下。

| | |
|---|---|
| 借：主营业务收入 | 300 000 |
| 　贷：银行存款 | 300 000 |

（3）转作内销时的会计分录如下。

| | |
|---|---|
| 借：银行存款 | 271 200 |
| 　贷：主营业务收入 | 240 000 |
| 　　　应交税费——应交增值税（销项税额） | 31 200 |

（4）计提消费税时（烟丝的消费税税率为 30%）的会计分录如下。

借：税金及附加　　　　　　　　　　　　　　　　　　　　　72 000

　　贷：应交税费——应交消费税　　　　　　　　　　　　　　　72 000

生产企业委托外贸企业代理出口应税消费品，在将应税消费品移交外贸企业时计算消费税，借记"应收出口退税"科目，贷记"应交税费——应交消费税"科目；实际向税务机关缴纳时，借记"应交税费——应交消费税"科目，贷记"银行存款"科目；待商品出口后收到外贸企业转来的有关出口凭证，申请取得退税款时，借记"银行存款"科目，贷记"应收出口退税"科目；支付代理手续费时，借记"主营业务成本"科目，贷记"银行存款"科目。已出口的应税消费品发生退关、退货而补交消费税时，作相反的会计分录。

代理出口应税消费品的外贸企业将应税消费品出口后，收到代理手续费时，借记"银行存款"科目，贷记"其他业务收入"科目。

2. 先征后退

外贸企业从生产企业购入货物自营出口应税消费品时，在产品报关出口后，申请出口退税。退税后若发生退货或退关，应及时补交消费税。

**典型任务实例 3-22**

某外贸公司从某化妆品厂购入高级化妆品一批，增值税专用发票注明价款 250 万元，增值税 42.5 万元，外贸公司将该批化妆品销往国外，离岸价为 40 万美元（当日外汇牌价 1：6.4），并按规定申报办理消费税退税。消费税税率为 30%，增值税退税率为 8%。上述款项均已收付。试对该外贸公司的上述业务进行会计处理。

**解析**

（1）购入化妆品验收入库时的会计分录如下。

借：库存商品　　　　　　　　　　　　　　　　　　　　　　2 500 000

　　应交税费——应交增值税（进项税额）　　　　　　　　　　　325 000

　　贷：银行存款　　　　　　　　　　　　　　　　　　　　　2 825 000

（2）化妆品报关出口时的会计分录如下。

借：银行存款　　　　　　　　　　　　　　　　　　　　　　2 560 000

　　贷：主营业务收入　　　　　　　　　　　　　　　　　　　2 560 000

（3）结转销售成本时的会计分录如下。

借：主营业务成本　　　　　　　　　　　　　　　　　　　　2 500 000

　　贷：库存商品　　　　　　　　　　　　　　　　　　　　　2 500 000

（4）计算不得抵扣或退税税额，调整出口成本时的会计分录如下。

外贸企业不得退还的增值税（进项税额转出）＝购货金额×征、退税率之差

$$＝250×(13\%-8\%)=12.5（万元）$$

借：主营业务成本　　　　　　　　　　　　　　　　　　　　125 000

　　贷：应交税费——应交增值税（进项税额转出）　　　　　　　125 000

（5）申请退税时的会计分录如下。

应退增值税税额＝2 500 000×8％＝200 000（元）

应退消费税税额＝2 500 000×30％＝750 000（元）

| | |
|---|---|
| 借：其他应收款 | 950 000 |
| 　贷：应交税费——应交增值税（出口退税） | 200 000 |
| 　　　主营业务成本 | 750 000 |

（6）收到出口退税时的会计分录如下。

| | |
|---|---|
| 借：银行存款 | 950 000 |
| 　贷：其他应收款 | 950 000 |

# 任务 3.3　消费税纳税申报

案例导入

　　小白所在的长江汽车厂（增值税一般纳税人）本月销售越野车 120 辆，每辆销售价格（含增值税）11.5 万元，同时向购买方收取手续费 0.2 万元/辆。此外，公司还向汽车拉力赛赞助特制越野车 2 辆，并兼做广告，每辆成本 8 万元。由于市场的需要又制造并销售收割机 70 台，每台成本 1.6 万元。本月购进材料进项税额为 150 万元，使用上期材料 70 万元生产收割机。越野车消费税税率为 5％、成本利润率为 8％，收割机的成本利润率为 10％。小白想：公司这个月该交多少消费税？如何进行消费税纳税申报呢？

## 一、纳税义务发生时间

　　纳税人生产的应税消费品于销售时纳税，进口消费品应当于应税消费品报关进口环节纳税，但金银首饰、钻石及钻石饰品在零售环节纳税。消费税纳税义务发生时间以货款结算方式或行为发生时间分别确定。

　　（1）纳税人销售的应税消费品，其纳税义务发生时间如下。

　　① 纳税人采取赊销和分期收款结算方式的，其纳税义务发生时间为销售合同规定的收款日期的当天。

　　② 纳税人采取预收货款结算方式的，其纳税义务发生时间为发出应税消费品的当天。

　　③ 纳税人采取托收承付和委托银行收款方式销售的应税消费品，其纳税义务发生时间为发出应税消费品并办妥托收手续的当天。

　　④ 纳税人采取其他结算方式的，其纳税义务发生时间为收讫销售款或者取得索取销售款凭据的当天。

　　（2）纳税人自产自用的应税消费品，其纳税义务发生时间为移送使用的当天。

　　（3）纳税人委托加工的应税消费品，其纳税义务发生时间为纳税人提货的当天。

　　（4）纳税人进口的应税消费品，其纳税义务发生时间为报关进口的当天。

## 二、纳税期限

按照《消费税暂行条例》的规定,消费税的纳税期限分别为 1 日、3 日、5 日、10 日、15 日、1 个月或者 1 个季度;纳税人的具体纳税期限,由主管税务机关根据纳税人应纳税额的大小分别核定;不能按照固定期限纳税的,可以按次纳税。

纳税人以 1 个月或 1 个季度为一期纳税的,自期满之日起 15 日内申报纳税;以 1 日、3 日、5 日、10 日或者 15 日为一期纳税的,自期满之日起 5 日内预缴税款,于次月 1 日起至 15 日内申报纳税并结清上月应纳税款。

纳税人进口应税消费品,应当自海关填发海关进口消费税专用缴款书之日起 15 日内缴纳税款。

如果纳税人不能按照规定的纳税期限依法纳税,将按《税收征收管理法》的有关规定处理。

## 三、纳税地点

消费税的具体纳税地点如下。

(1) 纳税人销售应税消费品,以及自产自用的应税消费品,除国家另有规定的外,应当向纳税人核算地主管税务机关申报纳税。

(2) 委托个人加工的应税消费品,由委托方向其机构所在地或者居住地主管税务机关申报纳税。除此之外,由受托方向所在地主管税务机关代收代缴消费税税款。

(3) 进口的应税消费品,由进口人或其代理人向报关地海关申报纳税。

(4) 纳税人到外县(市)销售或者委托外县(市)代销自产应税消费品的,于应税消费品销售后,回纳税人核算地或者所在地主管税务机关申报纳税。

纳税人的总机构与分支机构不在同一县(市)的,应当分别向各自机构所在地的主管税务机关申报纳税;经财政部、国家税务总局或者其授权的财政、税务机关批准,可以由总机构汇总向总机构所在地的主管税务机关申报纳税。

(5) 纳税人销售的应税消费品,如因质量等原因由购买者退回时,经所在地主管税务机关审核批准后,可退还已征收的消费税税款,但不能自行直接抵减应纳税款。

## 四、申报资料

消费税纳税人应按有关规定及时办理纳税申报,并如实填写消费税纳税申报表。根据应税消费品的不同税目,申报表主要有以下几类。

(1)《消费税及附加税费申报表》(见表 3-3)。

(2)《本期准予扣除税额计算表》。

(3)《本期减(免)税额明细表》。

(4)《本期委托加工收回情况报告表》。

(5)《卷烟批发企业月份销售明细清单(卷烟批发环节消费税纳税人适用)》。

(6)《卷烟生产企业合作生产卷烟消费税情况报告表(卷烟生产环节消费税纳税人适用)》。

(7)《消费税附加税费计算表》(见表 3-4)。

**表 3-3　消费税及附加税费申报表**

税款所属期:自　　年　月　日至　　年　月　日

纳税人识别号(统一社会信用代码):□□□□□□□□□□□□□□□□□□□□□□

纳税人名称:　　　　　　　　　　　　　　　　　　　　　金额单位:人民币元(列至角分)

| 项目　　　　应税消费品名称 | 适用税率 | | 计量单位 | 本期销售数量 | 本期销售额 | 本期应纳税额 |
|---|---|---|---|---|---|---|
| | 定额税率 | 比例税率 | | | | |
| | 1 | 2 | 3 | 4 | 5 | $6=1×4+2×5$ |
| | | | | | | |
| | | | | | | |
| | | | | | | |
| | | | | | | |
| 合计 | — | — | — | | — | |

| | 栏次 | 本期税费额 |
|---|---|---|
| 本期减(免)税额 | 7 | |
| 期初留抵税额 | 8 | |
| 本期准予扣除税额 | 9 | |
| 本期应扣除税额 | $10=8+9$ | |
| 本期实际扣除税额 | $11[10<(6-7)$,则为 10,否则为 $6-7]$ | |
| 期末留抵税额 | $12=10-11$ | |
| 本期预缴税额 | 13 | |
| 本期应补(退)税额 | $14=6-7-11-13$ | |
| 城市维护建设税本期应补(退)税额 | 15 | |
| 教育费附加本期应补(退)费额 | 16 | |
| 地方教育附加本期应补(退)费额 | 17 | |

　　声明:此表是根据国家税收法律法规及相关规定填写的,本人(单位)对填报内容(及附带资料)的真实性、可靠性、完整性负责

　　　　　　　　　　　　　　　　　　　　纳税人(签章):　　年　月　日

| 经办人:<br>经办人身份证号:<br>代理机构签章:<br>代理机构统一社会信用代码: | 受理人:<br>受理税务机关(章):<br>受理日期:　年 月 日 |
|---|---|

主要填列方法如下。

(1) 本表第 4 栏"本期销售数量":填写国家税收法律、法规及相关规定(以下简称"税法")规定的本期应当申报缴纳消费税的应税消费品销售数量(不含出口免税销售数量)。用自产汽油生产的乙醇汽油,按照生产乙醇汽油所耗用的汽油数量填写;以废矿物油生产的润滑油基础油为原料生产的润滑油,按扣除耗用的废矿物油生产的润滑油基础油后的数量填写。

(2) 本表第 5 栏"本期销售额":填写税法规定的本期应当申报缴纳消费税的应税消费

品销售额(不含出口免税销售额)。

(3) 本表第 6 栏"本期应纳税额":计算公式如下

$$实行从价定率办法计算的应纳税额=销售额\times比例税率$$

$$实行从量定额办法计算的应纳税额=销售数量\times定额税率$$

$$实行复合计税办法计算的应纳税额=销售额\times比例税率+销售数量\times定额税率$$

暂缓征收的应税消费品,不计算应纳税额。

(4) 本表第 7 栏"本期减(免)税额":填写本期按照税法规定减免的消费税应纳税额,不包括暂缓征收的应税消费品的税额以及出口应税消费品的免税额。本期减免消费税应纳税额情况,需同时填报附表 2《本期减(免)税额明细表》。本栏数值应等于附表 2《本期减(免)税额明细表》第 8 栏"减(免)税额""合计"栏数值。

(5) 本表第 8 栏"期初留抵税额":填写上期申报表第 12 栏"期末留抵税额"数值。

(6) 本表第 9 栏"本期准予扣除税额":填写税法规定的本期外购、进口或委托加工收回应税消费品用于连续生产应税消费品准予扣除的消费税已纳税额,以及委托加工收回应税消费品以高于受托方计税价格销售的,在计税时准予扣除的消费税已纳税额。成品油消费税纳税人:本表"本期准予扣除税额"栏数值=附表 1-2《本期准予扣除税额计算表(成品油消费税纳税人适用)》第 6 栏"本期准予扣除税额""合计"栏数值。其他消费税纳税人:本表"本期准予扣除税额"栏数值=附表 1-1《本期准予扣除税额计算表》第 19 栏"本期准予扣除税款合计""合计"栏数值。

(7) 本表第 10 栏"本期应扣除税额":填写纳税人本期应扣除的消费税税额,计算公式为

$$本期应扣除税额=期初留抵税额+本期准予扣除税额$$

(8) 本表第 11 栏"本期实际扣除税额":填写纳税人本期实际扣除的消费税税额,计算公式为

当本期应纳税额合计-本期减(免)税额≥本期应扣除税额时,本期实际扣除税额=本期应扣除税额;当本期应纳税额合计-本期减(免)税额<本期应扣除税额时,本期实际扣除税额=本期应纳税额合计-本期减(免)税额。

(9) 本表第 12 栏"期末留抵税额":计算公式为

$$期末留抵税额=本期应扣除税额-本期实际扣除税额$$

(10) 本表第 13 栏"本期预缴税额":填写纳税申报前纳税人已预先缴纳入库的本期消费税额。

(11) 本表第 14 栏"本期应补(退)税额":填写纳税人本期应纳税额中应补缴或应退回的数额,计算公式为

本期应补(退)税额=本期应纳税额合计-本期减(免)税额-本期实际扣除税额-本期预缴税额

(12) 本表第 15 栏"城市维护建设税本期应补(退)税额":填写附表 6《消费税附加税费计算表》"城市维护建设税"对应的"本期应补(退)税(费)额"栏数值。

(13) 本表第 16 栏"教育费附加本期应补(退)费额":填写附表 6《消费税附加税费计算表》"教育费附加"对应的"本期应补(退)税(费)额"栏数值。

(14) 本表第 17 栏"地方教育附加本期应补(退)费额":填写附表 6《消费税附加税费计算表》"地方教育费附加"对应的"本期应补(退)税(费)额"栏数值。

**表 3-4　消费税附加税费计算表**

金额单位:元(列至角分)

| 税(费)种 | 计税(费)依据 | | 税(费)率/% | 本期应纳税(费)额 | 本期减免税(费)额 | | 本期是否适用增值税小规模纳税人"六税两费"减征政策 | | 本期已缴税(费)额 | 本期应补(退)税(费)额 |
|---|---|---|---|---|---|---|---|---|---|---|
| | | | | | | | □是 □否 | | | |
| | 消费税税额 | | | | 减免性质代码 | 减免税(费)额 | 减征比例/% | 减征额 | | |
| | 1 | 2 | 3=1×2 | 4 | 5 | 6 | 7=(3−5)×6 | 8 | 9=3−5−7−8 |
| 城市维护建设税 | | | | | | | 1 | | | |
| 教育费附加 | | | | | | | | | | |
| 地方教育附加 | | | | | | | | | | |
| 合计 | — | — | | — | | — | | | | |

主要填列方法如下。

(1) 本表第 1 栏"消费税税额":填写主表"本期应补(退)税额"栏数值。

(2) 本表第 2 栏"税(费)率 l%":填写相应税(费)的税(费)率。

(3) 本表第 3 栏"本期应纳税(费)额":填写本期按适用的税(费)率计算缴纳的应纳税(费)额。计算公式为

$$本期应纳税(费)额＝消费税税额× 税(费)率$$

(4) 本表第 4 栏"减免性质代码":按《减免税政策代码目录》中附加税费适用的减免性质代码填写,增值税小规模纳税人"六税两费"减征政策优惠不在此栏填写。有减免税(费)情况的必填。

(5) 本表第 5 栏"减免税(费)额":填写本期减免的税(费)额。

(6) 本表"本期是否适用增值税小规模纳税人'六税两费'减征政策"栏:本期适用增值税小规模纳税人"六税两费"减征政策的,勾选"是";否则,勾选"否"。增值税一般纳税人按规定转登记为增值税小规模纳税人的,自成为增值税小规模纳税人的当月起适用减征优惠。增值税小规模纳税人按规定登记为增值税一般纳税人的,自增值税一般纳税人生效之日起不再适用减征优惠;纳税人的年增值税应税销售额超过增值税小规模纳税人标准应当登记为增值税一般纳税人而未登记,经税务机关通知,逾期仍不办理登记的,自逾期次月起不再适用减征优惠。

(7) 本表第 6 栏"减征比例%":按当地省级政府根据《财政部　税务总局关于实施小微企业普惠性税收减免政策的通知》(财税〔2019〕13 号)确定的减征比例填写。

(8) 本表第 7 栏"减征额":计算公式为

$$减征额＝[本期应纳税(费)额－减免税(费)额]×减征比例$$

(9) 本表第 8 栏"本期已缴税(费)额":填写本期应纳税(费)额中已经缴纳的部分。

(10) 本表第 9 栏"本期应补(退) 税(费)额":计算公式为

$$本期应补(退) 税(费)额＝本期应纳税(费)额－减免税(费)额－减征额－本期已缴税(费)额$$

# 城市维护建设税、
# 教育费附加及资源税会计

◆ 熟悉城市维护建设税、教育费附加、资源税的基本税制要素。

◆ 掌握城市维护建设税、教育费附加、资源税的会计账户设置。

◆ 掌握城市维护建设税、教育费附加、资源税纳税申报。

◆ 正确进行城市维护建设税、教育费附加、资源税涉税会计核算。

◆ 正确填写城市维护建设税、教育费附加、资源税纳税申报表。

# 任务 4.1　城市维护建设税和教育费附加会计

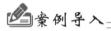案例导入

小白应聘到某市区一家企业担任会计,该企业本月"应交税费"明细账登记的应交增值税为 5 000 元、消费税为 800 元。小白应该如何核算本月的城市维护建设税?

## 一、城市维护建设税会计

### (一) 城市维护建设税的概念

城市维护建设税(以下简称城建税),是国家对从事工商经营,缴纳增值税、消费税的单位和个人,就其实际缴纳的增值税和消费税税额为计税依据而征收的一种税。它属于特定目的税,是国家为加强城市的维护建设,扩大和稳定城市维护建设资金的来源而采取的一项税收措施。

### (二) 城市维护建设税的纳税义务人

城建税的纳税义务人,是指负有缴纳增值税、消费税义务的单位和个人,包括国有企业、集体企业、私营企业、股份制企业、外资企业、其他企业和行政单位、事业单位、军事单位、社会团体、其他单位,以及个体工商户及其他个人。

### (三) 城市维护建设税的征税范围

城市维护建设税的征税范围,就是实际缴纳增值税和消费税的范围。

### (四) 城市维护建设税的税率

城建税的税率是指纳税人应缴纳的城建税税额与纳税人实际缴纳的增值税和消费税税额之间的比率。城建税按纳税人所在地的不同,设置了三档地区差别比例税率,除特殊规定外,具体税率如下。

(1) 纳税人所在地为市区的,适用税率为 7%。

(2) 纳税人所在地为县城、镇的,适用税率为 5%。

（3）纳税人所在地不在市区、县城或者镇的,适用税率为1%。

城建税的适用税率,应当按纳税人所在地的规定税率执行。但是,对下列情况,可按缴纳增值税和消费税所在地的规定税率就地缴纳城建税。

第一,由受托方代扣代缴、代收代缴增值税和消费税的单位和个人,其代扣代缴、代收代缴的城建税按受托方所在地的适用税率执行。

第二,流动经营等无固定纳税地点的单位和个人,在经营地缴纳增值税和消费税的,其城建税的缴纳按经营地的适用税率执行。

第三,纳税人跨地区提供建筑服务、销售和出租不动产的,应在建筑服务发生地、不动产所在地预缴增值税时,按预缴增值税所在地的城市维护建设税适用税率和教育费附加征收率就地计算缴纳城市维护建设税和教育费附加。预缴增值税的纳税人在其机构所在地申报缴纳增值税时,以其实际缴纳的增值税税额为计税依据,并按机构所在地的城市维护建设税适用税率和教育费附加征收率就地计算缴纳城市维护建设税和教育费附加。

第四,对中国铁路总公司的分支机构预征1%增值税所应缴纳的城市维护建设税和教育费附加,由中国铁路总公司按季向北京市国家税务局缴纳。

### （五）城市维护建设税的计税依据

城建税以纳税人依法实际缴纳的增值税、消费税（以下简称两税）税额为计税依据。依法实际缴纳的增值税税额,是指纳税人依照增值税相关法律法规和税收政策规定计算应当缴纳的增值税税额,加上增值税免抵税额,扣除直接减免的增值税税额和期末留抵退税退还的增值税税额（以下简称留抵退税额）后的金额。依法实际缴纳的消费税税额,是指纳税人依照消费税相关法律法规和税收政策规定计算应当缴纳的消费税税额,扣除直接减免的消费税税额后的金额。

应当缴纳的两税税额,不含因进口货物或境外单位和个人向境内销售劳务、服务、无形资产缴纳的两税税额。

纳税人自收到留抵退税额之日起,应当在下一个纳税申报期从城建税计税依据中扣除。留抵退税额仅允许在按照增值税一般计税方法确定的城建税计税依据中扣除。当期未扣除完的余额,在以后纳税申报期按规定继续扣除。

对于增值税小规模纳税人更正、查补此前按照一般计税方法确定的城建税计税依据,允许扣除尚未扣除完的留抵退税额。

对增值税免抵税额征收的城建税,纳税人应在税务机关核准免抵税额的下一个纳税申报期内向主管税务机关申报缴纳。

### （六）城市维护建设税的优惠政策

城建税原则上不单独减免,但因城建税具有附加税性质,当主税发生减免时,城建税也相应发生税收减免。城建税的税收减免具体有以下几种情况。

（1）对黄金交易所会员单位通过黄金交易所销售且发生实物交割的标准黄金,免征城市维护建设税。

（2）对上海期货交易所会员和客户通过上海期货交易所销售且发生实物交割并已出库的标准黄金,免征城市维护建设税。

（3）对国家重大水利工程建设基金免征城市维护建设税。

（4）自 2019 年 1 月 1 日至 2021 年 12 月 31 日,对增值税小规模纳税人可以在 50% 的税额幅度内减征城市维护建设税。

（5）自 2019 年 1 月 1 日至 2021 年 12 月 31 日,实施扶持自主就业退役士兵创业就业城市维护建设税减免。

（6）自 2019 年 1 月 1 日至 2025 年 12 月 31 日,实施支持和促进重点群体创业就业城市维护建设税减免。

### （七）城市维护建设税的计算

城建税纳税人的应纳税额多少由纳税人实际缴纳的增值税和消费税税额决定,其计算公式为

$$应纳税额＝纳税人实际缴纳的增值税和消费税税额×适用税率$$

由于城建税实行纳税人所在地差别比例税率,所以在计算应纳税额时,应特别注意根据纳税人所在地来确定适用税率。

**典型任务实例 4-1**

某县城一生产企业为增值税一般纳税人。本期进口原材料一批,向海关缴纳进口环节增值税 10 万元;本期实际缴纳增值税 22 万元、消费税 50 万元,由于缴纳消费税时超过纳税期限,被罚滞纳金 1 万元;本期出口乙产品一批,按规定免抵增值税 8 万元。计算该纳税人本期应纳的城建税。

**解析**

代征进口环节增值税,不随之代征城建税;出口退还增值税但不退回城建税,免抵的增值税应计算城建税;纳税人违反增值税和消费税的有关税法规定而加收的滞纳金和罚款,不作为城建税的计税依据。

应纳城建税＝(22＋50＋8)×5%＝4(万元)

### （八）城市维护建设税的会计核算

1. 会计科目设置

城建税的会计核算应设置"税金及附加""应交税费——应交城市维护建设税"等科目。企业按规定计算应交的城建税,计提时,借记"税金及附加"科目,贷记"应交税费——应交城市维护建设税"科目;缴纳时,借记"应交税费——应交城市维护建设税"科目,贷记"银行存款"等科目。"应交税费——应交城市维护建设税"科目余额若在贷方,表明企业应缴而未缴的城建税。

2. 会计处理

城建税的会计处理参见典型任务实例 4-2。

**典型任务实例 4-2**

某企业设在市区,本期实际应上缴增值税 559 000 元、消费税 241 000 元。应如何核算本月的城建税?

**解析**

应交城建税＝(559 000＋241 000)×7%＝56 000(元)

（1）计提时的会计分录如下。

借:税金及附加      56 000

    贷:应交税费——应交城市维护建设税      56 000

（2）实际缴纳时的会计分录如下。

借:应交税费——应交城市维护建设税      56 000

    贷:银行存款      56 000

### （九）城市维护建设税的纳税申报

城市维护建设税与增值税和消费税同时申报缴纳，纳税人应按照有关税法的规定，如实填写增值税及附加税费申报表附列资料（五）（表 4-1，增值税一般纳税人适用）、《增值税及附加税费申报表（小规模纳税人适用）附列资料（二）（附加税费情况表）》（见表 2-25）、消费税附加税费计算表（见表 3-4）。

**表 4-1　增值税及附加税费申报表附列资料（五）**
**（附加税费情况表）**

税（费）款所属时间：　　　年　月　日至　　　年　月　日

纳税人名称:(公章)　　　　　　　　　　　　　　　　　　　　　金额单位:元(列至角分)

| 税（费）种 | 计税（费）依据 | | | 税（费）率/% | 本期应纳税（费）额 | 本期减免税（费）额 | | 试点建设培育产教融合型企业 | | 本期已缴税（费）额 | 本期应补（退）税（费）额 |
|---|---|---|---|---|---|---|---|---|---|---|---|
| | 增值税税额 | 增值税免抵税额 | 留抵退税本期扣除额 | | | 减免性质代码 | 减免税（费）额 | 减免性质代码 | 本期抵免金额 | | |
| | 1 | 2 | 3 | 4 | 5=(1+2-3)×4 | 6 | 7 | 8 | 9 | 10 | 11=5-7-9-10 |
| 城市维护建设税 1 | | | | | | | | — | — | | |
| 教育费附加 2 | | | | | | | | | | | |
| 地方教育附加 3 | | | | | | | | | | | |
| 合计 4 | — | — | — | — | | | — | | — | | |
| 本期是否适用试点建设培育产教融合型企业抵免政策 □是 □否 | 当期新增投资额 | | | | | | | | | 5 | |
| | 上期留抵可抵免金额 | | | | | | | | | 6 | |
| | 结转下期可抵免金额 | | | | | | | | | 7 | |
| 可用于扣除的增值税留抵退税额使用情况 | 当期新增可用于扣除的留抵退税额 | | | | | | | | | 8 | |
| | 上期结存可用于扣除的留抵退税额 | | | | | | | | | 9 | |
| | 结转下期可用于扣除的留抵退税额 | | | | | | | | | 10 | |

主要填列方法如下。

（1）第 1 列"增值税税额":填写主表增值税本期应补（退）税额。

（2）第 2 列"增值税免抵税额":填写上期经税务机关核准的增值税免抵税额。

（3）第 3 列"留抵退税本期扣除额":填写本期因增值税留抵退税扣除的计税依据。当第 8 行与第 9 行之和大于第 1 行第 1 列与第 1 行第 2 列之和时，第 3 列第 1 行至第 3 行分别按对应行第 1 列与第 2 列之和填写。当第 8 行与第 9 行之和（大于 0）小于或等于第 1 行第 1 列与第 1 行第 2 列之和时，第 3 列第 1 行至第 3 行分别按第 8 行与第 9 行之和对应填写。当第 8 行与第 9 行之和（小于或等于 0）小于或等于第 1 行第 1 列与第 1 行第 2 列之和时，第 3

列第1行至第3行均填写0。

（4）第4列"税（费）率"/％：填写适用税（费）率。

（5）第5列"本期应纳税（费）额"：填写本期按适用的税（费）率计算缴纳的应纳税（费）额。计算公式为

本期应纳税（费）额＝（增值税税额＋增值税免抵税额－留抵退税本期扣除额）×税（费）率

（6）第6列"减免性质代码"：按《减免税政策代码目录》中附加税费适用的减免性质代码填写，试点建设培育产教融合型企业抵免不填列此列。有减免税（费）情况的必填。

（7）第7列"减免税（费）额"：填写本期减免的税（费）额。

（8）第8列"减免性质代码"：符合《财政部关于调整部分政府性基金有关政策的通知》（财税〔2019〕46号）规定的试点建设培育产教融合型企业分别填写教育费附加产教融合试点减免性质代码61101402、地方教育附加产教融合试点减免性质代码99101401。不适用建设培育产教融合型企业抵免政策的则为空。

（9）第9列"本期抵免金额"：填写试点建设培育产教融合型企业本期抵免的教育费附加、地方教育附加金额。

（10）第10列"本期已缴税（费）额"：填写本期应纳税（费）额中已经缴纳的部分。该列不包括本期预缴应补（退）税费情况。

（11）第11列"本期应补（退）税（费）额"：该列次与主表第39栏至第41栏对应相等。计算公式为

$$本期应补（退）税（费）额＝本期应纳税（费）额－本期减免税（费）额$$
$$－试点建设培育产教融合型企业本期抵免金额$$
$$－本期已缴税（费）额。$$

 **想一想**

纳税人在被查补增值税和消费税和被处以罚款时，同时对其偷逃的城建税进行补税，征收滞纳金和罚款。会计上应如何进行处理？

## 二、教育费附加会计

### （一）教育费附加的概念

教育费附加是对缴纳增值税、消费税的单位和个人，就其实际缴纳的增值税和消费税税额为计税依据而征收的一种附加费。教育费附加是为加快地方教育事业、扩大地方教育经费的资金而征收的一项专用基金。

### （二）教育费附加的征收范围

教育费附加对缴纳增值税和消费税的单位和个人征收，以其实际缴纳的增值税和消费税税额为计税依据，分别与增值税和消费税同时缴纳。

### （三）教育费附加的计征比例

教育费附加的计征比率曾几经变化，现行教育费附加的计征比率为3％。

### （四）教育费附加的计算

教育费附加的计算公式为

$$应交教育费附加＝纳税人实际缴纳的增值税和消费税税额×征收比率$$

**典型任务实例 4-3**

某市区一家企业 6 月份实际缴纳增值税 300 000 元、消费税 300 000 元。计算该企业应缴纳的教育费附加。

**解析**

应纳教育费附加＝（300 000＋300 000）×3％＝18 000（元）

### （五）教育费附加的税收优惠

（1）对海关进口的产品征收的增值税和消费税，不征收教育费附加。

（2）对由于减免增值税、消费税而发生退税的，可同时退还已征收的教育费附加。但对出口产品退还增值税、消费税的，不退还已征收的教育费附加。

（3）对国家重大水利工程建设基金免征教育费附加。

（4）由省、自治区、直辖市人民政府根据本地区实际情况，以及宏观调控需要，对增值税小规模纳税人可以在 50％的税额幅度内减征教育费附加、地方教育附加。

（5）自 2019 年 1 月 1 日起，纳入产教融合型企业建设培育范围的试点企业，兴办职业教育的投资符合有关规定的，可按投资额的 30％比例，抵免该企业当年应缴教育费附加和地方教育附加。试点企业属于集团企业的，其下属成员单位（包括全资子公司、控股子公司）对职业教育有实际投入的，可按规定抵免教育费附加和地方教育附加。

允许抵免的投资是指试点企业当年实际发生的，独立举办或参与举办职业教育的办学投资和办学经费支出，以及按照有关规定与职业院校稳定开展校企合作，对产教融合实训基地等国家规划布局的产教融合重大项目建设投资和基本运行费用的支出。

试点企业当年应缴教育费附加和地方教育附加不足抵免的，未抵免部分可在以后年度继续抵免。试点企业有撤回投资和转让股权等行为的，应当补缴已经抵免的教育费附加。

### （六）教育费附加的会计核算

教育费附加的会计核算应设置"税金及附加""应交税费——应交教育费附加"等科目。企业按规定计算应交的教育费附加，计提时，借记"税金及附加"科目，贷记"应交税费——应交教育费附加"科目；缴纳时，借记"应交税费——应交教育费附加"科目，贷记"银行存款"等科目。"应交税费——应交教育费附加"科目余额若在贷方，表明企业应缴未缴的教育费附加。

### （七）教育费附加的纳税申报

教育费附加与增值税和消费税同时申报缴纳，纳税人应按照有关税法的规定，如实填写增值税及附加税费申报表附列资料（五）（表 4-1，增值税一般纳税人适用）、《增值税及附加税费申报表（小规模纳税人适用）附列资料（二）（附加税费情况表）》（见表 2-25）、消费税附加税费计算表（见表 3-4）。

**典型任务实例 4-4**

A 市某建筑公司于 2020 年 5 月 1 日中标 B 地某项目，采用一般计税方法，2021 年 7 月 1 日收到第一笔工程款 1 000 万元。假定 A 市机构所在地城市维护建设税税率为 7％、教育费附加征收率为 3％，B 地项目所在地城市维护建设税税率为 5％、教育费附加征收率为

3%。假定本月无其他收入,符合条件的进项税额为 50 万元。试分析该建筑公司城市维护建设税及教育费附加的缴纳情况。

**解析**

A 市建筑公司应向 B 地主管税务机关预缴增值税。

预缴增值税 $= 1\ 000 \div (1 + 9\%) \times 2\% = 18.35$(万元)

A 市建筑公司应向 B 地主管税务机关缴纳城市维护建设税和教育费附加。

城市维护建设税 $= 18.35 \times 5\% = 0.92$(万元)

教育费附加 $= 18.35 \times 3\% = 0.55$(万元)

A 市建筑公司本月增值税销项税额 $= 1\ 000 \div (1 + 9\%) \times 9\% = 82.57$(万元)

本月应纳增值税 $=$ 本月销项税额 $-$ 本月进项税额 $= 82.57 - 50 = 32.57$(万元)

A 市建筑公司本月向 A 市主管税务机关实际缴纳增值税 $=$ 本月应纳增值税 $-$ 本月异地预缴增值税

$$= 32.57 - 18.35 = 14.22(万元)$$

A 市建筑公司应当向 A 市主管税务机关缴纳城市维护建设税和教育费附加。

城市维护建设税 $= 14.22 \times 7\% = 1$(万元)

教育费附加 $= 14.22 \times 3\% = 0.43$(万元)

# 任务 4.2　资源税会计

 **案例导入**

小白在某环保发展有限公司担任会计,该公司主要通过收购当地资源税应税石灰石用于 A 电厂的除尘脱硫。8 月收购石灰石 5 000 吨,每吨收购价格为 30 元,价税合计金额为 150 000 元。该省石灰石税率为 5%。对该笔业务,小白应如何进行相关的财务处理?

## 一、资源税概述

资源税是以各种应税自然资源为课税对象、为了调节资源级差收入并体现国有资源有偿使用而征收的一种税。目前我国开征的资源税,是对在我国境内开采应税矿产品及生产盐的单位和个人,就其应税产品销售数量或自用数量为计税依据而征收的一种税。

我国现行资源税的基本规范是根据 2011 年 9 月 30 日《国务院关于修改〈中华人民共和国资源税暂行条例〉的决定》修订,并于 2011 年 11 月 1 日在全国范围内施行的《中华人民共和国资源税暂行条例》(以下简称《资源税暂行条例》)。2019 年 8 月 26 日第十三届全国人民代表大会常务委员会第十二次会议通过《中华人民共和国资源税法》,自 2020 年 9 月 1 日起施行。原《中华人民共和国资源税暂行条例》同时废止。

### (一)纳税人

资源税的纳税人分为一般纳税人和代扣代缴义务人。

1. 一般纳税人

在中华人民共和国领域和中华人民共和国管辖的其他海域开发应税资源的单位和个

人,为资源税的纳税人。具体包括以下几类。

(1)在我国境内开采和生产应税产品的企业,包括国有企业、集体企业、私营企业、股份制企业以及外商投资企业和外国企业。

(2)在我国境内开采和生产应税产品的非企业性单位,包括行政单位、事业单位、军事单位、社会团体和其他单位。

(3)在我国境内开采或者生产应税产品的个体经营者和其他个人。

2. 代扣代缴义务人

为了加强对资源税的征管,保证税款及时、安全入库,堵塞漏洞,现行《资源税暂行条例》规定,以收购未税矿产品的单位为资源税的扣缴义务人。对那些税源小、零散、不定期开采、易漏税等税务机关认为不易控制的单位和个人,在收购其未税矿产品时代扣代缴其应纳的税款。

独立矿山、联合企业及其他收购未税矿产品的单位为扣缴义务人。其中,独立矿山是指只有采矿或只有采矿和选矿,并实行独立核算、自负盈亏的单位。作为独立矿山,其生产的原矿和精矿主要用于对外销售。联合企业是指采矿、选矿、冶炼(或加工)连续生产的企业或采矿、冶炼(或加工)连续生产的企业,其采矿单位一般是该企业的二级或二级以下的核算单位。其他收购未税矿产品的单位包括收购未税矿产品的非矿山企业、单位和个体户等。

扣缴义务人应当主动向主管税务机关申请办理代扣代缴义务人的有关手续。主管税务机关经审核批准后,发给扣缴义务人代扣代缴税款凭证及报告表。扣缴义务人必须按照规定履行代扣代缴资源税义务。

## (二)征税范围

应税资源的具体范围,由资源税法所附《资源税税目税率表》确定。《资源税税目税率表》对税目进行了统一和规范,分为能源矿产、金属矿产、水气矿产、盐和非金属矿产五大类,将目前所有应税资源具体品目在资源税法中逐一列明,共 164 个。

## (三)税目税率

资源税的税目、税率,依照《税目税率表》执行。具体见表 4-2。

表 4-2　资源税税目税率表

| 税 目 | | 征税对象 | 税率 |
|---|---|---|---|
| 能源矿产 | 原油 | 原矿 | 6% |
| | 天然气、页岩气、天然气水合物 | 原矿 | 6% |
| | 煤 | 原矿或者选矿 | 2%～10% |
| | 煤成(层)气 | 原矿 | 1%～2% |
| | 铀、钍 | 原矿 | 4% |
| | 油页岩、油砂、天然沥青、石煤 | 原矿或者选矿 | 1%～4% |
| | 地热 | 原矿 | 1%～20%或者每立方米1～30元 |

续表

| 税　目 | | | 征税对象 | 税率 |
|---|---|---|---|---|
| 金属矿产 | 黑色金属 | 铁、锰、铬、钒、钛 | 原矿或者选矿 | 1%～9% |
| | 有色金融 | 铜、铅、锌、锡、镍、锑、镁、钴、铋、汞 | 原矿或者选矿 | 2%～10% |
| | | 铝土矿 | 原矿或者选矿 | 2%～9% |
| | | 钨 | 选矿 | 6.5% |
| | | 钼 | 选矿 | 8% |
| | | 金、银 | 原矿或者选矿 | 2%～6% |
| | | 铂、钯、钌、锇、铱、铑 | 原矿或者选矿 | 5%～10% |
| | | 轻稀土 | 选矿 | 7%～12% |
| | | 中重稀土 | 选矿 | 20% |
| | | 铍、锂、锆、锶、铷、铯、铌、钽、锗、镓、铟、铊、铪、铼、镉、硒、碲 | 原矿或者选矿 | 2%～10% |
| | | 大理岩、花岗岩、白云岩、石英岩、砂岩、辉绿岩、安山岩、闪长岩、板岩、玄武岩、片麻岩、角闪岩、页岩、浮石、凝灰岩、黑曜岩、霞石正长岩、蛇纹岩、麦饭石、泥灰岩、含钾岩石、含钾砂页岩、天然油石、橄榄岩、松脂岩、粗面岩、辉长岩、辉石岩、正长岩、火山灰、火山渣、泥炭 | 原矿或者选矿 | 1%～10% |
| | | 砂石 | 原矿或者选矿 | 1%～5%或者每吨（或者每立方米）0.1～5元 |
| | 宝玉石类 | 宝石、玉石、宝石及金刚石、玛瑙、黄玉、碧玺 | 原矿或者选矿 | 4%～20% |
| 非金属矿产 | 矿物类 | 高岭土 | 原矿或者选矿 | 1%～6% |
| | | 石灰岩 | 原矿或者选矿 | 1%～6%或者每吨（或者每立方米）1～10元 |
| | | 磷 | 原矿或者选矿 | 3%～8% |
| | | 石墨 | 原矿或者选矿 | 3%～12% |
| | | 萤石、硫铁矿、自然硫 | 原矿或者选矿 | 1%～8% |
| | | 天然石英砂、脉石英、粉石英、水晶、工业用金刚石、冰洲石、蓝晶石、硅线石（矽线石）、长石、滑石、刚玉、菱镁矿、颜料矿物、天然碱、芒硝、钠硝石、明矾石、砷、硼、碘、溴、膨润土、硅藻土、陶瓷土、耐火黏土、铁矾土、凹凸棒石黏土、海泡石黏土、伊利石黏土、累托石黏土 | 原矿或者选矿 | 1%～12% |
| | | 叶蜡石、硅灰石、透辉石、珍珠岩、云母、沸石、重晶石、毒重石、方解石、蛭石、透闪石、工业用电气石、白垩、石棉、蓝石棉、红柱石、石榴子石、石膏 | 原矿或者选矿 | 2%～12% |
| | | 其他黏土（铸型用黏土、砖瓦用黏土、陶粒用黏土、水泥配料用黏土、水泥配料用红土、水泥配料用黄土、水泥配料用泥岩、保温材料用粘土） | 原矿或者选矿 | 1%～5%或者每吨（或者每立方米）0.1～5元 |

续表

| 税 | 目 | 征税对象 | 税率 |
|---|---|---|---|
| 水气矿产 | 二氧化碳气、硫化氢气、氦气、氢气 | 原矿 | 2%～5% |
| | 矿泉水 | 原矿 | 1%～20%或者每立方米1～30元 |
| 盐 | 钠盐、钾盐、镁盐、锂盐 | 选矿 | 3%～15% |
| | 天然卤水 | 原矿 | 3%～15%或者每吨（或者每立方米）1～10元 |
| | 海盐 | | 2%～5% |

《税目税率表》中规定实行幅度税率的，其具体适用税率由省、自治区、直辖市人民政府统筹考虑该应税资源的品位、开采条件以及对生态环境的影响等情况，在《税目税率表》规定的税率幅度内提出，报同级人民代表大会常务委员会决定，并报全国人民代表大会常务委员会和国务院备案。《税目税率表》中规定征税对象为原矿或者选矿的，应当分别确定具体适用税率。

### （四）计税依据

资源税按照《税目税率表》实行从价计征或者从量计征。《税目税率表》中规定可以选择实行从价计征或者从量计征的，具体计征方式由省、自治区、直辖市人民政府提出，报同级人民代表大会常务委员会决定，并报全国人民代表大会常务委员会和国务院备案。

实行从价计征的，应纳税额按照应税资源产品（以下简称应税产品）的销售额乘以具体适用税率计算。实行从量计征的，应纳税额按照应税产品的销售数量乘以具体适用税率计算。应税产品为矿产品的，包括原矿和选矿产品。

纳税人开采或者生产不同税目应税产品的，应当分别核算不同税目应税产品的销售额或者销售数量；未分别核算或者不能准确提供不同税目应税产品的销售额或者销售数量的，从高适用税率。

纳税人开采或者生产应税产品自用的，应当依照规定缴纳资源税；但是，自用于连续生产应税产品的，不缴纳资源税。

1. 从价计征

在从价计征方法下，应纳税额等于应税产品的销售额乘以适用税率。应纳税额的多少取决于应税产品的销售额和适用税率两个因素。

销售额是指纳税人销售应税产品向购买方收取的全部价款和价外费用，不包括增值税销项税额和运杂费用。

运杂费用是指应税产品从坑口或洗选（加工）地到车站、码头或购买方指定地点的运输费用、建设基金以及随运销产生的装卸、仓储、港杂费用。运杂费用应与销售额分别核算，凡未取得相应凭据或不能与销售额分别核算的，应当一并计征资源税。

纳税人以人民币以外的货币结算销售额的，应当折合成人民币计算。其销售额的人民币折合率可以选择销售额发生的当天或者当月1日的人民币汇率中间价。纳税人应事先确定采用何种折合率，确定后1年内不得变更。

价外费用包括价外向购买方收取的手续费、补贴、基金、集资费、返还利润、奖励费、违约金、滞纳金、延期付款利息、赔偿金、代收款项、代垫款项、包装费、包装物租金、储备费、优质费、运输装卸费以及其他各种性质的价外收费,但下列项目不包括在内。

(1) 同时符合以下条件的代垫运输费用:①承运部门的运输费用发票开具给购买方的;②纳税人将该项发票转交给购买方的。

(2) 同时符合以下条件代为收取的政府性基金或者行政事业性收费:①由国务院或者财政部批准设立的政府性基金,由国务院或者省级人民政府及其财政、价格主管部门批准设立的行政事业性收费;②收取时开具省级以上财政部门印制的财政票据;③所收款项全额上缴财政。

### 典型任务实例 4-5

某油田 12 月生产原油 25 万吨,当月销售 20 万吨,取得不含税收入 80 万元。加热、修井用 1.6 万吨,将 0.4 万吨原油赠送给协作单位。开采天然气 70 万立方米,当月销售 60 万立方米,取得不含税收入 120 万元,待售 10 万立方米。原油、天然气资源税税率均为 6%,计算该油田 2016 年 12 月应纳资源税税额。

**解析**

加热、修井用原油免征资源税;未税原油用于赠送关系单位,属于视同销售行为,移送环节征收资源税。

该油田应纳资源税税额=$(80+0.4\times80\div20)\times6\%+120\times6\%=12.096$(万元)

纳税人申报的应税产品销售额明显偏低并且无正当理由的、有视同销售应税产品行为而无销售额的,除财政部、国家税务总局另有规定外,按下列顺序确定其销售额:①按纳税人最近时期同类产品的平均销售价格确定;②按其他纳税人最近时期同类产品的平均销售价格确定;③按组成计税价格确定。

组成计税价格的计算公式为

$$组成计税价格=成本\times\frac{1+成本利润率}{1-税率}$$

公式中的“成本”是指应税产品的实际生产成本;“成本利润率”由省、自治区、直辖市税务机关确定。

### 典型任务实例 4-6

某油气田开采企业 12 月开采原油的同时开采天然气 4 500 千立方米,开采成本为 500万元,当月全部用于职工宿舍供暖。已知当地无天然气同类售价,当地规定的天然气成本利润率为 8%,天然气适用资源税税率为 6%。该油气田企业当月就天然气应纳资源税和增值税合计为多少万元?

**解析**

组成计税价格=$500\times(1+8\%)\div(1-6\%)=574.47$(万元)

应纳资源税税额=$574.47\times6\%=34.47$(万元)

应纳增值税税额=$574.47\times9\%=51.70$(万元)

应纳资源税和增值税合计=$34.47+51.70=86.17$(万元)

**2. 从量计征**

在从量计征方法下,计税依据是纳税人应税产品的销售数量和自用数量。纳税人开采或者生产应税产品销售的,以销售数量为课税数量;纳税人开采或者生产应税产品自用的,以自用数量为课税数量。另外,对一些情况有以下具体规定。

(1)纳税人开采或者生产不同税目应税产品的,应当分别核算不同税目应税产品的销售数量;未分别核算或者不能准确提供不同税目应税产品的销售数量的,从高适用税率。

(2)纳税人不能准确提供应税产品销售数量或移送使用数量的,以应税产品的产量或主管税务机关确定的折算比换算成的数量为课税数量。

典型任务实例 4-7

某矿山 12 月销售其开采的砂石 3 000 立方米,已知当地砂石单位税额为 2.5 元/立方米。计算该矿山应纳资源税税额。

**解析**

该矿山应纳资源税税额＝3 000×2.5＝7 500(元)

**想一想**

增值税、消费税、资源税中对申报的应税产品销售额明显偏低并且无正当理由的、有视同销售应税产品行为而无销售额的,确定销售额的方法有无异同?

### (五) 税收减免规定

1. 有下列情形之一的,免征资源税

(1)开采原油以及在油田范围内运输原油过程中用于加热的原油、天然气;

(2)煤炭开采企业因安全生产需要抽采的煤成(层)气。

2. 有下列情形之一的,减征资源税

(1)从低丰度油气田开采的原油、天然气,减征 20% 资源税;

(2)高含硫天然气、三次采油和从深水油气田开采的原油、天然气,减征 30% 资源税;

(3)稠油、高凝油减征 40% 资源税;

(4)从衰竭期矿山开采的矿产品,减征 30% 资源税。

根据国民经济和社会发展需要,国务院对有利于促进资源节约集约利用、保护环境等情形可以规定免征或者减征资源税,报全国人民代表大会常务委员会备案。

3. 有下列情形之一的,省、自治区、直辖市可以决定免征或者减征资源税

(1)纳税人开采或者生产应税产品过程中,因意外事故或者自然灾害等原因遭受重大损失;

(2)纳税人开采共伴生矿、低品位矿、尾矿。

免征或者减征资源税的具体办法,由省、自治区、直辖市人民政府提出,报同级人民代表大会常务委员会决定,并报全国人民代表大会常务委员会和国务院备案。

4. 免税、减税项目单独核算

纳税人的免税、减税项目,应当单独核算销售额或者销售数量;未单独核算或者不能准确提供销售额或者销售数量的,不予免税或者减税。

## 二、资源税会计处理

### (一) 账户设置

资源税纳税义务人开采或者生产并销售应税产品,应依据税法的规定,计算和缴纳资源税。为了反映和监督资源税税额的计算和缴纳过程,纳税人应设置"应交税费——应交资源税"账户,贷方记录本期应交纳的资源税税额,借方记录企业实际缴纳或抵扣的资源税税额,贷方余额表示企业应缴而未缴的资源税税额。

### (二) 账务处理

按照应税资源的用途,资源税的账务处理分为以下几种情况。

(1) 直接销售资源产品的应纳资源税。纳税人缴纳的资源税应作为收益的扣减,相当于增加销售的费用。因此资源税的核算是通过"税金及附加"账户进行的。企业按规定计算出对外销售应税产品应纳资源税税额时,借记"税金及附加"科目,贷记"应交税费——应交资源税"科目。

**典型任务实例 4-8**

某天然气开采企业,7 月专门开采天然气 1 000 万立方米,对外销售专门开采的天然气 900 万立方米,取得不含增值税销售收入 1 200 万元,款项存入银行。已知该企业天然气资源税税率为 6%,该企业当月应纳的资源税如何核算?

**解析**

天然气从价计征,开采天然气直接销售的以销售额为计税依据。

该企业应纳资源税税额＝1 200×6%＝72(万元)

| | | |
|---|---|---|
| 借:银行存款 | | 13 080 000 |
| 　贷:主营业务收入 | | 12 000 000 |
| 　　　应交税费——应交增值税(销项税额) | | 1080 000 |
| 借:税金及附加 | | 720 000 |
| 　贷:应交税费——应交资源税 | | 720 000 |
| 借:应交税费——应交资源税 | | 720 000 |
| 　贷:银行存款 | | 720 000 |

(2) 自用资源产品应纳资源税。企业自采自用或自产自用应税产品的资源税应作为所生产产品成本的一部分,企业计算出自产自用应税产品应缴纳的资源税时,应借记"生产成本"或"制造费用"等科目,贷记"应交税费——应交资源税"科目。

**典型任务实例 4-9**

某油田原油价格每吨 6 000 元(不含增值税),8 月开采原油 10 万吨,其中,已销售 8 万吨,自用原油 0.8 万吨(冬季加热、修井用 0.5 万吨,运输车辆润滑用 0.3 万吨),其余的未销售。原油的资源税税率为 6%,该油田 8 月应纳资源税应如何核算?

**解析**

自用原油用于加热、修井,免资源税。

销售 8 万吨原油应纳资源税＝8×6 000×6％＝2 880（万元）

运输车辆润滑用 0.3 万吨原油应纳资源税＝0.3×6 000×6％＝108（万元）

本业务的会计分录如下。

借：税金及附加　　　　　　　　　　　　　　　　　　　　　　28 800 000

　　制造费用　　　　　　　　　　　　　　　　　　　　　　　 1 080 000

　　贷：应交税费——应交资源税　　　　　　　　　　　　　　　　　29 880 000

借：应交税费——应交资源税　　　　　　　　　　　　　　　　　29 880 000

　　贷：银行存款　　　　　　　　　　　　　　　　　　　　　　　29 880 000

（3）独立矿山、联合企业收购未税矿产品，按实际支付的收购款，借记"材料采购"等科目，贷记"银行存款"等科目。代扣代缴的资源税，借记"材料采购"等科目，贷记"应交税费——应交资源税"科目。

### 典型任务实例 4-10

鑫达有限公司 8 月收购某铁矿的未税铁矿石 2 000 吨，每吨不含增值税收购价为 100 元，该省铁矿适用税率为 5％，款项以银行存款支付。取得的增值税专用发票注明的价款为 200 000 元。该公司收购铁矿石时应如何进行会计处理？

**解析**

收购未税矿产品应代扣代缴资源税。

应纳资源税税额＝200 000×5％＝10 000（元）

本业务的会计分录如下。

借：材料采购　　　　　　　　　　　　　　　　　　　　　　　　200 000

　　应交税费——应交增值税（进项税额）　　　　　　　　　　　　 26 000

　　贷：银行存款　　　　　　　　　　　　　　　　　　　　　　　 226 000

借：材料采购　　　　　　　　　　　　　　　　　　　　　　　　 10 000

　　贷：应交税费——应交资源税　　　　　　　　　　　　　　　　　 10 000

借：应交税费——应交资源税　　　　　　　　　　　　　　　　　 10 000

　　贷：银行存款　　　　　　　　　　　　　　　　　　　　　　　 10 000

（4）纳税义务人按规定上交资源税时，借记"应交税费——应交资源税"科目，贷记"银行存款"科目；纳税人与税务机关结算上月税款，补缴时，借记"应交税费——应交资源税"科目，贷记"银行存款"科目；退回税款时，借记"银行存款"科目，贷记"应交税费——应交资源税"科目。企业未按规定期限缴纳资源税，向税务部门缴纳滞纳金时，借记"营业外支出"科目，贷记"银行存款"科目。

### 典型任务实例 4-11

某油田 8 月缴纳资源税 60 000 000 元，9 月生产原油 320 000 吨，其中，对外销售原油 220 000 吨，市场价 3 000 元/吨，取得不含税销售额 66 000 万元，企业自办炼油厂耗用 50 000 吨。企业同时生产天然气 106 000 千立方米，向外销售 100 000 千立方米，市场价 3 650 元/千立方米，取得不含税销售额 36 500 万元，自办炼油厂耗用 5 000 千立方米，取暖方面使用 1 000 千立方米。该油田原油的适用税率为 6％，天然气的适用税率为 6％，税务机关核定该企业纳税期限为 10 天,按上月税款的 1/3 预缴,月终结算。请对上述业务进行会计处理。

**解析**

企业按规定的纳税期限,于 10 日、20 日、30 日分别预缴上旬、中旬和下旬的资源税税额。

企业每旬预缴资源税税额＝60 000 000÷3＝20 000 000(元)

(1) 预缴时的会计分录如下(三笔同样的分录)。

借:应交税费——应交资源税　　　　　　　　　　　　　　20 000 000
　贷:银行存款　　　　　　　　　　　　　　　　　　　　　　20 000 000

(2) 当期对外销售原油应纳税额＝660 000 000×6％＝39 600 000(元)

借:税金及附加　　　　　　　　　　　　　　　　　　　　39 600 000
　　贷:应交税费——应交资源税　　　　　　　　　　　　　39 600 000

(3) 自办炼油厂消耗原油应纳税额＝50 000×3 000×6％＝9 000 000(元)

借:生产成本　　　　　　　　　　　　　　　　　　　　　9 000 000
　　贷:应交税费——应交资源税　　　　　　　　　　　　　9 000 000

(4) 对外销售天然气应纳税额＝365 000 000×6％＝21 900 000(万元)

借:税金及附加　　　　　　　　　　　　　　　　　　　21 900 000
　　贷:应交税费——应交资源税　　　　　　　　　　　　21 900 000

(5) 炼油厂使用天然气应纳税额＝5 000×3 650×6％＝1 095 000(元)

天然气用于取暖方面应纳税额＝1 000×3 650×6％＝219 000(元)

借:生产成本　　　　　　　　　　　　　　　　　　　　　1 095 000
　　管理费用　　　　　　　　　　　　　　　　　　　　　　219 000
　　贷:应交税费——应交资源税　　　　　　　　　　　　　1 314 000

(6) 月终企业结算时:

本月应纳税额＝39 600 000＋9 000 000＋21 900 000＋1 314 000＝71 814 000(元)

应补缴税款＝71 814 000－60 000 000＝11 814 000(元)

借:应交税费——应交资源税　　　　　　　　　　　　　11 814 000
　　贷:银行存款　　　　　　　　　　　　　　　　　　　11 814 000

## 三、资源税纳税申报

### (一) 纳税义务发生时间

纳税人销售应税产品,纳税义务发生时间为收讫销售款或者取得索取销售款凭据的当天;自产自用应税产品,其纳税义务发生时间为移送使用的当天。

(1) 纳税人采取分期收款销售的,纳税义务发生时间为销售合同规定的收款日期的当天。

(2)纳税人采取预收货款销售的,纳税义务发生时间为发出应税产品的当天。

(3) 纳税人采取除分期收款和预收货款以外的其他结算方式销售的,纳税义务发生时间为收讫价款或者取得索取价款凭证的当天。

(4) 纳税人自产自用应税产品的,纳税义务发生时间为移送使用应税产品的当天。

(5) 扣缴义务人代扣代缴税款的,纳税义务发生时间为支付首笔货款或首次开具支付货款凭据的当天。

## （二）纳税期限

资源税按月或者按季申报缴纳；不能按固定期限计算缴纳的，可以按次申报缴纳。

纳税人按月或者按季申报缴纳的，应当自月度或者季度终了之日起十五日内，向税务机关办理纳税申报并缴纳税款；按次申报缴纳的，应当自纳税义务发生之日起十五日内，向税务机关办理纳税申报并缴纳税款。

## （三）纳税地点

纳税人应纳的资源税，应当向应税产品的开采或者生产所在地主管税务机关缴纳。纳税人在本省、自治区、直辖市范围内开采或者生产应税产品，其纳税地点需要调整的，由省、自治区、直辖市税务机关决定。

跨省、自治区、直辖市开采或者生产资源税应税产品的纳税人，其下属生产单位与核算单位不在同一省、自治区、直辖市的，对其开采或者生产的应税产品，一律在开采地或者生产地纳税。实行从量计征的应税产品，其应纳税款一律由独立核算的单位按照每个开采地或者生产地的销售量及适用税率计算划拨；实行从价计征的应税产品，其应纳税款一律由独立核算的单位按照每个开采地或者生产地的销售量、单位销售价格及适用税率计算划拨。

扣缴义务人代扣代缴的资源税，应当向收购地主管税务机关缴纳。

## （四）申报资料

自 2021 年 6 月 1 日起，纳税人申报缴纳城镇土地使用税、房产税、车船税、印花税、耕地占用税、资源税、土地增值税、契税、环境保护税、烟叶税中一个或多个税种时，使用《财产和行为税纳税申报表》。该申报表由一张主表和一张减免税附表组成，主表为纳税情况，附表为申报享受的各类减免税情况。《资源税（不含水资源税）纳税义务人在纳税申报前，需先维护税源信息。税源信息没有变化的，确认无变化后直接进行纳税申报；税源信息有变化的，通过填报《税源明细表》进行数据更新维护后再进行纳税申报。资源税税源明细表见表 4-3。税务机关根据纳税人识别号及该纳税人当期有效的税源明细信息自动生成《财产和行为税纳税申报表》（见表 4-4）《财产和行为税减免税明细申报附表》（见表 4-5）。

2016 年 7 月 1 日，河北省开征水资源税。自 2017 年 12 月 1 日起，北京、天津、山西、内蒙古、山东、河南、四川、陕西、宁夏 9 个省（自治区、直辖市）扩大水资源税改革试点。在水资源税试点地区利用取水工程或者设施直接从江河、湖泊（含水库）和地下取用地表水、地下水的单位和个人，应当依照规定缴纳水资源税。水资源税纳税人报送资料由试点省税务机关确定。

### 表 4-3　资源税税源明细表

税款所属期限：自　　年　　月　　日至　　年　　月　　日

纳税人识别号（统一社会信用代码）：□□□□□□□□□□□□□□□□□□

纳税人名称：　　　　　　　　　　　　　　　　　　　　　　金额单位：元（列至角分）

| 序号 | 申报计算明细 | | | | | | | | | |
|---|---|---|---|---|---|---|---|---|---|---|
| | 税目 | 子目 | 计量单位 | 销售数量 | 准予扣减的外购应税产品购进数量 | 计税销售数量 | 销售额 | 准予运杂扣除费的 | 准予扣减的外购应税产品购进金额 | 计税销售额 |
| | 1 | 2 | 3 | 4 | 5 | 6＝4－5 | 7 | 8 | 9 | 10＝7－8－9 |

续表

| 申报计算明细 | | | | | | | | | | |
|---|---|---|---|---|---|---|---|---|---|---|
| 1 | | | | | | | | | | |
| 2 | | | | | | | | | | |
| 合计 | | | | | | | | | | |
| 减免税计算明细 | | | | | | | | | | |
| 序号 | 税目 | 子目 | 减免性质代码和项目名称 | 计量单位 | 销减售免数税量 | 减销免售税额 | 适用税率 | 减征比例 | 本期减免税额 | |
| | 1 | 2 | 3 | 4 | 5 | 6 | 7 | 8 | 9①＝5×7×8 | |
| | | | | | | | | | 9②＝6×7×8 | |
| 1 | | | | | | | | | | |
| 2 | | | | | | | | | | |
| 合计 | | | | | | | | | | |

主要填列方法如下。

（1）申报计算明细

① 申报从量计征税目的资源税纳税人需填写 1～6 栏。申报从价计征税目的资源税纳税人需填写 1～4、7～10 栏。无发生数额的，应填写 0。不涉及外购应税产品购进数量扣减的，第 5 栏填 0；不涉及运杂费扣除的，第 8 栏填写 0；不涉及外购应税产品购进金额扣减的，第 9 栏填写 0。

② 第 1 栏"税目"：按照《中华人民共和国资源税法》后附《资源税税目税率表》规定的税目填写。多个税目的，可增加行次。

③ 第 2 栏"子目"：填写同一税目下不同的征税对象或明细项目，如"原矿""选矿"等。

④ 第 3 栏"计量单位"：填写计税销售数量的计量单位，如"吨""立方米"等。

⑤ 第 4 栏"销售数量"：填写纳税人当期应税产品的销售数量，包括实际销售和自用两部分。实际销售的应税产品销售数量按其增值税发票等票据注明的数量填写或计算填写；票据上未注明数量的，填写与应税产品销售额对应的销售数量。自用的应税产品销售数量据实填写。

⑥ 第 5 栏"准予扣减的外购应税产品购进数量"：填写按规定准予扣减的外购应税产品购进数量。扣减限额以第 6 栏"计税销售数量"减至 0 为限，当期不足扣减或未扣减的，可结转下期扣减。

⑦ 第 7 栏"销售额"：填写纳税人当期应税产品的销售额，包括实际销售和自用两部分。实际销售的应税产品销售额按其增值税发票等票据注明的金额填写或计算填写。自用的应税产品销售额按规定计算填写。

⑧ 第 8 栏"准予扣除的运杂费"：填写按规定准予扣除的运杂费用。

⑨ 第 9 栏"准予扣减的外购应税产品购进金额"：填写按规定准予扣减的外购应税产品

购进金额。当期不足扣减或未扣减的,可结转下期扣减。

⑩ 第 8 栏"准予扣减的运杂费"、第 9 栏"准予扣减的外购应税产品购进金额"扣减限额之和以第 10 栏"计税销售额"减至 0 为限。

(2)减免税计算明细

① 适用于有减免资源税项目(增值税小规模纳税人减征政策除外)的纳税人填写。如不涉及减免税事项,纳税人无须填写,系统会将"本期减免税额"默认为 0。

② 第 1 栏"税目":按照《中华人民共和国资源税法》后附《资源税税目税率表》规定的税目填写。多个税目的,可增加行次。

③ 第 2 栏"子目":同一税目适用的减免性质代码、税率不同的,视为不同的子目,按相应的减免税销售额和销售数量分行填写。

④ 第 3 栏"减免性质代码和项目名称":有减免税情况的必填,按照税务机关最新制发的减免税政策代码表中最细项减免性质代码填写。

⑤ 第 4 栏"计量单位":填写计税销售数量的计量单位,如"吨""立方米"等。

⑥ 第 5 栏"减免税销售数量":填写减免资源税项目对应的应税产品销售数量,申报从量计征税目和从价计征税目的纳税人均应填写。

⑦ 第 6 栏"减免税销售额":填写减免资源税项目对应的应税产品销售收入,由申报从价计征税目的纳税人填写。

⑧ 第 7 栏"适用税率":填写《中华人民共和国资源税法》后附《资源税税目税率表》规定的应税产品具体适用税率或各省、自治区、直辖市公布的应税产品具体适用税率。从价计征税目的适用税率为比例税率,如原油资源税率为 6%,即填 6%;从量计征税目的适用税率为定额税率,如某税目每立方米 3 元,即填 3。

⑨ 第 8 栏"减征比例":填写减免税额占应纳税额的比例,免税项目的减征比例按 100%填写。

⑩ 第 9 栏"本期减免税额":填写本期应纳税额中按规定应予减免的部分。申报从量计征税目的纳税人适用的计算公式为:9①=5×7×8。申报从价计征税目的纳税人适用的计算公式为:9②=6×7×8。

表 4-4   财产和行为税纳税申报表

纳税人识别号(统一社会信用代码):□□□□□□□□□□□□□□□□□□

纳税人名称:                                         金额单位:人民币元(列至角分)

| 序号 | 税种 | 税目 | 税款所属期起 | 税款所属期止 | 计税依据 | 税率 | 应纳税额 | 减免税额 | 已缴税额 | 应补(退)税额 |
|---|---|---|---|---|---|---|---|---|---|---|
| 1 | | | | | | | | | | |
| 2 | | | | | | | | | | |
| 3 | | | | | | | | | | |
| 4 | | | | | | | | | | |
| 5 | | | | | | | | | | |
| 6 | | | | | | | | | | |

续表

| 序号 | 税种 | 税目 | 税款所属期起 | 税款所属期止 | 计税依据 | 税率 | 应纳税额 | 减免税额 | 已缴税额 | 应补(退)税额 |
|------|------|------|------------|------------|--------|------|--------|--------|--------|------------|
| 7 | | | | | | | | | | |
| 8 | | | | | | | | | | |
| 9 | | | | | | | | | | |
| 10 | | | | | | | | | | |
| 11 | 合计 | — | — | — | — | | | | | |

声明:此表是根据国家税收法律法规及相关规定填写的,本人(单位)对填报内容(及附带资料)的真实性、可靠性、完整性负责

年　月　日　　　　　　　　　　　　　　　　　　　　　纳税人(签章):

经办人:
经办人身份证号:
代理机构签章:
代理机构统一社会信用代码:

受理人:
受理税务机关(章):
受理日期:　　年　月　日

主要填列方法如下。

(1)本表适用于申报城镇土地使用税、房产税、契税、耕地占用税、土地增值税、印花税、车船税、烟叶税、环境保护税、资源税。本表根据各税种税源明细表自动生成,申报前需填写税源明细表。本表包含一张附表《财产和行为税减免税明细申报附表》。

(2)纳税人识别号(统一社会信用代码):填写税务机关核发的纳税人识别号或有关部门核发的统一社会信用代码。纳税人名称:填写营业执照、税务登记证等证件载明的纳税人名称。

(3)税种:税种名称,多个税种的,可增加行次。

(4)税目:税目名称,多个税目的,可增加行次。

(5)税款所属期起:纳税人申报相应税种所属期的起始时间,填写具体的年、月、日。

(6)税款所属期止:纳税人申报相应税种所属期的终止时间,填写具体的年、月、日。

(7)计税依据:计算税款的依据。

(8)税率:适用的税率。

(9)应纳税额:纳税人本期应当缴纳的税额。

(10)减免税额:纳税人本期享受的减免税金额,等于减免税附表中该税种的减免税额小计。

(11)已缴税额:纳税人本期应纳税额中已经缴纳的部分。

(12)应补(退)税额:纳税人本期实际需要缴纳的税额。应补(退)税额=应纳税额-减免税额-已缴税额。

**表 4-5    财产和行为税减免税明细申报附表**

纳税人识别号(统一社会信用代码):□□□□□□□□□□□□□□□□□□□□

纳税人名称:                                                         金额单位:人民币元(列至角分)

| 本期是否适用增值税小规模纳税人减征政策 | □是 □否 | 本期适用增值税小规模纳税人减征政策起始时间 | 年    月 |
|---|---|---|---|
| | | 本期适用增值税小规模纳税人减征政策终止时间 | 年    月 |
| 合计减免税额 | | | |

城镇土地使用税

| 序号 | 土地编号 | 税款所属期起 | 税款所属期止 | 减免性质代码和项目名称 | 减免税额 |
|---|---|---|---|---|---|
| 1 | | | | | |
| 2 | | | | | |
| 小计 | — | | | — | |

房产税

| 序号 | 房产编号 | 税款所属期起 | 税款所属期止 | 减免性质代码和项目名称 | 减免税额 |
|---|---|---|---|---|---|
| 1 | | | | | |
| 2 | | | | | |
| 小计 | — | | | — | |

车船税

| 序号 | 车辆识别代码/船舶识别码 | 税款所属期起 | 税款所属期止 | 减免性质代码和项目名称 | 减免税额 |
|---|---|---|---|---|---|
| 1 | | | | | |
| 2 | | | | | |
| 小计 | | | | — | |

印花税

| 序号 | 税目 | 税款所属期起 | 税款所属期止 | 减免性质代码和项目名称 | 减免税额 |
|---|---|---|---|---|---|
| 1 | | | | | |
| 2 | | | | | |
| 小计 | — | | | — | |

资源税

| 序号 | 税目 | 子目 | 税款所属期起 | 税款所属期止 | 减免性质代码和项目名称 | 减免税额 |
|---|---|---|---|---|---|---|
| 1 | | | | | | |
| 2 | | | | | | |
| 小计 | — | — | | | — | |

续表

| 耕地占用税 | | | | | |
|---|---|---|---|---|---|
| 序号 | 税源编号 | 税款所属期起 | 税款所属期止 | 减免性质代码和项目名称 | 减免税额 |
| 1 | | | | | |
| 2 | | | | | |
| 小计 | — | | | — | |

| 契税 | | | | | |
|---|---|---|---|---|---|
| 序号 | 税源编号 | 税款所属期起 | 税款所属期止 | 减免性质代码和项目名称 | 减免税额 |
| 1 | | | | | |
| 2 | | | | | |
| 小计 | — | | | — | |

| 土地增值税 | | | | | |
|---|---|---|---|---|---|
| 序号 | 项目编号 | 税款所属期起 | 税款所属期止 | 减免性质代码和项目名称 | 减免税额 |
| 1 | | | | | |
| 2 | | | | | |
| 小计 | — | | | — | |

| 环境保护税 | | | | | | |
|---|---|---|---|---|---|---|
| 序号 | 税源编号 | 污染物类别 | 污染物名称 | 税款所属期起 | 税款所属期止 | 减免性质代码和项目名称 | 减免税额 |
| 1 | | | | | | |
| 2 | | | | | | |
| 小计 | — | — | — | | | — | |

声明:此表是根据国家税收法律法规及相关规定填写的,本人(单位)对填报内容(及附带资料)的真实性、可靠性、完整性负责

年　月　日　　　　　　　　　　　　　　　　　　　　　　　　纳税人(签章):

| 经办人:<br>经办人身份证号:<br>代理机构签章:<br>代理机构统一社会信用代码: | 受理人:<br>受理税务机关(章):<br>受理日期:　年　月　日 |
|---|---|

主要填列方法如下。

(1) 本表为《财产和行为税纳税申报表》的附表,适用于申报城镇土地使用税、房产税、契税、耕地占用税、土地增值税、印花税、车船税、环境保护税、资源税的减免税。

(2) 纳税人识别号(统一社会信用代码):填写税务机关核发的纳税人识别号或有关部门核发的统一社会信用代码。纳税人名称:填写营业执照、税务登记证等证件载明的纳税人名称。

(3) 适用增值税小规模纳税人减征政策的,需填写"本期是否适用增值税小规模纳税人

减征政策""本期适用增值税小规模纳税人减征政策起始时间""本期适用增值税小规模纳税人减征政策终止时间"。其余项目根据各税种税源明细表自动生成,减免税申报前需填写税源明细表。

（4）本期是否适用增值税小规模纳税人减征政策:适用增值税小规模纳税人减征政策的,填写本项。纳税人在税款所属期内适用增值税小规模纳税人减征政策的,勾选"是";否则,勾选"否"。纳税人自增值税一般纳税人按规定转登记为小规模纳税人的,自成为小规模纳税人的当月起适用减征优惠。增值税小规模纳税人按规定登记为一般纳税人的,自一般纳税人生效之日起不再适用减征优惠;增值税年应税销售额超过小规模纳税人标准应当登记为一般纳税人而未登记,经税务机关通知,逾期仍不办理登记的,自逾期次月起不再适用减征优惠。

（5）本期适用增值税小规模纳税人减征政策起始时间:适用增值税小规模纳税人减征政策的,填写本项。如果税款所属期内纳税人一直为增值税小规模纳税人,填写税款所属期起始月份;如果税款所属期内纳税人由增值税一般纳税人转登记为增值税小规模纳税人,填写成为增值税小规模纳税人的月份。

（6）本期适用增值税小规模纳税人减征政策终止时间:适用增值税小规模纳税人减征政策的,填写本项。如果税款所属期内纳税人一直为增值税小规模纳税人,填写税款所属期终止月份,如同时存在多个税款所属期,则填写最晚的税款所属期终止月份;如果税款所属期内纳税人由增值税小规模纳税人登记为增值税一般纳税人,填写增值税一般纳税人生效之日上月;经税务机关通知,逾期仍不办理增值税一般纳税人登记的,自逾期次月起不再适用减征优惠,填写逾期当月所在的月份。

（7）税款所属期起:指纳税人申报相应税种所属期的起始时间,具体到年、月、日。

（8）税款所属期止:指纳税人申报相应税种所属期的终止时间,具体到年、月、日。

（9）减免性质代码和项目名称:按照税务机关最新制发的减免税政策代码表中最细项减免项目名称填写。

（10）减免税额:减免税项目对应的减免税金额。

项目 **5**

# 企业所得税会计

知识目标

◆ 掌握企业所得税的基本税制要素和应交所得税的计算。
◆ 熟悉企业所得税的征管政策。
◆ 掌握企业所得税会计的核算原理和运用。
◆ 掌握企业所得税的纳税申报。

技能目标

◆ 正确进行企业所得税的账务处理。
◆ 正确进行企业所得税申报表的填写。

# 任务 5.1　认识企业所得税

 案例导入

　　小白第一次跟着老会计做期末结账工作。老会计告诉他,要搞清楚利润表中的"所得税费用",需要先按税法计算出"应交税费——应交所得税"。一个企业的应交所得税是如何计算出来的呢?和小白一起来学学吧!

## 一、企业所得税的概念和特点

　　企业所得税是对中国境内的企业和其他取得收入的组织取得的各种所得征收的一种直接税。它是国家参与企业利润分配的重要手段。所得税的特点主要有:第一,通常以纯所得为征税对象;第二,通常以经过计算得出的应纳税所得额为计税依据;第三,纳税人和实际负担人通常是一致的,税负不具有转嫁性。

## 二、企业所得税的征税对象及纳税人

### (一)征税对象

　　企业所得税的征税对象是指企业的生产经营所得、其他所得和清算所得。

　　1. 居民企业的征税对象

　　居民企业就其来源于中国境内、境外的所得作为征税对象。所得,包括销售货物所得、提供劳务所得、转让财产所得、股息红利等权益性投资所得、利息所得、租金所得、特许权使用费所得、接受捐赠所得和其他所得。

　　2. 非居民企业的征税对象

　　非居民企业在中国境内设立机构、场所的,应当就其所设机构、场所取得的来源于中国境内的所得,以及发生在中国境外但与其所设机构、场所有实际联系的所得缴纳企业所得税。

非居民企业在中国境内未设立机构、场所的,或者虽设立机构、场所但取得的所得与其所设机构、场所没有实际联系的,应当就其来源于中国境内的所得缴纳企业所得税。

3. 所得来源的确定

来源于中国境内、境外的所得,按照以下原则确定。

(1) 销售货物所得,按照交易活动发生地确定。

(2) 提供劳务所得,按照劳务发生地确定。

(3) 转让财产所得,不动产转让所得按照不动产所在地确定,动产转让所得按照转让动产的企业或者机构、场所所在地确定,权益性投资资产转让所得按照被投资企业所在地确定。

(4) 股息、红利等权益性投资所得,按照分配所得的企业所在地确定。

(5) 利息所得、租金所得、特许权使用费所得,按照负担、支付所得的企业或者机构、场所所在地确定,或者按照负担、支付所得的个人的住所地确定。

(6) 其他所得,由国务院财政、税务主管部门确定。

## (二) 纳税人

企业所得税的纳税人是指在中华人民共和国境内的企业和其他取得收入的经济组织。个人独资企业、合伙企业不适用“企业所得税法”。我国根据国际上的通行做法,按照“地域管辖权”和“居民管辖权”的双重标准,将企业所得税的纳税人分为居民企业和非居民企业。

居民企业是指依法在中国境内成立,或者依照外国(地区)法律成立但实际管理机构在中国境内的企业。

非居民企业是指依照外国(地区)法律成立且实际管理机构不在中国境内,但在中国境内设立机构、场所的,或者在中国境内未设立机构、场所,但有来源于中国境内所得的企业。

# 三、企业所得税的计税依据

应纳税所得额是企业所得税的计税依据,企业应纳税所得额的计算以权责发生制为原则,基本公式为

应纳税所得额＝收入总额－不征税收入－免税收入－各项扣除－允许弥补的以前年度亏损

## (一) 收入总额

企业的收入总额包括以货币形式和非货币形式从各种来源取得的收入,货币形式的收入包括现金、存款、应收账款、应收票据、准备持有至到期的债券投资以及债务的豁免等;非货币形式的收入,包括固定资产、生物资产、无形资产、股权投资、存货、不准备持有至到期的债券投资、劳务以及有关权益等。非货币形式的收入应按公允价值确定收入额。公允价值是指按照市场价格确定的价值。

1. 一般收入的确认

(1) 销售货物收入,是指企业销售商品、产品、原材料、包装物、低值易耗品以及其他存货取得的收入。

(2) 劳务收入,是指企业从事建筑安装、修理修配、交通运输、仓储租赁、金融保险、邮电通信、咨询经纪、文化体育、科学研究、技术服务、教育培训、餐饮住宿、中介代理、卫生保健、社区服务、旅游、娱乐、加工以及其他劳务服务活动取得的收入。

（3）转让财产收入，是指企业转让固定资产、生物资产、无形资产、股权、债权等财产取得的收入。企业转让股权收入，应于转让协议生效且完成股权变更手续时，确认收入的实现；转让股权收入扣除为取得该股权所发生的成本后，为股权转让所得；企业在计算股权转让所得时，不得扣除被投资企业未分配利润等股东留存收益中按该项股权所可能分配的金额。

（4）股息、红利等权益性投资收益，是指企业因权益性投资从被投资方取得的收入。企业因权益性投资取得股息、红利等收入，应以被投资企业股东会或股东大会作出利润分配或转股决定的日期，确认收入的实现；被投资企业将股权（票）溢价所形成的资本公积转为股本的，不作为投资方企业的股息、红利收入，投资方企业也不得增加该项长期投资的计税基础。

（5）利息收入，是指企业将资金提供给他人使用但不构成权益性投资，或者因他人占用本企业资金取得的收入，包括存款利息、贷款利息、债券利息、欠款利息等收入。利息收入，按照合同约定的债务人应付利息的日期确认收入的实现。

（6）租金收入，是指企业提供固定资产、包装物或者其他有形资产的使用权取得的收入。租金收入，按照合同约定的承租人应付租金的日期确认收入的实现。但是，企业提供固定资产、包装物或者其他有形资产的使用权取得的租金收入，如果交易合同或协议中规定租赁期限跨年度，且租金提前一次性支付的，根据《中华人民共和国企业所得税法实施条例》第九条规定的收入与费用配比原则，出租人可对上述已确认的收入，在租赁期内，分期均匀计入相关年度收入。出租方如为在我国境内设有机构场所，且采取据实申报缴纳企业所得的非居民企业，也按本条规定执行。

（7）特许权使用费收入，是指企业提供专利权、非专利技术、商标权、著作权以及其他特许权的使用权取得的收入。特许权使用费收入，按照合同约定的特许权使用人应付特许权使用费的日期确认收入的实现。

（8）接受捐赠收入，是指企业接受的来自其他企业、组织或者个人无偿给予的货币性资产、非货币性资产，接受捐赠收入按照实际收到捐赠资产的日期确认收入的实现。但是，企业接收股东划入资产（包括股东赠予资产、上市公司在股权分置改革过程中接收原非流通股股东和新非流通股股东赠予的资产、股东放弃本企业的股权，下同），凡合同、协议约定作为资本金（包括资本公积）且在会计上已进行实际处理的，不计入企业的收入总额，企业应按公允价值确定该项资产的计税基础；企业接收股东划入资产，凡作为收入处理的，应按公允价值计入收入总额，计算缴纳企业所得税，同时按公允价值确定该项资产的计税基础。

（9）其他收入，是指企业取得的除以上收入外的其他收入，包括企业资产溢余收入、逾期未退包装物押金收入、确实无法偿付的应付款项、已作坏账损失处理后又收回的应收款项、债务重组收入、补贴收入、违约金收入、汇兑收益等。

企业发生债务重组，应在债务重组合同或协议生效时确认收入的实现。《国家税务总局关于企业混合性投资业务企业所得税处理问题的公告》（国家税务总局公告〔2013〕41号）规定，自2013年9月1日起，企业混合性投资业务，对于被投资企业赎回的投资，投资双方应于赎回时将赎价与投资成本之间的差额确认为债务重组损益，分别计入当期应纳税所得额。混合性投资业务是指兼具权益和债权双重特性的投资业务。

2. 特殊收入的确认

（1）以分期收款方式销售货物的，按照合同约定的收款日期确认收入的实现。

（2）企业受托加工制造大型机械设备、船舶、飞机，以及从事建筑、安装、装配工程业务或者提供其他劳务等持续时间超过 12 个月的，按照在纳税年度内完工进度或者完成的工作量确认收入的实现。

（3）采取产品分成方式取得收入的，按照企业分得产品的日期确认收入的实现，其收入额按照产品的公允价值确定。

（4）企业发生非货币性资产交换，以及将货物、财产、劳务用于捐赠、偿债、赞助、集资、广告、样品、职工福利或者利润分配等用途的，应当视同销售、转让财产或者提供劳务，但国务院财政、税务主管部门另有规定的除外。

视同销售收入的确认时，需遵循以下原则。

① 企业发生下列情形的处置资产，除将资产转移至境外以外，由于资产所有权属在形式和实质上均不发生改变，可作为内部处置资产，不视同销售确认收入，相关资产的计税基础延续计算。

　a. 将资产用于生产、制造、加工另一产品。

　b. 改变资产形状、结构或性能。

　c. 改变资产用途（如自建商品房转为自用或经营）。

　d. 将资产在总机构及其分支机构之间转移。

　e. 上述两种或两种以上情形的混合。

　f. 其他不改变资产所有权属的用途。

② 企业将资产移送他人的下列情形，因资产所有权属已发生改变而不属于内部处置资产，应按规定视同销售确定收入。

　a. 用于市场推广或销售。

　b. 用于交际应酬。

　c. 用于职工奖励或福利。

　d. 用于股息分配。

　e. 用于对外捐赠。

　f. 其他改变资产所有权属的用途。

企业发生第②条规定情形时，属于企业自制的资产，应按企业同类资产同期对外销售价格确定销售收入；属于外购的资产，按公允价值确定收入。

③ 实行查账征收的居民企业以非货币性资产对外投资确认的非货币性资产转让所得，可自确认非货币性资产转让收入年度起不超过连续 5 个纳税年度的期间内，分期均匀计入相应年度的应纳税所得额，按规定计算缴纳企业所得税。关联企业之间发生的非货币性资产投资行为，投资协议生效后 12 个月内尚未完成股权变更登记手续的，于投资协议生效时，确认非货币性资产转让收入的实现。

### 3. 相关收入实现的确认原则

除《企业所得税法》及实施条例前述关于收入的规定外，企业销售收入的确认，必须遵循权责发生制原则和实质重于形式原则。

① 企业销售商品同时满足下列条件的，应确认收入的实现。

　a. 商品销售合同已经签订，企业已将与商品所有权相关的主要风险和报酬转移给购货方。

b. 企业对已售出的商品既没有保留通常与所有权相联系的继续管理权,也没有实施有效控制。

c. 收入的金额能够可靠地计量。

d. 已发生或将发生的销售方的成本能够可靠地核算。

② 符合上款收入确认条件,采取下列商品销售方式的,应按以下规定确认收入实现时间。

a. 销售商品采用托收承付方式的,在办妥托收手续时确认收入。

b. 销售商品采取预收款方式的,在发出商品时确认收入。

c. 销售商品需要安装和检验的,在购买方接收商品以及安装和检验完毕时确认收入(如果安装程序比较简单,可在发出商品时确认收入)。

d. 销售商品采用支付手续费方式委托代销的,在收到代销清单时确认收入。

### (二)不征税收入和免税收入

**1. 不征税收入**

不征税收入是指根据企业所得税原理,从性质和根源上不属于企业营利性活动带来的经济利益,不负有纳税义务,不属于税收优惠的范畴,具体包括以下内容。

(1)财政拨款。

(2)依法收取并纳入财政管理的行政事业性收费、政府性基金。

(3)国务院规定的其他不征税收入是指企业取得的,由国务院财政、税务主管部门规定专项用途并经国务院批准的财政性资金。

财政性资金是指企业取得的来源于政府及其有关部门的财政补助、补贴、贷款贴息、无偿划拨的非货币性资产,以及其他各类财政专项资金,包括直接减免的增值税和即征即退、先征后退、先征后返的各种税收,但不包括企业按规定取得的出口退税款以及国家投资和国家借款。企业取得的各类财政性资金,除属于国家投资和资金使用后要求归还本金的以外,均应计入企业当年收入总额;对企业取得的由国务院财政、税务主管部门规定专项用途并经国务院批准的财政性资金,准予作为不征税收入,在计算应纳税所得额时从收入总额中减除。

企业从县级以上各级人民政府财政部门及其他部门取得的应计入收入总额的财政性资金,凡同时符合以下条件的,可以作为不征税收入,在计算应纳税所得额时从收入总额中减除:①企业能够提供规定资金专项用途的资金拨付文件;②财政部门或其他拨付资金的政府部门对该资金有专门的资金管理办法或具体管理要求;③企业对该资金以及以该资金发生的支出单独进行核算。企业取得的不征税收入,应按照上述 3 个条件进行处理。凡未按照规定进行管理的,应作为企业应税收入计入应纳税所得额,依法缴纳企业所得税。企业将符合规定条件的财政性资金作不征税收入处理后,在 5 年(60 个月)内未发生支出且未缴回财政部门或其他拨付资金的政府部门的部分,应计入取得该资金第 6 年的应税收入总额;计入应税收入总额的财政性资金发生的支出,允许在计算应纳税所得额时扣除。企业的不征税收入用于支出所形成的费用,不得在计算应纳税所得额时扣除;企业的不征税收入用于支出所形成的资产,其计算的折旧、摊销不得在计算应纳税所得额时扣除。

企业接受国家无偿划拨的非货币性资产,应按政府确定的接收价值计算不征税收入。

符合条件的软件企业按照《财政部　国家税务总局关于软件产品增值税政策的通知》

（财税〔2011〕100 号）规定取得的即征即退增值税款，由企业专项用于软件产品研发和扩大再生产并单独进行核算，可以作为不征税收入，在计算应纳税所得额时从收入总额中减除。

2. 免税收入

免税收入具体包括：国债利息收入；地方政府债券利息收入；符合条件的居民企业之间的股息、红利等权益性投资收益；在中国境内设立机构、场所的非居民企业从居民企业取得与该机构、场所有实际联系的股息、红利等权益性投资收益。上述所称股息、红利等权益性投资收益，不包括连续持有居民企业公开发行并上市流通的股票不足 12 个月取得的投资收益。

企业取得的各项免税收入所对应的各项成本费用，除另有规定者外，可以在计算企业应纳税所得额时扣除。

### （三）准予扣除项目

1. 扣除项目的范围

与取得收入有关的、真实、合理的支出，包括成本、费用、税金、损失和其他支出，准予在计算应纳税所得额时扣除。需要强调的是，税前各项扣除必须有合法、有效、真实的凭证。

成本是指企业在生产经营活动中发生的销售成本、销货成本、业务支出以及其他耗费。费用是指企业在生产经营活动中发生的销售费用、管理费用和财务费用，已经计入成本的有关费用除外。

（1）销售费用，是指纳税人为销售商品、提供劳务而发生的费用，包括广告费、运输费、装卸费、包装费、展览费、保险费、销售佣金、代销手续费、经营性租赁费及销售部门发生的差旅费、工资、福利费等费用。

（2）管理费用，是指纳税人的行政管理部门为管理组织提供各项服务所发生的费用。它包括由纳税人统一负担的公司（总部）经费、研究开发费、社会保障性缴款、劳动保护费、业务招待费、工会经费、教育经费、股东大会费或董事会费、开办费摊销、无形资产摊销（含土地使用费、土地损失补偿费）、矿产资源补偿费、坏账损失、印花税等在管理费用中核算的税金等费用。

（3）财务费用，是指纳税人为筹集经营性资金而发生的费用，包括利息净支出、汇兑净损失、金融机构手续费以及其他非资本性支出。

税金是指企业发生的除企业所得税和允许抵扣的增值税以外的计入当期损益的各项税金及附加，即纳税人按规定缴纳的消费税、资源税、关税、土地增值税、城市维护建设税和教育费附加等。

损失是指企业在生产经营活动中发生的固定资产和存货的盘亏、毁损、报废损失，转让财产损失，呆账损失、坏账损失，自然灾害等不可抗力因素造成的损失以及其他损失，统称财产损失。企业发生的损失减除责任人赔偿和保险赔款后的余额依照国务院财政、税务主管部门的规定扣除。企业已经作为损失处理的资产，在以后纳税年度又全部收回或者部分收回时，应当计入当期收入。

其他支出是指除成本、费用、税金、损失外，企业在生产经营活动中发生的与生产经营活动有关的、合理的支出。

而对企业发现以前年度实际发生的、按照税收规定应在企业所得税前扣除而未扣除或者少扣除的支出，企业作出专项申报及说明后，准予追补至该项目发生年度计算扣除，但追补确认期限不得超过 5 年。企业由于上述原因多缴的企业所得税税款,可以在追补确认年度企业所得税应纳税款中抵扣,不足抵扣的,可以向以后年度递延抵扣或申请退税。亏损企业追补确认以前年度未在企业所得税前扣除的支出,或盈利企业经过追补确认后出现亏损的,应首先调整该项支出所属年度的亏损额,然后再按照弥补亏损的原则计算以后年度多缴的企业所得税,并按前款规定处理。

2. 扣除标准

主要扣除项目标准见表 5-1。

表 5-1　企业所得税税前扣除项目扣除标准

| 费用类别 | 扣除标准/限额比例 | 说明事项(标准、限额比例的计算基数等) | 政策依据 |
|---|---|---|---|
| 职工工资 | 据实 | 任职或受雇,合理 | 《企业所得税法实施条例》第 34 条 |
| | 加计 100%扣除 | 支付残疾人员的工资 | 《企业所得税法》第 30 条 |
| | | | 《企业所得税法实施条例》第 96 条 |
| | | | 《财政部、国家税务总局关于安置残疾人员就业有关企业所得税优惠政策问题的通知》(财税〔2009〕70 号) |
| 职工福利费 | 14% | 工资薪金总额 | 《企业所得税法实施条例》第 40 条 |
| | | | 《国家税务总局关于企业工资薪金及职工福利费扣除问题的通知》(国税函〔2009〕3 号) |
| 职工教育经费 | 8% | 工资薪金总额;超过部分,准予在以后纳税年度结转扣除 | 《企业所得税法实施条例》第 42 条,《财政部、税务总局关于企业职工教育经费税前扣除的通知》(财税〔2018〕51 号) |
| | | 经认定的技术先进型服务企业 | 《财政部、国家税务总局、商务部、科技部、国家发展改革委关于技术先进型服务企业有关企业所得税政策问题的通知》(财税〔2010〕65 号)(财税〔2017〕79 号) |
| | | 高新技术企业 | 《财政部、国家税务总局关于高新技术企业职工教育经费税前扣除政策的通知》(财税〔2015〕63 号) |
| | 全额扣除 | 集成电路设计企业和符合条件软件企业的职工培训费用 | 《财政部、国家税务总局关于进一步鼓励软件产业和集成电路产业发展企业所得税政策的通知》(财税〔2020〕43 号) |
| 职工工会经费 | 2% | 工资薪金总额 | 《企业所得税法实施条例》第 41 条 |
| 业务招待费 | (60%,5‰) | 发生额的 60%,销售或营业收入的 5‰;股权投资业务企业分回的股息、红利及股权转让收入可作为收入计算基数 | 《企业所得税法实施条例》第 43 条 |
| | | | 《关于贯彻落实企业所得税法若干税收问题的通知》(国税函〔2010〕79 号) |

续表

| 费用类别 | 扣除标准/限额比例 | 说明事项(标准、限额比例的计算基数等) | 政策依据 |
|---|---|---|---|
| 广告费和业务宣传费 | 15% | 当年销售(营业)收入,超过部分向以后结转 | 《企业所得税法实施条例》第 44 条 |
| | 30% | 当年销售(营业)收入;化妆品制造与销售、医药制造、饮料制造(不含酒类制造)企业 | 《财政部、国家税务总局关于广告费和业务宣传费支出税前扣除政策的通知》(财税〔2020〕43 号) |
| | 不得扣除 | 烟草企业的烟草广告 | 《财政部、国家税务总局关于广告费和业务宣传费支出税前扣除政策的通知》(财税〔2020〕43 号) |
| 捐赠支出 | 12% | 年度利润(会计利润)总额;公益性捐赠;有捐赠票据,名单内所属年度内可扣,会计利润≤0 不能算限额;公益性捐赠支出未在当年税前扣除的部分,准予向以后年度结转扣除,但结转年限自捐赠年度的次年起计算,最长不超过 3 年 | 《企业所得税法》第 9 条 |
| | | | 《企业所得税法实施条例》第 53 条 |
| | | | 《财政部、国家税务总局关于公益性捐赠支出企业所得税税前结转扣除有关政策的通知》(财税〔2018〕15 号) |
| 利息支出(向企业借款) | 据实(非关联企业向金融企业借款) | 非金融向金融借款 | 《企业所得税法实施条例》第 38 条 |
| | 同期同类范围内可扣(非关联企业间借款) | 非金融向非金融,不超过同期同类计算数额,并提供"金融企业的同期同类贷款利率情况说明" | 《财政部、国家税务总局关于企业关联方利息支出税前扣除标准有关税收政策问题的通知》(财税〔2008〕121 号) |
| | 权益性投资 5 倍或 2 倍内可扣(关联企业借款) | 金融企业债权性投资不超过权益性投资的 5 倍内,其他业 2 倍内 | 《特别纳税调整实施办法(试行)》(国税发〔2009〕2 号) |
| | 据实扣(关联企业付给境内关联方的利息) | 提供资料证明交易符合独立交易原则或企业实际税负不高于境内关联方 | 《国家税务总局关于企业所得税若干问题的公告》(国家税务总局公告〔2011〕34 号) |
| 利息支出(向自然人借款) | 同期同类范围内可扣(无关联关系) | 同期同类可扣并签订借款合同 | 《企业所得税法》第 46 条 |
| | | | 《国家税务总局关于企业向自然人借款的利息支出企业所得税税前扣除问题的通知》(国税函〔2009〕777 号) |
| | 权益性投资 5 倍或 2 倍内可扣(有关联关系自然人) | | 《财政部、国家税务总局关于企业关联方利息支出税前扣除标准有关税收政策问题的通知》(财税〔2008〕121 号) |

| 费用类别 | 扣除标准/限额比例 | 说明事项（标准、限额比例的计算基数等） | 政策依据 |
|---|---|---|---|
| 利息支出（向自然人借款） | 据实扣（有关联关系自然人） | 能证明关联交易符合独立交易原则 | 《财政部、国家税务总局关于企业关联方利息支出税前扣除标准有关税收政策问题的通知》（财税〔2008〕121号） |
| 利息支出（规定期限内未缴足应缴资本额的） | 部分不得扣除 | 不得扣除的借款利息＝该期间借款利息额×该期间未缴足注册资本额÷该期间借款额 | 《国家税务总局关于企业投资者投资未到位而发生的利息支出企业所得税前扣除问题的批复》（国税函〔2009〕312号） |
| 非银行企业内营业机构间支付利息 | 不得扣除 | | 《企业所得税法实施条例》第49条 |
| 住房公积金 | 据实 | 规定范围内 | 《企业所得税法实施条例》第35条 |
| 各类基本社会保障性缴款 | 据实 | 规定范围内（"五费一金"：基本养老保险费、基本医疗保险费、失业保险费、工伤保险费、生育保险费等基本社会保险费和住房公积金） | 《企业所得税法实施条例》第35条 |
| 补充养老保险 | 5% | 工资总额 | 《企业所得税法实施条例》第35条<br>《财政部、国家税务总局关于补充养老保险费、补充医疗保险费有关企业所得税政策问题的通知》（财税〔2009〕27号） |
| 补充医疗保险 | 5% | 工资总额 | 《财政部、国家税务总局关于补充养老保险费、补充医疗保险费有关企业所得税政策问题的通知》（财税〔2009〕27号） |
| 与取得收入无关支出 | 不得扣除 | | 《企业所得税法》第10条 |
| 不征税收入用于支出所形成费用 | 不得扣除 | 包括不征税收入用于支出所形成的财产，不得计算对应的折旧、摊销扣除 | 《企业所得税法实施条例》第28条 |

续表

| 费用类别 | 扣除标准/限额比例 | 说明事项(标准、限额比例的计算基数等) | 政策依据 |
|---|---|---|---|
| 环境保护专项资金 | 据实 | 按规提取,改变用途的不得扣除 | 《企业所得税法实施条例》第 45 条 |
| 财产保险 | 据实 | | 《企业所得税法实施条例》第 46 条 |
| 雇主责任险、公众责任险等责任保险 | 按规定缴纳可以扣除 | | 《国家税务总局关于责任保险费企业所得税税前扣除有关问题的公告》(2018 年 52 号) |
| 特殊工种职工的人身安全险 | 可以扣除 | | 《企业所得税法实施条例》第 36 条 |
| 其他商业保险 | 不得扣除 | 国务院财政、税务主管部门规定可以扣除的除外 | 《企业所得税法实施条例》第 36 条 |
| 租入固定资产的租赁费 | 按租赁期均匀扣除 | 经营租赁租入 | 《企业所得税法实施条例》第 47 条 |
| | 分期扣除 | 融资租入构成融资租入固定资产价值的部分可提折旧 | 《企业所得税法实施条例》第 47 条 |
| 劳动保护支出 | 据实 | 合理 | 《企业所得税法实施条例》第 48 条 |
| 固定资产折旧 | 规定范围内可扣 | 不超过最低折旧年限 | 《企业所得税法》第 11 条 |
| | | | 《企业所得税法实施条例》第 57~60 条 |
| 生产性生物资产折旧 | 规定范围内可扣 | 林木类 10 年,畜类 3 年 | 《企业所得税法实施条例》第 62~64 条 |
| 无形资产摊销 | 不低于 10 年分摊 | 一般无形资产 | 《企业所得税法》第 12 条 |
| | | | 《企业所得税法实施条例》第 65~67 条 |
| | 法律或合同约定年限分摊 | 投资或受让的无形资产 | 《企业所得税法实施条例》第 67 条 |

| 费用类别 | 扣除标准/限额比例 | 说明事项（标准、限额比例的计算基数等） | 政策依据 |
|---|---|---|---|
| 无形资产摊销 | 不可扣除 | 自创商誉；外购商誉的支出，在企业整体转让或清算时扣除 | 《企业所得税法》第 12 条 |
| | | | 《企业所得税法实施条例》第 67 条 |
| | 不可扣除 | 与经营活动无关的无形资产 | 《企业所得税法》第 12 条 |
| 长期待摊费用 | 限额内可扣 | 1. 已足额提取折旧的房屋建筑物改建支出，按预计尚可使用年限分摊 | 《企业所得税法》第 13 条 |
| | | | 《企业所得税法实施条例》第 68 条 |
| | | 2. 租入房屋建筑物的改建支出，按合同约定的剩余租赁期分摊 | 《企业所得税法》第 13 条 |
| | | | 《企业所得税法实施条例》第 68 条 |
| | | 3. 固定资产大修理支出，按固定资产尚可使用年限分摊 | 《企业所得税法》第 13 条 |
| | | | 《企业所得税法实施条例》第 69 条 |
| | | 4. 其他长期待摊费用，摊销年限不低于 3 年 | 《企业所得税法》第 13 条 |
| | | | 《企业所得税法实施条例》第 70 条 |
| 开办费 | 可以扣除 | 开始经营当年一次性扣除或作为长期待摊费用摊销 | 《国家税务总局关于企业所得税若干税务事项衔接问题的通知》(国税函〔2009〕98 号) |
| 税金 | 可以扣除 | 所得税和增值税不得扣除 | |
| 会议费 | 据实 | 会议纪要等证明真实的材料 | |
| 差旅费 | 据实 | | |
| 诉讼费 | 据实 | | |
| 工作服饰费用 | 据实 | | |
| 取暖费/防暑降温费 | 并入福利费算限额 | 属职工福利费范畴，福利费超标需调增 | |
| 车船燃料费 | 据实 | | |

| 费用类别 | 扣除标准/限额比例 | 说明事项（标准、限额比例的计算基数等） | 政策依据 |
|---|---|---|---|
| 手续费和佣金支出 | 5%（电信企业） | 不超过企业当年收入总额 5% 的部分，准予据实扣除 | 《国家税务总局关于企业所得税应纳税所得额若干税务处理问题的公告》(国家税务总局公告 2012 年第 15 号) |
| | 5%（一般企业） | 按服务协议或合同确认的收入金额的 5% 算限额，企业须转账支付，否则不可扣 | 《财政部、国家税务总局关于企业手续费及佣金支出税前扣除政策的通知》(财税〔2009〕29 号) |
| | 15%（财产保险企业） | 按当年全部保费收入扣除退保金等后余额的 15% 算限额 | 《财政部、国家税务总局关于企业手续费及佣金支出税前扣除政策的通知》(财税〔2009〕29 号) |
| | 10%（人身保险企业） | 按当年全部保费收入扣除退保金等后余额的 10% 算限额 | 《财政部、国家税务总局关于企业手续费及佣金支出税前扣除政策的通知》(财税〔2009〕29 号) |
| | 不得扣除 | 为发行权益性证券支付给有关证券承销机构的手续费及佣金 | 《财政部、国家税务总局关于企业手续费及佣金支出税前扣除政策的通知》(财税〔2009〕29 号) |
| 贷款损失准备金（金融企业） | 1% | 贷款资产余额的 1% | 《财政部、国家税务总局关于金融企业贷款损失准备金企业所得税税前扣除政策的通知》(财税〔2015〕9 号)（自 2014 年 1 月 1 日起至 2018 年 12 月 31 日止） |
| | 不得扣除 | 委托贷款、代理贷款、国债投资、应收股利、上交央行准备金以及金融企业剥离的债权和股权、应收财政贴息、央行款项等不承担风险和损失的资产不得提取贷款损失准备金在税前扣除 | 《财政部、国家税务总局关于金融企业贷款损失准备金企业所得税税前扣除政策的通知》(财税〔2015〕9 号)（自 2014 年 1 月 1 日起至 2018 年 12 月 31 日止）金融企业涉农贷款和中小企业贷款损失准备金的税前扣除政策，凡按照《财政部、国家税务总局关于金融企业涉农贷款和中小企业贷款损失准备金税前扣除有关问题的通知(财税(2015)3 号)的规定执行的，不再适用本通知第一条至第四条的规定 |
| | 按比例扣除 | 涉农贷款和中小企业（年销售额和资产总额均不超过 2 亿元）贷款 | 《财政部、国家税务总局关于金融企业涉农贷款和中小企业贷款损失准备金税前扣除政策的通知》(财税〔2015〕3 号)(2014 年 1 月 1 日至 2018 年 12 月 31 日) |
| | —关注类贷款 2% | | 《财政部、国家税务总局关于金融企业涉农贷款和中小企业贷款损失准备金税前扣除政策的通知》(财税〔2015〕3 号)(2014 年 1 月 1 日至 2018 年 12 月 31 日) |
| | —次级类贷款 25% | | 《财政部、国家税务总局关于金融企业涉农贷款和中小企业贷款损失准备金税前扣除政策的通知》(财税〔2015〕3 号)(2014 年 1 月 1 日至 2018 年 12 月 31 日) |
| | —可疑类贷款 50% | | 《财政部、国家税务总局关于金融企业涉农贷款和中小企业贷款损失准备金税前扣除政策的通知》(财税〔2015〕3 号)(2014 年 1 月 1 日至 2018 年 12 月 31 日) |
| | —损失类贷款 100% | | 《财政部、国家税务总局关于金融企业涉农贷款和中小企业贷款损失准备金税前扣除政策的通知》(财税〔2015〕3 号)(2014 年 1 月 1 日至 2018 年 12 月 31 日) |

续表

| 费用<br>类别 | 扣除标准/<br>限额比例 | 说明事项（标准、限额<br>比例的计算基数等） | 政策依据 |
|---|---|---|---|
| 担保赔偿准备（中小企业融资（信用）担保机构） | 1% | 当年年末担保责任余额 | 《财政部、国家税务总局关于中小企业融资（信用）担保机构有关准备金企业所得税税前扣除政策的通知》（财税〔2017〕22号）（2016年1月1日至2020年12月31日止） |
| 未到期责任准备（中小企业融资（信用）担保机构） | 50% | 当年担保费收入 | 《财政部、国家税务总局关于中小企业融资（信用）担保机构有关准备金企业所得税税前扣除政策的通知》（财税〔2017〕22号）（2016年1月1日至2020年12月31日止） |

### 典型任务实例 5-1

经某注册税务师审核，某公司本年度"财务费用"账户中列支有两笔利息费用：向银行借入生产用资金200万元，借款期限6个月，支付借款利息5万元；经过批准向本企业职工借入生产用资金60万元，借款期限10个月，支付借款利息3.5万元。分析计算该公司该年度应调整的利息。

**解析**

银行借款利率＝$(5 \times 2) \div 200 \times 100\% = 5\%$

可在税前扣除的职工借款利息＝$60 \times 5\% \div 12 \times 10 = 2.5$（万元）

超标准列支利息＝$3.5 - 2.5 = 1$（万元）

### 典型任务实例 5-2

某纳税人本年全年收入为100万元，成本为50万元，费用为10万元，税金为5万元；本年各项捐赠支出为3万元，其中，公益性捐赠支出2万元，直接捐赠1万元。请问企业所得税税前可以扣除的公益性捐赠额是多少？

**解析**

会计利润＝$100 - 50 - 10 - 5 = 35$（万元）

公益性捐赠扣除限额＝$35 \times 12\% = 4.2$（万元）

2万元＜4.2万元，所以企业所得税税前可以扣除的公益性捐赠额是2万元，直接捐赠的1万元不得扣除。

**？ 想一想**

某企业在10周年庆典上，购买礼品赠送所有与会的客户，购买礼品支出是业务招待费还是业务宣传费？如何在税前扣除？

### （四）不得扣除的项目

在计算应纳税所得额时，下列支出不得扣除。

（1）向投资者支付的股息、红利等权益性投资收益款项。

（2）企业所得税税款。

（3）税收滞纳金。

（4）罚金、罚款和被没收财物的损失。

（5）《企业所得税法》第九条规定以外的捐赠支出。

（6）赞助支出。《企业所得税法》所称赞助支出，是指企业发生的与生产经营活动无关的各种非广告性质支出。

（7）未经核定的准备金支出。《企业所得税法》所称未经核定的准备金支出，是指不符合国务院财政、税务主管部门规定的各项资产减值准备、风险准备等准备金支出。

（8）企业之间支付的管理费、企业内营业机构之间支付的租金和特许权使用费，以及非银行企业内营业机构之间支付的利息，不得扣除。

（9）与取得收入无关的其他支出。

### （五）亏损弥补

亏损是指企业依照《企业所得税法》和相关法律法规的规定将每一纳税年度的收入总额减除不征税收入、免税收入和各项扣除后小于零的数额。按规定，纳税人发生年度亏损的，可以用下一纳税年度的所得弥补；下一纳税年度的所得不足弥补的，可以逐年延续弥补，但延续弥补期限最长不得超过 5 年。5 年内无论是盈利还是亏损，都作为实际弥补期限计算。而且，企业在汇总计算缴纳企业所得税时，其境外机构的亏损不得抵减境内营业机构的盈利。

企业因研发费用加计扣除、固定资产加速折旧形成的年度亏损，可以用以后纳税年度的所得弥补，但结转年限最长不得超过 5 年。

对企业发现以前年度实际发生的、按照税收规定应在企业所得税前扣除而未扣除或者少扣除的支出，企业作出专项申报及说明后，准予追补至该项目发生年度计算扣除，但追补确认期限不得超过 5 年。企业由于上述原因多缴的企业所得税税款，可以在追补确认年度企业所得税应纳税款中抵扣，不足抵扣的，可以向以后年度递延抵扣或申请退税。亏损企业追补确认以前年度未在企业所得税税前扣除的支出，或盈利企业经过追补确认后出现亏损的，应首先调整该项支出所属年度的亏损额，然后按照弥补亏损的原则计算以后年度多缴的企业所得税，并按前款规定处理。

企业以前年度发生的资产损失未能在发生当年准确计算并按期扣除的，可按规定向税务机关说明并进行专项申报扣除。其中属于实际资产损失的，准予追补至该项损失发生年度扣除，其追补确认期限一般不得超过 5 年。

自 2010 年 12 月 1 日起，税务机关对企业以前年度纳税情况进行检查时调增的应纳税所得额，凡企业以前年度发生亏损，且该亏损属于《企业所得税法》规定允许弥补的，应允许调增的应纳税所得额弥补该亏损。弥补该亏损后仍有余额的，按照企业所得税法规定计算缴纳企业所得税。对检查调增的应纳税所得额应根据其情节，依照《中华人民共和国税收征收管理法》有关规定进行处理或处罚。

自 2018 年 1 月 1 日起,将高新技术企业和科技型中小企业亏损结转年限延长至 10 年,其 2013—2017 年发生的尚未弥补完的亏损,将准予结转以后年度弥补。

## 四、资产的税务处理

企业的各项资产,包括固定资产、生物资产、无形资产、长期待摊费用、投资资产、存货等,以历史成本为计税基础。历史成本是指企业取得该项资产时实际发生的支出。企业在持有各项资产期间发生的增值或者减值,除国务院财政、税务主管部门规定可以确认损益外,不得调整该项资产的计税基础。

### (一)固定资产的税务处理

1. 固定资产的概念

固定资产是指企业为生产产品、提供劳务、出租或者经营管理而持有的、适用时间超过 12 个月的非货币性资产,包括房屋、建筑物、机器、机械、运输工具以及其他与生产经营活动有关的设备、器具、工具等。

2. 固定资产的计税基础

(1)外购的固定资产,以购买价款和支付的相关税费以及直接归属于使该项资产达到预定用途发生的其他支出为计税基础。

(2)自行建造的固定资产,以竣工结算前发生的支出为计税基础。

(3)融资租入的固定资产,以租入合同约定的付款总额和承租人在签订租赁合同工程中发生的相关费用为计税基础,租赁合同未约定付款总额的,以该资产的公允价值和承租人在签订租赁合同过程中发生的相关费用为计税基础。

(4)盘盈的固定资产,以同类固定资产的重置完全价值为计税基础。

(5)通过捐赠、投资、非货币性资产交换、债务重组等方式取得的固定资产,以该资产的公允价值和支付的相关税费为计税基础。

(6)改建的固定资产,除已足额提取折旧的固定资产的改建支出和租入固定资产的改建支出外,以改建过程中发生的改建支出增加计税基础。

3. 固定资产折旧计提

在计算应纳税所得额时,企业按照规定计算的固定资产折旧,准予扣除。

(1)应当提取折旧的固定资产。

① 房屋、建筑物。

② 在用的机器设备、运输车辆、器具、工具。

③ 季节性停用和修理停用的机器设备。

④ 以经营租赁方式租出的固定资产。

⑤ 以融资租赁方式租入的固定资产。

⑥ 财政部规定的其他应提取折旧的固定资产。

(2)下列固定资产不得计提折旧扣除。

① 房屋、建筑物以外未投入使用的固定资产。

② 以经营租赁方式租入的固定资产。

③ 以融资租赁方式租出的固定资产。

④ 已足额提取折旧,仍继续使用的固定资产。

⑤ 与经营活动无关的固定资产。

⑥ 单独估价作为固定资产入账的土地。

⑦ 其他不得计提折旧的固定资产。

（3）固定资产计提折旧起止时间。企业应当自固定资产投入使用月份的次月起计算折旧；停止使用的固定资产，应当自停止使用月份的次月起停止计算折旧。

（4）固定资产折旧的计提方法。

① 年限平均法。年限平均法又称直线法，是指将固定资产应计提的折旧额均衡地分摊到固定资产预计使用寿命内的一种方法，采用这种方法计算的每期折旧额均相等。其计算公式如下。

$$年折旧率 = \frac{1 - 预计残值率}{预计使用寿命（年）} \times 100\%$$

$$月折旧率 = \frac{年折旧率}{12}$$

$$月折旧额 = 固定资产原价 \times 月折旧率$$

② 年数总和法。年数总和法又称年限合计法，是指将固定资产的原值减去预计净残值后的余额乘以一个以固定资产尚可使用寿命为分子、以预计使用寿命逐年数字之和为分母的逐年递减的分数计算每年的折旧额。其计算公式如下。

$$年折旧率 = \frac{尚可使用年限}{预计使用寿命的年数总和} \times 100\%$$

$$月折旧率 = \frac{年折旧率}{12}$$

$$月折旧额 = （固定资产原价 - 预计净残值） \times 月折旧率$$

③ 双倍余额递减法。双倍余额递减法是指在不考虑固定资产预计净残值的情况下，根据每期期初固定资产原价减去累计折旧后的余额和双倍的直线法折旧率计算固定资产折旧的一种方法。其计算公式如下。

$$年折旧率 = \frac{2}{预计使用寿命（年）} \times 100\%$$

$$月折旧率 = \frac{年折旧率}{12}$$

$$月折旧额 = 固定资产账面净值 \times 月折旧率$$

企业应当根据固定资产的性质和使用情况，合理确定固定资产的预计净残值。固定资产的预计净残值一经确定，不得变更。

固定资产提足折旧后，无论能否继续使用，均不再计提折旧；提前报废的固定资产，也不再补提折旧。

按税法规定，企业准予扣除的固定资产折旧费，一般按照直线法计提折旧，但企业符合加速折旧条件的，可选择执行加速折旧优惠政策。

（5）固定资产折旧的计提年限。除国务院财政、税务主管部门另有规定外，固定资产计算折旧的最低年限如下。

① 房屋、建筑物，为 20 年。

② 飞机、火车、轮船、机器、机械和其他生产设备，为 10 年。

③ 与生产经营活动有关的器具、工具、家具等,为 5 年。

④ 飞机、火车、轮船以外的运输工具,为 4 年。

⑤ 电子设备,为 3 年。

企业固定资产投入使用后,由于工程款项尚未结清未取得全额发票的,可暂按合同规定的金额计入固定资产计税基础计提折旧,待发票取得后进行调整。但该项调整应在固定资产投入使用后 12 个月内进行。

企业对房屋、建筑物固定资产在未足额提取折旧前进行改扩建的,改扩建支出需资本化,如推倒重置的房屋净值计入新资产计税成本,投入使用次月一并计提折旧,提升功能的改扩建支出并入原房屋的计税基础,改扩建完工投入使用后的次月起,按尚可使用年限计提折旧。

### 想一想

某企业 2020 年 12 月购进一台生产设备投入使用,原值为 1 000 万元,会计与税法均按照 10 年计提折旧,2021 年年末会计计提减值准备 400 万元,因此该设备 2021 年会计计提折旧 60 万元,税法计提折旧 100 万元。2021 年该生产设备的折旧扣除能否纳税调减 40 万元?

## (二) 生物资产的税务处理

1. 生物资产的概念

生物资产是指有生命的动物和植物。生物资产分为消耗性生物资产和生产性生物资产。

消耗性生物资产是指为出售而持有的或在将来收获为农产品的生物资产,包括生长中的农田作物、蔬菜、用材林以及存栏待售的牲畜等。

生产性生物资产是指企业为生产农产品、提供劳务或者出租等而持有的生物资产,包括经济林、薪炭林、产畜和役畜等。

生产性生物资产收获的农产品,以产出或者采收过程中发生的材料费、人工费和分摊的间接费用等必要支出为成本。

2. 生产性生物资产的计税基础

生产性生物资产按照以下方法确定计税基础。

(1) 外购的生产性生物资产,以购买价款和支付的相关税费为计税基础。

(2) 通过捐赠、投资、非货币性资产交换、债务重组等方式取得的生产性生物资产,以该资产的公允价值和支付的相关税费为计税基础。

3. 生产性生物资产的折旧方法

(1) 生产性生物资产按直线法计算的折旧,准予扣除。

(2) 企业应当自生产性生物资产投入使用月份的次月起计算折旧;停止使用的生产性生物资产,应当自停止使用月份起停止计算折旧。

(3) 企业应当根据生产性生物资产的性质和使用情况,合理确定生产性生物资产的预计残值,预计残值一经确定,不得变更。

4. 生产性生物资产的折旧年限

生产性生物资产计算折旧的最低年限,林木类生产性生物资产为 10 年;畜类生产生物资产为 3 年。

### (三) 无形资产的税务处理

1. 无形资产的概念

无形资产是指企业为生产产品、提供劳务、出租或者经营管理而持有的、没有实物形态的非货币性长期资产,包括专利权、商标权、著作权、土地使用权、非专利技术、商誉等。

2. 无形资产的计税基础

无形资产按照以下方法确定计税基础。

(1) 外购的无形资产,以购买价款和支付的相关税费以及直接归属于使该资产达到预定用途发生的其他支出为计税基础。

(2) 自行开发的无形资产,以开发过程中该资产符合资本化条件后至达到预定用途前发生的支出为计税基础。

(3) 通过捐赠、投资、非货币性资产交换、债务重组等方式取得的无形资产,以该资产的公允价值和支付的相关税费为计税基础。

3. 无形资产的摊销范围

在计算应纳税所得额时,企业按照规定的无形资产摊销费用,准予扣除。

下列无形资产不得计算摊销费用扣除。

(1) 自行开发的支出已在计算应纳税所得额时扣除的无形资产。

(2) 自创商誉。

(3) 与经营活动无关的无形资产。

(4) 其他不得计算摊销费用扣除的无形资产。

4. 无形资产的摊销方法及年限

无形资产按照直线法计算的摊销费用,准予扣除。无形资产的摊销年限不得低于 10 年。作为投资或者受让的无形资产,有关法律规定或者合同约定了使用年限的,可以按照规定或者约定的使用年限分期摊销。外购商誉的支出,在企业整体转让或者清算时,准予扣除。

### (四) 长期待摊费用的税务处理

长期待摊费用是指企业发生的应在一个年度以上或几个年度进行摊销的费用。

1. 长期待摊费用的范围

在计算应纳税所得额时,企业发生的下列支出作为长期待摊费用,按照规定摊销的,准予扣除:已足额提取折旧的固定资产的改建支出;租入固定资产的改建支出;固定资产的大修理支出;其他应当作为长期待摊费用的支出。

上述所称固定资产的大修理支出,同时符合下列条件的,应当增加该固定资产原值。

(1) 修理支出达到取得固定资产时的计税基础 50% 以上。

(2) 修理后固定资产的使用年限延长 2 年以上。

2. 长期待摊费用的摊销年限

前述规定的支出,分别按照固定资产预计尚可使用年限、合同约定的剩余租赁期限、固定资产尚可使用年限、自支出发生月份的次月起分期摊销;摊销年限不得低于 3 年。

对于企业的开办费,在税法中开(筹)办费未明确列作长期待摊费用,企业可以在开始经营之日的当年一次性扣除,也可以按照税法有关长期待摊费用的处理规定处理,但一经选定,不得改变。

### (五)投资资产的税务处理

投资资产是指企业对外进行权益性投资和债权性投资形成的资产。

1. 投资资产的成本

投资资产按照以下方法确定成本。

(1)通过支付现金方式取得的投资资产,以购买价款为成本;

(2)通过支付现金以外的方式取得的投资资产,以该资产的公允价值和支付的相关税费为成本。

2. 投资资产成本的扣除方法

企业在对外投资期间,投资资产的成本在计算应纳税所得额时不得扣除。企业在转让或者处置投资资产时,投资资产的成本准予扣除。

被投资企业发生的经营亏损,由被投资企业按规定结转弥补;投资企业不得调整减低其投资成本,也不得将其确认为投资损失。

想一想

企业购买股票作为交易性金融资产支付的交易费用,按《企业所得税法》是否应计入该投资资产的计税成本?

### (六)存货的税务处理

存货是指企业持有以备出售的产品或者商品、处在生产过程中的在产品、在生产或者提供劳务过程中耗用的材料和物料等。

1. 存货的成本

存货按照以下方法确定成本。

(1)通过支付现金方式取得的存货,以购买价款和支付的相关税费为成本。

(2)通过支付现金以外的方式取得的存货,以该存货的公允价值和支付的相关税费为成本。

(3)生产性生物资产收获的农产品,以产出或者采收过程中发生的材料费、人工费和分摊的间接费用等必要支出为成本。

2. 存货的成本计算方法

企业使用或者销售存货的成本计算方法,可以在先进先出法、加权平均法、个别计价法中选用一种。计价方法一经选用,不得随意变更。

企业转让以上资产,在计算企业应纳税所得额时,资产的净值允许扣除。其中,资产的净值是指有关资产、财产的计税基础减除已经按照规定扣除的折旧、折耗、摊销、准备金等后的余额。

除国务院财政、税务主管部门另有规定外,企业在重组过程中,应在交易发生时确认有关资产的转让所得或者损失,相关资产应当按照交易价格重新确定计税基础。

## 五、企业所得税税率及应纳税额的计算

### (一) 税率

我国企业所得税实行比例税率。企业所得税税率见表 5-2。

表 5-2　企业所得税税率表

| 种类 | 税率 | 适用范围 |
| --- | --- | --- |
| 基本税率 | 25% | 适用于居民企业 |
| | | 中国境内设有机构、场所且所得与机构、场所有实际联系的非居民企业 |
| 两档优惠税率 | 减按 20% | 符合条件的小型微利企业 |
| | 减按 15% | 国家重点扶持的高新技术企业 |
| 预提所得税税率 | 20%<br>(实际征税时适用 10%) | 适用于中国境内未设立机构、场所或虽设立机构、场所但所得与其所设机构、场所没有实际联系的非居民企业 |

### (二) 应纳税额的计算

1. 居民企业应纳税额的计算

居民企业应纳税额等于应纳税所得额乘以适用税率,基本计算公式如下。

应纳税额＝应纳税所得额×适用税率－减免税额－抵免税额

公式中的减免税额和抵免税额,是指依照企业所得税法和国务院的税收优惠规定减征、免征和抵免的应纳税额。

根据计算公式可以看出,居民企业应纳税额的多少,取决于应纳税所得额和适用税率两个因素。在实际过程中,应纳税所得额的计算一般有两种方法。

(1) 直接计算法的应纳税所得额的计算公式如下。

应纳税所得额＝收入总额－不征税收入－免税收入－各项扣除金额－弥补亏损

上述公式中的数据均为税法规定口径的数据。税法规定的收入总额不同于会计规定的收入总额,税法规定的准予扣除项目金额也不同于会计成本、费用、税金和损失。上述公式能从理论上展示应纳税所得额的计算因素。

(2) 间接计算法的应纳税所得额计算公式如下。

应纳税所得额＝会计利润总额±纳税调整项目金额

税收调整项目金额包括两方面的内容:一方面是企业的财务会计处理和税收规定不一致的应调整的金额;另一方面是企业按税法规定准予扣除的金额。

典型任务实例 5-3

假定某企业为居民企业,本年经营业务如下。

(1) 取得销售收入 2 500 万元。

(2) 销售成本为 1 100 万元。

(3) 发生销售费用 670 万元(其中广告费 450 万元);管理费用 480 万元(其中业务招待费 15 万元);财务费用 60 万元。

（4）除应纳增值税、企业所得税以外的其他计入当期损益的税金为 40 万元。

（5）营业外收入 70 万元，营业外支出 50 万元（含通过公益性社会团体向贫困山区捐款 30 万元，支付税收滞纳金 6 万元）。

（6）计入成本、费用中的实发工资总额 150 万元，拨缴职工工会经费 3 万元，支付职工福利费和职工教育经费 29 万元。

请计算该企业该年度实际缴纳的企业所得税。

**解析**

（1）会计利润总额＝2 500－1 100－670－480－60－40＋70－50＝170（万元）

（2）广告费和业务宣传费扣除限额＝2 500×15％＝375（万元）

调增所得额＝450－375＝75（万元）

（3）业务招待费扣除限额＝2 500×5‰＝12.5（万元）

可扣除金额＝15×60％＝9（万元）

调增所得额＝15－9＝6（万元）

（4）捐赠支出扣除限额＝170×12％＝20.4（万元）

调增所得额＝30－20.4＝9.6（万元），9.6 万元准予结转以后 3 年内在计算应纳税所得额时扣除。

（5）支付税收滞纳金 6 万元，调增所得额 6 万元。

（6）"三项经费"扣除限额为 27.75 万元。

职工福利费扣除限额＝150×14％＝21（万元）

工会经费扣除限额＝150×2％＝3（万元）

职工教育经费扣除限额＝150×2.5％＝3.75（万元）

调增所得额＝3＋29－27.75＝4.25（万元）

（7）应纳税所得额＝170＋75＋6＋9.6＋6＋4.25＝270.85（万元）

（8）企业应纳所得税额＝270.85×25％＝67.71（万元）

2. 境外所得抵扣税额的计算

为避免国家间对同一所得重复征税，我国税法对境外已纳税款实行限额扣除。

已在境外缴纳的所得税税额（以下简称境外已纳税额），是指企业来源于中国境外的所得依照中国境外税法应缴纳并已实际缴纳的企业所得税性质的税款。企业按规定抵免企业所得税税额时，应提供中国境外税务机关出具的税款所属年度的有关纳税凭证。

（1）税额抵扣的范围。企业取得的下列所得已在境外缴纳的所得税税额，可以从其当期应纳税额中抵免，抵免限额为该项所得依照本法规定计算的应纳税额；超过抵免限额的部分，可以在以后 5 个年度内，用每年度抵免限额抵免当年应抵税额后的余额进行抵补：

① 居民企业来源于中国境外的应税所得。

② 非居民企业在中国境内设立机构、场所，取得发生在中国境外但与该机构、场所有实际联系的应税所得。

③ 居民企业从其直接或者间接控制的外国企业分得的来源于中国境外的股息、红利等权益性投资收益，外国企业在境外实际缴纳的所得税税额中属于该项所得负担的部分，可以作为该居民企业的可抵免境外所得税税额，在税法规定的抵免限额内抵免。

上述所称直接控制，是指居民企业直接持有的外国企业 20％以上的股份。

上述所称间接控制,是指居民企业以间接持股方式持有外国企业 20% 以上的股份。具体认定办法由国务院财政、税务主管部门另行制定。

(2) 税额抵扣的方法。我国境外所得税额抵扣采取限额抵免法计算。

限额抵免法是指对纳税人在境外取得的所得按照我国税法规定计算出其应纳所得税税额,将该应纳税额作为汇总计算应纳税额时扣除限额的一种方法。

(3) 抵免限额的计算。抵免限额是指企业来源于境外的所得,依照中国企业所得税法规定计算的应纳税额。

我国在计算该抵免限额时采用分国不分项的原则。其计算公式如下。

$$\frac{抵免}{限额} = \frac{中国境内、境外所得依照税}{法计算的应纳税总额} \times \frac{来源于某国的应纳税所得额}{中国境内、境外应纳税所得总额}$$

公式中的所得是税前所得(含税所得),如果分回的是税后所得,应将税后所得还原为税前所得。还原公式如下。

$$税前所得 = \frac{分回的税后所得(投资收益)}{1 - 境外税率}$$



$$税前所得 = 分回的税后所得 + 境外已纳税款$$

抵免限额的具体运用。

① 如果境外已纳税款＜抵免限额,实际扣除限额为境外已纳税款。

② 如果境外已纳税款＞抵免限额,实际扣除限额为抵免限额,其超过部分不得从本年度应纳税额中扣除,也不得列为本年度费用支出,但可以用以后年度抵免限额抵免当年应抵税额后的余额进行抵补,补扣期限最长不能超过 5 年。

上述所称 5 个年度,是指从境外已纳税额超过抵免限额当年的次年起连续 5 个纳税年度。

3. 非居民企业应纳税额的计算

(1) 在中国境内设立机构、场所且所得与机构、场所有关联的非居民企业的应纳税额的计算同居民企业应纳税额的计算方法。

(2) 对于在中国境内未设立机构、场所的,或者在中国境内虽设立机构、场所,但取得的所得与其在华设立的机构、场所没有实际联系的非居民企业的所得,应当就其来源于中国境内的所得缴纳所得税。

其应纳税所得额按照下列方法计算。

① 股息、红利等权益性投资收益和利息、租金、特许权使用费所得,以收入全额为应纳税所得额。

② 转让财产所得,以收入全额减除财产净值后余额为应纳税所得额。

(3) 其他所得,参照前两项规定的方法计算应纳税所得额。

想一想

某外国房地产开发公司在中国境内设有常驻代表机构,2018 年该外国公司与中国一家房地产开发企业签订一项技术转让协议,合同约定技术转让费为 100 万元,技术转让费在我国适用的增值税税率为 6%,则该外国公司应就该笔技术转让费缴纳多少企业所得税?

**4. 清算所得的计算**

企业清算时,以清算所得为应纳税所得额。

清算所得是指企业清算时全部资产的可变现价值或交易价格,扣除资产的计税基础、清算费用、相关税费加上债务清偿损益。

投资方企业从被清算企业分得的剩余资产,其中相当于从被清算企业累计未分配利润和累计盈余公积中应当分得的部分,应当确认为股息所得;剩余资产减除上述股息所得后的余额,超过或者低于投资成本的部分,应当确认为投资资产转让所得或者损失。

股息性所得是指股权性投资取得的股息、分红、联营分利、合作或合伙分利等应计股息性质的收入,其来自被投资企业或被清算企业累计未分配利润和累计盈余公积中应当分得的部分,不包括资本公积分配部分。

## 六、特别纳税调整

### (一) 关联业务的税务处理

特别纳税调整是指企业与其关联方之间的业务往来,不符合独立交易原则而减少企业或者其关联方应纳税收入或者所得额的,税务机关有权按照合理方法调整。

企业与其关联方共同开发、受让无形资产,或者共同提供、接受劳务发生的成本,在计算应纳税所得额时应当按照独立交易原则进行分摊。

上述所称独立交易原则,是指没有关联关系的交易各方,按照公平成交价格和营业常规进行业务往来遵循的原则。

**1. 关联方**

关联方是指与企业有关联关系之一的企业、其他组织或者个人;在资金、经营、购销等方面存在直接或者间接控制关系;直接或者间接地同为第三者控制;在利益上具有相关联的其他关系。

**2. 关联企业之间关联业务的税务处理**

(1)企业可以按照企业所得税的规定,按照独立交易的原则与其关联方分摊共同发生的成本,达成成本分摊协议。

(2)企业与其关联方分摊成本时,应当按照成本与预期收益相配比的原则进行分摊,并在税务机关规定的期限内,按照税务机关的要求报送有关资料。

企业与其关联方分摊成本时违反上述两项规定的,其自行分摊的成本不得在计算应纳税所得额时扣除。

(3)企业可以向税务机关提出与其相关联方之间业务往来的定价原则和计算方法,税务机关与企业协商、确认后,达成预约定价安排。

预约定价安排,是指企业就其未来年度关联交易的定价原则和计算方法,向税务机关提出申请,与税务机关按照独立交易原则协商、确认后达成协议。

(4)企业从其关联方接受的债权性投资、权益性投资的比例超过规定标准而发生的利息支出,不得在应纳税所得额中扣除。

企业如果能够按照税法及其实施条例的有关规定提供相关资料,并证明相关交易活动符合独立交易原则的,或者企业的实际税负不高于境内关联方的,其实际支付给境内关联方的利息支出,在计算应纳税所得额时准予扣除。

　　企业同时从事金融业务和非金融业务时,其实际支付给关联方的利息支出,应按照合理方法分开计算;没有按照合理方法分开计算的,一律按上述有关其他企业的比例计算准予税前扣除的利息支出。

　　(5)《企业所得税法》所称与关联业务调查有关的其他企业,是指与被调查企业在生产经营内容和方式上相类似的企业。

　　企业应当在税务机关相关规定的期限内提供与关联业务往来有关的价格、费用的制定标准、计算方法和说明等资料。关联方以及与关联业务调查有关的其他企业应当在税务机关与其约定的期限内提供相关资料。

　　(6)由居民企业或者由居民企业和中国居民控制的设立在实际税负明显低于本法规定税率为 25% 水平国家(地区)的企业,并非由于合理的经营需要而对利润不作分配或者减少分配的,上述利润中应当归属于该居民企业部分,应当计入该居民企业的当期收入。

　　上述所称控制,包括居民企业或者中国居民直接或者间接单一持有外国企业 10% 以上有表决股份,且由其共同持有该外国企业 50% 以上股份;居民企业,或者居民企业和中国居民持股比例没有达到前述规定的标准,但在股份、资金、经营、购销等方面对该外国企业构成实质控制。

### (二)调整方法

　　为了防止纳税人通过关联企业或其他关联关系,利用转让定价方式转移利润,逃避纳税义务,税法作出了明确的规定:纳税人与其关联企业之间的业务往来,应按照独立企业之间的业务往来收取或支付价款、费用。否则,因此而减少应纳税所得额的,税务机关有权进行合理的调整。调整的顺序和方法如下。

　　(1)可比非控价格法是指按照没有关联关系的交易各方进行相同或者类似业务往来的价格进行定价的方法。

　　(2)再销售价格法是指按照从关联方购进商品再销售给没有关联关系的交易方的价格,减除相同或者类似业务的销售毛利进行定价的方法。

　　(3)成本加成法是指按照成本加合理的费用和利润进行定价的方法。

　　(4)交易净利润法是指按照没有关联关系的交易各方进行相同或者类似业务往来取得的净利润水平确定利润的方法。

　　(5)利润分割法是指将企业与其关联方的合并利润或者亏损在各方之间采用合理标准进行分配的方法。

　　(6)其他符合独立交易原则的方法。

　　企业实施其他不具有合理商业目的的安排而减少其应纳税收入或者所得额的,税务机关有权按照合理方法调整。不具有合理商业目的,是指以减少、免除或者推迟缴纳税款为主要目的。

### (三)相关资料管理

　　企业向税务机关报送年度企业所得税纳税申报表时,应当就其与关联方之间的业务往来,附送年度关联业务往来报告表。

　　税务机关在进行关联业务调查时,企业及其关联方,以及与关联业务调查有关的其他企业,应当按照规定提供相关资料。所称相关资料,包括以下内容。

（1）与关联业务往来有关价格、费用的制定标准、计算方法和说明等同期资料。

（2）关联业务往来所涉及的财产、财产使用权、劳务等的再销售（转让）价格或者最终销售（转让）价格的相关资料。

（3）与关联业务调查有关的其他企业应当提供的与被调查企业可比的产品价格、定价方式以及利润水平等相关资料。

（4）其他与关联业务往来有关的资料。

企业应当在税务机关规定的期限内提供与关联业务有往来的价格、费用的制定标准、计算方法和说明等同期资料。关联方以及与关联业务调查有关的其他企业应当在税务机关与其约定的期限内提供相关的资料。

### （四）关联企业应纳税所得额的核定

企业不提供与其关联方之间的业务往来资料，或者提供虚假、不完整资料，未能真实反映其关联业务往来情况的，税务机关有权依法核定其应纳税所得额。

税务机关依法依照企业所得税的规定核定企业的应纳税所得额时，可以采用下列办法。

（1）参照同类或者类似企业的利润率水平核定。

（2）按照企业成本加合理的费用和利润的方法核定。

（3）按照关联企业集团整体利润的合理比例核定。

（4）按照其他合理方法核定。

企业对税务机关按照前款规定的方法核定的应纳税所得额有异议的，应当提供相关证据，经税务机关认定后，调整核定的应纳税所得额。

### （五）加收利息

企业实施其他不具有合理商业目的的安排而减少其应纳税收入或者所得额的，税务机关有权按照合理方法调整。上述所称不具有合理商业目的，是指以减少、免除或者推迟缴纳税款为主要目的。

税务机关依照规定作出纳税调整，需要补征税款的，应当补征税款，并按照国务院规定加收利息。

税务机关根据税收法律、行政法规的规定，对企业作出特别纳税调整的，应当对补征的税款，自税款所属纳税年度的次年 6 月 1 日起至补缴税款之日止，按日加收利息。加收的利息不得在计算应纳税所得额时扣除。

所称利息，应当按照所属纳税年度中国人民银行公布的与补税期间同期的人民币贷款基准利率加 5 个百分点计算。

企业依照企业所得税法规定提供有关资料的，可以只按前款规定的人民币贷款利率计算利息。

企业与其关联方之间的业务往来，不符合独立交易原则，或者企业实施其他不具有合理商业目的安排的，税务机关有权在该业务发生的纳税年度起 10 年内，进行纳税调整。

## 七、税收优惠

税收优惠是指国家运用政策在税收法律、行政法规中规定对某一部分特定企业和课税对象给予减轻或免除税收负担的一种措施。企业所得税的税收优惠方式包括免税、减税、加计扣除、加速折旧、减计收入、税额抵免等。

### (一)免征与减征优惠

1. 企业从事农、林、牧、畜业项目所得,可以免征、减征企业所得税

(1)企业从事下列项目的所得,免征企业所得税:蔬菜、谷物、薯类、油料、豆类、棉花、麻类、糖料、水果、坚果的种植;农作物新品种的选育;中药材的种植;林木的培育和种植;牧畜、家禽的饲养;林产品的采集;灌溉、农产品初加工、兽医、农技推广、农机作业和维修等农、林、牧、渔服务业项目;远洋捕捞。

(2)从事下列项目的所得,减半征收企业所得税:花卉、茶以及其他饮料作物和香料作物的种植;海水种植、内陆养殖。

(3)企业委托其他企业或个人从事实施条例第八十六条规定农、林、牧、渔业项目取得的所得,可享受相应的税收优惠政策。企业受托从事实施条例第八十六条规定农、林、牧、渔业项目取得的收入,比照委托方享受相应的税收优惠政策。企业购买农产品后直接进行销售的贸易活动产生的所得,不能享受农、林、牧、渔业项目的税收优惠政策。

(4)企业采取"公司+农户"经营模式从事牲畜、家禽的饲养,即公司与农户签订委托养殖合同,向农户提供畜禽苗、饲料、兽药及疫苗等(所有权产权仍属于公司),农户将畜禽养大成为成品后交付公司回收。对此类以"公司+农户"经营模式从事农、林、牧、渔业项目生产的企业,可按实施条例第八十六条的有关规定,享受减免税优惠政策。

2. 从事国家重点扶持的公共基础设施项目的所得

国家重点扶持的公共基础设施项目,是指"公共基础设施项目所得税优惠目录"规定的港口、码头、机场、铁路、公路、城市公共交通、电力、水利等项目。

企业从事国家重点扶持的公共基础设施项目的投资经营的所得,自项目取得第一笔生产经营收入所属纳税年度起,第 1 年至第 3 年免征企业所得税,第 4 年至第 6 年减半征收企业所得税。

企业承包经营、承包建设和内部自建自用本条规定的项目,不得享受本条规定的企业所得税优惠。

企业从事国家限制和禁止发展的项目,不得享受本条规定的企业所得税优惠。

3. 从事符合条件的环境保护、节能节水项目的所得

符合条件的环境保护、节能节水项目,包括公共污水处理、公共垃圾处理、沼气综合利用开发、节能减排技术改造、海水淡化等。项目的具体条件和范围由国务院财政、税务主管部门、国务院有关部门制定,报国务院批准后公布施行。

企业从事符合条件的环境保护、节能节水项目的所得,自项目取得第一笔生产经营收入所属纳税年度起,第 1 年至第 3 年免征企业所得税,第 4 年至第 6 年减半征收企业所得税。

上述依照规定享受减免税优惠的项目,在减免税期限内转让的,受让方自受让之日起,可以在剩余的期限内享受规定的减免税优惠;减免税期限届满后转让的,受让方不得就该项目享受减免税优惠。

4. 符合条件的技术转让所得

在一个纳税年度内,居民企业技术转让所得不超过 500 万元的部分,免征企业所得税;超过 500 万元的部分,减半征收企业所得税。

$$技术转让所得=技术转让收入-技术转让成本-相关税费$$

自 2015 年 10 月 1 日起,全国范围内的居民企业转让 5 年(含,下同)以上非独占许可使用权取得的技术转让所得,纳入享受企业所得税优惠的技术转让所得范围。符合条件的 5 年以上非独占许可使用权技术转让所得应按以下方法计算。

技术转让所得＝技术转让收入－无形资产摊销费用－相关税费－应分摊期间费用

**典型任务实例 5-4**

某高新技术企业本年的会计利润为 3 000 万元,其中技术转让所得 700 万元。假设没有其他纳税调整项目,该企业应缴纳多少企业所得税?

**解析**

应纳税所得额＝(3 000－700)×15％＋(700－500)×25％×50％＝370(万元)

### (二) 高新技术企业所得税收优惠

国家需要重点扶持的高新技术企业,减按 15％的税率征收企业所得税。

国家重点扶持的高新技术企业是指拥有核心自主知识产权,并同时符合下列条件的企业。

(1) 企业申请认定时须注册成立 1 年以上。

(2) 在中国境内(不含港、澳、台地区)注册的企业,通过自主研发、受让、受赠、并购等方式,或通过 5 年以上的独占许可方式,对其主要产品(服务)的核心技术拥有自主知识产权的所有权。

(3) 对企业主要产品(服务)发挥核心支持作用的技术属于《国家重点支持的高新技术领域》规定的范围。

(4) 企业从事研发和相关技术创新活动的科技人员占企业当年职工总数的比例不低于 10％。

(5) 企业近三个会计年度(实际经营期不满三年的按实际经营时间计算,下同)的研究开发费用总额占同期销售收入总额的比例符合如下要求:①最近一年销售收入小于 5 000 万元(含)的企业,比例不低于 5％;②最近一年销售收入在 5 000 万元至 2 亿元(含)的企业,比例不低于 4％;③最近一年销售收入在 2 亿元以上的企业,比例不低于 3％。其中,企业在中国境内发生的研究开发费用总额占全部研究开发费用总额的比例不低于 60％(委托外部研究开发费用的实际发生额应按照独立交易原则确定,按照实际发生额的 80％计入委托方研发费用总额)。

(6) 近一年高新技术产品(服务)收入占企业同期总收入的比例不低于 60％。

(7) 企业创新能力评价应达到相应要求。

(8) 企业申请认定前一年内未发生重大安全、重大质量事故或严重环境违法行为。

### (三) 小型微利企业税收优惠

符合条件的小型微利企业,减按 20％的税率征收企业所得税。

小型微利企业是指从事国家非限制和禁止行业并符合下列条件的企业。

(1) 工业企业,年度应纳税所得额不超过 30 万元,从业人数不超过 100 人,资产总额不超过 3 000 万元;

(2) 其他企业,年度应纳税所得额不超过 30 万元,从业人数不超过 80 人,资产总额不超过 1 000 万元。

自 2015 年 10 月 1 日至 2017 年 12 月 31 日,符合规定条件的小型微利企业,无论采取查账征收还是核定征收方式,对年应纳税所得额在 20 万元到 30 万元(含 30 万元)的小型微利企业,其所得减按 50% 计入应纳税所得额,按 20% 的税率缴纳企业所得税。符合规定条件的小型微利企业自行预缴、汇缴申报享受减半征税政策。汇算清缴时,小型微利企业通过填报企业所得税年度纳税申报表中"资产总额、从业人数、所属行业、国家限制和禁止行业"等栏次履行备案手续。

自 2017 年 1 月 1 日至 2019 年 12 月 31 日,享受减半征收企业所得税优惠政策的小微企业范围,由年应纳税所得额 30 万元以内(含 30 万元)扩大到 50 万元以内(含 50 万元),并按 20% 的税率缴纳企业所得税。

自 2019 年 1 月 1 日至 2021 年 12 月 31 日,对小型微利企业年应纳税所得额不超过 100 万元的部分,减按 25% 计入应纳税所得额,按 20% 的税率缴纳企业所得税;对年应纳税所得额超过 100 万元但不超过 300 万元的部分,减按 50% 计入应纳税所得额,按 20% 的税率缴纳企业所得税。

2021 年 1 月 1 日至 2022 年 12 月 31 日,对小型微利企业年应纳税所得额不超过 100 万元的部分,在规定的优惠政策基础上,再减半征收企业所得税。

上述小型微利企业是指从事国家非限制和禁止行业,且同时符合年度应纳税所得额不超过 300 万元、从业人数不超过 300 人、资产总额不超过 5 000 万元三个条件的企业。

从业人数,包括与企业建立劳动关系的职工人数和企业接受的劳务派遣用工人数。所称从业人数和资产总额指标,应按企业全年的季度平均值确定。具体计算公式如下。

$$季度平均值＝(季初值＋季末值)÷2$$
$$全年季度平均值＝全年各季度平均值之和÷4$$

年度中间开业或者终止经营活动的,以其实际经营期作为一个纳税年度确定上述相关指标。

**典型任务实例 5-5**

某咨询公司 2021 年应纳税所得额 240 万元,从业人数 280 人、资产总额 5 000 万元。请计算 2021 年应交企业所得税。

**解析**

该企业符合小型微利企业条件,可以享受小微企业税收减免政策。

① 拆分年应纳税所得额:100＋140(万元)。

② 不超过 100 万元部分,减按 25% 计入应纳税所得额再减半征收企业所得税:100× 25%×20%×50%＝2.5(万元)。

③ 100 万元至 300 万元的部分,减按 50% 计入应纳税所得额:140×50%×20%＝ 14(万元)。

④ 应纳企业所得税税额为:2.5＋14＝16.5(万元)。

### (四) 加计扣除优惠

**1. 研究开发费用的加计扣除**

自 2016 年 1 月 1 日起,实行查账征收企业所得税的居民企业,在开展研发活动中实际发生的研发费用,未形成无形资产计入当期损益的,在按规定据实扣除的基础上,按照本年度实际发生额的50%,从本年度应纳税所得额中扣除;形成无形资产的,按照无形资产成本的150%在税前摊销。

从2018年1月1日至2020年12月31日期间,所有企业科技型中小企业开展研发活动中实际发生的研发费用,未形成无形资产计入当期损益的,在按规定据实扣除的基础上,在2017年1月1日至2019年12月31日期间,再按照实际发生额的75%在税前加计扣除;形成无形资产的,在上述期间按照无形资产成本的175%在税前摊销。

制造业企业开展研发活动中实际发生的研发费用,未形成无形资产计入当期损益的,在按规定据实扣除的基础上,自2021年1月1日起,再按照实际发生额的100%在税前加计扣除;形成无形资产的,自2021年1月1日起,按照无形资产成本的200%在税前摊销。除制造业以外的企业,且不属于烟草制造业、住宿和餐饮业、批发和零售业、房地产业、租赁和商务服务业、娱乐业的,企业开展研发活动中实际发生的研发费用,未形成无形资产计入当期损益的,在2023年12月31日前,在按规定据实扣除的基础上,再按照实际发生额的75%在税前加计扣除;形成无形资产的,在上述期间按照无形资产成本的175%在税前摊销。

研发费用的具体范围如下。

(1)人员人工费用。直接从事研发活动人员的工资薪金、基本养老保险费、基本医疗保险费、失业保险费、工伤保险费、生育保险费和住房公积金,以及外聘研发人员的劳务费用。

(2)直接投入费用。包括:研发活动直接消耗的材料、燃料和动力费用;用于中间试验和产品试制的模具、工艺装备开发及制造费,不构成固定资产的样品、样机及一般测试手段购置费,试制产品的检验费;用于研发活动的仪器、设备的运行维护、调整、检验、维修等费用,以及通过经营租赁方式租入的用于研发活动的仪器、设备租赁费。

(3)折旧费用。用于研发活动的仪器、设备的折旧费。

(4)无形资产摊销。用于研发活动的软件、专利权、非专利技术(包括许可证、专有技术、设计和计算方法等)的摊销费用。

(5)新产品设计费、新工艺规程制定费、新药研制的临床试验费、勘探开发技术的现场试验费。

(6)其他相关费用。与研发活动直接相关的其他费用,如技术图书资料费、资料翻译费、专家咨询费、高新科技研发保险费,研发成果的检索、分析、评议、论证、鉴定、评审、评估、验收费用,知识产权的申请费、注册费、代理费、差旅费、会议费等。此项费用总额不得超过可加计扣除研发费用总额的10%。

(7)财政部和国家税务总局规定的其他费用。

企业委托外部机构或个人进行研发活动所发生的费用,按照费用实际发生额的80%计入委托方研发费用并计算加计扣除,受托方不得再进行加计扣除。委托外部研究开发费用实际发生额应按照独立交易原则确定。企业委托境外机构进行研发所发生的费用,按照费用实际发生额的80%计入委托方的委托境外研发费用,且不超过境内符合条件的研发费用的2/3。

企业应按照国家财务会计制度要求,对研发支出进行会计处理;同时,对享受加计扣除的研发费用按研发项目设置辅助账,准确归集核算当年可加计扣除的各项研发费用实际发生额。企业在一个纳税年度内进行多项研发活动的,应按照不同研发项目分别归集可加计扣除的研发费用。企业应对研发费用和生产经营费用分别核算,准确、合理归集各项费用支出,对划分不清的,不得实行加计扣除。

2. 企业安置残疾人员所支付工资的加计扣除

企业安置残疾人员所支付工资的加计扣除,是指企业安置残疾人员,在按照支付给残疾职工工资据实扣除的基础上,按照支付给残疾职工工资的 100% 加计扣除。预缴申报时允许据实计算扣除;在年度终了进行企业所得税年度申报和汇算清缴时,再加计扣除。

自 2015 年 9 月 1 日起,以劳务派遣形式就业的残疾人,属于劳务派遣单位的职工。劳务派遣单位可按照《财政部、国家税务总局关于促进残疾人就业税收优惠政策的通知》(财税〔2007〕92 号)规定,享受相关税收优惠政策。

### (五) 创业投资企业优惠

创业投资企业采取股权投资方式投资于未上市的中小高新技术企业 2 年(24 个月)以上,凡符合以下条件的,可以按照其对中小高新技术企业投资额的 70%,在股权持有满 2 年的当年抵扣该创业投资企业的应纳税所得额;当年不足抵扣的,可以在以后纳税年度结转抵扣。

自 2015 年 10 月 1 日起,有限合伙制创业投资企业采取股权投资方式投资于未上市的中小高新技术企业满 2 年(24 个月,下同)的,其法人合伙人可按照对未上市中小高新技术企业投资额的 70% 抵扣该法人合伙人从该有限合伙制创业投资企业分得的应纳税所得额,当年不足抵扣的,可以在以后纳税年度结转抵扣。

自 2017 年 1 月 1 日起,公司制创业投资企业采取股权投资方式直接投资于种子期、初创期科技型企业满 2 年(24 个月,下同)的,可以按照投资额的 70% 在股权持有满 2 年的当年抵扣该公司制创业投资企业的应纳税所得额;当年不足抵扣的,可以在以后纳税年度结转抵扣。有限合伙制创业投资企业采取股权投资方式直接投资于初创科技型企业满 2 年的,法人合伙人可以按照对初创科技型企业投资额的 70% 抵扣法人合伙人从合伙创投企业分得的所得;当年不足抵扣的,可以在以后纳税年度结转抵扣。

#### 典型任务实例 5-6

甲企业为创业投资企业,2019 年 12 月 1 日向乙企业(未上市的中小高新技术企业)投资 100 万元,股权持有到 2021 年 12 月 31 日并准备继续持有。甲企业 2021 年应纳税所得额为 150 万元(未享受税收优惠),2020 年经认定亏损为 30 万元。假设该企业没有企业纳税调整事项,计算 2021 年度应纳的企业所得税税额。

**解析**

2021 年度应纳所得税税额 $= (150 - 100 \times 70\% - 30) \times 25\% = 12.5$(万元)

### (六) 加速折旧优惠

企业固定资产确需加速折旧的,可以选择一次性税前扣除,也可以选择缩短折旧年限或者采取加速折旧的方法。

(1) 符合以下情形之一的固定资产,可采取缩短折旧年限或采取加速折旧的方法计提折旧:①由于技术进步,产品更新换代较快的固定资产;②常年处于强震动、高腐蚀状态的固定资产。

(2) 自 2014 年 1 月 1 日起,对生物药品制造业,专用设备制造业,铁路、船舶、航空航天和其他运输设备制造业,计算机、通信和其他电子设备制造业,仪器仪表制造业,信息传输、软件和信息技术服务业 6 个行业的企业 2014 年 1 月 1 日后新购进的固定资产,可缩短折旧年限或采取加速折旧的方法。对上述 6 个行业的小型微利企业 2014 年 1 月 1 日后新购进的研发和生产经营共用的仪器、设备,单位价值不超过 100 万元的,允许一次性计入当期成本费用在计算应纳税所得额时扣除,不再分年度计算折旧;单位价值超过 100 万元的,可缩短折旧年限或采取加速折旧的方法。

(3) 自 2015 年 1 月 1 日起,对轻工、纺织、机械、汽车 4 个领域重点行业的企业 2015 年 1 月 1 日后新购进的固定资产,可由企业选择缩短折旧年限或采取加速折旧的方法。对上述行业的小型微利企业 2015 年 1 月 1 日后新购进的研发和生产经营共用的仪器、设备,单位价值不超过 100 万元的,允许一次性计入当期成本费用在计算应纳税所得额时扣除,不再分年度计算折旧;单位价值超过 100 万元的,可由企业选择缩短折旧年限或采取加速折旧的方法。

(4) 对所有行业企业 2014 年 1 月 1 日后新购进的专门用于研发的仪器、设备,单位价值不超过 100 万元的,允许一次性计入当期成本费用在税前扣除;超过 100 万元的,可按 60% 的比例缩短折旧年限,或采取双倍余额递减等方法加速折旧。

(5) 对所有行业企业持有的单位价值不超过 5 000 元的固定资产,允许一次性计入当期成本费用在税前扣除。

(6) 企业采取缩短折旧年限方法对固定资产加速折旧的,最低折旧年限不得低于税法规定折旧年限的 60%。若为购置已使用过的固定资产,其最低折旧年限不得低于税法规定的最低折旧年限减去已使用年限后剩余年限的 60%。

(7) 企业在 2018 年 1 月 1 日至 2020 年 12 月 31 日期间新购进的设备、器具,单位价值不超过 500 万元的,允许一次性计入当期成本费用在计算应纳税所得额时扣除,不再分年度计算折旧。其中的设备、器具,是指除房屋、建筑物以外的固定资产。

**? 想一想**

新远医药 2020 年 12 月购进一台专门用于新药研发的设备,入账价值为 80 万元。企业会计选择按直线法计提折旧,折旧年限为 10 年,会计税法均无残值。企业会计计提 2021 年折旧 8 万元记入"管理费用"科目,该企业 2021 年的企业所得税进行汇算清缴时,企业自行纳税调减 72 万元。请思考:企业这样纳税调减能否得到税务机关的认可?

### (七) 减计收入优惠

减计收入优惠目前有两类,一类是企业综合利用资源生产符合政策的产品所取得的收入;另一类是涉农的金融保险收入。其具体方式如下。

(1) 企业以《资源综合利用企业所得税优惠目录》规定的资源作为主要原材料,生产国家非限制和禁止并符合国家和行业相关标准的产品所取得的收入,减按 90% 计入收入总额。上述所称原材料占生产产品材料的比例不得低于《资源综合利用企业所得税优惠目录》规定的标准。

(2) 自 2017 年 1 月 1 日至 2019 年 12 月 31 日,对金融机构农户小额贷款的利息收入,以及对保险公司为种植业、养殖业提供保险业务取得的保费收入,在计算应纳税所得额时,按 90% 计入收入总额。所称小额贷款,是指单笔且该户贷款余额总额在 10 万元(含)以下的贷款。所称保费收入,是指原保险保费收入加上分保费收入减去分出保费后的余额。

### (八) 税额抵免优惠

税额抵免是指企业购置并实际使用《环境保护专用设备企业所得税优惠目录》《节能节水专用设备企业所得税优惠目录》和《安全生产专用生产设备企业所得税优惠目录》规定的环境保护、节能节水、安全生产等专用设备的,该专用设备的投资额的 10% 可从企业当年的应纳税额中抵免;当年不足抵免的,可在以后的 5 个纳税年度结转抵免。

享受前款规定的企业所得税优惠的企业,实际购买并自身实际投入使用前款规定的专用设备企业购置上述专用设备在 5 年内转让、出租的,应当停止享受企业所得税优惠,并补缴已经抵免的企业所得税税款。

企业同时从事使用不同企业所得税待遇的项目的,其优惠项目应当单独计算所得,并合理分摊企业的期间费用;没有单独计算的,不得享受企业所得税优惠。

购置并实际使用的环境保护、节能节水和安全生产专用设备,包括承租方企业以融资租赁方式租入的并在融资租赁合同中约定租赁期届满时租赁设备所有权转移给承租方企业,且符合规定条件的上述专用设备。凡融资租赁期届满后租赁设备所有权未转移至承租方企业的,承租方企业应停止享受抵免企业所得税优惠,并补缴已经抵免的企业所得税税款。

### (九) 民族自治地方的优惠

民族自治地方的自治机关对本民族自治地方的企业应缴纳的企业所得税中属于地方分享的部分,可以决定减征或者免征。自治州、自治县决定减征或者免征的,须报省、自治区、直辖市人民政府批准。

企业所得税法所称民族自治地方,是指依照《中华人民共和国民族区域自治法》的规定,实行民族区域自治的自治区、自治州、自治县。

对民族自治地方内国家限制和禁止行业的企业,不得减征或者免征企业所得税。

### (十) 非居民企业优惠

非居民企业减按 10% 的所得税税率征收企业所得税。这里的非居民企业,是指在中国境内未设立机构、场所,或者虽设立机构、场所,但取得的所得与其所设机构、场所没有实际联系的企业。该类非居民企业取得的下列所得免征企业所得税。

(1) 外国政府向中国政府提供贷款取得的利息所得。

(2) 国际金融组织向中国政府和居民企业提供优惠贷款取得的利息所得。

(3) 经国务院批准的其他所得。

### (十一) 其他优惠

1. 关于鼓励软件产业和集成电路产业发展的优惠政策

(1) 符合条件的软件生产企业实行即征即退政策所退还的增值税,专项用于软件产品研发和扩大再生产并单独进行核算,可以作为不征税收入,不予征收企业所得税。

(2) 我国境内的新办软件生产企业,经认定后,在 2019 年 12 月 31 日前自获利年度起计算优惠期,企业所得税享受“两免三减半”的优惠政策。

(3) 当年未享受免税优惠的国家规划布局内的重点软件生产企业,减按 10% 税率征收企业所得税。

（4）软件生产企业的职工培训费，应单独进行核算并可在税前据实扣除。

（5）企事业单位购进软件，符合无形资产或固定资产确认条件的，可以按固定资产或无形资产进行核算，其折旧或摊销年限可以适当缩短，最短可为 2 年(含)。

（6）集成电路设计企业可享受软件企业优惠政策。

（7）集成电路生产企业的生产设备折旧年限可以适当缩短，最短可为 3 年(含)。

（8）投资额超过 80 亿元人民币或集成电路线宽小于 0.25 微米的集成电路生产企业，经认定后，减按 15% 的税率计征企业所得税，其中经营期在 15 年以上的，在 2017 年 12 月 31 日前自获利年度起计算优惠期，企业所得税享受"五免五减半"的优惠政策。

2018 年 1 月 1 日后投资新设的集成电路线宽小于 65 纳米或投资额超过 150 亿元，且经营期在 15 年以上的集成电路生产企业或项目，第一年至第五年免征企业所得税，第六年至第十年按照 25% 的法定税率减半征收企业所得税，并享受至期满为止。

（9）生产线宽小于 0.8 微米(含)的集成电路生产企业，经认定后，在 2017 年 12 月 31 日前自获利年度起计算优惠期，企业所得税享受"两免三减半"的优惠政策。

2018 年 1 月 1 日后投资新设的集成电路线宽小于 130 纳米，且经营期在 10 年以上的集成电路生产企业或项目，第一年至第二年免征企业所得税，第三年至第五年按照 25% 的法定税率减半征收企业所得税，并享受至期满为止。

2. 关于鼓励证券投资基金发展的优惠政策

（1）对证券投资基金从证券市场中取得的收入，包括买卖股票、债券的差价收入，股权的股息、红利收入，债券的利息收入及其他收入，暂不征收企业所得税。

（2）对投资者从证券投资基金分配中取得的收入，暂不征收企业所得税。

（3）对证券投资基金管理人运用基金买卖股票、债券的差价收入，暂不征收企业所得税。

3. 中国保险保障基金有限责任公司取得收入的优惠政策

自 2015 年 1 月 1 日起至 2017 年 12 月 31 日止，对中国保险保障基金有限责任公司根据相关政策取得的下列收入，免征企业所得税。

（1）境内保险公司依法缴纳的保险保障基金。

（2）依法从撤销或破产保险公司清算财产中获得的受偿收入和向有关责任方追偿所得，以及依法从保险公司风险处置中获得的财产转让所得。

（3）捐赠所得。

（4）银行存款利息收入。

（5）购买政府债券、中央银行、中央企业和中央级金融机构发行债券的利息收入。

（6）国务院批准的其他资金运用取得的收入。

4. 期货投资者保障基金有关企业所得税优惠

（1）对中国期货保证金监控中心有限责任公司取得的下列收入，免征企业所得税。

① 期货交易所按风险准备金账户总额 15% 和交易手续费的 3% 上缴的期货保障基金收入。

② 期货公司按代理交易额的千万分之五至十上缴的期货保障基金收入。

③ 依法向有关责任方追偿所得。

④ 期货公司破产清算所得。

⑤ 捐赠所得。

（2）对期货保障基金公司取得的银行存款利息收入、购买国债、中央银行和中央级金融机构发行债券的利息收入，以及证监会和财政部批准的其他资金运用取得的收入，暂免征收企业所得税。

5. 西部大开发税收优惠

自 2011 年 1 月 1 日至 2020 年 12 月 31 日，对设在西部地区的鼓励类产业企业减按 15% 的税率征收企业所得税。

6. 鼓励类产业企业税收优惠

对设在广东横琴新区、福建平潭综合实验区和深圳前海深港现代服务业合作区的鼓励类产业企业减按 15% 的税率征收企业所得税。

## 八、源泉扣缴

### （一）扣缴义务人

（1）对非居民企业在中国境内未设立机构、场所的，或者虽设立机构、场所但取得的所得与其所设机构、场所没有实际联系的，应缴纳的所得税，实行源泉扣缴，以支付人为扣缴义务人。税款由扣缴义务人在每次支付或者到期应支付时，从支付或者到期应支付的款项中扣缴。

（2）对非居民企业在中国境内取得的工程作业和劳动所得应缴纳的所得税，税务机关可以指定工程价格或者劳务费的支付人为扣缴义务人。

企业所得税税法规定的可以指定扣缴义务人的情形，包括以下三种。

① 预计工程作业或者提供劳务服务不足一个纳税年度，且有证据表明不履行纳税义务的。

② 没有办理税务登记或者临时税务登记，且未委托中国境内的代理人履行纳税义务的。

③ 未按照规定期限办理企业所得税申报或者预缴申报的。

前款规定的扣缴义务人，由县级以上税务机关指定，并同时告知扣缴义务人所扣税款的计算依据、计算方法、扣缴日期和扣缴方式。

### （二）扣缴方法

（1）企业所得税税法对非居民企业应当缴纳的企业所得税实行源泉扣缴的，应当依照企业所得税税法的规定计算应纳税所得额。

（2）依照规定应当扣缴的所得税，扣缴义务人未依法扣缴或者无法履行扣缴义务的，由纳税人在所得发生地缴纳。纳税人未依法缴纳的，税务机关可以从该纳税人在中国境内其他收入项目的支付人应付的款项中，追缴该纳税人的应缴税款。

（3）扣缴义务人每次代扣的税款，应当自代扣之日起 7 日内缴入国库，并向所在地的税务机关报送扣缴企业所得税的纳税申报表。

（4）税务机关在追缴该纳税人应纳税款时，应当将追缴理由、追缴数额、缴纳期限和缴纳方法等告知该纳税人。

# 任务 5.2　企业所得税会计核算

案例导入

　　小白现在对应交企业所得税有了一定的认识,但对"所得税费用""递延所得税资产""递延所得税负债"这些会计科目尚未明了,因此对整个企业所得税会计的核算还需要系统学习和掌握。

## 一、所得税会计概述

　　企业的会计核算和税收处理分别遵循不同的原则,服务于不同的目的。《企业会计准则第 18 号——所得税》(以下简称所得税准则)是从资产负债表出发,通过比较资产负债表列示的资产、负债按会计准则规定确定的账面价值与按税法规定确定的计税基础,对于两者之间的差异分别按应纳税暂时性差异与可抵扣暂时性差异,确认相关的递延所得税负债与递延所得税资产,并在此基础上确定每一会计期间利润表中的所得税费用。

### (一)资产负债表债务法

　　所得税会计是会计与税法规定之间的差异在所得税会计核算中的具体体现。所得税准则采用资产负债表债务法核算所得税。资产负债表债务法较为完整地体现了资产负债观,在所得税会计核算方面贯彻了资产、负债的界定。

　　从资产负债表的角度考虑,资产的账面价值代表的是企业在持续持有及最终处置某项资产的一定期间内,该项资产为企业带来的未来经济利益,而其计税基础代表的是在这一期间内,就该项资产按照税法规定可以在税前扣除的金额。一项资产的账面价值小于其计税基础的,表明该项资产在未来期间产生的经济利益流入低于按照税法规定允许税前扣除的金额,产生可抵减未来期间应纳税所得额的因素,减少未来期间以应交所得税的方式流出企业的经济利益,从其产生的时点来看,应确认为资产。反之,一项资产的账面价值大于其计税基础的,两者之间的差额将会在未来期间产生应税金额,增加未来期间的应纳税所得额及应交所得税,对企业形成经济利益流出的义务,应确认为负债。

### (二)所得税会计核算的一般程序

　　在采用资产负债表债务法核算所得税的情况下,企业一般应于每一资产负债表日进行所得税的核算。发生特殊交易或事项时,如企业合并,在确认因交易或事项取得的资产、负债时即应确认相关的所得税影响。企业进行所得税核算一般应遵循的程序见表 5-3。

表 5-3　企业所得税核算步骤

| 步骤 | 内　容 | 解　读 |
|---|---|---|
| 第一步 | 确定会计利润总额 | 这是确定应交企业所得税金额纳税调整的基础 |

续表

| 步骤 | 内　　容 | 解　　读 |
|---|---|---|
| 第二步 | 找永久性差异 | 表现：<br>①税法规定按比例扣除且超限额不可结转以后年度的扣除项目；<br>②税法规定不准扣除的项目；<br>③由于税收优惠引起的会计与税法的不一致 |
| 第三步 | 找暂时性差异 |  |
|  | ① 可抵扣暂时性差异 | 未来可抵扣：现在多缴税，未来少缴税 |
|  |  | 表现：资产账面价值＜其计税基础<br>负债账面价值＞其计税基础 |
|  | ② 应纳税暂时性差异 | 未来应纳税：现在少缴税，未来多缴税 |
|  |  | 表现：资产账面价值＞其计税基础<br>负债账面价值＜其计税基础 |
| 第四步 | 计算应纳税所得额 | 公式：<br>应纳税所得额＝会计利润±永久性差异±暂时性差异 |
|  |  | 以税法为标准进行纳税调整，包括永久性、暂时性差异引起的调整事项 |
| 第五步 | 计算"应交税费——应交所得税"科目金额 | 公式：<br>"应交税费——应交所得税"发生额＝应纳税所得额×适用税率 |
| 第六步 | 计算"递延所得税资产"科目金额 | 公式：<br>"递延所得税资产"发生额＝期末可抵扣暂时性差异×税率－期初可抵扣暂时性差异×税率 |
|  | 计算"递延所得税负债"科目金额 | 公式：<br>"递延所得税负债"发生额＝期末应纳税暂时性差异×税率－期初应纳税暂时性差异×税率 |
|  | 税率变化 | 递延所得税的确定要按以后能预计到的税率计算 |
| 第七步 | 编制会计分录 |  |
|  | 借：所得税费用（根据借贷平衡原理倒挤）<br>　　递延所得税资产（或贷方）<br>　　贷：应交税费——应交所得税<br>　　　　递延所得税负债（或借方） | |
| 注意 | 并不是所有的暂时性差异确认的递延所得税费用都记入"所得税费用"科目，有的需要记入"其他综合收益"，如由可供出售金融资产公允价值变动损益形成的暂时性差异涉及的递延所得税 | |

　　需要说明的是，企业会计准则核算各业务均遵循权责发生制，所得税费用每月均需计提，并列报进利润表。所以，在实务操作时，每月企业所得税会计的记账分录，借记"所得税

费用"科目的金额等于每月需预缴的企业所得税金额,贷记"应交税费——应交企业所得税"科目的金额便为每月需实际预缴的企业所得税金额。待年度终了,企业所得税汇算清缴结束后,再通过"以前年度损益调整"科目调整原记入"所得税费用"科目的总金额与年度所得税费用总金额的差额。

## 二、资产、负债的计税基础及暂时性差异

所得税会计的关键在于确定资产、负债的计税基础。在确定资产、负债的计税基础时,应严格遵循税收法规中对于资产的税务处理以及可在税前扣除的费用等的规定进行。

### (一) 资产的计税基础

资产的计税基础,是指企业计算应纳税所得额时按照税法规定可以自应税经济利益中抵扣的金额,即某一项资产在未来期间计税时按照税法规定可以税前扣除的金额。计算公式如下。

$$资产计税基础=未来期间按照税法规定可以税前扣除的金额$$

$$\frac{资产负债表}{日资产的计税基础}=取得成本-\frac{以前期间按照税法规定}{已累计税前扣除的金额}$$

资产在初始确认时,其计税基础一般为取得成本,即企业为取得某项资产支付的成本在未来期间准予税前扣除。

在资产持续持有的过程中,其计税基础是指资产的取得成本减去以前期间按照税法规定已经累计税前扣除的金额后的余额,如固定资产、无形资产等长期资产在某一资产负债表日的计税基础是指其成本扣除按照税法规定已在以前期间税前扣除的累计折旧额或累计摊销额后的金额。

1. 固定资产

企业以各种方式取得的固定资产,其初始确认时按照会计准则规定确定的入账价值基本上是被税法认可的,即取得时其账面价值一般等于计税基础。

固定资产在持有期间进行后续计量时,由于会计与税法规定就折旧方法、折旧年限以及固定资产减值准备的提取等处理的不同,可能造成固定资产的账面价值与计税基础的差异。

$$资产负债表日固定资产的账面价值=初始成本-累计折旧-固定资产减值准备$$

$$资产负债表日固定资产的计税基础=初始成本-税前已扣除的累计折旧$$

### 典型任务实例 5-7

A企业于2019年12月以600万元购入一项生产设备投入使用,按该设备预计使用情况,A企业估计其使用寿命为20年,采取直线法计提折旧,预计净残值为0。假定税法规定的折旧年限、折旧方法及净残值与会计规定相同。2021年12月31日,A企业估计该设备未来可收回金额为500万元。试分析该设备的账面价值与计税基础之间的差异。

**解析**

2021年年末账面价值=600-600÷20×2-40=500(万元)

2021年年末计税基础=600-600÷20×2=540(万元)

该项固定资产的账面价值500万元与其计税基础540万元产生的40万元差额,将减少企业未来期间应交所得税的义务。

2. 无形资产

除内部研究开发形成的无形资产以外,以其他方式取得的无形资产,在初始确认时按会计准则确定的入账价值与按税法规定确定的成本之间一般不存在差异。无形资产的账面价值与计税基础之间的差异主要产生于内部研究开发形成的无形资产以及使用寿命不确定的无形资产。无形资产在后续计量时,会计与税法上的差异主要产生于对无形资产是否需要摊销及无形资产减值准备的提取。

(1) 内部研究开发形成的无形资产。"研发支出"科目核算的范围及金额应重点关注其是否符合税法规定。

会计规定,无形资产的成本为开发阶段符合资本化条件后发生的支出,除此之外,在研究开发过程中发生的其他支出应予费用化计入损益。

税法规定,企业为开发新技术、新产品、新工艺发生的研究开发费用,未形成无形资产计入当期损益的(费用化部分),在按照规定据实扣除的基础上,按研究开发费用的 50%(75%、100%)加计扣除;形成无形资产的,按无形资产成本的 150%(175%、200%)摊销。

对于形成无形资产的(资本化部分),其计税基础应在会计入账价值的基础上加计 50%(75%、100%),因而会产生账面价值与计税基础在初始确认时的差异。

需注意,对于这类无形资产计税基础与账面价值形成的差异不确认其所得税影响。原因在于:该无形资产的确认不是产生于企业合并交易,同时在确认时既不影响会计利润也不影响应纳税所得额,则按照所得税会计准则的规定,不确认有关暂时性差异的所得税影响。

**典型任务实例 5-8**

A 制造业企业当期发生研究开发支出计 2 000 万元,其中,研究阶段支出 400 万元,在开发阶段符合资本化条件前发生的支出为 400 万元,在符合资本化条件后至达到预定用途前发生的支出为 1 200 万元。假定开发形成的无形资产在当期期末已达到预定用途(尚未开始摊销)。试分析该项研究开发支出的账面价值与计税基础之间的差异。

**解析**

在 A 制造业企业当期发生的研究开发支出中,按照会计规定应予费用化的金额为800 万元,形成无形资产的成本为 1 200 万元。

期末该无形资产账面价值＝1 200 万元

期末该无形资产计税基础＝1 200×200%＝2 400(万元)

该项无形资产的账面价值 1 200 万元与其计税基础 2 400 万元之间的差额 1 200 万元,将减少企业未来期间应交所得税的义务。

(2) 无形资产在后续计量时,会计与税法上的差异主要产生于是否需要摊销及无形资产减值准备的提取。

会计准则规定,应根据无形资产的使用寿命情况,区分为使用寿命有限的无形资产与使用寿命不确定的无形资产。对于使用寿命不确定的无形资产,不要求摊销,但在持有期间每年应进行减值测试。

税法规定,企业取得的无形资产成本,应在一定期限内摊销。对于使用寿命不确定的无形资产,会计处理时不予摊销而可计提减值,但计税时按照税法规定确定的摊销额允许税前扣除,造成该类无形资产账面价值与计税基础的差异。

使用寿命有限的无形资产的账面价值与计税基础的计算公式如下。

账面价值=初始成本-累计摊销-无形资产减值准备

计税基础=初始成本-税收允许扣除的累计摊销

使用寿命不确定的无形资产的账面价值与计税基础的计算公式如下。

账面价值=初始成本-计提的减值准备

计税基础=初始成本-税收允许扣除的累计摊销

**典型任务实例 5-9**

乙企业于 1 月 1 日取得一项无形资产,取得成本为 1 500 万元,根据各方面情况判断,无法合理预计其使用期限,将其作为使用寿命不确定的无形资产。本年 12 月 31 日,进行减值测试表明其未发生减值。企业计税时,对该项无形资产按照 10 年期限摊销。试计算并分析该项无形资产的账面价值和计税基础。

**解析**

因未发生减值,则:

本年年末账面价值=1 500(万元)

本年年末计税基础=成本-按税法规定可予税前扣除的摊销额

=1 500-150=1 350(万元)

该项无形资产的账面价值 1 500 万元与其计税基础 1 350 万元之间的差额 150 万元,将增加未来期间应交所得税的义务。

3. 以公允价值计量且其变动计入当期损益的金融资产

以公允价值计量且其变动计入当期损益的金融资产,初始计量除交易性金融资产外,会计的入账价值与税法认定的计税基础均保持一致。

对于以公允价值计量且其变动计入当期损益的金融资产的后续计量,会计规定其于某一会计期末的账面价值为该时点的公允价值;税法规定资产在持有期间市价变动损益在计税时不予考虑,即金融资产在某一会计期末的计税基础为其取得成本,在公允价值变动的情况下,该类金融资产的账面价值与计税基础之间就形成差异。

企业持有的可供出售金融资产计税基础的确定,与以公允价值计量且其变动计入当期损益的金融资产类似,可比照处理。

**典型任务实例 5-10**

1 月 20 日,A 公司自公开市场取得一项权益性投资,支付价款 1 620 万元(含交易费用 20 万元),作为交易性金融资产核算。本年 12 月 31 日,该项权益性投资的市价为 1 800 万元。试分析该项权益性投资的账面价值与计税基础之间的差异。

**解析**

会计规定,交易性金融资产取得的交易费用计入当期损益,税法规定以现金方式取得的投资资产,以支付的购买价款全部作为计税基础。

本年 1 月 20 日,账面价值=1 600(万元),计税基础=1 620(万元)

本年 12 月 31 日,账面价值=1 800(万元),计税基础=1 620(万元)

该项无形资产本年 1 月 20 日的账面价值 1 600 万元与其计税基础 1 620 万元之间的差额 20 万元,将减少企业未来期间应交所得税的义务。

该项无形资产本年 12 月 31 日的账面价值 1 800 万元与其计税基础 1 620 万元之间的差额 180 万元,将增加未来期间应交所得税的义务。

### 4. 其他资产

因会计准则规定与税收法规规定不同,企业持有的其他资产,可能造成其账面价值与计税基础之间存在差异的。

(1) 投资性房地产。对于采用公允价值模式进行后续计量的投资性房地产,其计税基础的确定类似于以公允价值计量且其变动计入当期损益的金融资产。以成本模式进行后续计量的投资性房地产,其账面价值与计税基础的确定类似于固定资产、无形资产。

(2) 其他计提了资产减值准备的各项资产。有关资产在计提了减值准备后,其账面价值会随之下降,而税法规定资产在发生实质性损失之前,不允许税前扣除,即其计税基础不会因减值准备的提取而变化,造成在计提资产减值准备以后,资产的账面价值与计税基础之间的差异,如应收账款、存货等。

### 典型任务实例 5-11

甲公司 12 月 31 日应收账款余额为 8 000 万元,该公司期末对应收账款计提了 800 万元的坏账准备。试分析该项应收账款的账面价值与计税基础之间的差异。

**解析**

12 月 31 日账面价值 = 8 000 - 800 = 7 200(万元)

12 月 31 日计税基础 = 8 000(万元)

应收账款的计税基础 8 000 万元与其账面价值 7 200 万元之间产生 800 万元的暂时性差异,在应收账款发生实质性损失时减少未来的应交所得税。

### (二) 负债的计税基础

负债的计税基础,是指负债的账面价值减去未来期间计算应纳税所得额时按照税法规定可予抵扣的金额。公式表示如下。

$$负债的计税基础 = 账面价值 - 未来期间按照税法规定可予税前扣除的金额$$

负债的确认与偿还一般不会影响企业的损益,也不会影响其应纳税所得额,未来期间计算应纳税所得额时按照税法规定可予抵扣的金额为 0,计税基础即为账面价值,如企业的短期借款、应付账款等。

但在某些情况下,负债的确认可能会影响企业的损益,进而影响不同期间的应纳税所得额,使得其计税基础与账面价值之间产生差额,如按会计规定确认的预计负债。

### 1. 预计负债

(1) 企业因销售商品提供售后服务等原因确认的预计负债。按照或有事项准则规定,企业对于预计提供售后服务将发生的支出在满足有关确认条件时,销售当期即应确认为费用,同时确认预计负债。

税法规定,与销售产品相关的支出应于发生时在税前扣除。因该类事项产生的预计负债在期末的计税基础为其账面价值与未来期间可税前扣除的金额之间的差额,即为 0。

**典型任务实例 5-12**

甲企业本年因销售产品承诺提供 3 年的保修服务,账务处理如下。

借:销售费用　　　　　　　　　　　　　　　　　　　　　1 000 000

　　贷:预计负债　　　　　　　　　　　　　　　　　　　　　1 000 000

该年未发生任何保修支出。试分析该项预计负债的账面价值与计税基础之间的差异。

**解析**

本年 12 月 31 日预计负债账面价值为 100 万元。

该项负债的计税基础=100-100=0

(2) 未决诉讼。因其他事项确认的预计负债,应按照税法规定的计税原则确定其计税基础。在某些情况下,因有些事项确认的预计负债,如果税法规定其支出无论是否实际发生均不允许税前扣除,即在未来期间按照税法规定可予抵扣的金额为零,其账面价值与计税基础相同,如对外提供债务担保确认的预计负债。

对于税法规定在实际发生时可以税前扣除的未决诉讼,如违反合同约定的诉讼等,仍然会产生暂时性差异。

**典型任务实例 5-13**

甲公司 12 月 31 日涉及一项与本企业生产经营活动无关的担保诉讼案件,甲公司估计败诉的可能性为 60%,如败诉,赔偿金额估计为 100 万元。账务处理如下。

借:营业外支出　　　　　　　　　　　　　　　　　　　　　1 000 000

　　贷:预计负债　　　　　　　　　　　　　　　　　　　　　1 000 000

试分析该项预计负债的账面价值与计税基础之间的差异。

**解析**

负债账面价值=100(万元)

由于与本企业生产经营活动无关的担保涉及的诉讼支出与取得收入无关,不得税前扣除,所以,负债计税基础=100-0=100(万元),无暂时性差异。

2. 预收账款

企业在收到客户预付的款项时,因不符合收入确认条件,会计上将其确认为负债。税法中对于收入的确认原则一般与会计规定相同,即会计上未确认收入时,计税时一般也不计入应纳税所得额,该部分经济利益在未来期间计税时可予税前扣除的金额为 0,计税基础等于账面价值。

在某些情况下,因不符合会计准则规定的收入确认条件,未确认为收入的预收款项,按照税法规定应计入当期应纳税所得额时,有关预收账款的计税基础为 0,即因其产生时已经计算缴纳所得税,在未来期间可全额税前扣除,如房地产企业在收到预收账款时,会计不确认收入,税法需要视同销售缴纳相关税费。

**典型任务实例 5-14**

A 房地产公司于 12 月 20 日自客户处收到期房预付款,金额为 3 000 万元,因不符合收入确认条件,作为预收账款核算。假定按税法规定,该款应计入取得当期应纳税所得额。试分析该预收账款的账面价值与计税基础间的差异。

**解析**

该预收账款在 A 公司 12 月 31 日资产负债表中的账面价值为 3 000 万元。

计税基础＝3 000－3 000＝0

该负债的账面价值 3 000 万元与其计税基础 0 之间产生的 3 000 万元暂时性差额,将减少企业未来的应交所得税。

3. 应付职工薪酬

(1) 计税基础＝账面价值。会计准则规定,企业为获得职工提供的服务给予的各种形式的报酬以及其他相关支出均应作为企业的成本费用,在未支付之前确认为负债。在税法中对于职工薪酬基本允许税前扣除,但税法中明确规定了税前扣除标准的,按照会计准则规定计入成本费用的金额超过规定标准部分,应进行纳税调整。

(2) 计税基础≠账面价值。税法规定,与该项辞退福利有关的补偿款于实际支付时可税前扣除;因辞退福利确认的预计负债而形成的暂时性差异,需确认递延所得税。

**典型任务实例 5-15**

某企业 1—12 月计入成本费用的职工工资总额为 3 000 万元,至本年 12 月 31 日尚有 200 万元未支付,体现为资产负债表中的应付职工薪酬负债。试分析该项应付职工薪酬的账面价值与计税基础之间的差异。

**解析**

该项应付职工薪酬负债的账面价值为 200 万元。

负债计税基础＝200－200＝0

该项负债的账面价值 200 万元与其计税基础 0 之间的差额 200 万元形成暂时性差异,将减少企业在未来期间应交所得税的义务。

4. 其他负债(即其他应付款)

企业的其他负债项目,如应交的罚款和滞纳金等,在尚未支付之前按照会计规定确认为费用,同时作为负债反映。税法规定,罚款和滞纳金不允许税前扣除,即该部分费用无论是在发生当期还是在以后期间均不允许税前扣除,其计税基础为账面价值减去未来期间计税时可予税前扣除的金额之间的差额,即计税基础等于账面价值。

其他交易或事项产生的负债,计税基础应当按照适用税法的相关规定确定。

**典型任务实例 5-16**

甲公司 12 月因违反当地有关环保法规的规定,接到环保部门的处罚通知,要求其支付罚款 500 万元。账务处理如下。

借:营业外支出　　　　　　　　　　　　　　　　　　　　　5 000 000
　　贷:其他应付款　　　　　　　　　　　　　　　　　　　　　　5 000 000

至本年 12 月 31 日,该项罚款尚未支付作为负债在资产负债表列示。试分析该项罚款的账面价值与计税基础之间的差异。

**解析**

该项负债的账面价值为 500 万元,其计税基础如下。

负债的计税基础＝500－0＝500(万元)

该项负债的账面价值 500 万元与其计税基础 500 万元相同,不形成暂时性差异。

### (三)特殊交易或事项中产生资产、负债计税基础的确定

除企业在正常生产经营活动过程中取得的资产和负债以外,对于某些特殊交易中产生的资产、负债,其计税基础的确定应遵从税法规定,如企业合并过程中取得资产、负债计税基础的确定。在《企业会计准则第 20 号——企业合并》中,视参与合并各方在合并前及合并后是否为同一方或相同的多方最终控制,分为同一控制下的企业合并与非同一控制下的企业合并两种类型。

#### 1. 同一控制下的企业合并

对于同一控制下的企业合并,合并中取得的有关资产、负债基本上维持其原账面价值不变,合并中不产生新的资产和负债;对于非同一控制下的企业合并,合并中取得的有关资产、负债应按其在购买日的公允价值计量,企业合并成本大于合并中取得可辨认净资产公允价值的份额部分确认为商誉,企业合并成本小于合并中取得可辨认净资产公允价值的份额部分计入合并当期损益,即资产、负债的计税基础等于账面价值。

#### 2. 非同一控制下的企业合并

会计处理,如果是吸收合并,合并方取得的各项资产和各项负债应按照公允价值入账。如果付出的合并对价和被合并方净资产公允价值不一致的,借记“商誉”科目或贷记“营业外收入”科目。

税务处理,被合并企业应按照公允价值转让、处置全部资产,计算资产的转让、处置所得,缴纳所得税;合并企业应按照所确认的有关资产、负债的公允价值来确定计税基础。此时不会形成暂时性差异。

对于符合税法所规定的免税合并的处理,情况则不同,会产生暂时性差异。

### (四)暂时性差异

暂时性差异是指资产、负债的账面价值与其计税基础不同产生的差额。由于资产、负债的账面价值与其计税基础不同,产生了在未来收回资产或清偿负债的期间内,应纳税所得额增加或减少并导致未来期间应交所得税增加或减少的情况,形成企业的递延所得税资产和递延所得税负债。

应予说明的是,在资产负债表债务法下,仅确认暂时性差异的所得税影响,永久性差异应从资产负债表角度考虑,不会产生资产、负债的账面价值与其计税基础的差异,即不形成暂时性差异,对企业在未来期间计税没有影响,不产生递延所得税。

根据暂时性差异对未来期间应纳税所得额的影响,分为应纳税暂时性差异和可抵扣暂时性差异。

除因资产、负债的账面价值与其计税基础不同产生的暂时性差异以外,按照税法规定可以结转以后年度的未弥补亏损和费用扣除,也视同可抵扣暂时性差异处理。

#### 1. 应纳税暂时性差异

应纳税暂时性差异是指在确定未来收回资产或清偿负债期间的应纳税所得额时,将导致产生应税金额的暂时性差异,该差异在未来期间转回时,会增加转回期间的应纳税所得额,即在未来期间不考虑该事项影响的应纳税所得额的基础上,由于该暂时性差异的转回,会进一步增加转回期间的应纳税所得额和应交所得税金额。在应纳税暂时性差异产生的当

期,应当确认相关的递延所得税负债。

应纳税暂时性差异通常产生于以下情况。

(1) 资产的账面价值大于其计税基础。一项资产的账面价值代表的是企业在持续使用或最终出售该项资产时将取得的经济利益的总额,而计税基础代表的是一项资产在未来期间可予税前扣除的金额。

通俗地理解:资产账面价值可视为收入,其计税基础可视为成本费用,收入−费用>0,产生利润,应当纳税,资产的账面价值大于其计税基础的差异为应纳税暂时性差异,会增加未来期间应纳税所得额和应交所得税金额。在其产生当期,符合确认条件的情况下,应确认相关的递延所得税负债。

(2) 负债的账面价值小于其计税基础。一项负债的账面价值为企业预计在未来期间清偿该项负债时的经济利益流出,而其计税基础代表的是账面价值在扣除税法规定未来期间允许税前扣除的金额之后的差额。负债的账面价值小于其计税基础,则意味着就该项负债在未来期间可以税前抵扣的金额为负数,即应在未来期间应纳税所得额的基础上调增,增加应纳税所得额和应交所得税金额,产生应纳税暂时性差异,应确认相关的递延所得税负债。

应纳税暂时性差异发生时,账务处理如下。

借:所得税费用(或其他综合收益)

　　贷:递延所得税负债

转回同一事项对应的应纳税暂时性差异时,账务处理如下。

借:递延所得税负债

　　贷:所得税费用(或其他综合收益)

应纳税暂时性差异对企业所得税的影响:产生差异时,本期少交税;同一事项对应的差异转回时,将来多交税。

## 典型任务实例 5-17

甲公司一项固定资产,其原值是 120 万元,不考虑净残值,会计上折旧期限为 10 年,税法上可采取缩短折旧期限为 6 年,均采用直线法且无残值。会计上每年折旧额为 12 万元,税法上每年折旧额为 20 万元,前 6 年就形成了每年 8 万元的暂时性差异。试确定差异的性质及所得税影响。

**解析**

前 6 年账面价值均大于其计税基础,均产生应纳税暂时性差异。

以第 1 年为例,

固定资产的账面价值=120−12=108(万元)

固定资产的计税基础=120−20=100(万元)

假设第 1 年的利润总额是 $q$,且没有其他任何纳税调整事项,账务处理如下。

借:所得税费用　　　　　　　　　　　　　　　　　　　　　　　　$q \cdot 25\%$

　　贷:应交税费——应交所得税　　　　　　　　　　　　　　$(q-80\,000) \cdot 25\%$

　　　　递延所得税负债　　　　　　　　　　　　　　　　　　$80\,000 \times 25\%$

后 4 年每年需转回应纳税暂时性差异 12 万元。假设第 7 年会计利润为 $y$,且没有其他任何纳税调整事项,账务处理如下。

借:所得税费用                                         $y \cdot 25\%$
　　递延所得税负债                               $120\,000 \times 25\%$
　贷:应交税费——应交所得税                  $(y+120\,000) \cdot 25\%$

**2. 可抵扣暂时性差异**

可抵扣暂时性差异,是指在确定未来收回资产或清偿负债期间的应纳税所得额时,将导致产生可抵扣金额的暂时性差异。可抵扣暂时性差异产生当期,企业预计未来期间能够产生足够的应纳税所得额利用该可抵扣差异时,应确认相关的递延所得税资产,即企业确认递延所得税资产应以未来期间可能取得的应纳税所得额为限。

可抵扣暂时性差异一般产生于以下情况。

(1) 资产的账面价值小于其计税基础。资产在未来期间产生的经济利益少,按照税法规定允许税前扣除的金额多,则就账面价值与计税基础之间的差额,在未来期间可减少应纳税所得额并减少应交所得税,符合有关条件时,应当确认相关的递延所得税资产。

通俗地理解:资产的账面价值可视为收入,其计税基础可视为成本费用,收入减费用小于0,产生亏损,抵减税款。所以资产账面价值小于其计税基础的差异为可抵扣暂时性差异,发生当期确认递延所得税资产,减少未来期间应纳税所得额和应交所得税金额。

(2) 负债的账面价值大于其计税基础,负债产生的暂时性差异实质上是税法规定就该项负债可以在未来期间税前扣除的金额,即:

负债产生的暂时性差异＝账面价值－计税基础

$$=账面价值-\left(账面价值-\begin{array}{c}未来期间计税时按照税法\\规定可予税前扣除的金额\end{array}\right)$$

$$=未来期间计税时按照税法规定可予税前扣除的金额$$

一项负债的账面价值大于其计税基础,意味着在未来期间按税法规定与该负债相关的全部或部分支出可以自未来应税经济利益中扣除,减少未来期间的应纳税所得额和应交所得税。

可抵扣暂时性差异发生时,估计未来有充足的应纳税所得额时,账务处理如下。

借:递延所得税资产
　贷:所得税费用(或其他综合收益)

转回同一事项对应的可抵扣暂时性差异时,账务处理如下。

借:所得税费用(或其他综合收益)
　贷:递延所得税资产

可抵扣暂时性差异对企业所得税的影响:产生差异时,本期多交税;同一事项对应的差异转回时,未来少交税。

**典型任务实例 5-18**

甲公司一项固定资产,其原值是120万元,不考虑净残值,会计上折旧期限为5年,税法上规定最低折旧年限为10年,均采用直线法且无残值。会计上每年折旧额为24万元,税法上每年折旧额为12万元。假设每年利润总额是$w$,且没有其他任何纳税调整事项。试确定并分析差异的性质并作出相应的账务处理。

**解析**

前5年资产账面价值均小于其计税基础,每年产生12万元的可抵扣暂时性差异,账务处理如下。

$$借:所得税费用 \qquad\qquad w \cdot 25\%$$
$$递延所得税资产 \qquad\qquad 120\ 000 \times 25\%$$
$$贷:应交税费——应交所得税 \qquad (w+120\ 000) \cdot 25\%$$

后 5 年每年转回可抵扣暂时性差异 12 万元,账务处理如下。

$$借:所得税费用 \qquad\qquad w \cdot 25\%$$
$$贷:应交税费——应交所得税 \qquad (w-120\ 000) \cdot 25\%$$
$$递延所得税资产 \qquad\qquad 120\ 000 \times 25\%$$

### 典型任务实例 5-19

甲企业 12 月因销售产品承诺提供 3 年的保修服务,账务处理如下。

$$借:销售费用 \qquad\qquad 1\ 000\ 000$$
$$贷:预计负债 \qquad\qquad 1\ 000\ 000$$

该年未发生任何保修支出。假设每年利润总额是 $w$,且没有其他任何纳税调整事项。试分析并确定差异的性质并作出相应的账务处理。

**解析**

本年 12 月 31 日预计负债账面价值为 100 万元,则:

负债的计税基础＝100－100＝0

负债的账面价值＞计税基础,产生可抵扣暂时性差异 100 万元,账务处理如下。

$$借:所得税费用 \qquad\qquad w \cdot 25\%$$
$$递延所得税资产 \qquad\qquad 1\ 000\ 000 \times 25\%$$
$$贷:应交税费——应交所得税 \qquad (w+1\ 000\ 000) \cdot 25\%$$

待发生保修服务支出时,按相应金额转回原来确认的可抵扣暂时性差异。

3. 特殊项目产生的暂时性差异

未作为资产、负债确认的项目产生的暂时性差异。某些交易或事项发生以后,因为不符合资产、负债的确认条件而未体现为资产负债表中的资产或负债,但按照税法规定能够确定其计税基础的,其账面价值与计税基础之间的差异也形成暂时性差异。

(1) 广告费和业务宣传费。会计规定,广告费和业务宣传费发生时计入当期损益(销售费用),不形成资产,即资产账面价值为 0;税法规定,按不超过当年销售收入 15%的部分准予扣除;超过部分准予在以后纳税年度结转扣除,即超过部分形成资产的计税基础。超过税前扣除限额的部分形成可抵扣暂时性差异。

(2) 职工教育经费。会计规定,职工教育经费实际发生支出时通过"应付职工薪酬"转让相应的成本、费用,均在当期会计损益中扣除,不形成资产和负债,即资产账面价值为 0;税法规定,在一般情况下,实际发生的职工教育经费不超过当年实发工资、薪金总额 8%的部分准予税前扣除;超过部分准予结转以后纳税年度扣除,即超过部分形成资产的计税基础。超过税前扣除限额部分形成可抵扣暂时性差异。账务处理如下。

借:递延所得税资产

贷:所得税费用

以后纳税年度税前可扣除时,作纳税调减,转回原来对应的可抵扣暂时性差异时,账务处理如下。

借:所得税费用

贷:递延所得税资产

### 典型任务实例 5-20

A 公司全年发生了 2 000 万元的广告费支出,发生时已作为销售费用计入当期损益。A 公司全年实现销售收入 10 000 万元。假设每年利润总额是 $w$,且没有其他任何纳税调整事项。试分析并确定该事项形成差异的性质并做出相应的账务处理。

**解析**

该广告费支出发生时已计入当期损益,不体现为资产,即资产账面价值为 0。

因按照税法规定,该广告费支出当年可税前扣除限额为 1 500 万元(10 000×15%),当期超限额税前不准扣除的 500 万元,可递延以后纳税年度继续扣除,其计税基础为 500 万元,形成可抵扣暂时性差异 500 万元。其账务处理如下。

借:所得税费用               $w \cdot 25\%$

  递延所得税资产          5 000 000×25%

 贷:应交税费——应交所得税      $(w+5\ 000\ 000) \cdot 25\%$

以后纳税年度税前可扣除时,作纳税调减,转回原来对应的可抵扣暂时性差异 500 万元涉及的递延所得税资产 125 万元。

(3)可抵扣亏损及税款抵减。对于按照税法规定可以结转以后年度的未弥补亏损及税款抵减,虽不是因资产、负债的账面价值与计税基础不同产生的,但本质上可抵扣亏损和税款抵减与可抵扣暂时性差异具有同样的作用,均能够减少未来期间的应纳税所得额和应交所得税金额,视同可抵扣暂时性差异,在符合确认条件的情况下,应确认与其相关的递延所得税资产。

### 典型任务实例 5-21

甲公司于 2017 年因政策性原因发生经营亏损 2 000 万元,按照税法规定,该亏损可用于抵减以后 5 个年度的应纳税所得额。该公司预计其于未来 5 年期间能够产生足够的应纳税所得额弥补该亏损。假设没有其他任何纳税调整事项,试分析上述业务形成的差异及对企业所得税的影响,并做出相应的账务处理。

**解析**

该经营亏损不是资产、负债的账面价值与其计税基础不同产生的,但从性质上来看可以减少未来期间的应纳税所得额和应交所得税金额,属于可抵扣暂时性差异。企业预计未来期间能够产生足够的应纳税所得额利用该可抵扣亏损时,应确认相关的递延所得税资产。2017 年的账务处理如下。

借:递延所得税资产(2 000×25%)          500

 贷:所得税费用(2 000×25%)          500

2017 年利润总额是 −2 000 万元,所得税费用是 −500 万元(−2 000×25%)。

  净利润 = −2 000−(−2 000×25%) = −2 000×75% = −1 500(万元)

2018 年盈利 1 500 万元,账务处理如下。

借:所得税费用(1 500×25%)      375

    贷:递延所得税资产(1 500×25%)      375

2019 年盈利 1 000 万元,账务处理如下。

借:所得税费用(1 000×25%)      250

    贷:应交税费——应交所得税(500×25%)      125

        递延所得税资产(500×25%)      125

4. 常见的资产、负债账面价值与其计税基础产生暂时性差异举例

常见的资产、负债账面价值与其计税基础产生暂时性差异举例(见表 5-4 和表 5-5)。

表 5-4　常见的资产账面价值与其计税基础产生暂时性差异举例　　　　金额单位:万元

| 资产 | 事项描述 | 资产账面价值 | 资产计税基础 | 差异 | 暂时性差异性质 |
|---|---|---|---|---|---|
| 应收账款 | 账面余额 1 000 万元,坏账准备账面余额 200 万元,税法规定不得扣除坏账准备 | 800 | 1 000 | −200 | 可抵扣暂时性差异 |
| 存货 | 存货账面余额 2 000 万元,存货减值准备账面余额 300 万元 | 1 700 | 2 000 | −300 | 可抵扣暂时性差异 |
| 固定资产 | 原值 1 000 万元,会计直线折旧 10 年,税法规定 5 年,无净残值,使用两年时确认 120 万元减值,在第 3 年年末 | 595(1 000−100×2−120)÷8×7 | 400(1 000−200×3) | 195 | 应纳税暂时性差异 |
| 无形资产 | 无形资产取得成本 500 万元,会计确认为使用寿命不确定不予摊销,税法规定按 10 年的期限摊销。取得该项无形资产 1 年以后 | 500 | 450(500−500÷10×1) | 50 | 应纳税暂时性差异 |
| | 在自行开发无形资产过程中需要资本化的开发支出 600 万元,税法规定按 150% 摊销 | 600 | 900 | −300 | 可抵扣暂时性差异 |
| 交易性金融资产 | 取得交易性金融资产支付成本 1 200 万元,另支付交易费用 5 万元 | 1 200 | 1 205 | −5 | 可抵扣暂时性差异 |
| | 取得交易性金融资产支付成本 1 200 万元,另支付交易费用 5 万元,该交易性金融资产期末公允价值 1 100 万元 | 1 100 | 1 205 | −105 | 可抵扣暂时性差异 |
| | 取得交易性金融资产支付成本 1 200 万元,另支付交易费用 5 万元,该交易性金融资产期末公允价值 1 300 万元 | 1 300 | 1 205 | 95 | 应纳税暂时性差异 |

续表

| 资产 | 事项描述 | 资产账面价值 | 资产计税基础 | 差异 | 暂时性差异性质 |
|---|---|---|---|---|---|
| 其他债权投资 | 取得时支付成本 1 200 万元,该金融资产期末公允价值 1 100 万元(金融资产公允价值变动损益计入其他综合收益借方) | 1 100 | 1 200 | −100 | 可抵扣暂时性差异 |
| | 取得时支付成本 1 200 万元,该交易性金融资产期末公允价值 1 300 万元(金融资产公允价值变动损益计入其他综合收益贷方) | 1 300 | 1 200 | 100 | 应纳税暂时性差异 |
| 投资性房地产 | 原值 1 000 万元,使用期 20 年,第 5 年年末转为投资性房地产按公允价值计价为 700 万元 | 700 | 750(1 000÷20×15) | −50 | 可抵扣暂时性差异 |
| 长期股权投资 | 权益法核算长期股权投资,初始成本 1 000 万元,应享有 200 万元被投资单位利润记入"长期股权投资——损益调整"科目 | 1 200 | 1 000 | 200 | 应纳税暂时性差异 |

表 5-5　常见的负债账面价值与其计税基础产生暂时性差异举例　　金额单位:万元

| 负债 | 事项描述 | 负债账面价值 | 负债计税基础 | 差异 | 暂时性差异性质 |
|---|---|---|---|---|---|
| 预计负债 | 预计售后服务确认的预计负债账面余额 150 万元,税法规定发生服务时方可税前扣除 | 150 | 0 | 150 | 可抵扣暂时性差异 |
| | 其他预计负债视情况决定,如合同赔偿涉及未决诉讼而确认预计负债 200 万元,税法规定支付时可税前扣除 | 200 | 0 | 200 | 可抵扣暂时性差异 |
| 预收账款 | 房地产公司预收账款 1 000 万元,税法要求计入当期应税所得缴纳所得税 | 1 000 | 0 | 1 000 | 可抵扣暂时性差异 |

 想一想

固定资产原值 20 000 元,预计使用年限 5 年,采用直线法计提折旧,到期无残值。税法允许采用双倍余额递减法计提折旧。请判断分析这是一项什么差异。

## 三、递延所得税负债及递延所得税资产

企业在计算确定了应纳税暂时性差异与可抵扣暂时性差异后,应当按照所得税准则规定的原则确认与应纳税暂时性差异相关的递延所得税负债以及与可抵扣暂时性差异相关的

递延所得税资产。

## （一）递延所得税负债的确认和计量

递延所得税负债产生于应纳税暂时性差异。因应纳税暂时性差异在转回期间将增加企业的应纳税所得额和应交所得税金额，导致企业经济利益的流出，在发生当期，构成企业应支付税金的义务，应作为负债确认。

确认应纳税暂时性差异产生的递延所得税负债，在交易或事项发生时影响到会计利润或应纳税所得额的，相关的所得税影响应作为利润表中所得税费用的组成部分；与直接计入所有者权益的交易或事项相关的，其所得税影响应减少所有者权益；与企业合并中取得资产、负债相关的，递延所得税影响应调整购买日应确认的商誉或是计入合并当期损益的金额。

1. 递延所得税负债的确认

企业在确认因应纳税暂时性差异产生的递延所得税负债时，应遵循以下原则。

（1）除所得税准则中明确规定可不确认递延所得税负债的情况以外，企业对于所有的应纳税暂时性差异均应确认相关的递延所得税负债。

基于谨慎性原则，为了充分反映交易或事项发生后，对未来期间的计税影响，除特殊情况可不确认相关的递延所得税负债外，企业应尽可能地确认与应纳税暂时性差异相关的递延所得税负债。

（2）不确认递延所得税负债的特殊情况。有些情况下，虽然资产、负债的账面价值与其计税基础不同，产生了应纳税暂时性差异，但出于各方面考虑，在所得税准则中规定不确认相应的递延所得税负债，主要包括以下几个方面。

① 商誉的初始确认。非同一控制下的企业合并，企业合并成本大于合并中取得的被购买方可辨认净资产公允价值份额的差额，按照会计准则规定应确认为商誉。

② 除企业合并以外的其他交易或事项，如果该项交易或事项发生时既不影响会计利润，也不影响应纳税所得额，则所产生的资产、负债的初始确认金额与其计税基础不同，形成应纳税暂时性差异的，交易或事项发生时不确认相应的递延所得税负债。

③ 与子公司、联营企业、合营企业投资等相关的应纳税暂时性差异，一般应确认相关的递延所得税负债，但同时满足以下两个条件的除外：一是投资企业能够控制暂时性差异转回的时间；二是该暂时性差异在可预见的未来很可能不会转回。满足上述条件时，投资企业可以运用自身的影响力决定暂时性差异的转回，如果不希望其转回，则在可预见的未来该项暂时性差异即不会转回，从而对未来期间不会产生所得税影响，无须确认相应的递延所得税负债。

2. 递延所得税负债的计量

（1）所得税准则规定，资产负债表日，对于递延所得税负债，应当根据税法规定，按照预期清偿该负债期间的适用税率计量，即递延所得税负债应以相关应纳税暂时性差异转回期间按照税法规定适用的所得税税率计量。

在我国，除享受优惠政策的情况以外，企业适用的所得税税率在不同年度之间一般不会发生变化，企业在确认递延所得税负债时，可以现行适用税率为基础计算确定。对于享受优惠政策的企业，如在经国家批准的经济技术开发区内的企业，享受一定期间的税率优惠，则所产生的暂时性差异应以预计其转回期间的适用所得税税率为基础计量。

（2）无论应纳税暂时性差异的转回期间如何，准则中规定递延所得税负债不要求折现。对递延所得税负债进行折现，企业需要对相关的应纳税暂时性差异进行详细分析，确定其具体的转回时间表，并在此基础上，按照一定的利率折现后确定递延所得税负债的金额。在实务中，要求企业进行类似的分析工作量较大、包含的主观判断因素较多，且在很多情况下无法合理确定暂时性差异的具体转回时间，准则规定递延所得税负债不予折现。

### （二）递延所得税资产的确认和计量

#### 1. 递延所得税资产的确认

（1）确认的一般原则。递延所得税资产产生于可抵扣暂时性差异。资产、负债的账面价值与其计税基础不同产生可抵扣暂时性差异的，在估计未来期间能够取得足够的应纳税所得额用以利用该可抵扣暂时性差异时，应当以很可能取得用来抵扣可抵扣暂时性差异的应纳税所得额为限，确认相关的递延所得税资产。

同递延所得税负债的确认相同，在有关交易或事项发生时，对税前会计利润或是应纳税所得额产生影响的，所确认的递延所得税资产应作为利润表中所得税费用的调整。

有关的可抵扣暂时性差异产生于直接计入所有者权益的交易或事项的，确认的递延所得税资产也应计入所有者权益；在企业合并中取得的有关资产、负债产生的可抵扣暂时性差异，其所得税影响应相应调整合并中确认的商誉或是应计入合并当期损益的金额。

确认递延所得税资产时，应关注以下问题。

① 递延所得税资产的确认应以未来期间很可能取得的用来抵扣可抵扣暂时性差异的应纳税所得额为限。在可抵扣暂时性差异转回的未来期间内，企业无法产生足够的应纳税所得额用以利用可抵扣暂时性差异的影响，使得与可抵扣暂时性差异相关的经济利益无法实现的，则不应确认递延所得税资产；企业有明确的证据表明其于可抵扣暂时性差异转回的未来期间能够产生足够的应纳税所得额，进而利用可抵扣暂时性差异的，则应以很可能取得的应纳税所得额为限，确认相关的递延所得税资产。

在判断企业于可抵扣暂时性差异转回的未来期间是否能够产生足够的应纳税所得额时，应考虑以下两个方面的影响。

一方面是通过正常的生产经营活动能够实现的应纳税所得额，如企业通过销售商品、提供劳务等所实现的收入，扣除有关的成本费用等支出后的金额。该部分情况的预测应当以经企业管理层批准的最近财务预算或预测数据以及该预算或者预测期之后年份稳定的或者递减的增长率为基础。

另一方面是在以前期间产生的应纳税暂时性差异在未来期间转回时将增加的应纳税所得额。

考虑到在可抵扣暂时性差异转回的期间内可能取得应纳税所得额的限制，因无法取得足够的应纳税所得额而未确认相关的递延所得税资产的，应在会计报表附注中进行披露。

② 对与子公司、联营企业、合营企业的投资相关的可抵扣暂时性差异，同时满足下列条件的，应当确认相关的递延所得税资产：一是暂时性差异在可预见的未来很可能转回；二是未来很可能获得用来抵扣可抵扣暂时性差异的应纳税所得额。

对联营企业和合营企业等的投资产生的可抵扣暂时性差异，主要产生于权益法下被投资单位发生亏损时，投资企业按照持股比例确认应予承担的部分相应减少长期股权投资的账面价值，但税法规定长期股权投资的成本在持有期间不发生变化，造成长期股权投资的账面价值小于其计税基础,产生可抵扣暂时性差异。可抵扣暂时性差异还产生于对长期股权投资计提减值准备的情况下。

③ 对于按照税法规定可以结转以后年度的未弥补亏损(可抵扣亏损)和税款抵减,应视同可抵扣暂时性差异处理。在预计可利用可弥补亏损或税款抵减的未来期间内很可能取得足够的应纳税所得额时,应当以很可能取得的应纳税所得额为限,确认相应的递延所得税资产,同时减少确认当期的所得税费用。

(2) 不确认递延所得税资产的特殊情况。在某些情况下,如果企业发生的某项交易或事项不属于企业合并,并且交易发生时既不影响会计利润也不影响应纳税所得额,且在该项交易中产生的资产、负债的初始确认金额与其计税基础不同,产生可抵扣暂时性差异的,所得税准则规定在交易或事项发生时不确认相关的递延所得税资产。其原因同该种情况下不确认递延所得税负债相同,如果确认递延所得税资产,则需调整资产、负债的入账价值,对实际成本进行调整将有违会计核算的历史成本原则,影响会计信息的可靠性。

2. 递延所得税资产的计量

(1) 适用税率的确定。同递延所得税负债的计量原则相一致,确认递延所得税资产时,应当以预期收回该资产期间的适用所得税税率为基础计算确定。

另外,无论相关的可抵扣暂时性差异的转回期间如何,递延所得税资产均不要求折现。

(2) 递延所得税资产的减值。所得税准则规定,在资产负债表日,企业应当对递延所得税资产的账面价值进行复核。如果在未来期间很可能无法取得足够的应纳税所得额用于利用可抵扣暂时性差异带来的经济利益,应当减记递延所得税资产的账面价值。

同其他资产的确认和计量原则相一致,递延所得税资产的账面价值应当代表其为企业带来未来经济利益的能力。企业在确认了递延所得税资产以后因各方面情况变化,导致按照新的情况估计,在有关可抵扣暂时性差异转回的期间内,无法产生足够的应纳税所得额用以利用可抵扣暂时性差异,使得与递延所得税资产相关的经济利益无法全部实现的,对于预期无法实现的部分,应当减记递延所得税资产的账面价值。除原确认时计入所有者权益的递延所得税资产,其减计金额亦应计入所有者权益外,其他的情况应增加减计当期的所得税费用。

因无法取得足够的应纳税所得额利用可抵扣暂时性差异而减记递延所得税资产账面价值的,在以后期间根据新的环境和情况判断能够产生足够的应纳税所得额利用可抵扣暂时性差异,使得递延所得税资产包含的经济利益能够实现的,应相应恢复递延所得税资产的账面价值。

另外,应当说明的是,无论是递延所得税资产还是递延所得税负债的计量,均应考虑资产负债表日企业预期收回资产或清偿负债方式的所得税影响,在计量递延所得税资产和递延所得税负债时,应当采用与收回资产或清偿债务的预期方式相一致的税率和计税基础。

## (三) 适用税率变化对已确认递延所得税资产和递延所得税负债的影响

因适用税收法规的变化,导致企业在某一会计期间适用的所得税税率发生变化的,企业应对已确认的递延所得税资产和递延所得税负债按照新的税率进行重新计量。递延所得税资产和递延所得税负债的金额代表的是有关可抵扣暂时性差异或应纳税暂时性差异于未来期间转回时,导致应交所得税金额的减少或增加的情况。因国家税收法律法规等的变化导致适用税率变化的,必然导致应纳税暂时性差异或可抵扣暂时性差异在未来期间转回时产生应交所得税金额的变化。在适用税率变动的情况下,企业应对原已确认的递延所得税资产及递延所得税负债的金额进行调整,反映税率变化带来的影响。

除直接计入所有者权益的交易或事项产生的递延所得税资产及递延所得税负债,相关的调整金额应计入所有者权益以外,在其他情况下产生的递延所得税资产及递延所得税负债的调整金额应确认为变化当期的所得税费用(或收益)。

## 四、所得税费用的确认和计量

企业核算所得税,主要是为确定当期应交所得税以及利润表中应确认的所得税费用。在按照资产负债表债务法核算所得税的情况下,利润表中的所得税费用由两个部分组成:当期所得税和递延所得税。

### (一) 当期所得税

当期所得税是指企业按照税法规定计算确定的针对当期发生的交易和事项,应交纳给税务部门的所得税金额,即应交所得税,当期所得税应以适用的税法为基础计算确定。

企业在确定当期所得税时,对于当期发生的交易或事项,会计处理与税法处理不同的,应在会计利润的基础上,按照适用税法的规定进行调整,计算出当期应纳税所得额,按照应纳税所得额与适用所得税税率计算确定当期应交所得税。在一般情况下,应纳税所得额可在会计利润的基础上,考虑会计与税法之间的差异,按照以下公式计算确定

$$\frac{应纳税}{所得额} = \frac{会计}{利润} + \frac{按照会计准则规定计入利润表}{但计税时不允许税前扣除的费用} \pm \frac{计入利润表的费用与按照税法规定}{可予税前抵扣的费用金额之间的差额}$$

$$\pm \frac{计入利润表的收入与按照税法规定}{应计入应纳税所得额的收入之间的差额} - \frac{税法规定的}{不征税收入}$$

$$\pm \frac{其他需要}{调整的因素}$$

当期所得税 = 当期应交所得税 = 应纳税所得额 × 适用的所得税税率

### (二) 递延所得税

递延所得税是指按照所得税准则规定应予确认的递延所得税资产和递延所得税负债在期末应有的金额相对于原已确认金额之间的差额,即递延所得税资产及递延所得税负债当期发生额的综合结果。

$$\frac{递延}{所得税} = \left(\frac{期末递延}{所得税负债} - \frac{期初递延所}{得税负债}\right) - \left(\frac{期末递延}{所得税资产} - \frac{期初递延所}{得税资产}\right)$$

应予说明的是,企业因确认递延所得税资产和递延所得税负债产生的递延所得税,一般应当计入所得税费用,但以下两种情况除外:一种是某项交易或事项按照会计准则规定应计入所有者权益的,由该交易或事项产生的递延所得税资产或递延所得税负债及其变化亦应计入所有者权益,不构成利润表中的递延所得税费用(或收益);另一种是企业合并中取得的资产、负债,其账面价值与计税基础不同,应确认相关递延所得税的,该递延所得税的确认影响合并中产生的商誉或是计入合并当期损益的金额,不影响所得税费用。

### 典型任务实例 5-22

企业持有的某项可供出售金融资产,成本为 400 万元,在会计期末其公允价值为 480 万元,该企业适用的所得税税率为 25%。除该事项外,该企业不存在其他会计与税法之间的差

异,且递延所得税资产和递延所得税负债不存在期初余额。请做出该业务的会计处理。

**解析**

会计期末确认 80 万元的公允价值变动时,做如下会计分录。

借:可供出售金融资产　　　　　　　　　　　　　　　　　　　　　800 000

　贷:其他综合收益　　　　　　　　　　　　　　　　　　　　　　　　　800 000

确认应纳税暂时性差异的所得税影响时,做如下会计分录。

借:其他综合收益　　　　　　　　　　　　　　　　　　　　　　　200 000

　贷:递延所得税负债　　　　　　　　　　　　　　　　　　　　　　　　200 000

## (三) 所得税费用

计算确定了当期所得税及递延所得税以后,利润表中应予确认的所得税费用为两者之和,即

$$所得税费用＝当期所得税＋递延所得税$$

**典型任务实例 5-23**

甲股份有限公司 2021 年适用的所得税税率为 25%,假定税法规定,保修费在实际发生时可以在应纳税所得额中扣除。"递延所得税资产"科目 2021 年年初余额为 11.25 万元(均为产品质量保证形成的,即 $45×25\%＝11.25$(万元))。2021 年发生下列有关经济业务。

(1) 2021 年税前会计利润为 1 000 万元。

(2) 2021 年年末甲公司对售出的 A 产品可能发生的"三包"费用,按照当期该产品销售收入的 2% 预计产品修理费用。甲公司从 2020 年 1 月起为售出产品提供"三包"服务,规定在产品出售后的一定期限内出现质量问题,负责退换或免费提供修理。假定该公司只生产和销售 A 产品 2020 年年初"预计负债——产品质量保证"科目的账面余额为 45 万元,甲产品的"三包"期限为 2 年。2020 年年末,甲公司的实际销售收入为 2 000 万元,实际发生修理费用 30 万元,均为人工费用。

请做出该业务的会计处理。

**解析**

(1) 2021 年实际发生 30 万元修理费用的会计分录如下。

借:预计负债——产品质量保证　　　　　　　　　　　　　　　　　300 000

　贷:应付职工薪酬　　　　　　　　　　　　　　　　　　　　　　　　300 000

(2) 2021 年年末确认预计负债的会计分录如下。

借:销售费用(20 000 000×2%)　　　　　　　　　　　　　　　　400 000

　贷:预计负债——产品质量保证　　　　　　　　　　　　　　　　　　400 000

2021 年年末预计负债余额＝45－30＋40＝55(万元)

(3) 2020 年年末确认所得税的会计分录如下。

应交所得税＝(1 000－30＋40)×25%＝252.5(万元)

递延所得税资产余额＝55×25%＝13.75(万元)

递延所得税资产发生额＝13.75－11.25＝2.5(万元)

所得税费用＝252.5－2.5＝250(万元)

借:所得税费用　　　　　　　　　　　　　　　　　　　　　　　2 500 000

　　　　递延所得税资产　　　　　　　　　　　　　　　　　　　　25 000

　　　　贷:应交税费——应交所得税　　　　　　　　　　　　　2 525 000

### 五、企业所得税预缴汇缴的核算

　　企业应当自月份或者季度终了之日起 15 日内,向税务机关报送预缴企业所得税纳税申报表,预缴税款。企业应当自年度终了之日起 5 个月内,向税务机关报送年度企业所得税纳税申请表,并汇算清缴,结清应缴应退税款。

　　(1) 按月或按季计算应预缴所得税额和缴纳所得税时,编制如下会计分录。

　　借:应交税费——预缴所得税

　　　　贷:银行存款

　　(2) 年终汇算清缴时,编制如下会计分录。

　　借:所得税费用

　　　　递延所得税资产

　　　　贷:应交税费——应交所得税

　　　　　　递延所得税负债

　　(3) 补缴时,编制如下会计分录。

　　借:应交税费——应交所得税

　　　　贷:银行存款

# 任务 5.3　企业所得税纳税申报

案例导入

　　通过温习企业所得税相关政策,学习所得税会计知识和核算程序后,小白信心满满,开始着手企业所得税纳税申报表的填报工作。可是面对厚厚的一本查账征收的 A 类申报表,小白该怎么办呢?

## 一、纳税申报地点

　　居民企业以企业登记注册地为纳税地点;但登记注册地在境外的,以实际管理机构所在地为纳税地点。企业注册登记地是指企业依照国家有关规定登记注册的住所地。

　　居民企业在中国境内设立不具有法人资格的营业机构的,应当汇总计算并缴纳企业所得税。企业汇总计算并缴纳企业所得税时,应当统一核算应纳税所得额,具体办法由国务院财政、税务主管部门另行制定。

## 二、纳税申报时间

　　企业所得税按年计征,分月或者分季预缴,年终汇算清缴,多退少补。

　　按月或按季预缴的,应当自月份或者季度终了之日起 15 日内,向税务机关报送预缴企业所得税纳税申报表,预缴税款。

自年度终了之日起 5 个月内,向税务机关报送年度企业所得税纳税申报表,并汇算清缴,结清应缴应退税款。

企业在年度中间终止经营活动的,应当自实际经营终止之日起 60 日内,向税务机关办理当期企业所得税汇算清缴。

## 三、报送资料

企业在纳税年度内无论盈利还是亏损,都应当依照《企业所得税法》第五十四条规定的期限,向税务机关报送预缴企业所得税纳税申报表、年度企业所得税纳税申报表、财务会计报告和税务机关规定应当报送的其他有关资料。尤其是享受税收优惠政策的企业,需要事前备案的,应提前向主管税务机关报送相关资料;不要求事前备案的,在汇算清缴时补充备案相关资料。

### (一)预缴申报表

《中华人民共和国企业所得税月(季)度预缴纳税申报表(A 类,2018 年版)》(2020 年修订)见表 5-6。该表包含三个附表,分别为:附表 1——免税收入、减计收入、所得减免等优惠明细表;附表 2——资产加速折旧、摊销、(扣除)明细表;附表 3——减免所得税优惠明细表。

**表 5-6　A200000 中华人民共和国企业所得税月(季)度预缴纳税申报表(A 类)**

税款所属期间:　　　年　月　日至　　　年　月　日

纳税人识别号(统一社会信用代码):□□□□□□□□□□□□□□□□□□

纳税人名称:　　　　　　　　　　　　　　　　　　金额单位:人民币元(列至角分)

| 预缴方式 | □ 按照实际利润额预缴 | □ 按照上一纳税年度应纳税所得额平均额预缴 | □ 按照税务机关确定的其他方法预缴 |
|---|---|---|---|
| 企业类型 | □ 一般企业 | □ 跨地区经营汇总纳税企业总机构 | □ 跨地区经营汇总纳税企业分支机构 |

| 按季度填报信息 | | | | | | | | | |
|---|---|---|---|---|---|---|---|---|---|
| 项　　目 | 一季度 | | 二季度 | | 三季度 | | 四季度 | | 季度平均值 |
| | 季初 | 季末 | 季初 | 季末 | 季初 | 季末 | 季初 | 季末 | |
| 从业人数 | | | | | | | | | |
| 资产总额(万元) | | | | | | | | | |
| 国家限制或禁止行业 | □ 是　□ 否 | | | 小型微利企业 | | | | □ 是　□ 否 | |

| 预缴税款计算 | | |
|---|---|---|
| 行次 | 项　　目 | 本年累计金额 |
| 1 | 营业收入 | |
| 2 | 营业成本 | |
| 3 | 利润总额 | |
| 4 | 加:特定业务计算的应纳税所得额 | |
| 5 | 减:不征税收入 | |
| 6 | 减:免税收入、减计收入、所得减免等优惠金额(填写 A201010) | |

续表

| 7 | 减：资产加速折旧、摊销（扣除）调减额（填写 A201020） | |
|---|---|---|
| 8 | 减：弥补以前年度亏损 | |
| 9 | 实际利润额（3＋4－5－6－7－8）/按照上一纳税年度应纳税所得额平均额确定的应纳税所得额 | |
| 10 | 税率（25%） | |
| 11 | 应纳所得税额（9×10） | |
| 12 | 减：减免所得税额（填写 A201030） | |
| 13 | 减：实际已缴纳所得税额 | |
| 14 | 减：特定业务预缴（征）所得税额 | |
| L15 | 减：符合条件的小型微利企业延缓缴纳所得税额（是否延缓缴纳所得税 □ 是 □ 否） | |
| 15 | 本期应补（退）所得税额（11－12－13－14－L15）/ 税务机关确定的本期应纳所得税额 | |
| 汇总纳税企业总分机构税款计算 | | |
| 16 | 总机构填报 | 总机构本期分摊应补（退）所得税额（17＋18＋19） | |
| 17 | | 其中：总机构分摊应补（退）所得税额（15×总机构分摊比例＿＿＿%） | |
| 18 | | 财政集中分配应补（退）所得税额（15×财政集中分配比例＿＿＿%） | |
| 19 | | 总机构具有主体生产经营职能的部门分摊所得税额（15×全部分支机构分摊比例＿＿＿%×总机构具有主体生产经营职能部门分摊比例＿＿＿%） | |
| 20 | 分支机构填报 | 分支机构本期分摊比例 | |
| 21 | | 分支机构本期分摊应补（退）所得税额 | |
| 附报信息 | | |

| 高新技术企业 | □ 是　□ 否 | 科技型中小企业 | □ 是　□ 否 |
|---|---|---|---|
| 技术入股递延纳税事项 | □ 是　□ 否 | | |

谨声明：本纳税申报表是根据国家税收法律法规及相关规定填报的，是真实的、可靠的、完整的。

纳税人（签章）：　　　　　　年　月　日

| 经办人：<br>经办人身份证号：<br>代理机构签章：<br>代理机构统一社会信用代码： | 受理人：<br>受理税务机关（章）：<br>受理日期：　年　月　日 |
|---|---|

国家税务总局监制

主要填列方法如下。

（1）本表适用于实行查账征收企业所得税的居民企业纳税人（以下简称"纳税人"）在月（季）度预缴纳税申报时填报。执行《跨地区经营汇总纳税企业所得税征收管理办法》（国家税务总局公告 2012 年第 57 号发布,2018 年第 31 号修改)的跨地区经营汇总纳税企业的分支机构,除预缴纳税申报时填报外,在年度纳税申报时也填报本表。省(自治区、直辖市和计划单列市)税务机关对仅在本省(自治区、直辖市和计划单列市)内设立不具有法人资格分支机构的企业,参照《跨地区经营汇总纳税企业所得税征收管理办法》征收管理的,企业的分支机构在除预缴纳税申报时填报外,在年度纳税申报时也填报本表。

(2) 纳税人根据情况选择预缴方式。"按照上一纳税年度应纳税所得额平均额预缴"和"按照税务机关确定的其他方法预缴"两种预缴方式属于税务行政许可事项,纳税人需要履行行政许可相关程序。

(3) 纳税人根据情况选择企业类型。

纳税人为《跨地区经营汇总纳税企业所得税征收管理办法》规定的跨省、自治区、直辖市和计划单列市设立不具有法人资格分支机构的跨地区经营汇总纳税企业,总机构选择"跨地区经营汇总纳税企业总机构";仅在同一省(自治区、直辖市、计划单列市)内设立不具有法人资格分支机构的跨地区经营汇总纳税企业,并且总机构、分支机构参照《跨地区经营汇总纳税企业所得税征收管理办法》规定征收管理的,总机构选择"跨地区经营汇总纳税企业总机构"。

纳税人为《跨地区经营汇总纳税企业所得税征收管理办法》规定的跨省、自治区、直辖市和计划单列市设立不具有法人资格分支机构的跨地区经营汇总纳税企业,分支机构选择"跨地区经营汇总纳税企业分支机构";仅在同一省(自治区、直辖市、计划单列市)内设立不具有法人资格分支机构的跨地区经营汇总纳税企业,并且总机构、分支机构参照《跨地区经营汇总纳税企业所得税征收管理办法》规定征收管理的,分支机构选择"跨地区经营汇总纳税企业分支机构"。

上述企业以外的其他企业选择"一般企业"。

(4) 按季度填报信息。本项下所有项目按季度填报。按月申报的纳税人,在季度最后一个属期的月份填报。企业类型选择"跨地区经营汇总纳税企业分支机构"的,不填报"按季度填报信息"所有项目。

① 从业人数。必报项目。

纳税人填报第一季度至税款所属季度各季度的季初、季末、季度平均从业人员的数量。季度中间开业的纳税人,填报开业季度至税款所属季度各季度的季初、季末从业人员的数量,其中开业季度"季初"填报开业时从业人员的数量。季度中间停止经营的纳税人,填报第一季度至停止经营季度各季度的季初、季末从业人员的数量,其中停止经营季度"季末"填报停止经营时从业人员的数量。"季度平均值"填报截至本税款所属期末从业人员数量的季度平均值,计算方法如下。

$$各季度平均值＝(季初值＋季末值)÷2$$

$$截至本税款所属期末季度平均值＝\frac{截至本税款所属期末各季度平均值之和}{相应季度数}$$

年度中间开业或者终止经营活动的,以其实际经营期计算上述指标。

从业人数是指与企业建立劳动关系的职工人数和企业接受的劳务派遣用工人数之和。汇总纳税企业总机构填报包括分支机构在内的所有从业人数。

② 资产总额(万元)。必报项目。

纳税人填报第一季度至税款所属季度各季度的季初、季末、季度平均资产总额的金额。

季度中间开业的纳税人,填报开业季度至税款所属季度各季度的季初、季末资产总额的金额,其中开业季度"季初"填报开业时资产总额的金额。季度中间停止经营的纳税人,填报第一季度至停止经营季度各季度的季初、季末资产总额的金额,其中停止经营季度"季末"填报停止经营时资产总额的金额。"季度平均值"填报截至本税款所属期末资产总额金额的季度平均值,计算方法如下。

$$各季度平均值=(季初值+季末值)\div 2$$

$$\frac{截至本税款所属}{期末季度平均值}=\frac{截至本税款所属期末}{各季度平均值之和}\div 相应季度数$$

年度中间开业或者终止经营活动的,以其实际经营期计算上述指标。

填报单位为人民币万元,保留小数点后 2 位。

③ 国家限制或禁止行业。必报项目。

纳税人从事行业为国家限制或禁止行业的,选择"是";其他选择"否"。

④ 小型微利企业。必报项目。

本纳税年度截至本期期末的从业人数季度平均值不超过 300 人、资产总额季度平均值不超过 5 000 万元、本表"国家限制或禁止行业"选择"否"且本期本表第 9 行"实际利润额/按照上一纳税年度应纳税所得额平均额确定的应纳税所得额"不超过 300 万元的纳税人,选择"是";否则选择"否"。

(5)预缴税款计算。

预缴方式选择"按照实际利润额预缴"的纳税人,填报第 1 行至第 15 行,预缴方式选择"按照上一纳税年度应纳税所得额平均额预缴"的纳税人填报第 9、10、11、12、13、L15、15 行,预缴方式选择"按照税务机关确定的其他方法预缴"的纳税人填报第 L15、15 行。

① 第 1 行"营业收入":填报纳税人截至本税款所属期末,按照国家统一会计制度规定核算的本年累计营业收入。

如以前年度已经开始经营且按季度预缴纳税申报的纳税人,第二季度预缴纳税申报时本行填报本年 1 月 1 日至 6 月 30 日期间的累计营业收入。

② 第 2 行"营业成本":填报纳税人截至本税款所属期末,按照国家统一会计制度规定核算的本年累计营业成本。

③ 第 3 行"利润总额":填报纳税人截至本税款所属期末,按照国家统一会计制度规定核算的本年累计利润总额。

④ 第 4 行"特定业务计算的应纳税所得额":从事房地产开发等特定业务的纳税人,填报按照税收规定计算的特定业务的应纳税所得额。房地产开发企业销售未完工开发产品取得的预售收入,按照税收规定的预计计税毛利率计算出预计毛利额填入此行。

⑤ 第 5 行"不征税收入":填报纳税人已经计入本表"利润总额"行次但属于税收规定的不征税收入的本年累计金额。

⑥ 第 6 行"免税收入、减计收入、所得减免等优惠金额":填报属于税收规定的免税收入、减计收入、所得减免等优惠的本年累计金额。

本行根据《免税收入、减计收入、所得减免等优惠明细表》(A201010)填报。

⑦ 第 7 行"资产加速折旧、摊销（扣除）调减额"：填报固定资产、无形资产税收上享受加速折旧、摊销优惠政策计算的折旧额、摊销额大于同期会计折旧额、摊销额期间发生纳税调减的本年累计金额。

本行根据《资产加速折旧、摊销（扣除）优惠明细表》（A201020）填报。

⑧ 第 8 行"弥补以前年度亏损"：填报纳税人截至本税款所属期末，按照税收规定在企业所得税税前弥补的以前年度尚未弥补亏损的本年累计金额。

当本表第 3＋4－5－6－7 行≤0 时，本行＝0。

⑨ 第 9 行"实际利润额/按照上一纳税年度应纳税所得额平均额确定的应纳税所得额"：预缴方式选择"按照实际利润额预缴"的纳税人，根据本表相关行次计算结果填报，第 9 行＝第 3＋4－5－6－7－8 行；预缴方式选择"按照上一纳税年度应纳税所得额平均额预缴"的纳税人，填报按照上一纳税年度应纳税所得额平均额计算的本年累计金额。

⑩ 第 10 行"税率（25%）"：填报 25%。

⑪ 第 11 行"应纳所得税额"：根据相关行次计算结果填报。第 11 行＝第 9×10 行，且第 11 行≥0。

⑫ 第 12 行"减免所得税额"：填报纳税人截至本税款所属期末，按照税收规定享受的减免企业所得税的本年累计金额。

本行根据《减免所得税优惠明细表》（A201030）填报。

⑬ 第 13 行"实际已缴纳所得税额"：填报纳税人按照税收规定已在此前月（季）度申报预缴企业所得税的本年累计金额。

建筑企业总机构直接管理的跨地区设立的项目部，按照税收规定已经向项目所在地主管税务机关预缴企业所得税的金额不填本行，而是填入本表第 14 行。

⑭ 第 14 行"特定业务预缴（征）所得税额"：填报建筑企业总机构直接管理的跨地区设立的项目部，按照税收规定已经向项目所在地主管税务机关预缴企业所得税的本年累计金额。

本行本期填报金额不得小于本年上期申报的金额。

⑮ 第 L15 行"符合条件的小型微利企业延缓缴纳所得税额（是否延缓缴纳所得税　□ 是　□ 否）"：根据《国家税务总局关于小型微利企业和个体工商户延缓缴纳 2020 年所得税有关事项的公告》（2020 年第 10 号），填报符合条件的小型微利企业纳税人按照税收规定可以延缓缴纳的所得税额。本行为临时行次，自 2021 年 1 月 1 日起，本行废止。

符合条件的小型微利企业纳税人，在 2020 年第 2 季度、第 3 季度预缴申报时，选择享受延缓缴纳所得税政策的，选择"是"；选择不享受延缓缴纳所得税政策的，选择"否"。二者必选其一。

"是否延缓缴纳所得税"选择"是"时，预缴方式选择"按照实际利润额预缴"以及"按照上一纳税年度应纳税所得额平均额预缴"的纳税人，第 L15 行＝第 11－12－13－14 行，当第 11－12－13－14 行＜0 时，本行填 0。其中，企业所得税收入全额归属中央且按比例就地预缴企业的分支机构，以及在同一省（自治区、直辖市、计划单列市）内的按比例就地预缴企业的分支机构，第 L15 行＝第 11 行×就地预缴比例－第 12 行×就地预缴比例－第 13 行－第

14 行,当第 11 行×就地预缴比例－第 12 行×就地预缴比例－第 13 行－第 14 行<0 时,本行填 0。预缴方式选择"按照税务机关确定的其他方法预缴"的纳税人,本行填报本期延缓缴纳企业所得税金额与 2020 年度预缴申报已延缓缴纳企业所得税金额之和。

"是否延缓缴纳所得税"选择"否"时,本行填报 0。

⑯ 第 15 行"本期应补(退)所得税额/税务机关确定的本期应纳所得税额":按照不同预缴方式,分情况填报。

预缴方式选择"按照实际利润额预缴"以及"按照上一纳税年度应纳税所得额平均额预缴"的纳税人,根据本表相关行次计算填报。第 15 行＝第 11－12－13－14－L15 行,当第 11－12－13－14－L15 行<0 时,本行填 0。其中,企业所得税收入全额归属中央且按比例就地预缴企业的分支机构,以及在同一省(自治区、直辖市、计划单列市)内的按比例就地预缴企业的分支机构,第 15 行＝第 11 行×就地预缴比例－第 12 行×就地预缴比例－第 13 行－第 14 行－第 L15 行,当第 11 行×就地预缴比例－第 12 行×就地预缴比例－第 13 行－第 14 行－第 L15 行<0 时,本行填 0。

预缴方式选择"按照税务机关确定的其他方法预缴"的纳税人,在 2020 年第 2 季度、第 3 季度预缴申报时,若"是否延缓缴纳所得税"选择"是",本行填报 0;若"是否延缓缴纳所得税"选择"否"的,本行填报本期应纳企业所得税金额与 2020 年度预缴申报已延缓缴纳企业所得税金额之和。在 2020 年第 4 季度预缴申报时,本行填报本期应纳企业所得税金额与 2020 年度预缴申报已延缓缴纳企业所得税金额之和。自 2021 年第 1 季度预缴申报起,本行填报本期应纳企业所得税的金额。

(6) 附报信息。

① 高新技术企业。必报项目。根据《高新技术企业认定管理办法》《高新技术企业认定管理工作指引》等文件规定,符合条件的纳税人履行相关认定程序后取得"高新技术企业证书"。凡是取得"高新技术企业证书"且在有效期内的纳税人,选择"是";未取得"高新技术企业证书"或者"高新技术企业证书"不在有效期内的纳税人,选择"否"。

② 科技型中小企业。必报项目。符合条件的纳税人可以按照《科技型中小企业评价办法》进行自主评价,并按照自愿原则到"全国科技型中小企业信息服务平台"填报企业信息,经公示无异议后纳入"全国科技型中小企业信息库"。凡是取得本年"科技型中小企业入库登记编号"且编号有效的纳税人,选择"是";未取得本年"科技型中小企业入库登记编号"或者已取得本年"科技型中小企业入库登记编号"但被科技管理部门撤销登记编号的纳税人,选择"否"。

③ 技术入股递延纳税事项。必报项目。根据《财政部、国家税务总局关于完善股权激励和技术入股有关所得税政策的通知》(财税〔2016〕101 号)规定,企业以技术成果投资入股到境内居民企业,被投资企业支付的对价全部为股票(权)的,企业可以选择适用递延纳税优惠政策。本年内发生以技术成果投资入股且选择适用递延纳税优惠政策的纳税人,选择"是";本年内未发生以技术成果投资入股或者以技术成果投资入股但选择继续按现行有关税收政策执行的纳税人,选择"否"。

《中华人民共和国企业所得税月(季)度和年度预缴纳税申报表(B 类,2018 年版)》(2020 年修订)见表 5-7。

**表 5-7　B100000 中华人民共和国企业所得税月(季)度预缴和年度纳税申报表**

(B类,2018年版)

税款所属期间：　　年　月　日至　　年　月　日

纳税人识别号(统一社会信用代码)：□□□□□□□□□□□□□□□□□□

纳税人名称：　　　　　　　　　　　　　　　　　金额单位:人民币元(列至角分)

| 核定征收方式 | 核定应税所得率(能核算收入总额的)核定应纳所得税额 | | | | | | | | 核定应税所得率(能核算成本费用总额的) | |
|---|---|---|---|---|---|---|---|---|---|---|
| 按季度填报信息 | | | | | | | | | | |
| 项　目 | 一季度 | | 二季度 | | 三季度 | | 四季度 | | 季度平均值 | |
| | 季初 | 季末 | 季初 | 季末 | 季初 | 季末 | 季初 | 季末 | | |
| 从业人数 | | | | | | | | | | |
| 资产总额(万元) | | | | | | | | | | |
| 国家限制或禁止行业 | □ 是　□ 否 | | | | 小型微利企业 | | | | □ 是　□ 否 | |
| 按年度填报信息 | | | | | | | | | | |
| 从业人数(填写平均值) | | | | | 资产总额(填写平均值,单位:万元) | | | | | |
| 国家限制或禁止行业 | □ 是　□ 否 | | | | 小型微利企业 | | | | □ 是　□ 否 | |

| 行次 | 项　目 | 本年累计金额 |
|---|---|---|
| 1 | 收入总额 | |
| 2 | 减:不征税收入 | |
| 3 | 减:免税收入(4+5+10+11) | |
| 4 | 国债利息收入免征企业所得税 | |
| 5 | 符合条件的居民企业之间的股息、红利等权益性投资收益免征企业所得税(6+7.1+7.2+8+9) | |
| 6 | 其中:一般股息红利等权益性投资收益免征企业所得税 | |
| 7.1 | 通过沪港通投资且连续持有H股满12个月取得的股息红利所得免征企业所得税 | |
| 7.2 | 通过深港通投资且连续持有H股满12个月取得的股息红利所得免征企业所得税 | |
| 8 | 居民企业持有创新企业CDR取得的股息红利所得免征企业所得税 | |
| 9 | 符合条件的居民企业之间属于股息、红利性质的永续债利息收入免征企业所得税 | |
| 10 | 投资者从证券投资基金分配中取得的收入免征企业所得税 | |
| 11 | 取得的地方政府债券利息收入免征企业所得税 | |
| 12 | 应税收入额(1-2-3)/成本费用总额 | |
| 13 | 税务机关核定的应税所得率(%) | |
| 14 | 应纳税所得额(第12×13行)/[第12行÷(1-第13行)×第13行] | |

续表

| 15 | 税率(25%) | |
|---|---|---|
| 16 | 应纳所得税额(14×15) | |
| 17 | 减:符合条件的小型微利企业减免企业所得税 | |
| 18 | 减:实际已缴纳所得税额 | |
| L19 | 减:符合条件的小型微利企业延缓缴纳所得税额(是否延缓缴纳所得税 □ 是 □ 否) | |
| 19 | 本期应补(退)所得税额(16-17-18-L19)/税务机关核定本期应纳所得税额 | |
| 20 | 民族自治地方的自治机关对本民族自治地方的企业应缴纳的企业所得税中属于地方分享的部分减征或免征( □ 免征    □ 减征:减征幅度____%) | |
| 21 | 本期实际应补(退)所得税额 | |

谨声明:本纳税申报表是根据国家税收法律法规及相关规定填报的,是真实的、可靠的、完整的。

纳税人(签章):    年   月   日

经办人:<br>
经办人身份证号:<br>
代理机构签章:<br>
代理机构统一社会信用代码:

受理人:<br>
受理税务机关(章):<br>
受理日期:    年   月   日

国家税务总局监制

本表适用于实行核定征收企业所得税的居民企业纳税人在月(季)度预缴纳税申报时填报。此外,实行核定应税所得率方式的纳税人在年度纳税申报时填报本表。

## (二)年度申报表

实行查账征收企业所得税的居民纳税人填报《中华人民共和国企业所得税年度纳税申报表(A类,2017年版)》(2019年修订)。2017年企业所得税年度纳税申报表包括封面、表单选择表、企业基础信息表、中华人民共和国企业所得税年度纳税申报表(A类)(俗称主表)及其附表共37张表组成。

主表采用的是以间接法为基础的表样设计,包括利润总额的计算、应纳税所得额的计算和应纳税额的计算三部分。在编制时,以利润表为起点,将会计利润按税法规定调整为应纳税所得额,进而计算应纳所得税额。具体步骤如下。

(1)会计利润总额±纳税调整额+境外应税所得弥补境内亏损-弥补以前年度亏损=应纳税所得额

(2)应纳税所得额×税率=应纳所得税额

(3)应纳所得税额-减免所得税额-抵免所得税额=应纳税额

(4)应纳税额+境外所得应纳所得税额-境外所得抵免所得税额=实际应纳所得税额

(5)实际应纳所得税额-本年累计实际已预缴的所得税额=本年应补(退)的所得税额

中华人民共和国企业所得税年度纳税申报表主表及主要附表见表5-8~表5-16。

表 5-8　**A100000 中华人民共和国企业所得税年度纳税申报表（A 类）**

| 行次 | 类别 | 项　目 | 金额 |
|---|---|---|---|
| 1 | 利润总额计算 | 一、营业收入（填写 A101010/101020/103000） | |
| 2 | | 减：营业成本（填写 A102010/102020/103000） | |
| 3 | | 税金及附加 | |
| 4 | | 销售费用（填写 A104000） | |
| 5 | | 管理费用（填写 A104000） | |
| 6 | | 财务费用（填写 A104000） | |
| 7 | | 资产减值损失 | |
| 8 | | 加：公允价值变动收益 | |
| 9 | | 投资收益 | |
| 10 | | 二、营业利润（1－2－3－4－5－6－7＋8＋9） | |
| 11 | | 加：营业外收入（填写 A101010/101020/103000） | |
| 12 | | 减：营业外支出（填写 A102010/102020/103000） | |
| 13 | | 三、利润总额（10＋11－12） | |
| 14 | 应纳税所得额计算 | 减：境外所得（填写 A108010） | |
| 15 | | 加：纳税调整增加额（填写 A105000） | |
| 16 | | 减：纳税调整减少额（填写 A105000） | |
| 17 | | 免税、减计收入及加计扣除（填写 A107010） | |
| 18 | | 加：境外应税所得抵减境内亏损（填写 A108000） | |
| 19 | | 四、纳税调整后所得（13－14＋15－16－17＋18） | |
| 20 | | 减：所得减免（填写 A107020） | |
| 21 | | 抵扣应纳税所得额（填写 A107030） | |
| 22 | | 弥补以前年度亏损（填写 A106000） | |
| 23 | | 五、应纳税所得额（19－20－21－22） | |
| 24 | 应纳税额计算 | 税率（25%） | |
| 25 | | 六、应纳所得税额（23×24） | |
| 26 | | 减：减免所得税额（填写 A107040） | |
| 27 | | 抵免所得税额（填写 A107050） | |
| 28 | | 七、应纳税额（25－26－27） | |
| 29 | | 加：境外所得应纳所得税额（填写 A108000） | |
| 30 | | 减：境外所得抵免所得税额（填写 A108000） | |
| 31 | | 八、实际应纳所得税额（28＋29－30） | |
| 32 | | 减：本年累计实际已预缴的所得税额 | |
| 33 | | 九、本年应补（退）所得税额（31－32） | |
| 34 | | 其中：总机构分摊本年应补（退）所得税额（填写 A109000） | |
| 35 | | 财政集中分配本年应补（退）所得税额（填写 A109000） | |
| 36 | | 总机构主体生产经营部门分摊本年应补（退）所得税额（填写 A109000） | |

续表

| 行次 | 类别 | 项　目 | 金额 |
|---|---|---|---|
| 37 | 附列 | 以前年度多缴的所得税额在本年抵减额 | |
| 38 | 资料 | 以前年度应缴未缴在本年入库所得税额 | |

表 5-9　A101010 一般企业收入明细表

| 行次 | 项　目 | 金额 |
|---|---|---|
| 1 | 一、营业收入(2+9) | |
| 2 | (一)主营业务收入(3+5+6+7+8) | |
| 3 | 1. 销售商品收入 | |
| 4 | 其中:非货币性资产交换收入 | |
| 5 | 2. 提供劳务收入 | |
| 6 | 3. 建造合同收入 | |
| 7 | 4. 让渡资产使用权收入 | |
| 8 | 5. 其他 | |
| 9 | (二)其他业务收入(10+12+13+14+15) | |
| 10 | 1. 销售材料收入 | |
| 11 | 其中:非货币性资产交换收入 | |
| 12 | 2. 出租固定资产收入 | |
| 13 | 3. 出租无形资产收入 | |
| 14 | 4. 出租包装物和商品收入 | |
| 15 | 5. 其他 | |
| 16 | 二、营业外收入(17+18+19+20+21+22+23+24+25+26) | |
| 17 | (一)非流动资产处置利得 | |
| 18 | (二)非货币性资产交换利得 | |
| 19 | (三)债务重组利得 | |
| 20 | (四)政府补助利得 | |
| 21 | (五)盘盈利得 | |
| 22 | (六)捐赠利得 | |
| 23 | (七)罚没利得 | |
| 24 | (八)确实无法偿付的应付款项 | |
| 25 | (九)汇兑收益 | |
| 26 | (十)其他 | |

表 5-10　A102010 一般企业成本支出明细表

| 行次 | 项　目 | 金额 |
|---|---|---|
| 1 | 一、营业成本(2+9) | |
| 2 | (一)主营业务成本(3+5+6+7+8) | |
| 3 | 1. 销售商品成本 | |

续表

| 行次 | 项　目 | 金额 |
|---|---|---|
| 4 | 其中:非货币性资产交换成本 | |
| 5 | 　　2. 提供劳务成本 | |
| 6 | 　　3. 建造合同成本 | |
| 7 | 　　4. 让渡资产使用权成本 | |
| 8 | 　　5. 其他 | |
| 9 | 　(二) 其他业务成本(10＋12＋13＋14＋15) | |
| 10 | 　　1. 材料销售成本 | |
| 11 | 其中:非货币性资产交换成本 | |
| 12 | 　　2. 出租固定资产成本 | |
| 13 | 　　3. 出租无形资产成本 | |
| 14 | 　　4. 包装物出租成本 | |
| 15 | 　　5. 其他 | |
| 16 | 二、营业外支出(17＋18＋19＋20＋21＋22＋23＋24＋25＋26) | |
| 17 | 　(一) 非流动资产处置损失 | |
| 18 | 　(二) 非货币性资产交换损失 | |
| 19 | 　(三) 债务重组损失 | |
| 20 | 　(四) 非常损失 | |
| 21 | 　(五) 捐赠支出 | |
| 22 | 　(六) 赞助支出 | |
| 23 | 　(七) 罚没支出 | |
| 24 | 　(八) 坏账损失 | |
| 25 | 　(九) 无法收回的债券股权投资损失 | |
| 26 | 　(十) 其他 | |

表 5-11　A105000 纳税调整项目明细表

| 行次 | 项目 | 账载金额 | 税收金额 | 调增金额 | 调减金额 |
|---|---|---|---|---|---|
| | | 1 | 2 | 3 | 4 |
| 1 | 一、收入类调整项目(2＋3＋…＋8＋10＋11) | * | * | | |
| 2 | 　(一) 视同销售收入(填写 A105010) | * | | | * |
| 3 | 　(二) 未按权责发生制原则确认的收入(填写 A105020) | | | | |
| 4 | 　(三) 投资收益(填写 A105030) | | | | |
| 5 | 　(四) 按权益法核算长期股权投资对初始投资成本调整确认收益 | * | * | * | |
| 6 | 　(五) 交易性金融资产初始投资调整 | * | * | | * |
| 7 | 　(六) 公允价值变动净损益 | | * | | |
| 8 | 　(七) 不征税收入 | * | * | | |

续表

| 行次 | 项目 | 账载金额 | 税收金额 | 调增金额 | 调减金额 |
|---|---|---|---|---|---|
| | | 1 | 2 | 3 | 4 |
| 9 | 其中:专项用途财政性资金(填写 A105040) | ＊ | ＊ | | |
| 10 | (八)销售折扣、折让和退回 | | | | |
| 11 | (九)其他 | | | | |
| 12 | 二、扣除类调整项目(13＋14＋…＋24＋26＋27＋28＋29＋30) | ＊ | ＊ | | |
| 13 | (一)视同销售成本(填写 A105010) | ＊ | | ＊ | |
| 14 | (二)职工薪酬(填写 A105050) | | | | |
| 15 | (三)业务招待费支出 | | | | ＊ |
| 16 | (四)广告费和业务宣传费支出(填写 A105060) | ＊ | ＊ | | |
| 17 | (五)捐赠支出(填写 A105070) | | | | |
| 18 | (六)利息支出 | | | | |
| 19 | (七)罚金、罚款和被没收财物的损失 | | ＊ | | ＊ |
| 20 | (八)税收滞纳金、加收利息 | | ＊ | | ＊ |
| 21 | (九)赞助支出 | | ＊ | | ＊ |
| 22 | (十)与未实现融资收益相关在当期确认的财务费用 | | | | |
| 23 | (十一)佣金和手续费支出(保险企业填写 A105060) | | | | |
| 24 | (十二)不征税收入用于支出所形成的费用 | ＊ | ＊ | | ＊ |
| 25 | 其中:专项用途财政性资金用于支出所形成的费用(填写 A105040) | ＊ | ＊ | | ＊ |
| 26 | (十三)跨期扣除项目 | | | | |
| 27 | (十四)与取得收入无关的支出 | | ＊ | | ＊ |
| 28 | (十五)境外所得分摊的共同支出 | ＊ | ＊ | | ＊ |
| 29 | (十六)党组织工作经费 | | | | |
| 30 | (十七)其他 | | | | |
| 31 | 三、资产类调整项目(32＋33＋34＋35) | ＊ | ＊ | | |
| 32 | (一)资产折旧、摊销(填写 A105080) | | | | |
| 33 | (二)资产减值准备金 | | ＊ | | |
| 34 | (三)资产损失(填写 A105090) | | | | |
| 35 | (四)其他 | | | | |
| 36 | 四、特殊事项调整项目(37＋38＋…＋43) | ＊ | ＊ | | |
| 37 | (一)企业重组及递延纳税事项(填写 A105100) | | | | |
| 38 | (二)政策性搬迁(填写 A105110) | ＊ | ＊ | | |

续表

| 行次 | 项目 | 账载金额 | 税收金额 | 调增金额 | 调减金额 |
|---|---|---|---|---|---|
| | | 1 | 2 | 3 | 4 |
| 39 | （三）特殊行业准备金（填写 A105120） | | | | |
| 40 | （四）房地产开发企业特定业务计算的纳税调整额（填写 A105010） | * | | | |
| 41 | （五）合伙企业法人合伙人应分得的应纳税所得额 | | | | |
| 42 | （六）发行永续债利息支出 | | | | |
| 43 | （七）其他 | * | * | | |
| 44 | 五、特别纳税调整应税所得 | * | * | | |
| 45 | 六、其他 | * | * | | |
| 46 | 合计（1＋12＋31＋36＋44＋45） | * | * | | |

表 5-12　A105010 视同销售和房地产开发企业特定业务纳税调整明细表

| 行次 | 项目 | 税收金额 | 纳税调整金额 |
|---|---|---|---|
| | | 1 | 2 |
| 1 | 一、视同销售（营业）收入（2＋3＋4＋5＋6＋7＋8＋9＋10） | | |
| 2 | （一）非货币性资产交换视同销售收入 | | |
| 3 | （二）用于市场推广或销售视同销售收入 | | |
| 4 | （三）用于交际应酬视同销售收入 | | |
| 5 | （四）用于职工奖励或福利视同销售收入 | | |
| 6 | （五）用于股息分配视同销售收入 | | |
| 7 | （六）用于对外捐赠视同销售收入 | | |
| 8 | （七）用于对外投资项目视同销售收入 | | |
| 9 | （八）提供劳务视同销售收入 | | |
| 10 | （九）其他 | | |
| 11 | 二、视同销售（营业）成本（12＋13＋14＋15＋16＋17＋18＋19＋20） | | |
| 12 | （一）非货币性资产交换视同销售成本 | | |
| 13 | （二）用于市场推广或销售视同销售成本 | | |
| 14 | （三）用于交际应酬视同销售成本 | | |
| 15 | （四）用于职工奖励或福利视同销售成本 | | |
| 16 | （五）用于股息分配视同销售成本 | | |
| 17 | （六）用于对外捐赠视同销售成本 | | |
| 18 | （七）用于对外投资项目视同销售成本 | | |
| 19 | （八）提供劳务视同销售成本 | | |

续表

| 行次 | 项目 | 税收金额 | 纳税调整金额 |
|---|---|---|---|
| | | 1 | 2 |
| 20 | （九）其他 | | |
| 21 | 三、房地产开发企业特定业务计算的纳税调整额（22—26） | | |
| 22 | （一）房地产企业销售未完工开发产品特定业务计算的纳税调整额（24—25） | | |
| 23 | 1. 销售未完工产品的收入 | | * |
| 24 | 2. 销售未完工产品预计毛利额 | | |
| 25 | 3. 实际发生的税金及附加、土地增值税 | | |
| 26 | （二）房地产企业销售的未完工产品转完工产品特定业务计算的纳税调整额（28—29） | | |
| 27 | 1. 销售未完工产品转完工产品确认的销售收入 | | * |
| 28 | 2. 转回的销售未完工产品预计毛利额 | | |
| 29 | 3. 转回实际发生的税金及附加、土地增值税 | | |

表 5-13　A105020 未按权责发生制确认收入纳税调整明细表

| 行次 | 项目 | 合同金额（交易金额） | 账载金额 | | 税收金额 | | 纳税调整金额 |
|---|---|---|---|---|---|---|---|
| | | | 本年 | 累计 | 本年 | 累计 | |
| | | 1 | 2 | 3 | 4 | 5 | 6(4—2) |
| 1 | 一、跨期收取的租金、利息、特许权使用费收入（2+3+4） | | | | | | |
| 2 | （一）租金 | | | | | | |
| 3 | （二）利息 | | | | | | |
| 4 | （三）特许权使用费 | | | | | | |
| 5 | 二、分期确认收入（6+7+8） | | | | | | |
| 6 | （一）分期收款方式销售货物收入 | | | | | | |
| 7 | （二）持续时间超过 12 个月的建造合同收入 | | | | | | |
| 8 | （三）其他分期确认收入 | | | | | | |
| 9 | 三、政府补助递延收入（10+11+12） | | | | | | |
| 10 | （一）与收益相关的政府补助 | | | | | | |
| 11 | （二）与资产相关的政府补助 | | | | | | |
| 12 | （三）其他 | | | | | | |
| 13 | 四、其他未按权责发生制确认收入 | | | | | | |
| 14 | 合计（1+5+9+13） | | | | | | |

表 5-14　职工薪酬支出及纳税调整明细表

| 行次 | 项目 | 账载金额 | 实际发生额 | 税收规定扣除率 | 以前年度累计结转扣除额 | 税收金额 | 纳税调整金额 | 累计结转以后年度扣除额 |
|---|---|---|---|---|---|---|---|---|
| | | 1 | 2 | 3 | 4 | 5 | 6(1−5) | 7(2+4−5) |
| 1 | 一、工资薪金支出 | | | * | * | | | * |
| 2 | 其中:股权激励 | | | * | * | | | * |
| 3 | 二、职工福利费支出 | | | | * | | | * |
| 4 | 三、职工教育经费支出 | | | * | | | | |
| 5 | 　　其中:按税收规定比例扣除的职工教育经费 | | | | | | | |
| 6 | 　　按税收规定全额扣除的职工培训费用 | | | | * | | | * |
| 7 | 四、工会经费支出 | | | | * | | | * |
| 8 | 五、各类基本社会保障性缴款 | | | * | * | | | * |
| 9 | 六、住房公积金 | | | * | * | | | * |
| 10 | 七、补充养老保险 | | | | * | | | * |
| 11 | 八、补充医疗保险 | | | | * | | | * |
| 12 | 九、其他 | | | * | * | | | * |
| 13 | 合计(1+3+4+7+8+9+10+11+12) | | | * | | | | |

表 5-15　A105080 资产折旧、摊销及纳税调整明细表

| 行次 | 项目 | | 账载金额 | | 税收金额 | | | | | 纳税调整金额 |
|---|---|---|---|---|---|---|---|---|---|---|
| | | | 资产原值 | 本年折旧、摊销额 | 累计折旧、摊销额 | 资产计税基础 | 税收折旧、摊销额 | 享受加速折旧政策的资产按税收一般规定计算的折旧、摊销额 | 加速折旧、摊销统计额 | 累计折旧、摊销额 | |
| | | | 1 | 2 | 3 | 4 | 5 | 6 | 7=5−6 | 8 | 9(2−5) |
| 1 | | 一、固定资产(2+3+4+5+6+7) | | | | | | * | * | | |
| 2 | 所有固定资产 | (一)房屋、建筑物 | | | | | | * | * | | |
| 3 | | (二)飞机、火车、轮船、机器、机械和其他生产设备 | | | | | | * | * | | |
| 4 | | (三)与生产经营活动有关的器具、工具、家具等 | | | | | | * | * | | |
| 5 | | (四)飞机、火车、轮船以外的运输工具 | | | | | | * | * | | |
| 6 | | (五)电子设备 | | | | | | * | * | | |
| 7 | | (六)其他 | | | | | | * | * | | |

续表

| 行次 | 项目 | 账载金额 | | | 税收金额 | | | | | 纳税调整金额 |
|---|---|---|---|---|---|---|---|---|---|---|
| | | 资产原值 | 本年折旧、摊销额 | 累计折旧、摊销额 | 资产计税基础 | 税收折旧、摊销额 | 享受加速折旧政策的资产按税收一般规定计算的折旧、摊销额 | 加速折旧、摊销统计额 | 累计折旧、摊销额 | |
| | | 1 | 2 | 3 | 4 | 5 | 6 | $7=5-6$ | 8 | $9(2-5)$ |
| 8 | 其中:享受固定资产加速折旧及一次性扣除政策的资产加速折旧额大于一般折旧额的部分 (一)重要行业固定资产加速折旧(不含一次性扣除) | | | | | | | | | * |
| 9 | (二)其他行业研发设备加速折旧 | | | | | | | | | * |
| 10 | (三)固定资产一次性扣除 | | | | | | | | | * |
| 11 | (四)技术进步、更新换代固定资产 | | | | | | | | | * |
| 12 | (五)常年强震动、高腐蚀固定资产 | | | | | | | | | * |
| 13 | (六)外购软件折旧 | | | | | | | | | * |
| 14 | (七)集成电路企业生产设备 | | | | | | | | | * |
| 15 | 二、生产性生物资产(16+17) | | | | | | * | * | | |
| 16 | (一)林木类 | | | | | | * | * | | |
| 17 | (二)畜类 | | | | | | * | * | | |
| 18 | 三、无形资产(19+20+21+22+23+24+25+27) | | | | | | * | * | | |
| 19 | (一)专利权 | | | | | | * | * | | |
| 20 | (二)商标权 | | | | | | * | * | | |
| 21 | (三)著作权 | | | | | | * | * | | |
| 22 | (四)土地使用权 | | | | | | * | * | | |
| 23 | (五)非专利技术 | | | | | | * | * | | |
| 24 | (六)特许权使用费 | | | | | | * | * | | |
| 25 | (七)软件 | | | | | | * | * | | |
| 26 | 其中:享受企业外购软件加速摊销政策 | | | | | | | | | * |
| 27 | (八)其他 | | | | | | * | * | | |
| 28 | 四、长期待摊费用(29+30+31+32+33) | | | | | | * | * | | |
| 29 | (一)已足额提取折旧的固定资产的改建支出 | | | | | | * | * | | |
| 30 | (二)租入固定资产的改建支出 | | | | | | * | * | | |
| 31 | (三)固定资产的大修理支出 | | | | | | * | * | | |
| 32 | (四)开办费 | | | | | | * | * | | |
| 33 | (五)其他 | | | | | | * | * | | |
| 34 | 五、油气勘探投资 | | | | | | * | * | | |
| 35 | 六、油气开发投资 | | | | | | * | * | | |
| 36 | 合计(1+15+18+28+34+35) | | | | | | | | | |
| 附列资料 | 全民所有制企业公司制改制资产评估增值政策资产 | | | | | | * | * | | |

表 5-16　企业所得税弥补亏损明细表

| 行次 | 项目 | 年度 | 当年境内所得额 | 分立转出的亏损额 | 合并、分立转入的亏损额 | | 弥补亏损企业类型 | 当年亏损额 | 当年待弥补的亏损额 | 用本年度所得额弥补的以前年度亏损 | | 当年可结转以后年度弥补的亏损额 |
| | | | | | 可弥补年限 5 年 | 可弥补年限 10 年 | | | | 使用境内所得弥补 | 使用境外所得弥补 | |
| | | 1 | 2 | 3 | 4 | 5 | 6 | 7 | 8 | 9 | 10 | 11 |
| 1 | 前十年度 | | | | | | | | | | | |
| 2 | 前九年度 | | | | | | | | | | | |
| 3 | 前八年度 | | | | | | | | | | | |
| 4 | 前七年度 | | | | | | | | | | | |
| 5 | 前六年度 | | | | | | | | | | | |
| 6 | 前五年度 | | | | | | | | | | | |
| 7 | 前四年度 | | | | | | | | | | | |
| 8 | 前三年度 | | | | | | | | | | | |
| 9 | 前二年度 | | | | | | | | | | | |
| 10 | 前一年度 | | | | | | | | | | | |
| 11 | 本年度 | | | | | | | | | | | |
| 12 | 可结转以后年度弥补的亏损额合计 | | | | | | | | | | | |

主要填列方法如下。

① 按企业类型和业务选择要填的表格,见表 5-17。

表 5-17　企业所得税年度纳税申报表表单填报指引

| 表单编号 | 表单名称 | 企业类型 | | | 填写原则及说明 |
| | | 一般企业 | 金融企业 | 事业单位民间组织 | |
| --- | --- | --- | --- | --- | --- |
| A000000 | 企业基础信息表 | √ | √ | √ | 必填类 |
| A100000 | 中华人民共和国企业所得税年度纳税申报表(A 类) | √ | √ | √ | 必填类 |
| A101010 | 一般企业收入明细表 | √ | × | × | 根据会计核算情况对应填列 |
| A101020 | 金融企业收入明细表 | × | √ | × | 根据会计核算情况对应填列 |
| A102010 | 一般企业成本支出明细表 | √ | × | × | 根据会计核算情况对应填列 |
| A102020 | 金融企业支出明细表 | × | √ | × | 根据会计核算情况对应填列 |
| A103000 | 事业单位、民间非营利组织收入、支出明细表 | × | × | √ | 根据会计核算情况对应填列 |
| A104000 | 期间费用明细表 | √ | √ | √ | A100000 销售费用、管理费用、财务费用任意一行<>0 时 |

| 表单编号 | 表单名称 | 企业类型 | | | 填写原则及说明 |
|---|---|---|---|---|---|
| | | 一般企业 | 金融企业 | 事业单位民间组织 | |
| A105000 | 纳税调整项目明细表 | √ | √ | √ | 根据国家税务总局公告 2016 年第 3 号确定为必填类 |
| A105010 | 视同销售和房地产开发企业特定业务纳税调整明细表 | ※ | ※ | ※ | 房地产开发企业（行业代码 7010），本年季度预缴申报表中"加：特定业务计算的应纳税所得额"不全为 0，该表必选；A105000 表中，视同销售收入行次不全为 0 的，该表为必选表 |
| A105020 | 未按权责发生制确认收入纳税调整明细表 | ※ | ※ | ※ | A105000 表中，未按权责发生制原则确认收入行次不全为 0 的，该表必须选中 |
| A105030 | 投资收益纳税调整明细表 | ※ | ※ | ※ | 发生投资收益纳税调整项目的纳税人填报 |
| A105040 | 专项用途财政性资金纳税调整明细表 | ※ | ※ | ※ | 发生符合不征税收入条件的专项用途财政性资金纳税调整项目的纳税人填报 |
| A105050 | 职工薪酬支出及纳税调整明细表 | √ | √ | √ | 必填类，填写此表后必填 A105000 |
| A105060 | 广告费和业务宣传费等跨年度纳税调整明细表 | ※ | ※ | ※ | 发生广告费和业务宣传费纳税调整项目的纳税人填报 |
| A105070 | 捐赠支出及纳税调整明细表 | ※ | ※ | ※ | 《一般企业成本支出明细表》（A102010）第 21 行"捐赠支出"大于 0，或《金融企业支出明细表》（A102020）第 37 行"捐赠支出"大于 0 时必填此表 |
| A105080 | 资产折旧、摊销及纳税调整明细表 | ※ | ※ | ※ | 发生资产折旧、摊销及存在资产折旧、摊销纳税调整的纳税人填报 |
| A105090 | 资产损失税前扣除及纳税调整明细表 | ※ | ※ | ※ | 涉及发生资产损失税前扣除项目及纳税调整项目的纳税人填报 |
| A105100 | 企业重组及递延纳税事项纳税调整明细表 | ※ | ※ | ※ | 发生企业重组纳税调整项目的纳税人，在企业重组日所属纳税年度分析填报 |
| A105110 | 政策性搬迁纳税调整明细表 | ※ | ※ | ※ | 发生政策性搬迁纳税调整项目的纳税人在完成搬迁年度及以后进行损失分期扣除的年度填报 |

续表

| 表单编号 | 表单名称 | 企业类型 | | | 填写原则及说明 |
|---|---|---|---|---|---|
| | | 一般企业 | 金融企业 | 事业单位民间组织 | |
| A105120 | 特殊行业准备金及纳税调整明细表 | ※ | ※ | ※ | 涉及保险公司、证券行业、期货行业、金融企业、中小企业信用担保机构及其他允许税前扣除的特殊行业准备金的单位，只要发生相关支出，无论是否纳税调整，均需填报 |
| A106000 | 企业所得税弥补亏损明细表 | ※ | ※ | ※ | 涉及有以前年度亏损弥补或当期亏损的企业 |
| A107010 | 免税、减计收入及加计扣除优惠明细表 | ※ | ※ | ※ | 享受税基式减免纳税人填报 |
| A107011 | 符合条件的居民企业之间的股息、红利等权益性投资收益优惠明细表 | ※ | ※ | ※ | 享受税基式减免纳税人填报，填写此表后必填 A107010 |
| A107012 | 研发费用加计扣除优惠明细表 | ※ | ※ | ※ | 享受税基式减免纳税人填报，填写此表后必填《研发项目可加计扣除研发费用情况归集表》及 A107010 |
| A107020 | 所得减免优惠明细表 | ※ | ※ | ※ | 享受税基式减免纳税人填报 |
| A107030 | 抵扣应纳税所得额明细表 | ※ | ※ | ※ | 享受税基式减免纳税人填报 |
| A107040 | 减免所得税优惠明细表 | ※ | ※ | ※ | 享受税率式减免纳税人填报 |
| A107041 | 高新技术企业优惠情况及明细表 | ※ | ※ | ※ | 享受税率式减免纳税人填报，填写此表后必填 A107040 |
| A107042 | 软件、集成电路企业优惠情况及明细表 | ※ | ※ | ※ | 享受税率式减免纳税人填报，填写此表后必填 A107041 |
| A107050 | 税额抵免优惠明细表 | ※ | ※ | ※ | 享受税额式减免纳税人填报 |
| A108000 | 境外所得税收抵免明细表 | ※ | ※ | ※ | 涉及境外所得税收抵免企业填报 |
| A108010 | 境外所得纳税调整后所得明细表 | ※ | ※ | ※ | 涉及境外所得税收抵免企业填报，填写此表后必填 A108000 |
| A108020 | 境外分支机构弥补亏损明细表 | ※ | ※ | ※ | 涉及境外所得税收抵免企业填报，填写此表后必填 A108001 |
| A108030 | 跨年度结转抵免境外所得税明细表 | ※ | ※ | ※ | 涉及境外所得税收抵免企业填报，填写此表后必填 A108002 |
| A109000 | 跨地区经营汇总纳税企业年度分摊企业所得税明细表 | ※ | ※ | ※ | 跨地区经营汇总纳税的企业填报 |
| A109010 | 企业所得税汇总纳税分支机构所得税分配表 | ※ | ※ | ※ | 跨地区经营汇总纳税的企业填报 |

其中"√"为必填表单，"※"为根据业务发生与否选择填报，"×"为不得填报

②　按先附表后主表的顺序填报，见图 5-1。

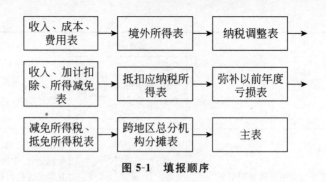

图 5-1  填报顺序

### （三）非居民企业所得税申报表

非居民企业按不同情况分别填写下列申报表。

（1）《中华人民共和国非居民企业所得税年度纳税申报表（适用于据实申报企业）》。

（2）《中华人民共和国非居民企业所得税季度和年度纳税申报表（适用于核定征收企业）/（不构成常设机构和国际运输免税申报）》。

（3）《中华人民共和国扣缴企业所得税报告表》。

项目 **6**

# 个人所得税会计

- ◆ 掌握个人所得税的基本税制要素及应纳税额的计算。
- ◆ 掌握个人所得税的账务处理。
- ◆ 掌握个人所得税的纳税申报。

- ◆ 能够正确进行个人所得税的计算。
- ◆ 熟练运用个人所得税的会计核算业务。
- ◆ 能掌握个人所得税纳税申报的业务操作。

# 任务 6.1   认识个人所得税

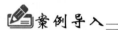 案例导入

王教授到外地为甲企业讲课,关于讲课的劳务报酬,王教授面临着两种选择:一种是甲企业给王教授支付讲课费 50 000 元人民币,往返的交通费、住宿费、伙食费等一概由王教授自己负责;另一种是甲企业支付王教授讲课费 40 000 元,往返交通费、住宿费、伙食费等全部由甲企业负责。小白该怎么替王教授选择呢?

个人所得税是世界各国普遍开征的一个税种,最早产生于 18 世纪的英国。很多国家个人所得税在全部税收收入中所占比重超过了其他税种,成为政府重要的财政收入。个人所得税是政府对自然人征收的一种所得税,对国家取得财政收入、缩小贫富差距有十分重要的作用。

## 一、个人所得税概述

个人所得税是对个人(自然人)取得各项应税所得征收的一种税。个人所得的形式包括现金、实物、有价证券和其他形式的经济利益。

1980 年 9 月 10 日第五届全国人民代表大会第三次会议通过《中华人民共和国个人所得税法》,2018 年 8 月 31 日第十三届全国人民代表大会常务委员会第五次会议通过《关于修改〈中华人民共和国个人所得税法〉的决定》。自 2019 年 1 月 1 日起我国实行综合与分类相结合的个人所得税征收模式。

## 二、个人所得税的纳税义务人

依据住所和居住时间两个标准,个人所得税纳税人分为居民个人和非居民个人,并分别承担不同的纳税义务。

## （一）居民个人

居民个人是指中国境内有住所，或者无住所而一个纳税年度内在中国境内居住累计满183 天的个人。居民个人来源于中国境内和来源于境外的所得应按照我国个人所得税法规定缴纳个人所得税。

中国境内有住所是指因户籍、家庭、经济利益关系而在中国境内习惯性居住。

所谓在中国境内居住满 183 天 ，是指在一个纳税年度（即自公历 1 月 1 日起至 12 月 31 日止）内，在中国境内居住满 183 天。在计算居住天数时，对临时离境应视同在华居住，不扣减其在华居住的天数。这里所说的临时离境，是指在一个纳税年度内，一次不超过 30 日的离境。现行税法中关于"中国境内"的概念，是指中国大陆地区，目前还不包括中国香港、澳门、台湾地区。

## （二）非居民个人

非居民个人是指在中国境内无住所又不居住，或者无住所而一个纳税年度内在中国境内居住累计不满 183 天的个人。非居民个人来源于中国境内的所得，应按照我国个人所得税法规定缴纳个人所得税。

所得来源地的确定方式如下。

除国务院财政、税务主管部门另有规定外，下列所得，不论支付地点是否在中国境内，均为来源于中国境内的所得。

（1）因任职、受雇、履约等在中国境内提供劳务取得的所得。

（2）将财产出租给承租人在中国境内使用而取得的所得。

（3）许可各种特许权在中国境内使用而取得的所得。

（4）转让中国境内的不动产等财产或者在中国境内转让其他财产取得的所得。

（5）从中国境内企业、事业单位、其他组织以及居民个人取得的利息、股息、红利所得。

## 三、个人所得税的征税范围

个人所得税的征税对象是个人取得的各项应税所得，包括现金、实物、有价证券和其他形式的经济利益。按应纳税所得的来源划分，现行个人所得税的应税项目共有 9 个，其中居民个人取得的工资薪金、劳务报酬、特许权使用费及稿酬四项所得为"综合所得"，按纳税年度合并计算个人所得税；非居民个人取得工资薪金、劳务报酬、特许权使用费及稿酬等 4 项所得，按月或者按次分项计算个人所得税。纳税人取得其他所得，分别计算个人所得税。

### （一）工资、薪金所得

工资、薪金所得，是指个人因任职或者受雇取得的工资、薪金、奖金、年终加薪、劳动分红、津贴、补贴以及与任职或者受雇有关的其他所得。

一般来说，工资、薪金所得属于非独立个人劳动所得，即个人所从事的是由他人指定、安排并接受管理的劳动，如工作或服务于公司、工厂、行政单位、事业单位的人员（私营企业主除外）。独立个人劳动，则是指个人所从事的由自己自由提供的，不受他人指定、安排和具体管理的劳动。

### （二）劳务报酬所得

劳务报酬所得，是指个人从事劳务取得的所得，包括从事设计、装潢、安装、制图、化验、测试、医疗、法律、会计、咨询、讲学、翻译、审稿、书画、雕刻、影视、录音、录像、演出、表演、广告、展览、技术服务、介绍服务、经纪服务、代办服务以及其他劳务取得的所得。

### （三）稿酬所得

稿酬所得是指个人因其作品以图书、报刊形式出版、发表而取得的所得，包括文字、书画、摄影以及其他作品。

### （四）特许权使用费所得

特许权使用费所得是指个人提供专利权、商标权、著作权、非专利技术以及其他特许权的使用权取得的所得；提供著作权的使用权取得的所得，不包括稿酬所得。

### （五）经营所得

经营所得包括：①个体工商户从事生产、经营活动取得的所得，个人独资企业投资人、合伙企业的个人合伙人来源于境内注册的个人独资企业、合伙企业生产、经营的所得；②个人依法从事办学、医疗、咨询以及其他有偿服务活动取得的所得；③个人对企业、事业单位承包经营、承租经营以及转包、转租取得的所得；④个人从事其他生产、经营活动取得的所得。

### （六）利息、股息、红利所得

利息、股息、红利所得是指个人拥有债权、股权而取得的利息、股息、红利所得。它包括公司债券利息收入、企业集资利息收入和个人结算账户利息收入。

### （七）财产租赁所得

财产租赁所得是指个人出租建筑物、土地使用权、机器设备、车船以及其他财产取得的所得。

### （八）财产转让所得

财产转让所得是指个人转让有价证券、股权、合伙企业中的财产份额、不动产、机器设备、车船以及其他财产取得的所得。

### （九）偶然所得

偶然所得是指个人得奖、中奖、中彩以及其他偶然性质的所得。偶然所得应缴纳的个人所得税税款，一律由发奖单位和机构代扣代缴。

## 四、个人所得税的税率

### （一）综合所得

综合所得适用3%～45%的超额累进税率（见表6-1）。

表6-1　个人所得税税率表一（综合所得适用）

| 级数 | 全年应纳税所得额 | 税率/% | 速算扣除数 |
| --- | --- | --- | --- |
| 1 | 不超过36 000元的 | 3 | 0 |
| 2 | 超过36 000元至144 000元的部分 | 10 | 2 520 |
| 3 | 超过144 000元至300 000元的部分 | 20 | 16 920 |
| 4 | 超过300 000元至420 000元的部分 | 25 | 31 920 |

续表

| 级数 | 全年应纳税所得额 | 税率/% | 速算扣除数 |
|------|------------------|--------|------------|
| 5 | 超过 420 000 元至 660 000 元的部分 | 30 | 52 920 |
| 6 | 超过 660 000 元至 960 000 元的部分 | 35 | 85 920 |
| 7 | 超过 960 000 元的部分 | 45 | 181 920 |

(注:本表所称全年应纳税所得额是指依照个人所得税法第六条的规定,居民个人取得综合所得以每一纳税年度收入额减除费用 60 000 元以及专项扣除、专项附加扣除和依法确定的其他扣除后的余额。)

## (二)经营所得

经营所得适用 5%~35% 的超额累进税率(见表 6-2)。

表 6-2　个人所得税税率表二(经营所得适用)

| 级数 | 全年应纳税所得额 | 税率/% | 速算扣除数 |
|------|------------------|--------|------------|
| 1 | 不超过 30 000 元的 | 5 | 0 |
| 2 | 超过 30 000 元至 90 000 元的部分 | 10 | 1 050 |
| 3 | 超过 90 000 元至 300 000 元的部分 | 20 | 10 500 |
| 4 | 超过 300 000 元至 500 000 元的部分 | 30 | 40 500 |
| 5 | 超过 500 000 元的部分 | 35 | 65 500 |

(注:本表所称全年应纳税所得额是指依照个人所得税法第六条的规定,以每一纳税年度的收入总额减除成本、费用以及损失后的余额。)

## (三)非居民个人工资、薪金所得,劳务报酬所得,稿酬所得和特许权使用费所得

扣缴义务人向非居民个人支付工资、薪金所得,劳务报酬所得,稿酬所得和特许权使用费所得时,按月或者按次代扣代缴税款,适用 3% 至 45% 的超额累进税率(见表 6-3)。

表 6-3　个人所得税税率表三<br>(非居民个人工资、薪金所得,劳务报酬所得,稿酬所得和特许权使用费所得)

| 级数 | 应纳税所得额 | 税率/% | 速算扣除数 |
|------|--------------|--------|------------|
| 1 | 不超过 3 000 元的 | 3 | 0 |
| 2 | 超过 3 000 元至 12 000 元的部分 | 10 | 210 |
| 3 | 超过 12 000 元至 25 000 元的部分 | 20 | 1 410 |
| 4 | 超过 25 000 元至 35 000 元的部分 | 25 | 2 660 |
| 5 | 超过 35 000 元至 55 000 元的部分 | 30 | 4 410 |
| 6 | 超过 55 000 元至 80 000 元的部分 | 35 | 7 160 |
| 7 | 超过 80 000 元的部分 | 45 | 15 160 |

## (四)利息、股息、红利所得,财产租赁所得,财产转让所得和偶然所得

利息、股息、红利所得,财产租赁所得,财产转让所得和偶然所得,适用比例税率,税率为 20%。

## 五、个人所得税应纳税所得额的确定

### （一）居民个人综合所得的应纳税所得额

$$\begin{matrix}\text{居民个人应}\\\text{纳税所得额}\end{matrix}=\text{收入额}-\begin{matrix}\text{免税}\\\text{收入}\end{matrix}-\begin{matrix}\text{减除}\\\text{费用}\end{matrix}-\begin{matrix}\text{专项}\\\text{扣除}\end{matrix}-\begin{matrix}\text{专项附}\\\text{加扣除}\end{matrix}-\begin{matrix}\text{依法确定的}\\\text{其他扣除}\end{matrix}$$

（1）收入额

居民个人综合所得的收入额是指在一个纳税年度内工资薪金总额与劳务报酬所得、稿酬所得、特许权使用费所得以收入减除 20% 的费用后的余额相加。稿酬所得的收入额减按 70% 计算。

（2）扣除项目

① 费用扣除标准。纳税人每一纳税年度费用扣除标准为 60 000 元。

② 专项扣除。专项扣除包括居民个人按照国家规定的范围和标准缴纳的基本养老保险、基本医疗保险、失业保险等社会保险费和住房公积金等。

③ 专项附加扣除。专项附加扣除包括子女教育、继续教育、大病医疗、住房贷款利息或者住房租金、赡养老人、3 岁以下婴幼儿照护等支出。具体规定为：

a. 子女教育。纳税人的子女接受全日制学历教育的相关支出，按照每个子女每月 1 000 元的标准定额扣除。父母可以选择由其中一方按扣除标准的 100% 扣除，也可以选择由双方分别按扣除标准的 50% 扣除具体扣除方式在一个纳税年度内不能变更。

b. 继续教育。纳税人在中国境内接受学历（学位）继续教育的支出，在学历（学位）教育期间按照每月 400 元定额扣除。同一学历（学位）继续教育的扣除期限不能超过 48 个月。纳税人接受技能人员职业资格继续教育、专业技术人员职业资格继续教育的支出，在取得相关证书的当年，按照 3 600 元定额扣除。

个人接受本科及以下学历（学位）继续教育，符合本办法规定扣除条件的，可以选择由其父母扣除，也可以选择由本人扣除。

c. 大病医疗。在一个纳税年度内，纳税人发生的与基本医保相关的医药费用支出，扣除医保报销后个人负担（指医保目录范围内的自付部分）累计超过 15 000 元的部分，由纳税人在办理年度汇算清缴时，在 80 000 元限额内据实扣除。

纳税人发生的医药费用支出可以选择由本人或者其配偶扣除；未成年子女发生的医药费用支出可以选择由其父母一方扣除。分别计算扣除额。

d. 住房贷款利息。纳税人本人或者配偶单独或者共同使用商业银行或者住房公积金个人住房贷款为本人或者其配偶购买中国境内住房，发生的首套住房贷款利息支出，在实际发生贷款利息的年度，按照每月 1 000 元的标准定额扣除，扣除期限最长不超过 240 个月。纳税人只能享受一次首套住房贷款的利息扣除。

经夫妻双方约定，可以选择由其中一方扣除，具体扣除方式在一个纳税年度内不能变更。夫妻双方婚前分别购买住房发生的首套住房贷款，其贷款利息支出，婚后可以选择其中一套购买的住房，由购买方按扣除标准的 100% 扣除，也可以由夫妻双方对各自购买的住房分别按扣除标准的 50% 扣除，具体扣除方式在一个纳税年度内不能变更。

e. 住房租金。纳税人在主要工作城市没有自有住房而发生的住房租金支出，可以按照以下标准定额扣除：直辖市、省会（首府）城市、计划单列市以及国务院确定的其他城市，扣除标准为每月1 500元;除上述城市以外,市辖区户籍人口超过100万的城市,扣除标准为每月1 100元;市辖区户籍人口不超过100万的城市,扣除标准为每月800元。

纳税人的配偶在纳税人的主要工作城市有自有住房的,视同纳税人在主要工作城市有自有住房。

夫妻双方主要工作城市相同的,只能由签订租赁住房合同的承租人扣除。纳税人及其配偶在一个纳税年度内不能同时分别享受住房贷款利息和住房租金专项附加扣除。

f. 赡养老人。纳税人赡养一位及以上被赡养人的赡养支出,统一按照以下标准定额扣除。

纳税人为独生子女的,按照每月2 000元的标准定额扣除;纳税人为非独生子女的,由其与兄弟姐妹分摊每月2 000元的扣除额度,每人分摊的额度不能超过每月1 000元。可以由赡养人均摊或者约定分摊,也可以由被赡养人指定分摊。约定或者指定分摊的须签订书面分摊协议,指定分摊优先于约定分摊。具体分摊方式和额度在一个纳税年度内不能变更。

g. 3岁以下婴幼儿照护。纳税人照护3岁以下婴幼儿子女的相关支出,按照每个婴幼儿每月1 000元的标准定额扣除。父母可以选择由其中一方按扣除标准的100%扣除,也可以选择由双方分别按扣除标准的50%扣除,具体扣除方式在一个纳税年度内不能变更。

值得注意的是,纳税人同时从两处以上取得工资、薪金所得,并由扣缴义务人办理上述专项附加扣除的,对同一专项附加扣除项目,一个纳税年度内,纳税人只能选择从其中一处扣除。

④ 依法确定的其他扣除。依法确定的其他扣除包括个人缴付符合国家规定的企业年金、职业年金,个人购买符合国家规定的商业健康保险、税收递延型商业养老保险的支出,以及国务院规定可以扣除的其他项目。

以上专项扣除、专项附加扣除和依法确定的其他扣除,以居民个人一个纳税年度的应纳税所得额为限额;一个纳税年度扣除不完的,不结转以后年度扣除。

### (二) 经营所得的应纳税所得额

经营所得以每一纳税年度的收入总额减除成本、费用以及损失后的余额,为应纳税所得额。

成本、费用,是指生产、经营活动中发生的各项直接支出和分配计入成本的间接费用以及销售费用、管理费用、财务费用;所称损失,是指生产、经营活动中发生的固定资产和存货的盘亏、毁损、报废损失,转让财产损失,坏账损失,自然灾害等不可抗力因素造成的损失以及其他损失。

#### 1. 个体工商户应纳税所得额的确定

自2015年1月1日起,个体工商户准予税前列支的项目及列支标准如下。

① 实际支付给从业人员的合理的工资、薪金支出,准予扣除。个体工商户业主的工资、薪金支出不得税前扣除,业主没有综合所得的,扣除的费用标准为:每一纳税年度的应纳税所得额时,应当减除费用6万元、专项扣除、专项附加扣除以及依法确定的其他扣除。

② 按国务院有关主管部门或省级人民政府规定的范围和标准为其业主和从业人员缴纳的基本养老保险费、基本医疗保险费、失业保险费、生育保险费、工伤保险费和住房公积金,准予扣除。

为从业人员缴纳的补充养老保险费、补充医疗保险费,分别在不超过从业人员工资总额

5%标准内的部分据实扣除;超过部分,不得扣除。

业主本人缴纳的补充养老保险费、补充医疗保险费,以当地(地级市)上年度社会平均工资的 3 倍为计算基数,分别在不超过该计算基数 5%标准内的部分据实扣除;超过部分,不得扣除。

③ 除个体工商户依照国家有关规定为特殊工种从业人员支付的人身安全保险费和财政部、税务总局规定可以扣除的其他商业保险费外,个体工商户业主本人或者为从业人员支付的商业保险费,不得扣除。

④ 生产经营活动中发生的合理的、不需要资本化的借款费用,准予扣除。

个体工商户为购置、建造固定资产、无形资产和经过 12 个月以上的建造才能达到预定可销售状态的存货发生借款的,在有关资产购置、建造期间发生的合理的借款费用,应当作为资本性支出计入有关资产的成本,并依照《个体工商户个人所得税计税办法》的规定扣除。

⑤ 个体工商户在生产经营活动中发生的下列利息支出,准予扣除:

向金融企业借款的利息支出。向非金融企业和个人借款的利息支出,不超过按照金融企业同期同类贷款利率计算的数额的部分。

⑥ 货币交易中,以及纳税年度终了时将人民币以外的货币性资产、负债按照期末即期人民币汇率中间价折算为人民币时产生的汇兑损失,除已经计入有关资产成本部分外,准予扣除。

⑦ 个体工商户向当地工会组织拨缴的工会经费、实际发生的职工福利费支出、职工教育经费支出分别在工资、薪金总额的 2%、14%、2.5%的标准内据实扣除。

工资、薪金总额是指允许在当期税前扣除的工资薪金支出数额。

职工教育经费的实际发生数额超出规定比例当期不能扣除的数额,准予在以后纳税年度结转扣除。

个体工商户业主本人向当地工会组织缴纳的工会经费、实际发生的职工福利费支出、职工教育经费支出,以当地(地级市)上年度社会平均工资的 3 倍为计算基数,在规定比例内据实扣除。

⑧ 个体工商户发生的与生产经营活动有关的业务招待费,按照实际发生额的 60%扣除,但最高不得超过当年销售(营业)收入的 5‰。

业主自申请营业执照之日起至开始生产经营之日止所发生的业务招待费,按照实际发生额的 60%计入个体工商户的开办费。

⑨ 每一纳税年度发生的与其生产经营活动直接相关的广告费和业务宣传费不超过当年销售(营业)收入 15%的部分,可以据实扣除;超过部分,准予在以后纳税年度结转扣除。

⑩ 个体工商户代其从业人员或者他人负担的税款,不得税前扣除。

⑪ 个体工商户按照规定缴纳的摊位费、行政性收费、协会会费等,按实际发生数额扣除。

⑫ 个体工商户根据生产经营活动需要租入固定资产支付的租赁费,按照以下方法扣除:以经营租赁方式租入固定资产发生的租赁费支出,按照租赁期限均匀扣除。以融资租赁方式租入固定资产发生的租赁费支出,按照规定构成融资租入固定资产价值的部分应当提取折旧费用,分期扣除。

⑬ 个体工商户参加财产保险,按照规定缴纳的保险费,准予扣除。

⑭ 个体工商户发生的合理的劳动保护支出,准予扣除。

⑮ 个体工商户自申请营业执照之日起至开始生产经营之日止所发生符合《个体工商户个人所得税计税办法》规定的费用,除为取得固定资产、无形资产的支出,以及应计入资产价值的汇兑损益、利息支出外,作为开办费,个体工商户可以选择在开始生产经营的当年一次性扣除,也可自生产经营月份起在不短于 3 年期限内摊销扣除,但一经选定,不得改变。

开始生产经营之日为个体工商户取得第一笔销售(营业)收入的日期。

⑯ 个体工商户通过公益性社会团体或者县级以上人民政府及其部门,用于《中华人民共和国公益事业捐赠法》规定的公益事业的捐赠,捐赠额不超过其应纳税所得额 30% 的部分可以据实扣除。财政部、国家税务总局规定可以全额在税前扣除的捐赠支出项目,按有关规定执行。个体工商户直接对受益人的捐赠不得扣除。

公益性社会团体的认定,按照财政部、国家税务总局、民政部有关规定执行。

⑰ 赞助支出指个体工商户发生的与生产经营活动无关的各种非广告性质支出。

⑱ 研究开发新产品、新技术、新工艺所发生的开发费用,以及研究开发新产品、新技术而购置单台价值在 10 万元以下的测试仪器和试验性装置的购置费准予直接扣除;单台价值在 10 万元以上(含 10 万元)的测试仪器和试验性装置,按固定资产管理,不得在当期扣除。

个体工商户资产的税务处理如下。

① 固定资产是指在生产经营中使用的、期限超过 1 年且单位价值在 1 000 元以上的房屋建筑物、机器、设备、运输工具及其他与生产经营有关的设备、工具、器具等。

② 预计净残值率为 5%。

③ 固定资产的折旧年限。税法规定最短折旧年限分别为:房屋、建筑物为 20 年;轮船、机器、机械和其他生产设备为 10 年;电子设备和轮船以外的运输工具及与生产经营有关的器具、工具、家具等为 5 年。特殊原因需要缩短折旧年限的须报经省级税务机关审核批准。

④ 递延资产。个体工商户选择自生产经营月份起在不短于 3 年期限内摊销的开办费。

⑤ 存货。按实际成本计价,领用或发出存货的核算原则上采用加权平均法。

2. 个人独资企业和合伙企业应纳税所得额的确定

合伙企业的合伙人应纳税所得额的确认原则如下。

① 合伙人以合伙企业的生产经营所得和其他所得,按照合伙协议约定的分配比例确定应纳税所得额。

② 合伙协议未约定或者约定不明确的,以全部生产经营所得和其他所得,按照合伙人协商决定的分配比例确定应纳税所得额。

③ 协商不成的,以全部生产经营所得和其他所得,按照合伙人实缴出资比例确定应纳税所得额。

④ 无法确定出资比例的,以全部生产经营所得和其他所得,按照合伙人数量平均计算每个合伙人的应纳税所得额。

⑤ 合伙人协议不得约定将全部利润分配给部分合伙人。

个人独资企业和合伙企业扣除项目的确认原则如下。

① 投资者的工资不得在税前扣除。投资者兴办两个或两个以上企业的,其费用扣除标准由投资者选择在其中一个企业的生产、经营所得中扣除。

② 投资者及其家庭发生的生活费用不允许在税前扣除。生活费用与企业生产、经营费用混合在一起难以划分的,全部视为生活费用,不允许在税前扣除。

③ 投资者及其家庭共用的固定资产,难以划分的,由税务机关核定。

④ 其他项目扣除同个体工商户。

取得经营所得的个人,没有综合所得的,计算其每一纳税年度的应纳税所得额时,应当减除费用6万元、专项扣除、专项附加扣除以及依法确定的其他扣除。专项附加扣除在办理汇算清缴时减除。

从事生产、经营活动,未提供完整、准确的纳税资料,不能正确计算应纳税所得额的,由主管税务机关核定应纳税所得额或者应纳税额。

3. 非居民个人所得的应纳税所得额

非居民个人的工资、薪金所得,以每月收入额减除费用5 000元后的余额为应纳税所得额。非居民个人劳务报酬所得、稿酬所得、特许权使用费所得,以每次收入额为应纳税所得额。劳务报酬所得、稿酬所得、特许权使用费所得以收入减除20%的费用后的余额为收入额。稿酬所得的收入额减按70%计算。

4. 财产租赁所得的应纳税所得额

财产租赁所得,每次收入不超过4 000元的,减除费用800元;4 000元以上的,减除20%的费用,其余额为应纳税所得额。

每次收入不超过4 000元的:应纳税所得额=每次收入额-800元。

每次收入超过4 000元的:应纳税所得额=每次收入额×(1-20%)。

财产租赁所得的应纳税所得额还可以以每月800元为限扣除修缮费用。

5. 财产转让所得的应纳税所得额

以转让财产的收入额减除财产原值和合理费用后的余额,为应纳税所得额。

$$应纳税所得额=转让收入-财产原值-合理费用$$

财产原值,按照下列方法确定。

① 有价证券,为买入价以及买入时按照规定交纳的有关费用。

② 建筑物,为建造费或者购进价格以及其他有关费用。

③ 土地使用权,为取得土地使用权所支付的金额、开发土地的费用以及其他有关费用。

④ 机器设备、车船,为购进价格、运输费、安装费以及其他有关费用。

其他财产,参照前款规定的方法确定财产原值。

纳税人未提供完整、准确的财产原值凭证,不能按照本条第一款规定的方法确定财产原值的,由主管税务机关核定财产原值。

合理费用,是指卖出财产时按照规定支付的有关税费。

6. 利息、股息、红利所得,偶然所得的应纳税所得额

以每次收入额为应纳税所得额,不减除任何费用。

7. 每次收入的确定

除居民个人综合所得、经营所得外,分别按照下列方法确定每次收入:

① 劳务报酬所得、稿酬所得、特许权使用费所得,属于一次性收入的,以取得该项收入为一次;属于同一项目连续性收入的,以一个月内取得的收入为一次。

② 财产租赁所得,以一个月内取得的收入为一次。

③ 利息、股息、红利所得,以支付利息、股息、红利时取得的收入为一次。

④ 偶然所得,以每次取得该项收入为一次。

## 六、应纳税额的计算

### (一)居民个人综合所得应纳税额的计算

应纳税额＝应纳税所得额×适用税率－速算扣除数

＝(收入额－免税收入－减除费用－专项扣除－专项附加扣除

－依法确定的其他扣除)×适用税率－速算扣除数

**典型任务实例 6-1**

公司员工吴某 2021 年 1—12 月每月取得工资、薪金收入 8 400 元,12 月取得年终奖 60 000 元,每个月个人承担的基本"五险一金"1 500 元;吴某是独生子女,父母均满 60 周岁,有一个儿子上小学,按揭还贷首套房,与其配偶约定子女教育与住房贷款利息全由吴某扣除,无其他扣除项目。请计算 2021 年吴某应缴纳的个人所得税。

**解析**

第一种:年终奖并入当年综合所得

(1) 应纳税所得额＝(8 400×12＋60 000－60 000－1 500×12－2 000×12－1 000×12－1 000×12)＝34 800(元)

(2) 2021 年吴某应纳个人所得税税额＝34 800×3％＝1 044(元)

第二种:年终奖不并入当年综合所得

(1) 吴某当年年终奖 60 000÷12＝5 000(元),适用 10％的税率,速算扣除数 210 元

年终奖应纳税额＝60 000×10％－210＝5 790(元)

(2) 吴某当年月工资应纳税所得额＝(8 400×12－60 000－1 500×12－2000×12－1 000×12－1 000×12)＝－15 200(元)

吴某工资收入不缴纳个人所得税。

(3) 2021 年吴某应纳个人所得税税额＝5 790(元)

 **想一想**

吴某要想节税应该做何选择? 选择的条件是什么?

### (二)经营所得应纳税额的计算

经营所得,按年计算、分月或分季预缴、年终汇算清缴、多退少补。其计算公式为:

$$\text{本月应预缴税额}=\text{本月累计应纳税所得额}\times\text{适用税率}-\text{速算扣除数}-\text{上月累计已预缴额}$$

$$\text{经营所得应纳税所得额}=\text{该年度收入总额}-\left(\text{成本}+\text{费用}+\text{损失}+\text{准予扣除的税金}+\text{其他支出}\right)-\text{允许弥补的以前年度亏损}$$

此外,取得经营所得的个人,没有综合所得的,计算其每一纳税年度的应纳税所得额时,应当减除费用 6 万元、专项扣除、专项附加扣除以及依法确定的其他扣除。专项附加扣除在办理汇算清缴时减除。

$$应纳税额＝应纳税所得额×税率－速算扣除数$$
$$汇算清缴税额＝全年应纳税额－全年累计已预缴税$$

**典型任务实例 6-2**

某个体工商户，2021 年生产经营收入 60 万元，营业成本 31 万元，发生的业务招待费是 2 万元；员工的工资是 10 万元，个体户业主的工资是 5 万元，其他的税法准予扣除的费用、税金是 6 万元。员工工资和业主工资没有包含在成本费用中，该个体工商户没有综合所得，每月缴纳五险一金 1 000 元。计算该个体工商户当年应纳的个人所得税。

**解析**

个体工商户每一纳税年度发生的与其生产经营业务直接相关的业务招待费支出，按照发生额的 60% 扣除，但最高不得超过当年销售（营业）收入的 5‰。

业务招待费实际发生额的 60%＝2×60%＝1.2（万元）

扣除限额＝60×5‰＝0.3（万元）

按照限额 0.3 万元扣除；投资者的工资不可以税前扣除，但可以扣除费用 6 万元、五险一金。

注：2021 年 1 月 1 日至 2022 年 12 月 31 日，对个体工商户年应纳税所得额不超过 100 万元的部分，在现行优惠政策基础上，减半征收个人所得税。

应纳税所得额＝60－31－0.3－10－6－6－1.2＝5.5（万元）

应纳个人所得税＝(5.5×10%－0.105)×50%＝0.222 5（万元）

### （三）非居民个人工资薪金所得应纳税额的计算

非居民个人以每月收入额减除费用五千元后的余额为应纳税所得额，根据税率表三计算应纳税金。

$$应纳所得额＝每月收入－5\ 000$$
$$应纳税额＝应纳税所得额×税率－速算扣除数$$

**典型任务实例 6-3**

2021 年 1 月 1 日外籍专家来中国境内指导工作并建立劳动关系，当月取得工资为 25 000 元，不确定该专家在中国境内工作的时间，2021 年 1 月支付方该扣缴多少个人所得税？

**解析**

无法判定是居民个人还是非居民个人的，先按非居民进行缴纳，达到居民个人标准时再进行汇算清缴。

应纳所得额＝25 000－5 000＝20 000（元）

应纳税额＝20 000×20%－1 410＝2 590（元）

### （四）非居民个人劳务报酬、特许权使用费、稿酬应纳税额的计算

非居民个人劳务报酬所得、稿酬所得、特许权使用费所得，以每次收入额为应纳税所得额。劳务报酬所得、稿酬所得、特许权使用费所得以收入减除 20% 的费用后的余额为收入额。稿酬所得的收入额减按 70% 计算。根据税率表三计算应纳税金。

劳务报酬收入额＝每次收入×(1－20％)

特许权使用费收入额＝每次收入×(1－20％)

稿酬收入额＝每次收入×(1－20％)×70％

应纳税所得额＝收入额

应纳税额＝应纳税所得额×税率－速算扣除数

### (五)财产租赁所得应纳税额的计算

财产租赁所得应纳税额的计算公式根据不同情况应有所区别。

(1) 每次(月)收入不超过 4 000 元时

应纳税额＝[每次(月)收入额－准予扣除项目－修缮费用－800]×20％

(2) 每次(月)收入超过 4 000 元时

应纳税额＝[每次(月)收入额－准予扣除项目－修缮费用]×(1－20％)×20％

财产租赁收入,在计算缴纳个人所得税时,应依次扣除以下费用。

① 财产租赁缴纳的税费:个人出租房屋的个人所得税应税收入不含增值税(对个人出租住房,不区分用途,5％的征收率减按 1.5％),计算房屋出租所得可扣除的税费不包括本次出租缴纳的增值税。个人转租房屋的,其向房屋出租方支付的租金及增值税额,在计算转租所得时予以扣除。免征增值税的,确定计税依据时,租金收入不扣减增值税额。城市维护建设税(7％、5％、1％)、房产税(4％)、教育费附加(3％)可以扣除。同时,税费要有完税(缴款)凭证才可扣除。

② 还准予扣除能够提供有效、准确凭证,证明由纳税人负担的该出租财产实际开支的修缮费用。每月以 800 元为限,一次扣除不完的余额可无限期结转抵扣。

③ 法定扣除标准为 800 元(减除上述后余额不超过 4 000 元)或 20％(减除上述后余额在 4 000 元以上)。

#### 典型任务实例 6-4

王某于 2021 年 6 月将市区闲置的一处住房按市场价格出租用于他人居住,租期 1 年,每月租金 4 000 元,房产原值 70 万元,当地政府规定房产原值扣除比例为 30％,可提供实际缴纳出租环节房产税的完税凭证。7 月发生漏雨修缮费 1 000 元。计算王某 7、8 两个月应缴纳的个人所得税。

**解析**

由于月租金小于 10 万元,免征增值税。

7 月租金应纳个人所得税税额＝[4 000×(1－4％)－800－800]×10％＝224(元)

8 月租金应纳个人所得税税额＝[4 000×(1－4％)－200－800]×10％＝284(元)

### (六)财产转让所得应纳税额的计算

应纳税额＝应纳税所得额×适用税率＝(收入总额－财产原值－合理税费)×20％

合理税费是指卖出财产时按照规定支付的有关税费,包括城市维护建设税、教育费附加、土地增值税、印花税、手续费等,经税务机关认定方可减除。

(1) 个人住房转让所得应纳税额的计算

个人住房转让应以实际成交价格为转让收入。个人转让房屋的个人所得税应税收入不含增值税。免征增值税的,确定计税依据时,转让房地产取得的收入不扣减增值税额。纳税人申报的住房成交价格明显低于市场价格且无正当理由的,征收机关依法有权核定其转让收入,但必须保证各税种计税价格一致。税务机关核定的计税价格或收入不含增值税。

对转让住房收入计算个人所得税应纳税所得额时,纳税人可凭原购房合同、发票等有效凭证,经税务机关审核后,允许从其转让收入中减除房屋原值、转让住房过程中缴纳的税金及有关合理费用。

(2) 个人销售有价证券应纳税额的计算

个人销售有价证券的原值为买入价以及买入时按规定缴纳的有关费用,采用“加权平均法”确定。

$$\frac{\text{一次卖出某一种类的债券}}{\text{允许扣除的买价和费用}}=\frac{\text{购进该种债券的买入价和}}{\text{买进过程中缴纳的税费总和}}\div\frac{\text{购进该种类}}{\text{债券总数量}}$$
$$\times\frac{\text{一次卖出的该}}{\text{种类债券数量}}+\frac{\text{卖出的该种类债券过}}{\text{程中缴纳的税费}}$$

$$\frac{\text{每次卖出债券应}}{\text{纳个人所得税税额}}=\left[\frac{\text{该次卖出该}}{\text{类债券收入}}-\frac{\text{该次卖出该类债券允}}{\text{许扣除的买价和费用}}\right]\times20\%$$

**典型任务实例 6-5**

钱某本期购入债券 1 000 份,每份买入价 10 元,支付购进买入债券的税费共计 150 元。本期内将买入的债券一次卖出 600 份,每份卖出价 12 元,支付卖出债券的税费共计 110 元。计算该个人售出债券应缴纳的个人所得税。

**解析**

(1) 一次卖出债券应扣除的买价和费用=(10 000+150)÷1 000×600+110=6 200(元)

(2) 应缴纳的个人所得税税额=(600×12-6 200)×20%=200(元)

(3) 股权转让所得应纳税额的计算如下

① 限售股转让所得应纳税额的计算。

个人转让我国境内上市公司股票暂不征税,但个人转让上市公司限售股取得的所得,按照“财产转让所得”项目征税。

个人转让限售股应纳税所得额=限售股转让收入-(限售股原值+合理税费)

② 个人股权转让所得个人所得税应纳税额的核定。

个人转让股权应纳税所得额=股权转让收入-(股权原值+合理税费)

### (七) 利息、股息、红利所得应纳税额的计算

利息、股息、红利所得应纳税额的计算公式为

应纳税额=应纳税所得额×适用税率

=每次收入额×适用税率

在计算利息、股息、红利所得应纳税额时,需要注意以下几个问题。

(1) 以股票形式向股东个人支付应得的股息、红利(即派发红股),应以派发红股的股票票面金额为收入额,计征个人所得税。

(2) 上市公司股息、红利差别化个人所得税政策。

① 个人从公开发行和转让市场取得的上市公司股票，持股期限超过 1 年的，股息红利所得暂免征收个人所得税。

个人从公开发行和转让市场取得的上市公司股票，持股期限在 1 个月以内（含 1 个月）的，其股息红利所得全额计入应纳税所得额；持股期限在 1 个月以上至 1 年（含 1 年）的，暂减按 50％计入应纳税所得额；上述所得统一适用 20％的税率计征个人所得税。

② 上市公司派发股息红利时，对个人持股 1 年以内（含 1 年）的，上市公司暂不扣缴个人所得税；待个人转让股票时，证券登记结算公司根据其持股期限计算应纳税额，由证券公司等股份托管机构从个人资金账户中扣收并划付证券登记结算公司，证券登记结算公司应于次月 5 个工作日内划付上市公司，上市公司在收到税款当月的法定申报期内向主管税务机关申报缴纳。

③ 全国中小企业股份转让系统挂牌公司股息红利差别化个人所得税政策，按照①和②的规定执行。

以上规定自 2015 年 9 月 8 日起施行。

④ 自 2014 年 7 月 1 日起至 2019 年 6 月 30 日止，个人持有全国中小企业股份转让系统（简称全国股份转让系统）挂牌公司的股票，持股期限在 1 个月以内（含 1 个月）的，其股息、红利所得全额计入应纳税所得额；持股期限在 1 个月以上至 1 年（含 1 年）的，暂减按 50％计入应纳税所得额；持股期限超过 1 年的，暂减按 25％计入应纳税所得额。上述所得统一适用 20％的税率计征个人所得税。

挂牌公司是指股票在全国股份转让系统挂牌公开转让的非上市公众公司；持股期限是指个人取得挂牌公司股票之日至转让交割该股票之日前一日的持有时间。

⑤ 证券投资基金从上市公司分配取得的股息、红利所得，减按 50％计算应纳税所得额。

⑥ 自 2018 年 11 月 1 日（含）起，对个人转让新三板挂牌公司非原始股取得的所得，暂免征收个人所得税。非原始股是指个人在新三板挂牌公司挂牌后取得的股票，以及由上述股票孳生的送、转股。

对个人转让新三板挂牌公司原始股取得的所得，按照"财产转让所得"，适用 20％的比例税率征收个人所得税。原始股是指个人在新三板挂牌公司挂牌前取得的股票，以及在该公司挂牌前和挂牌后由上述股票孳生的送、转股。

2018 年 11 月 1 日之前，个人转让新三板挂牌公司非原始股，尚未进行税收处理的，可比照本通知第一条规定执行，已经进行相关税收处理的，不再进行税收调整。

**典型任务实例 6-6**

王某自 2020 年 1 月起持有某上市公司的股票 20 000 股，该上市公司 2021 年度的利润分配方案为每 10 股送 3 股，并于 2021 年 6 月起实施，该股票的面值为每股 1 元。请计算上市公司应扣缴王某的个人所得税。

**解析**

王某持股期限超过 1 年，股息红利所得暂免征收个人所得税。该上市公司应扣缴王某个人所得税税额为 0。

### （八）偶然所得应纳税额的计算

偶然所得以个人每次收入额为应纳税所得额，不扣除任何费用。计算公式如下：

$$应纳税额＝应纳税所得额×适用税率$$
$$＝每次收入额×20\%$$

### （九）应纳税额计算中的特殊问题

#### 1. 个人所得税中捐赠扣除的计税方法

个人将其所得对教育、扶贫、济困等公益慈善事业进行捐赠，捐赠额未超过纳税人申报的应纳税所得额30%的部分，可以从其应纳税所得额中扣除；国务院规定对公益慈善事业捐赠实行全额税前扣除的，从其规定。

需要注意的问题如下。

（1）扣除比例一般为30%，向农村义务教育、红十字事业、公益性青少年活动场所、汶川地震的捐赠可全额扣除。

（2）扣除限额以扣除捐赠前申报的应纳税所得额计算，不直接以收入计算，但是偶然所得直接按取得的收入计算。

（3）如果实际捐赠额小于扣除限额，则不能减去扣除限额，只能减去实际捐赠额。

#### 2. 个人所得税境外缴纳税额抵免的计税方法

纳税义务人从中国境外取得的所得，准予其在应纳税额中扣除已在境外缴纳的个人所得税税额，但扣除额不得超过该纳税义务人境外所得依照我国税法规定计算的应纳税额。

居民个人从中国境内和境外取得的综合所得、经营所得，应当分别合并计算应纳税额；从中国境内和境外取得的其他所得，应当分别单独计算应纳税额。

在境外缴纳的个人所得税税额，是指居民个人来源于中国境外的所得，依照该所得来源国家（地区）的法律应当缴纳并且实际已经缴纳的所得税税额。

纳税人境外所得应纳税额，是居民个人抵免已在境外缴纳的综合所得、经营所得以及其他所得的所得税税额的限额（以下简称抵免限额）。除国务院财政、税务主管部门另有规定外，来源于中国境外一个国家（地区）的综合所得抵免限额、经营所得抵免限额以及其他所得抵免限额之和，为来源于该国家（地区）所得的抵免限额。

居民个人在中国境外一个国家（地区）实际已经缴纳的个人所得税税额，低于依照前款规定计算出的来源于该国家（地区）所得的抵免限额的，应当在中国缴纳差额部分的税款；超过来源于该国家（地区）所得的抵免限额的，其超过部分不得在本纳税年度的应纳税额中抵免，但是可以在以后纳税年度来源于该国家（地区）所得的抵免限额的余额中补扣。补扣期限最长不得超过5年。

居民个人申请抵免已在境外缴纳的个人所得税税额，应当提供境外税务机关出具的税款所属年度的有关纳税凭证。

#### 3. 两人以上共同取得同一项目收入的计税方法

两人以上共同取得同一项目，应当对每个人取得的收入分别按照税法规定减除费用后计算纳税，实行"先分、后扣、再税"的办法。

**典型任务实例 6-7**

某高校5位教师共同编写出版一本50万字的教材，共取得稿酬收入21 000元。其中，主编1人得主编费1 000元，其余稿酬5人平分。计算各教师应并入综合所得的应纳税所得额。

**解析**

(1) 扣除主编费后所得＝21 000－1 000＝20 000(元)

(2) 平均每人所得＝20 000÷5＝4 000(元)

主编并入综合所得的应纳税所得额＝(1 000＋4 000)×(1－20%)×70%＝2 800(元)

其他四人并入综合所得的应纳税所得额＝4 000×(1－20%)×70%＝2 240(元)

4. 特别纳税调整

有下列情形之一的,税务机关有权按照合理方法进行纳税调整。

① 个人与其关联方之间的业务往来不符合独立交易原则而减少本人或者其关联方应纳税额,且无正当理由。

② 居民个人控制的,或者居民个人和居民企业共同控制的设立在实际税负明显偏低的国家(地区)的企业,无合理经营需要,对应当归属于居民个人的利润不做分配或者减少分配。

③ 个人实施其他不具有合理商业目的的安排而获取不当税收利益。

税务机关依照前款规定做出纳税调整,需要补征税款的,应当补征税款,并依法加收利息。

## 七、个人所得税的税收减免

### (一) 免税项目

以下项目,免征个人所得税。

(1) 省级人民政府、国务院部委和中国人民解放军军以上单位,以及外国组织、国际组织颁发的科学、教育、技术、文化、卫生、体育、环境保护等方面的奖金。

(2) 国债和国家发行的金融债券利息。

国债利息,是指个人持有中华人民共和国财政部发行的债券而取得的利息;所称国家发行的金融债券利息,是指个人持有经国务院批准发行的金融债券而取得的利息。

(3) 按照国家统一规定发给的补贴、津贴。

补贴、津贴是指按照国务院规定发给的政府特殊津贴、院士津贴,以及国务院规定免予缴纳个人所得税的其他补贴、津贴。

(4) 福利费、抚恤金、救济金。

福利费,是指根据国家有关规定,从企业、事业单位、国家机关、社会组织提留的福利费或者工会经费中支付给个人的生活补助费;所称救济金,是指各级人民政府民政部门支付给个人的生活困难补助费。

(5) 保险赔款。

(6) 军人的转业费、复员费、退役金。

(7) 按照国家统一规定发给干部、职工的安家费、退职费、基本养老金或者退休费、离休费、离休生活补助费。

(8) 依照有关法律规定应予免税的各国驻华使馆、领事馆的外交代表、领事官员和其他人员的所得。

依照有关法律规定应予免税的各国驻华使馆、领事馆的外交代表、领事官员和其他人员的所得,是指依照《中华人民共和国外交特权与豁免条例》和《中华人民共和国领事特权与豁免条例》规定免税的所得。

(9) 中国政府参加的国际公约、签订的协议中规定免税的所得。

(10) 国务院规定的其他免税所得。

免税规定由国务院报全国人民代表大会常务委员会备案。

## (二) 减征项目

有下列情形之一的,可以减征个人所得税,具体幅度和期限,由省、自治区、直辖市人民政府规定,并报同级人民代表大会常务委员会备案。

(1) 残疾、孤老人员和烈属的所得。

(2) 因自然灾害遭受重大损失的。

国务院可以规定其他减税情形,报全国人民代表大会常务委员会备案。

## (三) 在中国境内无住所,但在中国境内居住累计满 183 天的年度连续不满 6 年的纳税人的减免税优惠

在中国境内无住所的个人,在中国境内居住累计满 183 天,年度连续不满 6 年的,经向主管税务机关备案,其来源于中国境外且由境外单位或者个人支付的所得,免予缴纳个人所得税;在中国境内居住累计满 183 天的任一年度中有一次离境超过 30 天的,其在中国境内居住累计满 183 天的年度的连续年限重新起算。

## (四) 在中国境内无住所的个人,但在一个纳税年度内在中国境内居住累计不超过 90 天的纳税人的减免税优惠

在中国境内无住所的个人,在一个纳税年度内在中国境内居住累计不超过 90 天的,其来源于中国境内的所得,由境外雇主支付并且不由该雇主在中国境内的机构、场所负担的部分,免予缴纳个人所得税。

## (五) 下列各项个人所得,暂免征收个人所得税

(1) 外籍个人以非现金形式或实报实销形式取得的住房补贴、伙食补贴、搬迁费、洗衣费。

(2) 外籍个人按合理标准取得的境内、境外出差补贴。

(3) 外籍个人取得的探亲费、语言训练费、子女教育费等,经当地税务机关审核批准为合理的部分。

(4) 外籍个人从外商投资企业取得的股息、红利所得。

(5) 凡符合下列条件之一的外籍专家取得的工资、薪金所得,可免征个人所得税。

① 根据世界银行专项借款协议,由世界银行直接派往我国工作的外国专家。

② 联合国组织直接派往我国工作的专家。

③ 为联合国援助项目来华工作的专家。

④ 援助国派往我国专为该国援助项目工作的专家。

⑤ 根据两国政府签订的文化交流项目来华工作两年以内的文教专家,其工资、薪金所得由该国政府机构负担的。

⑥ 根据我国大专院校国际交流项目来华工作两年以内的文教专家,其工资、薪金所得由该国政府机构负担的。

⑦ 通过民间科研协定来华工作的专家,其工资、薪金所得由该国政府机构负担的。

（6）个人举报、协查各种违法、犯罪行为而获得的奖金。

（7）个人办理代扣代缴手续，按规定取得的扣缴手续费。

（8）个人转让自用达 5 年以上，且是家庭唯一生活住房取得的所得。

（9）个人购买福利彩票、赈灾彩票、体育彩票，一次中奖收入在 10 000 元以下的（含10 000 元），暂免征收个人所得税（超过 10 000 元的，全额征收个人所得税）。

（10）达到离休、退休年龄，但确因工作需要，适当延长离休、退休年龄的高级专家，其在延长离休、退休期间的工资、薪金所得，视同离休、退休工资免征个人所得税。

（11）破产国有企业职工取得的一次性安置费收入。

（12）解除劳动关系的一次性经济补偿，在当地上年职工平均工资 3 倍数额以内的部分。

（13）政府规定的比例内的失业保险金、基本养老保险金、医疗保险金、住房公积金，缴付时免税，领取时免税，存入个人账户的利息所得免税。

（14）对工伤职工及其近亲属按照《工伤保险条例》规定取得的工伤保险待遇，免税。工伤保险待遇，包括工伤职工按照《工伤保险条例》规定取得的一次性伤残补助金、伤残津贴、一次性工伤医疗补助金、一次性伤残就业补助金、工伤医疗待遇、住院伙食补助费、外地就医交通食宿费用、工伤康复费用、辅助器具费用、生活护理费等，以及职工因工死亡，其近亲属按照《工伤保险条例》规定取得的丧葬补助金、供养亲属抚恤金和一次性工亡补助金等。

（15）生育医疗、生育医疗费或者其他性质的属于生育保险性质的津贴、补贴。

（16）根据《财政部、国家税务总局关于促进公共租赁住房发展有关税收优惠政策的通知》（财税〔2014〕52 号）的规定，对符合地方政府规定条件的低收入住房保障家庭从地方政府领取的住房租赁补贴，免征个人所得税。

（17）沪港股票市场交易互联互通机制试点涉及的有关税收政策规定如下。

① 对内地个人投资者通过沪港通投资香港联交所上市股票取得的转让差价所得，对内地个人投资者通过基金互认买卖香港基金份额取得的转让差价所得，自 2018 年 12 月 18 日起至 2019 年 12 月 4 日止，暂免征收个人所得税。

② 对香港市场投资者（包括企业和个人）投资上交所上市 A 股取得的转让差价所得，暂免征收所得税。

### （六）过渡期税收优惠政策

1. 关于全年一次性奖金、中央企业负责人年度绩效薪金延期兑现收入和任期奖励的政策

居民个人取得全年一次性奖金，符合《国家税务总局关于调整个人取得全年一次性奖金等计算征收个人所得税方法问题的通知》（国税发〔2005〕9 号）规定的，在 2021 年 12 月 31 日前，不并入当年综合所得，以全年一次性奖金收入除以 12 个月得到的数额，按照本通知所附按月换算后的综合所得税税率表（以下简称月度税率表，见税率表三），确定适用税率和速算扣除数，单独计算纳税。计算公式为

$$应纳税额＝全年一次性奖金收入×适用税率－速算扣除数$$

居民个人取得全年一次性奖金，也可以选择并入当年综合所得计算纳税。

自 2022 年 1 月 1 日起，居民个人取得全年一次性奖金，应并入当年综合所得计算缴纳个人所得税。

中央企业负责人取得年度绩效薪金延期兑现收入和任期奖励，符合《国家税务总局关于中央企业负责人年度绩效薪金延期兑现收入和任期奖励征收个人所得税问题的通知》（国税

发〔2007〕118号)规定的,在2021年12月31日前,参照本通知第一条第(一)项执行;2022年1月1日之后的政策另行明确。

2. 关于外籍个人有关津补贴的政策

(1) 2019年1月1日至2021年12月31日期间,外籍个人符合居民个人条件的,可以选择享受个人所得税专项附加扣除,也可以选择按照《财政部、国家税务总局关于个人所得税若干政策问题的通知》(财税〔1994〕20号)、《国家税务总局关于外籍个人取得有关补贴征免个人所得税执行问题的通知》(国税发〔1997〕54号)和《财政部、国家税务总局关于外籍个人取得港澳地区住房等补贴征免个人所得税的通知》(财税〔2004〕29号)规定,享受住房补贴、语言训练费、子女教育费等津补贴免税优惠政策,但不得同时享受。外籍个人一经选择,在一个纳税年度内不得变更。

(2) 自2022年1月1日起,外籍个人不再享受住房补贴、语言训练费、子女教育费津补贴免税优惠政策,应按规定享受专项附加扣除。

3. 关于上市公司股权激励的政策

(1) 居民个人取得股票期权、股票增值权、限制性股票、股权奖励等股权激励(以下简称股权激励),符合《财政部、国家税务总局关于个人股票期权所得征收个人所得税问题的通知》(财税〔2005〕35号)、《财政部、国家税务总局关于股票增值权所得和限制性股票所得征收个人所得税有关问题的通知》(财税〔2009〕5号)、《财政部、国家税务总局关于将国家自主创新示范区有关税收试点政策推广到全国范围实施的通知》(财税〔2015〕116号)第四条、《财政部、国家税务总局关于完善股权激励和技术入股有关所得税政策的通知》(财税〔2016〕101号)第四条第(一)项规定的相关条件的,在2021年12月31日前,不并入当年综合所得,全额单独适用综合所得税税率表,计算纳税。计算公式为:

$$应纳税额=股权激励收入×适用税率-速算扣除数$$

(2) 居民个人一个纳税年度内取得两次以上(含两次)股权激励的,应合并按本通知第二条第(一)项规定计算纳税。

(3) 2022年1月1日之后的股权激励政策另行明确。

# 任务6.2 个人所得税会计核算

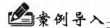案例导入

小白所在单位12月发放工资总额为750 000元,当月发放本年年终奖500 000元。小白该如何完成个人所得税相关的会计处理呢?

## 一、会计科目设置

单位支付给职工的工资、薪金代扣代缴的个人所得税,借记"应付职工薪酬"等科目,贷记"应交税费——应交个人所得税"科目;取得代扣代缴手续费时,应记入"其他业务收入"科目。

个体工商户缴纳个人所得税有查账征收和核定征收两种形式。查账征收适用于账册健

全、核算完整的纳税人,核定征收适用于账册不健全、会计核算不完整的纳税人。对于实现查账征收的纳税人,其应缴纳的个人所得税是以每一年度的收入总额减去成本、费用和损失后的余额,按适用税率计算,其会计核算通过"留存收益"和"应交税费——应交个人所得税"等科目进行。在计算应纳个人所得税时,借记"留存收益"科目,贷记"应交税费——应交个人所得税"科目;税款实际上缴入库时,借记"应交税费——应交个人所得税"科目,贷记"银行存款"科目。

单位支付承包经营、承租经营所得,劳务报酬所得,稿酬所得,特许权使用费所得,利息、股息、红利所得,财产租赁所得,财产转让所得,偶然所得和其他所得的,在代扣代缴时,应借记"应付债券""应付股利""应付账款""其他应付款""管理费用""财务费用"等科目,贷记"应交税费——应交个人所得税"科目。

## 二、会计处理

### (一) 工资、薪金所得应纳个人所得税的会计处理

**典型任务实例6-8**

某企业11月支付给员工张某工资5 600元,奖金600元,计算张某应缴纳的个人所得税,并进行会计处理。

**解析**

应纳税所得额＝5 600＋600－3 500＝2 700(元)

应纳税额＝2 700×10％－105＝165(元)

(1) 单位从工资中代扣个人所得税时的会计分录如下。

借:应付职工薪酬　　　　　　　　　　　　　　　　　　　165

　　贷:应交税费——应交个人所得税　　　　　　　　　　　165

(2) 实际缴纳个人所得税时的会计分录如下。

借:应交税费——应交个人所得税　　　　　　　　　　　　165

　　贷:银行存款　　　　　　　　　　　　　　　　　　　　165

 **想一想**

此时记账的会计主体是企业还是张某?真正的会计工作会为单个个人工资薪金记账吗?

### (二) 个体工商户生产经营所得应纳个人所得税的会计处理

**典型任务实例6-9**

某个体工商户全年经营收入为300 000元,其中生产经营成本、费用总额为250 000元,计算其全年应纳个人所得税,并进行会计处理。

**解析**

应纳税所得额＝300 000－250 000－3 500×12＝8 000(元)

应纳税额＝8 000×5％＝400(元)

（1）计算应纳税所得额时的会计分录如下。

借：留存收益 400

　　贷：应交税费——应交个人所得税 400

（2）实际缴纳税款时的会计分录如下。

借：应交税费——应交个人所得税 400

　　贷：银行存款 400

### （三）劳务报酬所得应纳个人所得税的会计处理

劳务报酬所得应纳个人所得税的会计处理参考典型任务实例6-15。

**典型任务实例6-10**

甲企业支付给李某项目设计费1 800元，计算李某应缴纳的个人所得税，并做出会计处理。

**解析**

应纳税所得额＝（1 800－800）×20％＝200（元）

（1）企业支付劳务报酬时的会计分录如下。

借：管理费用 1 800

　　贷：应交税费——应交个人所得税 200

　　　　银行存款 1 600

（2）实际缴纳税款时的会计分录如下。

借：应交税费——应交个人所得税 200

　　贷：银行存款 200

### （四）利息、股息、红利应纳个人所得税的会计处理

相关会计处理参考典型任务实例6-11。

**典型任务实例6-11**

某个体工商户发行的3年期一次还本付息债券已到期，共应计利息20 000元。就利息计算应缴纳的个人所得税，并做出会计处理。

**解析**

应纳税额＝20 000×20％＝4 000（元）

（1）计提应付债券的利息时的会计分录如下。

借：财务费用 20 000

　　贷：应付债券——应计利息 20 000

（2）支付利息、代扣个人所得税时的会计分录如下。

借：应付债券——应计利息 20 000

　　贷：应交税费——应交个人所得税 4 000

　　　　银行存款 16 000

（3）实际缴纳时的会计分录如下。

借：应交税费——应交个人所得税 4 000

　　贷：银行存款 4 000

# 任务 6.3　个人所得税纳税申报

## 案例导入

企业营销总监张益达,身份证号码:42010619＊＊＊05375X。

2021 年每月从单位领取工资 8 000 元,年终取得一次性奖金收入 50 000 元,工资收入的个人所得税已由单位于发放工资时扣缴。除此之外,当年还取得以下收入。

(1) 2 月出版一本教材取得稿酬 20 000 元,个人所得税未扣缴。

(2) 3 月外出讲课 4 次,取得讲课费 4 400 元,个人所得税未扣缴。

(3) 5 月在某公司兼职财务顾问取得收入 3 000 元,个人所得税未扣缴。

(4) 6 月其撰写的一本小说稿在一次竞价中取得拍卖收入 50 000 元,个人所得税未扣缴。

(5) 全年取得银行储蓄存款利息收入 6 000 元,个人所得税已由银行扣缴。

(6) 8 月取得福利彩票中奖收入 5 000 元,全年取得股票转让净收入 20 000 元。

(7) 自 2021 年 1 月起出租居民住房一套,每月租金收入 3 000 元,3 月发生房屋修缮费用 3 000 元,不考虑租金收入的其他税费,个人所得税未缴纳。

(8) 12 月出售一栋已居住 6 年的住房(此人拥有 5 套住房),取得转让收入 500 000 元,原购置成本为 100 000 元,发生转让有关税费等 30 000 元,个人所得税未缴纳。

小白代理他的个人所得税申报,小白该怎么做呢?

个人所得税是调整征税机关与自然人(居民、非居民人)之间在个人所得税的征纳与管理过程中所发生的社会关系的法律规范的总称。在我国个人年度收入超过一定的限额时,必须进行个人所得税申报。

## 一、自行申报纳税

### (一) 需要办理自行纳税申报的情形

(1) 取得综合所得需要办理汇算清缴的纳税申报。

① 纳税人从两处以上取得综合所得,且综合所得年收入额减除专项扣除后的余额超过 6 万元的;

② 纳税人取得劳务报酬所得、稿酬所得、特许权使用费所得中的一项或多项所得,且综合所得的年收入减除百分之二十的费用,再减除年度专项扣除后的余额超过 6 万元的;

③ 纳税年度内预扣预缴税额,低于依法计算的年度综合所得应纳税额的;

④ 纳税人申请退税的。

(2) 经营所得的纳税申报。

① 个体工商户从事生产、经营活动取得的所得,个人独资企业投资人、合伙企业的个人合伙人来源于境内注册的个人独资企业、合伙企业生产、经营的所得。

② 个人依法从事办学、医疗、咨询以及其他有偿服务活动取得的所得。

③ 个人对企业、事业单位承包经营、承租经营以及转包、转租取得的所得。

④ 个人从事其他生产、经营活动取得的所得。

（3）取得应税所得，扣缴义务人未扣缴税款的纳税申报。

（4）取得境外所得的纳税申报。

（5）因移居境外注销中国户籍的纳税申报。

（6）非居民个人在中国境内从两处以上取得工资、薪金所得的纳税申报。

### （二）纳税申报地点

（1）个人所得税自行申报的，其申报地点一般应为收入来源地的主管税务机关。

（2）纳税人从两处或两处以上取得工资、薪金的，可选择并固定在其中一地税务机关申报纳税。

（3）个体工商户有两处或两处以上经营机构的，选择并固定向其中一处经营机构所在地主管税务机关申报缴纳个人所得税。

个体工商户终止生产经营的，应当在注销工商登记或者向政府有关部门办理注销前向主管税务机关结清有关纳税事宜。

（4）个人所得税以被投资企业所在地税务机关为主管税务机关。

（5）纳税人要求变更申报纳税地点的，必须经原主管税务机关批准。

### （三）申报纳税期限

纳税人取得应税所得没有扣缴义务人的，应当在取得所得的次月十五日内向税务机关报送纳税申报表，并缴纳税款。

纳税人取得应税所得，扣缴义务人未扣缴税款的，纳税人应当在取得所得的次年六月三十日前，缴纳税款；税务机关通知限期缴纳的，纳税人应当按照期限缴纳税款。

居民个人从中国境外取得所得的，应当在取得所得的次年三月一日至六月三十日内申报纳税。

非居民个人在中国境内从两处以上取得工资、薪金所得的，应当在取得所得的次月十五日内申报纳税。

纳税人因移居境外注销中国户籍的，应当在注销中国户籍前办理税款清算。

纳税人取得经营所得，按年计算个人所得税，由纳税人在月度或者季度终了后十五日内向税务机关报送纳税申报表，并预缴税款。

个人转让股权的，具有下列情形之一的，扣缴义务人、纳税人应当依法在次月 15 日内向主管税务机关申报纳税。

① 受让方已支付或部分支付股权转让价款的。

② 股权转让协议已签订生效的。

③ 受让方已经实际履行股东职责或者享受股东权益的。

④ 国家有关部门判决、登记或公告生效的。

⑤《股权转让所得个人所得税管理办法（试行）》第三条第四至第七项行为已完成的。

⑥ 税务机关认定的其他有证据表明股权已发生转移的情形。

个人转让股权的，被投资企业应当在董事会或股东会结束后 5 个工作日内，向主管税务机关报送与股权变动事项相关的董事会或股东会决议、会议纪要等资料。被投资企业发生个人股东变动或者个人股东所持股权变动的,应当在次月 15 日内向主管税务机关报送含有股东变动信息的《个人所得税基础信息表(A 表)》及股东变更情况说明。

纳税期限的最后一日是法定休假日的,以休假日的次日为纳税期限的最后一日。纳税人确有困难,不能按期办理纳税申报的,经主管税务机关核准,可以延期申报。

### (四) 申报纳税方式

纳税人可以采用远程办税端、邮寄等方式申报,也可以直接到主管税务机关申报。

### (五) 报送资料

用于自行申报的个人所得税申报表主要有如下。

(1)《个人所得税年度自行纳税申报表(A 表)》。该表适用于纳税年度内仅从中国境内取得工资、薪金所得,劳务报酬所得,稿酬所得,特许权使用费所得(以下简称"综合所得")的居民个人,按税法规定进行年度汇算。

《个人所得税年度自行纳税申报表(简易版)》。该表适用于纳税年度内仅从中国境内取得综合所得,且年综合所得收入额不超过 6 万元的居民个人,按税法规定进行年度汇算。

《个人所得税年度自行纳税申报表(问答版)》。该表通过提问的方式引导居民个人完成纳税申报,适用于纳税年度内仅从中国境内取得综合所得的居民个人,按税法规定进行年度汇算。

(2)《个人所得税年度自行纳税申报表(B 表)》。该表适用于纳税年度内取得境外所得的居民个人,按税法规定进行个人所得税年度自行申报。同时,办理境外所得纳税申报时,需一并附报《境外所得个人所得税抵免明细表》,以便计算其取得境外所得的抵免限额。

(3)《个人所得税经营所得纳税申报表(A 表)》。该表适用于查账征收和核定征收的个体工商户业主、个人独资企业投资人、合伙企业个人合伙人、承包承租经营者个人,以及其他从事生产、经营活动的个人在中国境内取得经营所得,按税法规定办理个人所得税预缴纳税申报。

(4)《个人所得税减免税事项报告表》。该表适用于个人在纳税年度内发生减免税事项,扣缴义务人预扣预缴时或者个人自行纳税申报时填报享受税收优惠。

居民个人取得综合所得需要办理汇算清缴的,主要报送材料见表 6-4。

表 6-4　居民个人取得综合所得办理汇算清缴提交材料汇总表

| 序号 | 材料名称 | | 数量 |
|---|---|---|---|
| 1 | 《个人所得税年度自行纳税申报表》 | | 2 份 |
| 适用情形 | 材料名称 | | 数量 |
| 选择在汇算清缴申报时享受专项附加扣除的 | 《个人所得税专项附加扣除信息表》 | | 1 份 |
| 有依法确定的其他扣除 | 《商业健康保险税前扣除情况明细表》《个人税收递延型商业养老保险税前扣除情况明细表》等相关扣除资料 | | 1 份 |
| 有对公益慈善事业的捐赠 | 《个人所得税公益慈善捐赠扣除明细表》 | | 1 份 |
| 纳税人存在减免个人所得税情形 | 《个人所得税减免税事项报告表》 | | 1 份 |
| 纳税人存在境外所得 | 《境外所得个人所得税抵免明细表》 | | 1 份 |

其中《个人所得税年度自行纳税申报表》(见表 6-5)。

**表 6-5 个人所得税年度自行纳税申报表**

税款所属期： 年 月 日至 年 月 日

纳税人姓名：

纳税人识别号：□□□□□□□□□□□□□□□□□□ 金额单位:人民币元(列至角分)

| 项　　目 | 行　次 | 金　额 |
|---|---|---|
| 一、收入合计(1＝2＋3＋4＋5) | 1 | |
| 　(一)工资、薪金所得 | 2 | |
| 　(二)劳务报酬所得 | 3 | |
| 　(三)稿酬所得 | 4 | |
| 　(四)特许权使用费所得 | 5 | |
| 二、费用合计 | 6 | |
| 三、免税收入合计 | 7 | |
| 四、减除费用 | 8 | |
| 五、专项扣除合计(9＝10＋11＋12＋13) | 9 | |
| 　(一)基本养老保险费 | 10 | |
| 　(二)基本医疗保险费 | 11 | |
| 　(三)失业保险费 | 12 | |
| 　(四)住房公积金 | 13 | |
| 六、专项附加扣除合计(14＝15＋16＋17＋18＋19＋20) | 14 | |
| 　(一)子女教育 | 15 | |
| 　(二)继续教育 | 16 | |
| 　(三)大病医疗 | 17 | |
| 　(四)住房贷款利息 | 18 | |
| 　(五)住房租金 | 19 | |
| 　(六)赡养老人 | 20 | |
| 七、其他扣除合计(21＝22＋23＋24＋25＋26) | 21 | |
| 　(一)年金 | 22 | |

续表

| 项　　目 | 行　次 | 金　　额 |
|---|---|---|
| （二）商业健康保险 | 23 | |
| （三）税延养老保险 | 24 | |
| （四）允许扣除的税费 | 25 | |
| （五）其他 | 26 | |
| 八、准予扣除的捐赠额 | 27 | |
| 九、应纳税所得额(28＝1－6－7－8－9－14－21－27) | 28 | |
| 十、税率(％) | 29 | |
| 十一、速算扣除数 | 30 | |
| 十二、应纳税额(31＝28×29－30) | 31 | |
| 十三、减免税额 | 32 | |
| 十四、已缴税额 | 33 | |
| 十五、应补/退税额(34＝31－32－33) | 34 | |

| 无住所个人附报信息 | | | |
|---|---|---|---|
| 在华停留天数 | | 已在华停留年数 | |

谨声明:本表是根据国家税收法律法规及相关规定填报的,是真实的、可靠的、完整的。

纳税人签字:　　　　　　　年　月　日

| | |
|---|---|
| 经办人签字:<br>经办人身份证件号码:<br>代理机构签章:<br>代理机构统一社会信用代码: | 受理人:<br><br>受理税务机关(章):<br>受理日期:　　年　月　日 |

国家税务总局监制

主要填列方法如下。

(1) 本表适用于居民个人取得境内综合所得,按税法规定进行个人所得税汇算清缴。纳税人取得境外所得的,不适用本表。

(2) 表头项目填写。

① 税款所属期:填写纳税人取得所得应纳个人所得税款的所属期间,如 2021 年 1 月 1 日至 2021 年 12 月 31 日。

② 纳税人姓名:填写自然人纳税人姓名。

③ 纳税人识别号:有中国公民身份号码的,填写中华人民共和国居民身份证上载明的"公民身份号码";没有中国公民身份号码的,填写税务机关赋予的纳税人识别号。

(3) 表内各行填写。

① 第 1 行"收入合计":填写纳税人本年度取得综合所得的收入合计金额。第 1 行＝第 2 行＋第 3 行＋第 4 行＋第 5 行。

② 第 2 行"工资、薪金所得":填写本年度应当并入综合所得计税的工资、薪金收入总额。

③ 第 6 行"费用合计":纳税人取得劳务报酬所得、稿酬所得、特许权使用费所得时,填写减除 20% 费用的合计金额。

④ 第 7 行"免税收入合计":填写本年度符合税法规定的免税收入合计金额。其中,税法规定"稿酬所得的收入额减按 70% 计算",对减计的 30% 部分,填入本行。

⑤ 第 8 行"减除费用":按税法规定的减除费用标准填写。

⑥ 第 9 行"专项扣除合计":填写按规定本年度可在税前扣除的基本养老保险费、基本医疗保险费、失业保险费、住房公积金的合计金额。

第 9 行＝第 10 行＋第 11 行＋第 12 行＋第 13 行。

⑦ 第 14 行"专项附加扣除合计":填写按规定本年度可在税前扣除的子女教育、继续教育、大病医疗、住房贷款利息或住房租金、赡养老人等专项附加扣除费用的合计金额。

第 14 行＝第 15 行＋第 16 行＋第 17 行＋第 18 行＋第 19 行＋第 20 行。

⑧ 第 21 行"其他扣除合计":填写按规定本年度可在税前扣除的年金、商业健康保险、税延养老保险、允许扣除的税费等其他扣除项目的合计金额。

第 21 行＝第 22 行＋第 23 行＋第 24 行＋第 25 行＋第 26 行。

⑨ 第 27 行"准予扣除的捐赠额":填写按规定本年度准予在税前扣除的捐赠额的合计金额。

⑩ 第 28 行"应纳税所得额":根据相应行次计算填报。

第 28 行＝第 1 行－第 6 行－第 7 行－第 8 行－第 9 行－第 14 行－第 21 行－第 27 行。

⑪ 第 29～30 行"税率""速算扣除数":填写按规定适用的税率和速算扣除数。

⑫ 第 31 行"应纳税额":按照相关行次计算填报。

第 31 行＝第 28 行×第 29 行－第 30 行。

⑬ 第 32 行"减免税额":填写符合税法规定的可以减免的税额,并附报《个人所得税减免税事项报告表》。

⑭ 第 33 行"已缴税额":填写本年度内纳税人在中国境内已经缴纳或者被扣缴税款的合计金额。

⑮ 第 34 行"应补/退税额":根据相关行次计算填报。

第 34 行＝第 31 行－第 32 行－第 33 行。

## 二、扣缴申报

### (一) 扣缴义务人

扣缴义务人是指向个人支付所得的单位或者个人。扣缴义务人应当依法办理全员全额扣缴申报。

全员全额扣缴申报是指扣缴义务人应当在代扣税款的次月十五日内，向主管税务机关报送其支付所得的所有个人的有关信息、支付所得数额、扣除事项和数额、扣缴税款的具体数额和总额以及其他相关涉税信息资料。

### （二）代扣代缴的范围

实行个人所得税全员全额扣缴申报的应税所得包括：①工资、薪金所得；②劳务报酬所得；③稿酬所得；④特许权使用费所得；⑤利息、股息、红利所得；⑥财产租赁所得；⑦财产转让所得；⑧偶然所得。

### （三）代扣代缴期限

扣缴义务人每月或者每次预扣、代扣的税款，应当在次月十五日内缴入国库，并向税务机关报送《个人所得税扣缴申报表》。

### （四）代扣代缴税款的手续费

对扣缴义务人按照规定扣缴的税款，按年付 2% 的手续费。不包括税务机关、司法机关等查补或者责令补扣的税款。

### （五）报送资料

用于扣缴申报的个人所得税申报表主要如下。

（1）《个人所得税扣缴申报表》。

（2）《个人所得税基础信息表（A 表）》。

（3）《个人所得税减免税事项报告表》。

（4）《限售股转让所得扣缴个人所得税报告表》。

（5）《单一投资基金核算的合伙制创业投资企业个人所得税扣缴申报表》。

（6）《储蓄存款利息所得扣缴个人所得税报告表》。

其中，居民个人取得综合所得个人所得税预扣预缴申报材料汇总表见表 6-6。

表 6-6　居民个人取得综合所得个人所得税预扣预缴申报材料汇总表

| 序号 | 材料名称 | | 数量 |
|---|---|---|---|
| 1 | 《个人所得税扣缴申报表》 | | 2 份 |
| **适用情形** | | **材料名称** | **数量** |
| 首次办理扣缴申报时或被扣缴义务人信息变更后 | | 《个人所得税基础信息表（A 表）》 | 2 份 |
| 有依法确定的其他扣除 | | 《商业健康保险税前扣除情况明细表》《个人税收递延型商业养老保险税前扣除情况明细表》等相关扣除资料 | 1 份 |
| 选择在工资、薪金所得预扣预缴个人所得税时享受的六项专项附加扣除 | | 《个人所得税专项附加扣除信息表》 | 1 份 |
| 企业存在股权激励和股票期权职工行权 | | 公司股权激励人员名单 | 1 份 |
| 纳税人存在减免个人所得税情形 | | 《个人所得税减免事项报告表》 | 1 份 |

《个人所得税扣缴申报表》见表 6-7。

**表 6-7　个人所得税扣缴申报表**

税款所属期：　　年　月　日至　　年　月　日

扣缴义务人名称：

扣缴义务人纳税人识别号（统一社会信用代码）：□□□□□□□□□□□□□□□□□□

金额单位：人民币元（列至角分）

| 序号 | 姓名 | 身份证件类型 | 身份证件号码 | 纳税人识别号 | 是否为非居民个人 | 所得项目 | 收入额计算 | | | 减除费用 | 专项扣除 | | | | 其他扣除 | | | | | | 累计收入额 | 累计减除费用 | 累计专项扣除 | 累计专项附加扣除 | | | | | | 累计其他扣除 | 减按计税比例 | 准予扣除的捐赠额 | 应纳税所得额 | 税率/预扣率 | 速算扣除数 | 应纳税额 | 减免税额 | 已缴税额 | 应补/退税额 | 备注 |
|---|---|---|---|---|---|---|---|---|---|---|---|---|---|---|---|---|---|---|---|---|---|---|---|---|---|---|---|---|---|---|---|---|---|---|---|---|---|---|---|---|
| | | | | | | | 收入 | 免税收入 | | | 基本养老保险费 | 基本医疗保险费 | 失业保险费 | 住房公积金 | 年金 | 商业健康保险 | 税延养老保险 | 财产原值 | 允许扣除的税费 | 其他 | | | | 子女教育 | 赡养老人 | 住房贷款利息 | 住房租金 | 继续教育 | | | | | | | | | | | |
| 1 | 2 | 3 | 4 | 5 | 6 | 7 | 8 | 9 | 10 | 11 | 12 | 13 | 14 | 15 | 16 | 17 | 18 | 19 | 20 | 21 | 22 | 23 | 24 | 25 | 26 | 27 | 28 | 29 | 30 | 31 | 32 | 33 | 34 | 35 | 36 | 37 | 38 | 39 | 40 |
| 合计 | | | | | | | | | | | | | | | | | | | | | | | | | | | | | | | | | | | | | | | |

谨声明：本表是根据国家税收法律法规及相关规定填报的，是真实的、可靠的、完整的。

纳税人签字：　　　　　　　　　　　　　年　月　日

扣缴义务人（签章）：

经办人签字：
经办人身份证件号码：
代理机构签章：
代理机构统一社会信用代码：

受理人：
受理税务机关（章）：
受理日期：　　年　月　日

国家税务总局监制

主要填列方法如下。

(1) 本表适用于扣缴义务人向居民个人支付工资、薪金所得,劳务报酬所得,稿酬所得和特许权使用费所得的个人所得税全员全额预扣预缴申报;向非居民个人支付工资、薪金所得,劳务报酬所得,稿酬所得和特许权使用费所得的个人所得税全员全额扣缴申报,以及向纳税人(居民个人和非居民个人)支付利息、股息、红利所得,财产租赁所得,财产转让所得和偶然所得的个人所得税全员全额扣缴申报。

(2) 表头项目填写。

① 税款所属期:填写扣缴义务人预扣、代扣税款当月的第一日至最后一日。如 2021 年 3 月 20 日发放工资时代扣的税款,税款所属期填写"2021 年 3 月 1 日至 2021 年 3 月 31 日"。

② 扣缴义务人名称:填写扣缴义务人的法定名称全称。

③ 扣缴义务人纳税人识别号(统一社会信用代码):填写扣缴义务人的纳税人识别号或者统一社会信用代码。

(3) 表内各栏填写。

① 第 2 列"姓名":填写纳税人姓名。

② 第 3 列"身份证件类型":填写纳税人有效的身份证件名称。中国公民有中华人民共和国居民身份证的,填写居民身份证;没有居民身份证的,填写中华人民共和国护照、港澳居民来往内地通行证或者港澳居民居住证、台湾居民通行证或者台湾居民居住证、外国人永久居留身份证、外国人工作许可证或者护照等。

③ 第 4 列"身份证件号码":填写纳税人有效身份证件上载明的证件号码。

④ 第 5 列"纳税人识别号":有中国公民身份号码的,填写中华人民共和国居民身份证上载明的"公民身份号码";没有中国公民身份号码的,填写税务机关赋予的纳税人识别号。

⑤ 第 6 列"是否为非居民个人":纳税人为居民个人的填"否"。为非居民个人的,根据合同、任职期限、预期工作时间等不同情况,填写"是,且不超过 90 天"或者"是,且超过 90 天不超过 183 天"。不填默认为"否"。

其中,纳税人为非居民个人的,填写"是,且不超过 90 天"的,当年在境内实际居住超过 90 天的次月 15 日内,填写"是,且超过 90 天不超过 183 天"。

⑥ 第 7 列"所得项目":填写纳税人取得的个人所得税法第二条规定的应税所得项目名称。同一纳税人取得多项或者多次所得的,应分行填写。

⑦ 第 8~21 列"本月(次)情况":填写扣缴义务人当月(次)支付给纳税人的所得,以及按规定各所得项目当月(次)可扣除的减除费用、专项扣除、其他扣除等。其中,工资、薪金所得预扣预缴个人所得税时扣除的专项附加扣除,按照纳税年度内纳税人在该任职受雇单位截至当月可享受的各专项附加扣除项目的扣除总额,填写至"累计情况"中第 25~29 列相应栏,本月情况中则无须填写。

"收入额计算":包含"收入""费用""免税收入"。收入额=第 8 列-第 9 列-第 10 列。

第 8 列"收入":填写当月(次)扣缴义务人支付给纳税人所得的总额。

第 9 列"费用":取得劳务报酬所得、稿酬所得、特许权使用费所得时填写,取得其他各项所得时无须填写本列。居民个人取得上述所得,每次收入不超过 4 000 元的,费用填写"800"元;每次收入 4 000 元以上的,费用按收入的 20% 填写。非居民个人取得劳务报酬所得、稿酬所得、特许权使用费所得,费用按收入的 20% 填写。

第 10 列"免税收入"：填写纳税人各所得项目收入总额中,包含的税法规定的免税收入金额。其中,税法规定"稿酬所得的收入额减按 70% 计算",对稿酬所得的收入额减计的30% 部分,填入本列。

第 11 列"减除费用"：按税法规定的减除费用标准填写。如 2019 年纳税人取得工资、薪金所得按月申报时,填写"5 000"元。纳税人取得财产租赁所得,每次收入不超过 4 000 元的,填写"800"元；每次收入 4 000 元以上的,按收入的 20% 填写。

第 12～15 列"专项扣除"：分别填写按规定允许扣除的基本养老保险费、基本医疗保险费、失业保险费、住房公积金(以下简称"三险一金")的金额。

第 16～21 列"其他扣除"：分别填写按规定允许扣除的项目金额。

⑧ 第 22～30 列"累计情况"：本栏适用于居民个人取得工资、薪金所得,保险营销员、证券经纪人取得佣金收入等按规定采取累计预扣法预扣预缴税款时填报。

第 22 列"累计收入额"：填写本纳税年度截至当前月,扣缴义务人支付给纳税人的工资、薪金所得,或者支付给保险营销员、证券经纪人的劳务报酬所得的累计收入额。

第 23 列"累计减除费用"：按照 5 000 元/月乘以纳税人当年在本单位的任职受雇或者从业的月数计算。

第 24 列"累计专项扣除"：填写本年度截至当前月,按规定允许扣除的"三险一金"的累计金额。

第 25～29 列"累计专项附加扣除"：分别填写截至当前月,纳税人按规定可享受的子女教育、赡养老人、住房贷款利息或者住房租金、继续教育扣除的累计金额。大病医疗扣除由纳税人在年度汇算清缴时办理,此处无须填报。

第 30 列"累计其他扣除"：填写本年度截至当前月,按规定允许扣除的年金(包括企业年金、职业年金)、商业健康保险、税延养老保险及其他扣除项目的累计金额。

⑨ 第 31 列"减按计税比例"：填写按规定实行应纳税所得额减计税收优惠的减计比例。无减计规定的,可不填,系统默认为 100%。如某项税收政策实行减按 60% 计入应纳税所得额,则本列填 60%。

⑩ 第 32 列"准予扣除的捐赠额"：是指按照税法及相关法规、政策规定,可以在税前扣除的捐赠额。

⑪ 第 33～39 列"税款计算"：填写扣缴义务人当月扣缴个人所得税款的计算情况。

第 33 列"应纳税所得额"：根据相关列次计算填报。

居民个人取得工资、薪金所得,填写累计收入额减除累计减除费用、累计专项扣除、累计专项附加扣除、累计其他扣除后的余额。

非居民个人取得工资、薪金所得,填写收入额减去减除费用后的余额。

居民个人或者非居民个人取得劳务报酬所得、稿酬所得、特许权使用费所得,填写本月(次)收入额减除其他扣除后的余额。

保险营销员、证券经纪人取得的佣金收入,填写累计收入额减除累计减除费用、累计其他扣除后的余额。

居民个人或者非居民个人取得利息、股息、红利所得和偶然所得,填写本月(次)收入额。

居民个人或者非居民个人取得财产租赁所得,填写本月(次)收入额减去减除费用、其他扣除后的余额。

居民个人或者非居民个人取得财产转让所得,填写本月(次)收入额减除财产原值、允许扣除的税费后的余额。

其中,适用"减按计税比例"的所得项目,其应纳税所得额按上述方法计算后乘以减按计税比例的金额填报。

按照税法及相关法规、政策规定,可以在税前扣除的捐赠额,可以按上述方法计算后从应纳税所得额中扣除。

第34~35列"税率/预扣率""速算扣除数":填写各所得项目按规定适用的税率(或预扣率)和速算扣除数。没有速算扣除数的,则不填。

第36列"应纳税额":根据相关列次计算填报。第36列=第33列×第34列-第35列。

第37列"减免税额":填写符合税法规定可减免的税额,并附报《个人所得税减免税事项报告表》。居民个人工资、薪金所得,以及保险营销员、证券经纪人取得佣金收入,填写本年度累计减免税额;居民个人取得工资、薪金以外的所得或非居民个人取得各项所得,填写本月(次)减免税额。

第38列"已缴税额":填写本年或本月(次)纳税人同一所得项目,已由扣缴义务人实际扣缴的税款金额。

第39列"应补/退税额":根据相关列次计算填报。第39列=第36列-第37列-第38列。

## 三、个人所得税的违章处罚

(1)纳税人未按照规定的期限办理纳税申报和报送纳税资料的,或者扣缴义务人未按照规定的期限向税务机关报送代扣代缴、代收代缴税款报告表和有关资料的,由税务机关责令限期改正,可以处2 000元以下的罚款;情节严重的,可以处2 000元以上10 000元以下的罚款。

(2)纳税人不进行纳税申报,不缴或者少缴应纳税款的,由税务机关追缴其不缴或少缴的税款、滞纳金,并处不缴或少缴税款50%以上5倍以下的罚款。

(3)纳税人、扣缴义务人在规定期限内不缴或者少缴应纳或者应解缴的税款,经税务机关责令限期缴纳,逾期仍未缴纳的,税务机关除依照规定采取强制执行措施追缴其不缴或少缴的税款外,可以处不缴或者少缴的税款50%以上5倍以下的罚款。

(4)扣缴义务人应扣未扣、应收而不收税款的,由税务机关向纳税人追缴税款,对扣缴义务人处应扣未扣、应收未收税款50%以上3倍以下的罚款。

(5)纳税人、扣缴义务人逃避、拒绝或者以其他方式阻挠税务机关检查的,由税务机关责令改正,可以处10 000元以下的罚款;情节严重的,处10 000元以上50 000元以下的罚款。

项目 **7**

# 其他税种会计

◆ 掌握土地增值税、房产税、城镇土地使用税、车船税、印花税各个税种的基本税制要素。

◆ 掌握土地增值税、房产税、城镇土地使用税、车船税、印花税各个税种的计算和会计处理。

◆ 熟悉土地增值税、房产税、城镇土地使用税、车船税、印花税各种税种的纳税申报。

◆ 能够正确进行土地增值税、房产税、城镇土地使用税、车船税、印花税各税种的账务处理。

◆ 能够正确编制土地增值税、房产税、城镇土地使用税、车船税、印花税各税种的申报表。

# 任务 7.1　土地增值税会计

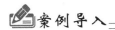 案例导入

某房地产开发企业为增值税一般纳税人,采取一般计税方法。8 月转让自建商品房,取得不含税收入 2 000 万元,达到土地增值税清算条件。该项目扣除项目金额为 890 万元。小白应该如何进行账务处理?

## 一、土地增值税概述

土地增值税是对转让国有土地使用权、地上建筑物及其附着物并取得收入的单位和个人就其转让房地产所取得的增值额征收的一种税。征收土地增值税的主要目的是增强国家对房地产开发和房地产市场的调控力度,抑制炒买炒卖土地投机获取暴利的行为,规范国家参与土地增值收益的分配方式,增加国家财政收入。我国的土地增值税以转让房地产的增值额为征税对象,在计算方法上考虑我国实际情况,采用扣除法和评估法计算增值额。

### (一) 土地增值税的纳税人

土地增值税的纳税人是指转让国有土地使用权、地上建筑物及其附着物(也可简称"转让房地产")并取得收入的单位和个人。这里所指的单位和个人,是指有偿转让房地产的一切单位和个人,包括机关、团体、部队、企事业单位、个体工商户及国内其他单位和个人,还包括外商投资企业、外国企业及外国驻华机构、华侨及外国公民。区分土地增值税的纳税人与非纳税人的关键在于是否因转让房地产的行为而取得了收益,只要以出售或其他方式有偿转让房地产而取得收益的单位和个人,就是土地增值税的纳税人。

### （二）土地增值税的征税范围

土地增值税的征税范围是指凡转让国有土地使用权、地上建筑物及其附着物并取得收入的行为。

准确界定土地增值税的范围十分重要。在实际工作中，可以通过以下三个标准来判定。

（1）转让的土地必须是国家所有的，对转让集体所有土地使用权的不予征税。

（2）土地使用权、地上建筑物及其附着物的产权必须转让，不转让产权的不征税。

（3）必须取得转让收入。对虽发生转让行为，但未取得收入的不征税。

### （三）土地增值税税率

土地增值税税率是以转让房增值率高低为依据，按照累进原则设计的，实行分级计税。我国现行的土地增值税采用四级超率累进税率，最低税率为30%，最高税率为60%，具体税率见表7-1。

表 7-1　土地增值税四级超率累进税率表

| 级次 | 增值额占扣除项目金额的比例 | 税率 | 速算扣除率 |
| --- | --- | --- | --- |
| 1 | 50%以下的部分 | 30% | 0 |
| 2 | 超过50%、未超过100%的部分 | 40% | 5% |
| 3 | 超过100%、未超过200%的部分 | 50% | 15% |
| 4 | 超过200% | 60% | 35% |

### （四）土地增值税计税依据

土地增值税的计税依据是纳税人转让国有土地使用权、地上建筑物及其附着物所取得的增值额。增值额即纳税人转让房地产所取得的收入减除规定扣除项目金额后的余额。其计算公式为

增值额＝转让房地产取得的收入－税法规定的扣除项目金额

土地增值税应纳税额的计算，必须首先计算确定转让房地产所取得的收入和扣除项目金额。

### （五）转让房地产取得的收入的确认

转让房地产取得的收入，包括转让房地产的全部价款及有关的经济收益；从收入的形式来看，包括货币收入、实物收入和其他收入。根据《财政部国家税务总局关于营改增后契税、房产税、土地增值税、个人所得税计税依据问题的通知》（财税〔2016〕43号）的规定，土地增值税纳税人转让房地产取得的收入为不含增值税收入。

### （六）转让房地产扣除项目金额的计算

土地增值税扣除项目金额的计算是确定土地增值税增值额的关键。具体包括如下项目。

（1）取得土地使用权时所支付的金额。包括纳税人为取得土地使用权所支付的地价款，和按国家统一规定缴纳的有关费用。

（2）房地产开发成本。主要包括土地的征用及拆迁补偿、前期工程费用，建筑安装工程费，基础设施费，公共配套设施费，开发间接费用等。

（3）房地产开发费用。它是与房地产开发项目有关的销售费用、管理费用和财务费用。会计制度规定，与房地产开发有关的费用直接计入当年损益，不按房地产项目进行归集或分摊。税法对有关费用的扣除规定了标准。

① 纳税人能够按转让房地产项目计算分摊利息支出，并能提供金融机构的贷款证明的，其允许扣除的房地产开发费用为

$$\text{允许扣除的房地产开发费用} = \text{利息} + \left(\text{取得土地使用权所支付金额} + \text{房地产开发成本}\right) \times 5\% \text{以内}$$

② 纳税人不能按转让房地产项目计算分摊利息支出或不能提供金融机构贷款证明的，其允许扣除的房地产开发费用为

$$\text{允许扣除的房地产开发费用} = \left(\text{取得土地使用权所支付的金额} + \text{房地产开发成本}\right) \times 10\% \text{以内}$$

上述计算扣除的具体比例，由各省、自治区、直辖市人民政府规定。

（4）旧房及建筑物的评估价格。对旧房及建筑物不按建造时实际支付的成本和费用作为扣除项目金额，而采用评估价格作为扣除项目金额。旧房及建筑物的评估价格是在转让使用的房屋及建筑物时，由政府批准设立的房地产评估机构评定的重置成本价格乘以成新度折扣率后的价格。其计算公式为

$$\text{评估价格} = \text{重置成本} \times \text{成新度折扣率}$$

（5）与转让房地产有关的税金。

根据《国家税务总局关于营改增后土地增值税若干征管规定的公告》（国家税务总局公告〔2016〕70 号）的规定，营改增后，计算土地增值税增值额的扣除项目中"与转让房地产有关的税金"不包括增值税。营改增后，房地产开发企业实际缴纳的城市维护建设税、教育费附加，凡能够按清算项目准确计算的，允许据实扣除。凡不能按清算项目准确计算的，则按该清算项目预缴增值税时实际缴纳的城建税、教育费附加扣除。

（6）财政部规定的其他扣除项目。它是指对从事房地产开发的纳税人可按取得土地使用权所支付的金额和房地产开发成本计算的金额之和加计 20% 扣除。其计算公式为

$$\text{加计扣除额} = (\text{取得土地使用权所支付的金额} + \text{房地产开发成本}) \times 20\%$$

纳税人有下列情形之一的，土地增值税按照房地产评估价格计算征收。

① 隐瞒、虚报房地产成交价格的。

② 提供扣除项目金额不实的。

③ 转让房地产的成交价格低于房地产评估价格又无正当理由的。

### （七）土地增值税的纳税期限

土地增值税根据房地产转让的不同情况，纳税期限由主管税务机关具体确定，主要有以下几种情况。

（1）以一次交割、付清价款方式转让房地产的，在其办理过户、登记手续前数日内一次性缴纳全部土地增值税。

（2）以分期收款方式转让房地产的，主管税务机关根据合同规定的收款日期来确定具体的纳税期限。

（3）项目全部竣工结算前转让房地产的，可以预征土地增值税，待项目竣工办理结算后再进行清算，多退少补。

### （八）土地增值税的纳税地点

土地增值税的纳税人应向房地产所在地主管税务机关办理纳税申报，并在税务机关核定的期限内缴纳土地增值税。

房地产所在地，是指房地产的坐落地。纳税人转让的房地产坐落地在两个或两个以上地区的，应按房地产所在地分别申报纳税。

### （九）土地增值税的税收优惠

（1）对纳税人建造普通标准住宅出售，增值额未超过规定扣除项目金额之和20％的，免征土地增值税。普通标准住宅与其他的具体划分界限，由各省、自治区、直辖市人民政府规定。

（2）因城市实施规划和国家建设的需要被征用房地产或收回土地使用权的，免征土地增值税。对因同样原因动迁而由纳税人自行转让房地产的，经税务机关审核后，可以免予征收土地增值税。

（3）对个人因工作调动或改善居住条件而转让自用住房的，经向税务机关申报核准，可按下列情况分别处理：凡居住满5年或5年以上的，免予征收土地增值税；居住满3年未满5年的，减半征收土地增值税；居住未满3年的，按规定计征土地增值税。

## 二、土地增值税的会计处理

### （一）账户设置

为了核算土地增值税的计算和缴纳情况，纳税人应在"应交税费"账户下设置"应交土地增值税"明细账户进行核算。纳税人按规定计提的土地增值税，记入该账户的贷方；实际缴纳的土地增值税，记入该账户的借方。余额在贷方，反映欠缴的土地增值税；余额在借方，反映预缴或多缴的土地增值税。

### （二）账务处理

#### 1. 房地产开发企业土地增值税的账务处理

房地产开发企业应根据计算的应纳土地增值税额，借记"税金及附加"科目，贷记"应交税费——应交土地增值税"科目；实际缴纳土地增值税时借记"应交税费——应交土地增值税"科目，贷记"银行存款"科目。在实际工作中，纳税人在项目全部竣工前转让房地产取得的收入，由于涉及成本计算及其他原因而无法据以计算土地增值税的，可以按税法规定预缴的土地增值税。企业预缴税款时，借记"应交税费——应交土地增值税"科目，贷记"银行存款"科目。项目竣工后（清算前），按取得的房地产转让收入，计算预征的税款，借记"税金及附加"科目，贷记"应交税费——应交土地增值税"科目。项目进行清算时，多退少补，借或贷记"税金及附加"科目，贷或借记"应交税费——应交土地增值税"科目。补缴土地增值税时，借记"应交税费——应交土地增值税"科目，贷记"银行存款"科目。收到退回多缴的土地增值税时，做相反的会计分录。

（1）土地增值税预缴。预征是按预售收入乘以预征率计算，预征率由各省、自治区、直辖市地方税务局根据当地情况核定。企业预缴税款时，借记"应交税费——应交土地增值税"科目，贷记"银行存款"科目。待房地产转让收入实现时，按应缴纳的税款，借记"税金及附加"科目，贷记"应交税费——应交土地增值税"科目。

**典型任务实例 7-1**

A 房地产开发企业 2018 年开始动工开发住宅楼 5 栋,2020 年 6 月取得预售许可证,7 月取得含税预售收入 10 900 万元,预售收入按 3% 预缴增值税。当地核定的土地增值税预征率为 2%。企业应如何进行会计处理?

**解析**

根据《国家税务总局关于发布〈房地产开发企业销售自行开发的房地产项目增值税征收管理暂行办法〉的公告》(国家税务总局公告〔2016〕18 号)规定,一般纳税人采取预收款方式销售自行开发的房地产项目,应在收到预收款时按照 3% 的预征率预缴增值税。应预缴税款的计算公式为

应预缴税款＝预收款÷(1＋适用税率或征收率)×3%

适用一般计税方法计税的,按照 9% 的适用税率计算。

应预缴的增值税＝10 900÷(1＋9%)×3%＝300(万元)

根据《国家税务总局关于营改增后土地增值税若干征管规定的公告》(国家税务总局公告〔2016〕70 号)规定,"营改增"后,纳税人转让房地产的土地增值税应税收入不含增值税。适用增值税一般计税方法的纳税人,其转让房地产的土地增值税应税收入不含增值税销项税额。房地产开发企业采取预收款方式销售自行开发的房地产项目的,可按照以下方法计算土地增值税预征计征依据。

土地增值税预征的计征依据＝预收款－应预缴增值税税款

应预缴的土地增值税＝(10 900－300)×2%＝212(万元)

预缴土地增值税时的会计分录如下。

借:应交税费——应交土地增值税　　　　　　　　　　　　　　　　212 000
　贷:银行存款　　　　　　　　　　　　　　　　　　　　　　　　　212 000

**典型任务实例 7-2**

承典型任务实例 7-1,A 房地产开发企业 2021 年进行竣工结算交付房屋,共取得含税销售收入 43 600 万元,已按规定预缴增值税、土地增值税。请做出该业务的会计处理。

**解析**

实现销售时的会计分录如下。

借:预收账款　　　　　　　　　　　　　　　　　　　　　　　436 000 000
　贷:主营业务收入　　　　　　　　　　　　　　　　　　　　　400 000 000
　　　应交税金——应交增值税(销项税额)　　　　　　　　　　　36 000 000
借:税金及附加　　　　　　　　　　　　　　　　　　　　　　　8 480 000
　贷:应交税费——应交土地增值税　　　　　　　　　　　　　　　8 480 000

(2) 土地增值税清算。土地增值税清算是指纳税人在符合土地增值税清算条件后,依照税收法律法规及土地增值税有关政策规定,计算房地产开发项目应缴纳的土地增值税税额。根据计算的应纳土地增值税税额,借记"税金及附加"科目,贷记"应交税费——应交土地增值税"科目。

典型任务实例 7-3

A 房地产开发企业营改增后认定为一般纳税人,采取一般计税方法。7 月销售一栋商品房(当月全部销售完毕,无预缴),取得不含税收入 2 000 万元,达到清算条件。该项目的全部扣除项目金额为 890 万元。请对上述业务进行会计处理。

**解析**

(1) 计算应缴纳的土地增值税税额。

增值额 = 2 000 - 890 = 1 110(万元)

增值额与扣除项目金额的比例 = 1 110 ÷ 890 × 100% = 124.72%

增值额超过扣除项 100%,未超过 200%,适用税率为 50%,速算扣除系数为 15%。

应纳税额 = 1 110 × 50% - 890 × 15% = 555 - 133.5 = 421.5(万元)

(2) 会计处理。

计提税费时的会计分录如下。

| | |
|---|---|
| 借:税金及附加 | 4 215 000 |
| 　贷:应交税费——应交土地增值税 | 4 215 000 |

缴纳土地增值税时的会计分录如下。

| | |
|---|---|
| 借:应交税费——应交土地增值税 | 4 215 000 |
| 　贷:银行存款 | 4 215 000 |

2. 非房地产开发企业土地增值税的账务处理

(1) 单纯转让国有土地使用权,土地使用权在"无形资产"科目核算。

非房地产开发企业转让的国有土地使用权在"无形资产"科目核算的,按实际收到的金额,借记"银行存款"科目;按应缴的土地增值税,贷记"应交税费——应交土地增值税"科目;同时冲销土地使用权的账面价值,贷记"无形资产"科目;按上述借贷方差额,借记或贷记"资产处置损益"科目。实际缴纳土地增值税时,借记"应交税费——应交土地增值税"科目,贷记"银行存款"科目。

典型任务实例 7-4

某工业企业为一般纳税人,7 月转让一块当月购进的国有土地使用权(在"无形资产"科目核算),取得含税销售额 872 万元,开具增值税专用发票。已知该土地使用权购进时取得增值税专用发票,不含税价款为 500 万元。请计算土地增值税并进行会计处理。

**解析**

(1) 购进时的会计分录如下。

| | |
|---|---|
| 借:无形资产——土地使用权 | 5 000 000 |
| 　应交税费——应交增值税(进项税额) | 450 000 |
| 　贷:银行存款 | 5 450 000 |

(2) 转让时的会计分录如下。

应纳增值税 = 872 ÷ (1 + 9%) × 9% - 500 × 9% = 27(万元)

应纳城建税 = 27 × 7% = 1.89(万元)

应纳教育费附加 = 27 × 3% = 0.81(万元)

应纳印花税＝800×0.5‰＝0.4(万元)

应纳土地增值税的计算如下。

增值额＝800－500－1.89－0.81－0.4＝296.9(万元)

增值额与扣除项目金额的比率＝296.9÷503.1×100%＝59.01%

应纳土地增值税＝296.9×40%－503.1×5%＝93.60(万元)

| 借:银行存款 | 8 720 000 |
|---|---|
| 　贷:无形资产——土地使用权 | 5 000 000 |
| 　　　应交税费——应交增值税(销项税额) | 720 000 |
| 　　　　　　　——应交城建税 | 18 900 |
| 　　　　　　　——应交教育费附加 | 8 100 |
| 　　　　　　　——应交印花税 | 4 000 |
| 　　　　　　　——应交土地增值税 | 936 000 |
| 　　　资产处置损益 | 2 033 000 |

(3) 缴纳土地增值税时的会计分录如下。

| 借:应交税费——应交土地增值税 | 936 000 |
|---|---|
| 　贷:银行存款 | 936 000 |

(2) 企业转让的国有土地使用权与其地上建筑物、附着物一并在"固定资产"科目核算。该房地产转让时应缴纳的土地增值税通过"固定资产清理"科目核算,即借记"固定资产清理"科目,贷记"应交税费——应交土地增值税"科目。

**典型任务实例 7-5**

某工业企业(非房地产开发企业)2021 年将其 2016 年购置的一栋宿舍大楼转让给其他单位,不含税售价为 500 万元,购置原价为 280 万元,计提折旧 40 万元。企业转让该房产时发生清理费用 2.25 万元。请做出该业务的会计处理。

**解析**

应纳增值税＝(500－280)×5%＝11(万元)

应纳城建税＝11×7%＝0.77(万元)

应纳教育费附加＝11×3%＝0.33(万元)

应纳印花税＝500×0.5‰＝0.25(万元)

计算应纳土地增值税。

扣除项目金额合计＝280×(1+2×5%)+0.77+0.33+0.25＝309.35(万元)

增值额＝500－309.35＝190.65(万元)

增值率＝190.65÷309.35×100%＝61.63%

应纳土地增值税＝190.65×40%－309.35×5%＝60.7925(万元)

会计处理如下。

(1) 将固定资产转入清理时的会计分录如下。

| 借:固定资产清理 | 2 400 000 |
|---|---|
| 　累计折旧 | 400 000 |
| 　贷:固定资产 | 2 800 000 |

（2）取得转让收入时的会计分录如下。

借：银行存款 5 110 000

　　贷：固定资产清理 5 000 000

　　　　应交税费——应交增值税 110 000

（3）计提税金及附加时的会计分录如下。

借：固定资产清理 621 425

　　贷：应交税费——应交城市维护建设税 7 700

　　　　　　——应交教育费附加 3 300

　　　　　　——应交印花税 2 500

　　　　　　——应交土地增值税 607 925

（4）支付清理费用时的会计分录如下。

借：固定资产清理 22 500

　　贷：银行存款 22 500

（5）结转清理固定资产净收益时的会计分录如下。

借：固定资产清理 1 956 075

　　贷：资产处置损益 1 956 075

## 三、土地增值税的纳税申报

纳税人在申报纳税时，应如实填写土地增值税纳税申报表，并向税务机关提交房屋及建筑物产权、土地使用权证书，土地转让、房产买卖合同，房地产评估报告及其他与转让房地产有关的资料。

自 2021 年 6 月 1 日起，纳税人申报缴纳城镇土地使用税、房产税、车船税、印花税、耕地占用税、资源税、土地增值税、契税、环境保护税、烟叶税中一个或多个税种时，使用《财产和行为税纳税申报表》（见表 4-3 资源税）。纳税人新增税源或税源变化时，需先填报《财产和行为税税源明细表》，其中《土地增值税税源明细表》见表 7-2。

**表 7-2　土地增值税税源明细表**

税款所属期：　年　　月　　日至　　年　　月　　日

纳税人姓名：

纳税人识别号：□□□□□□□□□□□□□□□□□□□□金额单位：人民币元（列至角分）面积单位：平方米

| 土地增值税项目登记表<br>（从事房地产开发的纳税人适用） | | | |
|---|---|---|---|
| 项目名称 | | 项目地址 | |
| 土地使用权受让（行政划拨）合同号 | | 受让（行政划拨）时间 | |
| | | | |
| | | | |
| 建设项目起讫时间 | | 总预算成本 | 单位预算成本 |
| 项目详细坐落地点 | | | |
| 开发土地总面积 | 开发建筑总面积 | | 房地产转让<br>合同名称 |

续表

| 转让次序 | 转让土地面积<br>（按次填写） | 转让建筑面积<br>（按次填写） | 转让合同签订<br>日期(按次填写) |
|---|---|---|---|
| 第 1 次 | | | |
| 第 2 次 | | | |
| …… | | | |
| 备注 | | | |

土地增值税申报计算及减免信息

申报类型：

1. 从事房地产开发的纳税人预缴适用 □

2. 从事房地产开发的纳税人清算适用 □

3. 从事房地产开发的纳税人按核定征收方式清算适用 □

4. 纳税人整体转让在建工程适用□

5. 从事房地产开发的纳税人清算后尾盘销售适用 □

6. 转让旧房及建筑物的纳税人适用 □

7. 转让旧房及建筑物的纳税人核定征收适用 □

| 项目名称 | | 项目编码 | | | |
|---|---|---|---|---|---|
| 项目地址 | | | | | |
| 项目总可售面积 | | 自用和出租面积 | | | |
| 已售面积 | | 其中：<br>普通住宅<br>已售面积 | 其中：<br>非普通住宅<br>已售面积 | 其中:其他<br>类型房地产<br>已售面积 | |
| 清算时已售面积 | | 清算后剩余可售面积 | | | |

| 申报类型 | 项目 | 序号 | 金额 | | | |
|---|---|---|---|---|---|---|
| | | | 普通住宅 | 非普通住宅 | 其他类型房地产 | 总额 |
| 1. 从事房地产开发的纳税人预缴适用 | 一、房产类型子目 | 1 | | | | |
| | 二、应税收入 | 2＝3＋4＋5 | | | | |
| | 1. 货币收入 | 3 | | | | |
| | 2. 实物收入及其他收入 | 4 | | | | |
| | 3. 视同销售收入 | 5 | | | | |
| | 三、预征率/% | 6 | | | | |
| 2. 从事房地产开发的纳税人清算适用 | 一、转让房地产收入总额 | 1＝2＋3＋4 | | | | |
| | 1. 货币收入 | 2 | | | | |

| 申报类型 | 项目 | 序号 | 金额 | | | 总额 |
|---|---|---|---|---|---|---|
| | | | 普通住宅 | 非普通住宅 | 其他类型房地产 | |
| 3. 从事房地产开发的纳税人按核定征收方式清算适用<br>4. 纳税人整体转让在建工程适用 | 2. 实物收入及其他收入 | 3 | | | | |
| | 3. 视同销售收入 | 4 | | | | |
| | 二、扣除项目金额合计 | 5＝6＋7＋14＋17＋21＋22 | | | | |
| | 1. 取得土地使用权所支付的金额 | 6 | | | | |
| | 2. 房地产开发成本 | 7＝8＋9＋10＋11＋12＋13 | | | | |
| | 其中:土地征用及拆迁补偿费 | 8 | | | | |
| | 前期工程费 | 9 | | | | |
| | 建筑安装工程费 | 10 | | | | |
| | 基础设施费 | 11 | | | | |
| | 公共配套设施费 | 12 | | | | |
| | 开发间接费用 | 13 | | | | |
| | 3. 房地产开发费用 | 14＝15＋16 | | | | |
| | 其中:利息支出 | 15 | | | | |
| | 其他房地产开发费用 | 16 | | | | |
| | 4. 与转让房地产有关的税金等 | 17＝18＋19＋20 | | | | |
| | 其中:营业税 | 18 | | | | |
| | 城市维护建设税 | 19 | | | | |
| | 教育费附加 | 20 | | | | |
| | 5. 财政部规定的其他扣除项目 | 21 | | | | |
| | 6. 代收费用(纳税人整体转让在建工程不填此项) | 22 | | | | |
| | 三、增值额 | 23＝1－5 | | | | |
| | 四、增值额与扣除项目金额之比/% | 24＝23÷5 | | | | |
| | 五、适用税率(核定征收率)/% | 25 | | | | |
| | 六、速算扣除系数/% | 26 | | | | |
| | 七、减免税额 | 27＝29＋31＋33 | | | | |

续表

| 申报类型 | 项目 | | 序号 | 金额 | | | |
|---|---|---|---|---|---|---|---|
| | | | | 普通住宅 | 非普通住宅 | 其他类型房地产 | 总额 |
| 3. 从事房地产开发的纳税人按核定征收方式清算适用<br>4. 纳税人整体转让在建工程适用 | 其中：减免税(1) | 减免性质代码和项目名称(1) | 28 | | | | |
| | | 减免税额(1) | 29 | | | | |
| | 减免税(2) | 减免性质代码和项目名称(2) | 30 | | | | |
| | | 减免税额(2) | 31 | | | | |
| | 减免税(3) | 减免性质代码和项目名称(3) | 32 | | | | |
| | | 减免税额(3) | 33 | | | | |
| 5. 从事房地产开发的纳税人清算后尾盘销售适用 | 一、转让房地产收入总额 | | $1=2+3+4$ | | | | |
| | 1. 货币收入 | | 2 | | | | |
| | 2. 实物收入及其他收入 | | 3 | | | | |
| | 3. 视同销售收入 | | 4 | | | | |
| | 二、扣除项目金额合计 | | $5=6\times7+8$ | | | | |
| | 1. 本次清算后尾盘销售的销售面积 | | 6 | | | | |
| | 2. 单位成本费用 | | 7 | | | | |
| | 3. 本次与转让房地产有关的税金 | | $8=9+10+11$ | | | | |
| | 其中:营业税 | | 9 | | | | |
| | 城市维护建设税 | | 10 | | | | |
| | 教育费附加 | | 11 | | | | |
| | 三、增值额 | | $12=1-5$ | | | | |
| | 四、增值额与扣除项目金额之比/% | | $13=12\div5$ | | | | |
| | 五、适用税率(核定征收率)/% | | 14 | | | | |
| | 六、速算扣除系数/% | | 15 | | | | |
| | 七、减免税额 | | $16=18+20+22$ | | | | |
| | 其中：减免税(1) | 减免性质代码和项目名称(1) | 17 | | | | |
| | | 减免税额(1) | 18 | | | | |

| 申报类型 | 项目 | | 序号 | 金额 | | | 总额 |
|---|---|---|---|---|---|---|---|
| | | | | 普通住宅 | 非普通住宅 | 其他类型房地产 | |
| 5. 从事房地产开发的纳税人清算后尾盘销售适用 | 减免税(2) | 减免性质代码和项目名称(2) | 19 | | | | |
| | | 减免税额(2) | 20 | | | | |
| | 减免税(3) | 减免性质代码和项目名称(3) | 21 | | | | |
| | | 减免税额(3) | 22 | | | | |
| 6. 转让旧房及建筑物的纳税人适用<br>7. 转让旧房及建筑物的纳税人核定征收适用 | 一、转让房地产收入总额 | | $1=2+3+4$ | | | | |
| | 1. 货币收入 | | 2 | | | | |
| | 2. 实物收入 | | 3 | | | | |
| | 3. 其他收入 | | 4 | | | | |
| | 二、扣除项目金额合计 | | (1) $5=6+7+10+15$<br>(2) $5=11+12+14+15$ | | | | |
| | (1) 提供评估价格 | | | | | | |
| | 1. 取得土地使用权所支付的金额 | | 6 | | | | |
| | 2. 旧房及建筑物的评估价格 | | $7=8×9$ | | | | |
| | 其中:旧房及建筑物的重置成本价 | | 8 | | | | |
| | 成新度折扣率 | | 9 | | | | |
| | 3. 评估费用 | | 10 | | | | |
| | (2) 提供购房发票 | | | | | | |
| | 1. 购房发票金额 | | 11 | | | | |
| | 2. 发票加计扣除金额 | | $12=11×5\%×13$ | | | | |
| | 其中:房产实际持有年数 | | 13 | | | | |
| | 3. 购房契税 | | 14 | | | | |
| | 4. 与转让房地产有关的税金等 | | $15=16+17+18+19$ | | | | |
| | 其中:营业税 | | 16 | | | | |
| | 城市维护建设税 | | 17 | | | | |
| | 印花税 | | 18 | | | | |
| | 教育费附加 | | 19 | | | | |
| | 三、增值额 | | $20=1-5$ | | | | |
| | 四、增值额与扣除项目金额之比/% | | $21=20÷5$ | | | | |

续表

| 申报类型 | 项目 | | 序号 | 金额 | | | |
|---|---|---|---|---|---|---|---|
| | | | | 普通住宅 | 非普通住宅 | 其他类型房地产 | 总额 |
| 6. 转让旧房及建筑物的纳税人适用<br>7. 转让旧房及建筑物的纳税人核定征收适用 | 五、适用税率(核定征收率)/% | | 22 | | | | |
| | 六、速算扣除系数/% | | 23 | | | | |
| | 七、减免税额 | | 24＝26＋28＋30 | | | | |
| | 其中:<br>减免税(1) | 减免性质代码和项目名称(1) | 25 | | | | |
| | | 减免税额(1) | 26 | | | | |
| | 减免税(2) | 减免性质代码和项目名称(2) | 27 | | | | |
| | | 减免税额(2) | 28 | | | | |
| | 减免税(3) | 减免性质代码和项目名称(3) | 29 | | | | |
| | | 减免税额(3) | 30 | | | | |

主要填列方法如下。

(1) 土地增值税项目登记表。

① 本表适用于从事房地产开发的纳税人,在立项后及每次转让时填报。

② 凡从事新建房及配套设施开发的纳税人,均应在规定的期限内,据实向主管税务机关填报本表所列内容。

③ 本表栏目的内容如果没有,可以空置不填。

④ 纳税人填报本表时,应同时向主管税务机关提交土地使用权受让合同、房地产转让合同等有关资料。

(2) 土地增值税申报计算及减免信息。

申报类型:必填。由纳税人根据申报业务种类以及适用的征收方式进行选择。

(3) 从事房地产开发的纳税人预缴适用

① 第 1 栏"房产类型子目":主管税务机关规定的预征率类型,每一个子目唯一对应一个房产类型。

② 第 3 栏"货币收入":按纳税人转让房地产开发项目所取得的货币形态的收入额(不含增值税)填写。

③ 第 4 栏"实物收入及其他收入":按纳税人转让房地产开发项目所取得的实物形态的收入和无形资产等其他形式的收入额(不含增值税)填写。

④ 第 5 栏"视同销售收入":纳税人将开发产品用于职工福利、奖励、对外投资、分配给股东或投资人、抵偿债务、换取其他单位和个人的非货币性资产等,发生所有权转移时应视同销售房地产,其确认收入不含增值税。

(4) 从事房地产开发的纳税人清算适用。

① 第 1 栏"转让房地产收入总额",按纳税人转让房地产开发项目所取得的全部收入额(不含增值税)填写。

② 第 2 栏"货币收入",按纳税人转让房地产开发项目所取得的货币形态的收入额(不含增值税)填写。

③ 第 3 栏"实物收入及其他收入",按纳税人转让房地产开发项目所取得的实物形态的收入和无形资产等其他形式的收入额(不含增值税)填写。

④ 第 4 栏"视同销售收入",纳税人将开发产品用于职工福利、奖励、对外投资、分配给股东或投资人、抵偿债务、换取其他单位和个人的非货币性资产等,发生所有权转移时应视同销售房地产,其确认收入不含增值税。

⑤ 第 6 栏"取得土地使用权所支付的金额",按纳税人为取得该房地产开发项目所需要的土地使用权而实际支付(补交)的土地出让金(地价款)及按国家统一规定交纳的有关费用的数额填写。

⑥ 第 8 栏至 13 栏,应根据《中华人民共和国土地增值税暂行条例实施细则》(财法字〔1995〕6 号,以下简称《细则》)规定的从事房地产开发所实际发生的各项开发成本的具体数额填写。

⑦ 第 15 栏"利息支出",按纳税人进行房地产开发实际发生的利息支出中符合《细则》第七条第(三)项规定的数额填写。如果不单独计算利息支出的,则本栏数额填写为"0"。

⑧ 第 16 栏"其他房地产开发费用",应根据《细则》第七条第(三)项的规定填写。

⑨ 第 18 栏至 20 栏,按纳税人转让房地产时所实际缴纳的税金数额(不包括增值税)填写。

⑩ 第 21 栏"财政部规定的其他扣除项目",是指根据《中华人民共和国土地增值税暂行条例》(国务院令第 138 号,以下简称《条例》)和《细则》等有关规定所确定的财政部规定的扣除项目的合计数。

⑪ 第 22 栏"代收费用",应根据《财政部、国家税务总局关于土地增值税一些具体问题规定的通知》(财税字〔1995〕48 号)第六条"关于地方政府要求房地产开发企业代收的费用如何计征土地增值税的问题"规定填写。

⑫ 第 25 栏"适用税率(核定征收率)",适用查账征收方式的纳税人应根据《条例》规定的四级超率累进税率,按所适用的最高一级税率填写;适用核定征收方式的纳税人应根据主管税务机关确定的核定征收率填写。

⑬ 第 26 栏"速算扣除系数",应根据《细则》第十条的规定找出相关速算扣除系数填写。

⑭ 第 28、30、32 栏"减免性质代码和项目名称":按照税务机关最新制发的减免税政策代码表中最细项减免性质代码填报。表第 29、31、33 栏"减免税额"填写相应"减免性质代码和项目名称"对应的减免税金额,纳税人同时享受多个减免税政策应分别填写,不享受减免税的,不填写此项。

⑮ 表中每栏按照"普通住宅、非普通住宅、其他类型房地产"分别填写。

(5)从事房地产开发的纳税人按核定征收方式清算适用。

① 本表适用于从事房地产开发并转让的纳税人清算方式为核定征收时填报,各行次应按不同房产类型分别填写。

② 税款所属期是项目预缴开始的时间,截止日期是税务机关规定(通知)申报期限的最后一日。纳税人在填报本表时,应同时提交税务机关出具的核定文书。

③ 项目名称填写纳税人所开发并转让的且经国家有关部门审批的房地产开发项目全

称;项目编码为纳税人进行房地产项目登记时,税务机关按照一定的规则赋予的编码,此编码跟随项目的预缴清算尾盘销售全过程。

④ 表中项目按税务机关出具的核定文书要求填写。

(6) 纳税人整体转让在建工程。

① 第 1 栏"转让房地产收入总额",按纳税人在转让房地产开发项目所取得的全部收入额(不含增值税)填写。

② 第 2 栏"货币收入",按纳税人转让房地产开发项目所取得的货币形态的收入额(不含增值税)填写。

③ 第 3 栏"实物收入及其他收入",按纳税人转让房地产开发项目所取得的实物形态的收入和无形资产等其他形式的收入额(不含增值税)填写。

④ 第 4 栏"视同销售收入",纳税人将开发产品用于职工福利、奖励、对外投资、分配给股东或投资人、抵偿债务、换取其他单位和个人的非货币性资产等,发生所有权转移时应视同销售房地产,其确认收入不含增值税。

⑤ 第 6 栏"取得土地使用权所支付的金额",按纳税人为取得该房地产开发项目所需要的土地使用权而实际支付(补交)的土地出让金(地价款)及按国家统一规定交纳的有关费用的数额填写。

⑥ 第 8 栏至 13 栏,应根据《细则》规定的从事房地产开发所实际发生的各项开发成本的具体数额填写。

⑦ 第 15 栏"利息支出",按纳税人进行房地产开发实际发生的利息支出中符合《细则》第七条第(三)项规定的数额填写。如果不单独计算利息支出的,则本栏数额填写为"0"。

⑧ 第 16 栏"其他房地产开发费用",应根据《细则》第七条第(三)项的规定填写。

⑨ 第 18 栏至 20 栏,按纳税人转让房地产时所实际缴纳的税金数额(不包括增值税)填写。

⑩ 第 21 栏"财政部规定的其他扣除项目",是指根据《条例》《细则》等有关规定所确定的财政部规定的扣除项目的合计数。

⑪ 第 22 栏"代收费用",纳税人整体转让在建工程时,不填写本项。

⑫ 第 25 栏"适用税率(核定征收率)",适用查账征收方式的纳税人应根据《条例》规定的四级超率累进税率,按所适用的最高一级税率填写;适用核定征收方式的纳税人应根据主管税务机关确定的核定征收率填写。

⑬ 第 26 栏"速算扣除系数",应根据《细则》第十条的规定找出相关速算扣除系数填写。

⑭ 第 28、30、32 栏"减免性质代码和项目名称":按照税务机关最新制发的减免税政策代码表中最细项减免性质代码填报。表中第 29、31、33 栏"减免税额"填写相应"减免性质代码和项目名称"对应的减免税金额,纳税人同时享受多个减免税政策应分别填写,不享受减免税的,不填写此项。

(7) 从事房地产开发的纳税人清算后尾盘销售适用。

① 第 1 栏"转让房地产收入总额",按纳税人在转让房地产开发项目所取得的全部收入额(不含增值税)填写。

② 第 2 栏"货币收入",按纳税人转让房地产开发项目所取得的货币形态的收入额(不含增值税)填写。

③ 第 3 栏"实物收入及其他收入",按纳税人转让房地产开发项目所取得的实物形态的收入和无形资产等其他形式的收入额(不含增值税)填写。

④ 第 4 栏"视同销售收入",纳税人将开发产品用于职工福利、奖励、对外投资、分配给股东或投资人、抵偿债务、换取其他单位和个人的非货币性资产等,发生所有权转移时应视同销售房地产,其确认收入不含增值税。

⑤ 第 6 栏"本次清算后尾盘销售的销售面积",按申报税款所属期纳税人尾盘销售的建筑面积填报。

⑥ 第 7 栏"单位成本费用"。单位成本费用＝清算申报时或清算审核确定的扣除项目金额÷清算的总已售面积。公式中的"扣除项目金额"不包括清算时扣除的"与转让房地产有关的税金"。

⑦ 第 14 栏"适用税率(核定征收率)",适用查账征收方式的纳税人应根据《条例》规定的四级超率累进税率,按所适用的最高一级税率填写;适用核定征收方式的纳税人应根据主管税务机关确定的核定征收率填写。

⑧ 第 15 栏"速算扣除系数",应根据《细则》第十条的规定找出相关速算扣除系数填写。

⑨ 第 17、19、21 栏"减免性质代码和项目名称":按照税务机关最新制发的减免税政策代码表中最细项减免性质代码填报。表中第 18、20、22 栏"减免税额"填写相应"减免性质代码和项目名称"对应的减免税金额,纳税人同时享受多个减免税政策应分别填写,不享受减免税的,不填写此项。

⑩ 表中每栏按照"普通住宅、非普通住宅、其他类型房地产"分别填写。

(8) 转让旧房及建筑物的纳税人适用。

本表的各主要项目内容,应根据纳税人转让的房地产项目作为填报对象。纳税人如果同时转让两个或两个以上房地产的,应分别填报。

① 第 1 栏"转让房地产收入总额",按纳税人转让房地产所取得的全部收入额(不含增值税)填写。

② 第 2 栏"货币收入",按纳税人转让房地产所取得的货币形态的收入额(不含增值税)填写。

③ 第 3、4 栏"实物收入""其他收入",按纳税人转让房地产所取得的实物形态的收入和无形资产等其他形式的收入额(不含增值税)填写。

④ 第 6 栏"取得土地使用权所支付的金额",按纳税人为取得该房地产项目所需要的土地使用权而实际支付(补交)的土地出让金(地价款)及按国家统一规定交纳的有关费用的数额填写。

⑤ 第 7 栏"旧房及建筑物的评估价格",是指根据《条例》《细则》等有关规定,按重置成本法评估旧房及建筑物并经当地税务机关确认的评估价格的数额。本栏由第 8 栏与第 9 栏相乘得出。如果本栏数额能够直接根据评估报告填报,则本表第 8、9 栏可以不必再填报。

⑥ 第 8 栏"旧房及建筑物的重置成本价",是指按照《条例》和《细则》规定,由政府批准设立的房地产评估机构评定的重置成本价。

⑦ 第 9 栏"成新度折扣率",是指按照《条例》和《细则》规定,由政府批准设立的房地产评估机构评定的旧房及建筑物的新旧程度折扣率。

⑧ 第 10 栏"评估费用",是指纳税人转让旧房及建筑物时因计算纳税的需要而对房地产进行评估,其支付的评估费用允许在计算增值额时予以扣除。

⑨ 第 11 栏"购房发票金额",区分以下情形填写:提供营业税销售不动产发票的,按发票所载金额填写;提供增值税专用发票的,按发票所载金额与不允许抵扣进项税额合计金额数填写;提供增值税普通发票的,按照发票所载价税合计金额数填写。

⑩ 第 12 栏"发票加计扣除金额",是指购房发票金额乘以房产实际持有年数乘以 5％的

积数。

⑪ 第 13 栏"房产实际持有年数",是指按购房发票所载日期起至售房发票开具之日止,每满 12 个月计一年;未满 12 个月但超过 6 个月的,可以视同为一年。

⑫ 第 14 栏"购房契税",是指购房时支付的契税。

⑬ 第 15 栏"与转让房地产有关的税金等"为第 16 栏至 19 栏的合计数。

⑭ 第 16 栏至 19 栏,按纳税人转让房地产时实际缴纳的有关税金的数额填写。开具营业税发票的,按转让房地产时缴纳的营业税数额填写;开具增值税发票的,第 16 栏营业税为 0。

⑮ 第 22 栏"适用税率(核定征收率)",适用查账征收方式的纳税人应根据《条例》规定的四级超率累进税率,按所适用的最高一级税率填写;适用核定征收方式的纳税人应根据主管税务机关确定的核定征收率填写。

⑯ 第 23 栏"速算扣除系数",应根据《细则》第十条的规定找出相关速算扣除系数填写。

⑰ 第 25、27、29 栏"减免性质代码和项目名称":按照税务机关最新制发的减免税政策代码表中的最细项减免性质代码填报。表中第 26、28、30 栏"减免税额"填写相应"减免性质代码和项目名称"对应的减免税金额,纳税人同时享受多个减免税政策应分别填写,不享受减免税的,不填写此项。

(9) 转让旧房及建筑物的纳税人核定征收适用。

① 本表适用于转让旧房及建筑物的纳税人采用核定征收方式时填报。纳税人应在签订房地产转让合同后的七日内,向房地产所在地主管税务机关填报本表。本表还适用于从事房地产开发的纳税人将开发产品转为自用、出租等用途且已达到主管税务机关旧房界定标准后,又将该旧房对外出售的。纳税人在填报本表时,应同时提交税务机关出具的核定文书。

② 项目名称:从事房地产开发并转让的纳税人填写纳税人所开发并转让的且经国家有关部门审批的房地产开发项目全称,项目编码为纳税人进行房地产项目登记时,税务机关按照一定的规则赋予的编码,此编码会跟随项目的预缴清算尾盘销售全过程;非从事房地产开发的纳税人填写纳税人进行房地产项目登记时税务机关赋予的项目名称及项目编码。

③ 表中项目按税务机关出具的核定文书要求填写。

# 任务 7.2　房产税会计

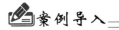

案例导入

　　房产税在我国是一个古老的税种,最早始于周代。中华人民共和国成立后,1950 年在全国开征了城市房产税,1951 年原国家政务院颁布《城市房地产税暂行条例》,将房产税、地产税两种税合并为一种税。1973 年进行了税制改革,在简化税制的原则下,将对国营、集体企业开征的城市房产税并入了工商税。1986 年 9 月 15 日,国务院正式发布了《中华人民共和国房产税暂行条例》,从当年 10 月 1 日起开始施行。2008 年 12 月 31 日,国务院发布第 546 号令,自 2009 年 1 月 1 日起废止《城市房地产税暂行条例》,外商投资企业、外国企业和组织以及外籍个人依照《房产税暂行条例》缴纳房产税。至此,在全国范围内实行内外统一的房产税。小白了解了房产税的历史,现在的问题是:他所在的企业该如何计算、缴纳房产税呢?

# 一、房产税概述

## (一) 房产税的定义

房产税是以房屋为征税对象,按房屋的计税余值或租金收入为计税依据,向产权所有人或经营人征收的一种财产税。

## (二) 房产税的纳税义务人

房产税的纳税义务人是指在我国城市、县城、建制镇和工矿区(不包括农村)内拥有房屋产权的单位和个人。实务中具体可分为以下几种情况。

(1) 凡产权属国家所有的,以其经营管理的单位为房产税的纳税人。

(2) 凡产权属集体单位的,以该集体单位为房产税纳税人。

(3) 凡产权属个人所有的,以该产权所有者个人为房产税纳税人。

(4) 凡产权出典的,以该房屋承典人为房产税纳税人。承典人不在房屋所在地的,或者产权未确定及租典纠纷未解决的,以其房产代管人或者使用人为房产税纳税人。房屋出典,是指承典人支付房屋典价而占有、使用出典人的房屋,出典人于典期届满时,返还典价赎回房屋或者不回赎而丧失房屋所有权的法律制度。

## (三) 房产税的计税依据

房产税的计税依据有两种:从价计征和从租计征。

### 1. 从价计征房产税的计税依据

从价计征的房产税,是以房产余值为计税依据。以房产原值一次减除 $10\%\sim30\%$ 之后的余值为计税依据。房产原值是指纳税人按照会计制度的规定,在账簿的"固定资产"科目中记载的房屋原价。具体的减除幅度由各省、自治区、直辖市人民政府规定。例如,北京市规定的减除幅度为 $30\%$。

值得注意的是,自 2009 年 1 月 1 日起,对依照房产原值计税的房产,无论是否记载在会计账簿的"固定资产"科目中,均应按照房屋原价计算缴纳房产税,自 2010 年 1 月 28 日起,在上海和重庆两直辖市试点对个人的房产征收房产税,重庆最高为 $1.2\%$,上海暂定为 $0.6\%$。

### 2. 从租计征房产税的计税依据

房产出租的,以不含增值税的房产租金收入为计税依据,计算缴纳房产税。

## (四) 房产税的税率

房产税的税率与计税依据相对应,房产税的税率也有两种:按照房产余值计算应纳税额的,税率为 $1.2\%$;按照房产租金收入计算应纳税额的,税率为 $12\%$。

## (五) 房产税的减免

依照税法规定,下列房产免缴房产税。

(1) 国家机关、人民团体、军队自用的办公用房和公务用房。

(2) 由财政部门拨付事业经费的单位自用房产。上述单位所属的附属工厂、商店、招待所等不属于单位公务用房,应照章纳税。

（3）宗教寺庙、公园、名胜古迹自用的房产。宗教寺庙、公园、名胜古迹中附设的营业单位，如影剧院、饮食部、茶社、照相馆等所使用的房产及出租的房产，不属于免税范围，应照章纳税。

（4）个人所有非营业用的房产。对个人拥有的营业用房或者出租的房产，不属于免税房产，应照章纳税。

（5）由省、自治区、直辖市人民政府根据本地区的实际情况，以及客观调控需要确定，对增值税小规模纳税人可以在 50% 的税额幅度内减征房产税。

（6）经财政部批准免税的其他房产。

## 二、房产税的计算

### （一）从价计征房产税的计算

$$应纳房产税税额＝应纳房产原值×（1－扣除比例）×1.2\%$$

**典型任务实例 7-6**

某企业的经营用房产原值为 6 000 000 元，按照当地规定允许减除 20% 后的余值计税，计算该企业应纳的房产税。

**解析**

应纳房产税税额＝6 000 000×（1－20%）×1.2%＝57 600（元）

### （二）从租计征房产税的计算

$$应纳房产税税额＝不含增值税的租金收入×12\%$$

**典型任务实例 7-7**

某企业出租房屋 2 间，不含增值税的年租金为 80 000 元，计算该企业应纳的房产税。

**解析**

应纳房产税税额＝80 000×12%＝9 600（元）

## 三、房产税的会计处理

企业按规定缴纳的房产税，应通过"应交税费——应交房产税""税金及附加"等账户据实列支。

（1）计算应交的房产税时，其会计分录如下。

借：税金及附加

　　贷：应交税费——应交房产税

（2）实际缴纳房产税时，其会计分录如下。

借：应交税费——应交房产税

　　贷：银行存款

**典型任务实例 7-8**

某企业 9 月房产账面原值为 5 000 000 元，当地政府规定，企业自用房屋按照房产原值一次减除 30% 后作为房产余值纳税。计算该企业 9 月应缴纳的房产税，并进行会计处理。

**解析**

9月应纳房产税税额＝5 000 000×(1－30％)×1.2％÷12＝3 500(元)

9月末计提房产税时的会计分录如下。

借：税金及附加                                                    3 500

  贷：应交税费——应交房产税                                        3 500

缴纳房产税时的会计分录如下。

借：应交税费——应交房产税                                        3 500

  贷：银行存款                                                    3 500

 **想一想**

出租房屋涉及的房产税的会计处理与上述内容是否相同？

## 四、房产税的纳税申报

### (一)房产税纳税义务发生时间

(1)纳税人将原有房屋用于生产经营,从生产经营之月起缴纳房产税。

(2)纳税人自建的房屋用于生产经营,自建成之次月起缴纳房产税。

(3)纳税人购置新建商品房,自房屋交付使用之次月起缴纳房产税。

(4)纳税人购置存量房,自办理房屋权属转移、变更登记手续,房地产权属登记机关签发房屋权属证书之次月起缴纳房产税。

(5)纳税人委托施工企业建设的房屋,从办理验收手续之次月起缴纳房产税。

(6)纳税人在办理验收手续前已使用或出租、出借的新建房屋,应按规定征收房产税。自交付出租、出借房产之次月起缴纳房产税。

(7)对房地产开发企业建造的商品房,在售出前,不征收房产税;但对售出前房地产开发企业已使用或出租、出借的商品房,应自其使用或出租、出借房产之次月起缴纳房产税。

(8)自2009年1月1日起,纳税人因房产的实物或权利状态发生变化而依法终止房产税纳税义务的,其应纳税款的计算截至房产的实物或权利状态发生变化的当月月末。

### (二)房产税的纳税申报地点

房产税在房产所在地缴纳。房产不在同一地方的纳税人,应按房产的坐落地点分别向房产所在地的税务机关申报纳税。

### (三)房产税的纳税申报期限

房产税实行按年计算、分期缴纳的征收方法,具体纳税期限由省、自治区、直辖市人民政府确定。

### (四)纳税申报表

自2021年6月1日起,纳税人申报缴纳城镇土地使用税、房产税、车船税、印花税、耕地占用税、资源税、土地增值税、契税、环境保护税、烟叶税中一个或多个税种时,使用《财产和行为税纳税申报表》(见表4-3资源税)。纳税人新增税源或税源变化时,需先填报《财产和行为税税源明细表》,其中《城镇土地使用税房产税税源明细表》见表7-3。

纳税人识别号（统一社会信用代码）：□□□□□□□□□□□□□□□□□□

纳税人名称：

表 7-3　城镇土地使用税　房产税税源明细表

金额单位：人民币元（列至角分）；面积单位：平方米

一、城镇土地使用税税源明细

| | | 土地使用权人名称 | |
|---|---|---|---|
| * 纳税人类型 | 土地使用权人纳税人识别号（统一社会信用代码） | 土地使用权人□<br>集体土地使用人□<br>无偿使用人□<br>代管人□<br>实际使用人□（必选） | |
| * 土地编号 | 土地名称 | | |
| 不动产单元代码 | 宗地号 | 不动产权证号 | 国有□　集体□（必选） |
| * 土地取得方式 | * 土地用途 | * 土地性质 | 工业□　商业□　居住□　综合□（房地产开发企业选□（房地产）开发企业的开发用地□　其他□ |
| | | | 划拨□　出让□　转让□　租赁□　其他□（必选） |
| * 土地坐落地址（详细地址） | 省（自治区、直辖市）市（区）县（区）乡镇（街道）（必填） | | |
| * 土地所属主管税务所（科、分局） | | | |
| * 土地取得时间 | 变更类型 | 纳税义务终止（权属转移□　其他□）<br>信息项变更（土地面积变更□　土地等级变更□　减免税变更□　其他□） | 变更时间 |
| | 年　月 | | 年　月 |
| * 占用土地面积 | 地价 | | |
| | | * 土地等级 | * 税额标准 |
| | | | |
| 减免税部分 | 序号 | 减免性质代码和项目名称 | 减免起止时间 | | 减免税土地面积 | 月减免税金额 |

| 减免起止时间 | | |
|---|---|---|
| 减免起始月份 | 减免终止月份 | |
| 年　月 | 年　月 | |

| 序号 | 减免性质代码和项目名称 | 减免起始月份 | 减免终止月份 | 减免税土地面积 | 月减免税金额 |
|---|---|---|---|---|---|
| 1 | | | | | |
| 2 | | | | | |
| 3 | | | | | |

续表

## 二、房产税税源明细

### (一) 从价计征房产税明细

|  |  | |
|---|---|---|
| *纳税人类型 | 产权所有人□<br>经营管理人□<br>承典人□<br>房屋代管人□<br>房屋使用人□<br>融资租赁承租人□<br>(必选) | |
| 所有权人纳税人识别号(统一社会信用代码) | | 所有权人名称 |
| *房产编号 | | 房产名称 |
| 不动产权证号 | | 不动产单元代码 |
| *房屋坐落地址(详细地址) | 省(自治区、直辖市)市(区)县(区)乡镇(街道)(必填) | |
| *房产所属主管税务所(科、分局) | | |
| 房屋所在土地编号 | | |
| *房产用途 | 工业□ 商业及办公□ 住房□ 其他□(必选) | |
| *房产取得时间 | 年　月 | |
| 变更类型 | 纳税义务终止(权属转移□ 其他□)(必选)<br>信息项变更(房产原值变更□ 出租房产原值变更□ 申报租金收入变更□ 减免税变更□ 其他□) | 变更时间<br>年　月 |
| *建筑面积 | | |
| 其中:出租房产面积 | | |
| *房产原值 | | 计税比例 |
| 其中:出租房产原值 | | 减免税房产原值 |

| 减免税部分 | 序号 | 减免性质代码和项目名称 | 减免起止时间 | | 月减免税金额 |
|---|---|---|---|---|---|
| | | | 减免起始月份<br>年　月 | 减免终止月份<br>年　月 | 税金额 |
| | 1 | | | | |
| | 2 | | | | |
| | 3 | | | | |

续表

（二）从租计征房产税明细

| *房产编号 | | 房产名称 | | |
|---|---|---|---|---|
| *房产所属主管税务所（科、分局） | | | | |
| 承租方纳税人识别号（统一社会信用代码） | | 承租方名称 | | |
| *出租面积 | | *申报租金收入 | | |
| *申报租金所属租赁期起 | | *申报租金所属租赁期止 | | |
| 减免税部分 | | | 减免起止时间 | 减免税租金收入 | 月减免税金额 |
| | 减免性质代码和项目名称 | 减免起始月份 | 减免终止月份 | | |
| | | 年　月 | 年　月 | | |
| 1 | | | | | |
| 2 | | | | | |
| 3 | | | | | |

房产税税源明细主要填列方法如下。

（1）从价计征房产税税源明细。

① 首次进行纳税申报的纳税人，需要填写全部房产的相关信息，此后办理纳税申报时，纳税人的房产及相关信息未发生变化的，可仅对已填报的信息进行确认；发生变化的，仅就变化的内容进行填写。

② 房产税税源明细填报遵循"谁纳税谁申报"的原则，只要存在房产税纳税义务，就应当如实填报房产明细信息。

③ 每一独立房产应当填写一张表。即同一不动产权证（房屋所有权证）有多幢（个）房产的，每幢（个）房产填写一张表。无不动产权证（房屋所有权证）的房产，每幢（个）房产填写一张表。纳税人不得将多幢房产合并成一条记录填写。

④ 对于本表中的数据项目，有不动产权证（房屋所有权证）的，依据证件记载的内容填写，没有不动产权证（房屋所有权证）的，依据实际情况填写。

⑤ 纳税人有出租房产的，应当先填写从价计征房产税税源明细，再填写从租计征房产税税源明细。

⑥ 纳税人类型（必选）：分为产权所有人、经营管理人、承典人、房屋代管人、房屋使用人、融资租赁承租人。必选一项，且只能选一项。

⑦ 所有权人纳税人识别号（统一社会信用代码）：填写房屋所有权人的纳税人识别号或统一社会信用代码。

⑧ 所有权人名称：填写房屋所有权人的名称。

⑨ 房产编号：纳税人不必填写。由系统赋予编号。

⑩ 房产名称：纳税人自行编写，以便于识别。如 1 号办公楼、第一车间厂房等。

⑪ 不动产权证号：纳税人有不动产权证（房屋所有权证）的，必填。填写不动产权证（房屋所有权证）载明的证件编号。

⑫ 不动产单元代码：纳税人有不动产权证的，必填。填写不动产权证载明的不动产单元代码。

⑬ 房屋坐落地址：应当填写详细地址，具体为：××省（自治区、直辖市）××市（区）××县（区）××乡镇（街道）＋详细地址，且应当与土地税源明细数据关联并一致。系统自动带出已填报的土地税源信息，供选择。一栋房产仅可选择对应一条土地信息。

⑭ 房产所属主管税务所（科、分局）：系统自动带出，纳税人不必填写。

⑮ 房屋所在土地编号：系统自动带出。

⑯ 房产用途（必选）：房产用途依据不动产权证（房屋所有权证）登记的用途填写，无证的，依据实际用途填写。分为工业、商业及办公、住房、其他，必选一项，且只能选一项，不同用途的房产应当分别填表。

⑰ 房产取得时间（必填）：填写纳税人取得该房产的时间。

⑱ 变更类型：有变更情况的必选。

⑲ 变更时间：有变更情况的必填，填至月。变更类型选择纳税义务终止的，税款计算至当月末；变更类型选择信息项变更的，自变更次月起按新状态计算税款。

⑳ 建筑面积（必填）：保留两位小数。

㉑ 出租房产面积：有出租情况的必填。

㉒ 房产原值（必填）：填写房产的全部房产原值。应包括分摊的应计入房产原值的地价，与房产不可分割的设备设施的原值，房产中已出租部分的原值，以及房产中减免税部分的原值。

㉓ 出租房产原值：有出租情况的必填。

㉔ 计税比例：各地房产原值减除的比例。系统自动带出，纳税人不必填写。

㉕ 减免性质代码和项目名称：有减免税情况的必填。按照税务机关最新制发的减免税政策代码表中最细项减免性质代码填写。不同减免性质代码的房产应当分行填表。纳税人减免税情况发生变化时，应当进行变更。

㉖ 减免起始月份：有减免税情况的必填。纳税人如有困难减免的情况，填写经税务机关（人民政府）核准的困难减免的起始月份。

㉗ 减免终止月份：有减免税情况的必填。纳税人如有困难减免的情况，填写经税务机关（人民政府）核准的困难减免的终止月份。

㉘ 减免税房产原值：依据政策确定的可以享受减免税政策的房产原值。政策明确按一定比例进行减免的，该项为经过比例换算确定的减免税房产原值。例如，供热企业用于居民供热的免税房产原值＝房产原值×实际从居民取得的采暖费收入/采暖费总收入。

㉙ 月减免税金额：本表所列房产本项减免税项目享受的月减免税金额。

（2）从租计征房产税税源明细。

① 每一独立出租房产应当填写一张表。即同一不动产权证（房屋所有权证）有多幢（个）房产的，每幢（个）房产填写一张表。无不动产权证（房屋所有权证）的房产，每幢（个）房产填写一张表。纳税人不得将多幢房产合并成一条记录填写。

② 纳税人有出租房产的，应先填写从价计征房产税税源明细，再填写从租计征房产税税源明细。

③ 房产编号：由系统赋予编号，纳税人不必填写。

④ 房产名称：纳税人自行编写，以便于识别。与从价计征房产税明细信息关联并一致。

⑤ 房产所属主管税务所（科、分局）：系统自动带出，纳税人不必填写。

⑥ 承租方纳税人识别号（统一社会信用代码）：填写承租方的纳税人识别号或统一社会信用代码。

⑦ 承租方名称：填写承租方的单位名称或个人姓名。

⑧ 出租面积（必填）：填写出租房产的面积。

⑨ 申报租金收入（必填）：填写本次申报的应税租金收入。

⑩ 申报租金所属租赁期起（必填）：填写申报租金收入的所属租赁期起。

⑪ 申报租金所属租赁期止（必填）：填写申报租金收入的所属租赁期止。

⑫ 减免性质代码和项目名称：有减免税情况的必填。按照税务机关制发的减免税政策代码表中最细项减免性质代码填写，对于出租房产不适用 12% 法定税率的，应当填写相关的减免税内容。

⑬ 减免起始月份：有减免税情况的必填。纳税人如有困难减免的情况，填写经税务机关（人民政府）核准的困难减免的起始月份。

⑭ 减免终止月份：有减免税情况的必填。纳税人如有困难减免的情况，填写经税务机关（人民政府）核准的困难减免的终止月份。

⑮ 减免税租金收入:填写本出租房产可以享受减免税政策的租金收入。

⑯ 月减免税金额:本表所列房产出租部分本项减免税项目享受的月减免税金额。

# 任务 7.3　城镇土地使用税会计

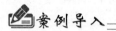案例导入

小白所在的公司位于本市的远城区,当地有关部门核定企业当年占用土地面积共计 20 000 平方米,其中幼儿园占地 1 000 平方米,场内绿化占地 2 500 平方米,厂区外的绿化区占地 500 平方米,该企业所处地段适用年税额 3 元/平方米。小白想知道该公司年应纳城镇土地使用税是多少。

中华人民共和国成立初期,地产税是被列入《全国税政实施要则》的税种。1951 年地产税与房产税合并为城市房地产税。我国《宪法》规定,城镇土地的所有权归国家,单位和个人对占用的土地只有使用权而无所有权。原城市地产税属于财产税性质,已经名不副实,有必要更改税名。1984 年,将城市地产税更名为土地使用税。现行的土地使用税是 2006 年 12 月 30 日通过的《国务院关于〈中华人民共和国城镇土地使用税暂行条例〉的决定》,该决定自 2007 年 1 月 1 日起施行。

## 一、城镇土地使用税概述

### (一)城镇土地使用税的定义

城镇土地使用税是以城镇土地为征税对象,对拥有土地使用权的单位和个人按实际占用土地面积征收的一种税。

### (二)城镇土地使用税的纳税义务人

在城市、县城、建制镇、工矿区范围内使用土地的单位和个人,为城镇土地使用税的纳税人,应当缴纳城镇土地使用税。

城镇土地使用税的纳税人通常包括以下几类。

(1)拥有土地使用权的单位和个人是纳税人。

(2)拥有土地使用权的单位和个人不在土地所在地的,其土地的实际使用人和代管人为纳税人。

(3)土地使用权未确定的或权属纠纷未解决的,其实际使用人为纳税人。

(4)土地使用权共有的,共有各方都是纳税人,由共有各方分别纳税。

### (三)城镇土地使用税的计税依据

城镇土地使用税以纳税人实际占用的土地面积为计税依据,并按照下列办法确定。

(1)由省、自治区、直辖市人民政府确定的单位组织测定土地面积的,以测定的土地面积为准;

(2)尚未测定,但纳税人持有政府部门核发的土地使用证书的,以证书确认的土地面积为准;

（3）尚未核发土地使用证书的，应由纳税人申报土地面积，据以纳税，待核发土地使用证书以后再作调整。

### （四）城镇土地使用税的税率

城镇土地使用税采用有幅度的差别定额税率，即按大、中、小城市和县城、建制镇、工矿区分别规定每平方米城镇土地使用税的年应纳税额。大、中、小城市以公安部门登记在册的非农业正式户口人数为依据。2014 年，国务院发布《关于调整城市规模划分标准的通知》（国发〔2014〕51 号），新标准将城市划分为五类七档。

（1）超大城市：城市人口 1 000 万以上。

（2）特大城市：城市人口 500 万至 1 000 万。

（3）大城市：城市人口 100 万至 500 万，其中 300 万以上 500 万以下的城市为Ⅰ型大城市，100 万以上 300 万以下的城市为Ⅱ型大城市。

（4）中等城市：城市人口 50 万至 100 万。

（5）小城市：城市人口 50 万以下，其中 20 万以上 50 万以下的城市为Ⅰ型小城市，20 万以下的城市为Ⅱ型小城市。

《城镇土地使用税暂行条例》规定的每平方米土地的年税额为：大城市 1.5～30 元；中等城市 1.2～24 元；小城市 0.9～18 元；县城、建制镇和工矿区 0.6～12 元。

### （五）城镇土地使用税的减免

下列用途的土地免缴城镇土地使用税。

（1）国家机关、人民团体、军队自用的土地。

（2）由国家财政部门拨付事业经费的单位自用的土地。

（3）宗教寺庙、公园、名胜古迹自用的土地。

（4）市政街道、广场、绿化地带等公共用地。

（5）直接用于农、林、牧、渔业的生产用地。

（6）经批准开山填海整治的土地和改造的废弃土地，从使用的月份起免缴城镇土地使用税 5～10 年。

（7）由财政部另行规定免税的能源、交通、水利设施用地和其他用地。

（8）企业办的学校、医院、托儿所、幼儿园，其用地能与企业其他用地明确区分的，可以比照国家财政部门拨付事业经费的单位自用的土地，免征城镇土地使用税。

（9）个人所有的居住房屋及院落用地。

（10）免税单位职工家属的宿舍用地。

（11）集体和个人办的各类学校、医院、托儿所、幼儿园用地。

（12）民政部门举办的安置残疾人占一定比例的福利工厂用地。

（13）对基建项目在建期间使用的土地。

（14）城镇的集贸市场用地。

（15）房地产开发公司建造商品房的用地。

（16）其他特殊用地。

（17）由省、自治区、直辖市人民政府根据本地区实际情况，以及宏观调控需要确定对增值税小规模纳税人可以在50%的税额幅度内减征城镇土地使用税。

## 二、城镇土地使用税的计算

城镇土地使用税的计算公式为

$$年应纳税额＝实际占用应税土地面积(平方米)×适用税率$$

典型任务实例 7-9

某企业实际占地面积为 70 000 平方米,该企业所在城市所在地段适用的城镇土地使用税税率为每平方米 20 元。计算该企业全年应缴纳的城镇土地使用税税额。

**解析**

企业全年应缴纳的城镇土地使用税税额＝70 000×20＝1 400 000(元)

## 三、城镇土地使用税的会计处理

企业将应缴的城镇土地使用税在"应交税费——应交城镇土地使用税"账户中核算,并确认为当期的"税金及附加"。按规定计提城镇土地使用税时,借记"税金及附加"科目,贷记"应交税费——应交城镇土地使用税"科目。实际缴纳时,借记"应交税费——应交城镇土地使用税"科目,贷记"银行存款"科目。

典型任务实例 7-10

武汉市某企业实际占用土地 60 000 平方米,其中企业办幼儿园用地 600 平方米,企业职工医院用地 2 000 平方米。武汉市政府核定企业的城镇土地使用税单位税额为 16 元/平方米。计算该企业本年应缴纳的城镇土地使用税税额,并进行会计处理。

**解析**

应纳城镇土地使用税税额＝(60 000－600－2 000)×16＝918 400(元)

(1) 计提应纳城镇土地使用税税额时的会计分录如下。

借:税金及附加                                               918 400
    贷:应交税费——应交城镇土地使用税                     918 400

(2) 实际缴纳城镇土地使用税时的会计分录如下。

借:应交税费——应交城镇土地使用税                        918 400
    贷:银行存款                                           918 400

## 四、城镇土地使用税的纳税申报

### (一) 纳税义务发生时间

(1) 购置新建商品房,自房屋交付使用之次月起计征城镇土地使用税。

(2) 购置存量房,自办理房屋权属转移、变更登记手续,房地产权属登记机关签发房屋权属证书之次月起计征城镇土地使用税。

(3) 出租、出借房产,自交付出租、出借房产之次月起计征城镇土地使用税。

（4）以出让或转让方式有偿取得土地使用权的,应由受让方从合同约定交付土地时间的次月起缴纳城镇土地使用税;合同未约定交付土地时间的,由受让方从合同签订的次月起缴纳城镇土地使用税。

（5）征用的耕地,自批准征用之日起满 1 年时开始缴纳城镇土地使用税。

（6）征用的非耕地,自批准征用次月起缴纳城镇土地使用税。

（7）纳税人因土地权利发生变化而依法终止城镇土地使用税纳税义务的,其应纳税款的计算应截止到土地权利发生变化的当月月末。

想一想

　　房地产开发企业销售房屋后,纳税义务终止时间有何特殊规定?

### （二）纳税地点

城镇土地使用税在土地所在地缴纳。纳税人使用的土地不属于同一省、自治区、直辖市管辖的,由纳税人分别向土地所在地税务机关缴纳城镇土地使用税;在同一省、自治区、直辖市管辖范围内,纳税人跨地区使用的土地,其纳税地点由各省、自治区、直辖市地方税务局确定。

### （三）纳税期限

城镇土地使用税按年计算,分期缴纳。具体缴纳期限由省、自治区、直辖市人民政府确定。

### （四）纳税申报表

自 2021 年 6 月 1 日起,纳税人申报缴纳城镇土地使用税、房产税、车船税、印花税、耕地占用税、资源税、土地增值税、契税、环境保护税、烟叶税中一个或多个税种时,使用《财产和行为税纳税申报表》(见资源税表 4-3)。纳税人新增税源或税源变化时,需先填报《财产和行为税税源明细表》,其中城镇土地使用税房产税税源明细表见前表(见表 7-3)。

城镇土地使用税税源明细主要填列方法如下。

（1）首次进行纳税申报的纳税人,需要填写全部土地的相关信息。此后办理纳税申报时,纳税人的土地及相关信息未发生变化的,可仅对已填报的信息进行确认;发生变化的,仅就变化的内容进行填写。

（2）城镇土地使用税税源明细填报遵循"谁纳税谁申报"的原则,只要存在城镇土地使用税纳税义务,就应当如实填报土地信息。

（3）每一宗土地填写一张表。同一宗土地跨两个土地等级的,按照不同等级分别填表。无不动产权证(土地使用权证)的,按照土地坐落地址分别填表。纳税人不得将多宗土地合并成一条记录填表。

（4）对于本表中的数据项目,有不动产权证(土地使用权证)的,依据证件记载内容填写,没有不动产权证(土地使用权证)的,依据实际情况填写。

（5）纳税人类型(必填):分为土地使用权人、集体土地使用人、无偿使用人、代管人、实际使用人。必选一项,且只能选一项。

（6）土地使用权人纳税人识别号(统一社会信用代码):填写土地使用权人纳税人识别

号或统一社会信用代码。

(7) 土地使用权人名称:填写土地使用权人的名称。

(8) 土地编号:纳税人不必填写。由系统赋予编号。

(9) 土地名称:纳税人自行填写,以便于识别,如1号土地、第一车间土地等。

(10) 不动产权证号:纳税人有不动产权证(土地使用权证)的,必填。填写不动产权证(土地使用权证)载明的证件编号。

(11) 不动产单元代码:纳税人有不动产权证的,必填。填写不动产权证载明的不动产单元代码。

(12) 宗地号:填写土地权属证书记载的宗地号,有不动产单元代码的不必填写。

(13) 土地性质(必选):根据实际的土地性质选择。选项为国有、集体。

(14) 土地取得方式(必选):根据土地的取得方式选择,分为划拨、出让、转让、租赁和其他。

(15) 土地用途(必选):分为工业、商业、居住、综合、房地产开发企业的开发用地和其他,必选一项,且只能选一项,不同用途的土地应当分别填表。

(16) 土地坐落地址(必填):应当填写详细地址,具体为××省(自治区、直辖市)××市(区)××县(区)××乡镇(街道)+详细地址。

(17) 土地所属主管税务所(科、分局):系统自动带出,纳税人不必填写。

(18) 土地取得时间(必填):填写纳税人取得该土地的时间。

(19) 变更类型:有变更情况的必选。

(20) 变更时间:有变更情况的必填,填至月。变更类型选择纳税义务终止的,税款计算至当月月末;变更类型选择信息项变更的,自变更次月起按新状态计算税款。

(21) 占用土地面积(必填):根据纳税人本表所填列土地实际占用的土地面积填写,保留两位小数。此面积为全部面积,包括减税面积和免税面积。

(22) 地价:地价为取得土地使用权支付的价款与开发土地发生的成本费用之和。若未支付价款和成本费用,则填0。

(23) 土地等级(必填):根据本地区土地等级的有关规定,填写纳税人占用土地所属的土地的等级。不同土地等级的土地应当分别填表。

(24) 税额标准:系统自动带出,纳税人不必填写。

(25) 减免性质代码和项目名称:有减免税情况的必填,按照税务机关最新制发的减免税政策代码表中最细项减免性质代码填写。适用不同减免性质政策的土地应当分行填表。纳税人减免税情况发生变化时,应当进行变更。

(26) 减免起始月份:有减免税情况的必填。纳税人如有困难减免的情况,填写经税务机关核准的困难减免的起始月份。

(27) 减免终止月份:有减免税情况的必填。纳税人如有困难减免的情况,填写经税务机关核准的困难减免的终止月份。

(28) 减免税土地的面积:填写享受减免税政策的土地的全部面积。

(29) 月减免税金额:本表所列土地本项减免税项目享受的月减免税金额。

# 任务7.4  车船税会计

## 案例导入

小白所在的公司拥有以下车辆:客车3辆,其中2辆核定载客人数为30人,1辆核定载客人数为45人;货车挂车2辆,自重吨位均为5吨。试分析该公司年应缴纳的车船税。

2011年2月25日,第十一届全国人民代表大会常务委员会第十九次会议通过了《中华人民共和国车船税法》(以下简称《车船税法》),自2012年1月1日起施行。2011年11月23日,国务院第182次常务会议通过了《中华人民共和国车船税法实施条例》(以下简称《车船税法实施条例》),自2012年1月1日起施行。2006年12月29日国务院公布的《中华人民共和国车船税暂行条例》同时废止。

## 一、车船税概述

### (一)车船税的定义

车船税是对在中华人民共和国境内车辆、船舶所有人或者管理人所征收的一种税。

### (二)车船税的纳税义务人和扣缴义务人

车船税的纳税义务人是指车船的所有人或者管理人。车船的所有人或者管理人未缴纳车船税的,使用人应代为缴纳车船税。

从事机动车交通事故责任强制保险业务的保险机构为机动车车船税的扣缴义务人,依法代扣代缴车船税。

### (三)车船税的税目和单位税额

车船税税目和单位税额见表7-4。

表7-4  车船税税目和单位税额表

| 税目 | | 计税单位 | 年基准税额 | 备注 |
|---|---|---|---|---|
| 乘用车(按发动机汽缸容量(排气量)分档) | 1.0升(含)以下 | 每辆 | 60元至360元 | 核定载客人数9人(含)以下 |
| | 1.0升以上至1.6升(含) | | 300元至540元 | |
| | 1.6升以上至2.0升(含) | | 360元至660元 | |
| | 2.0升以上至2.5升(含) | | 660元至1 200元 | |
| | 2.5升以上至3.0升(含) | | 1 200元至2 400元 | |
| | 3.0升以上至4.0升(含) | | 2 400元至3 600元 | |
| | 4.0升以上 | | 3 600元至5 400元 | |

| 税目 | | 计税单位 | 年基准税额 | 备注 |
|---|---|---|---|---|
| 商用车 | 客车 | 每辆 | 480 元至 1 440 元 | 核定载客人数 9 人以上，包括电车 |
| | 货车 | 整备质量每吨 | 16 元至 120 元 | 包括半挂牵引车、三轮汽车和低速载货汽车等 |
| 挂车 | | 整备质量每吨 | 按照货车税额的 50% 计算 | |
| 其他车辆 | 专用作业车 | 整备质量每吨 | 16 元至 120 元 | 不包括拖拉机 |
| | 轮式专用机械车 | | 16 元至 120 元 | |
| 摩托车 | | 每辆 | 36 元至 180 元 | |
| 船舶 | 机动船舶 | 净吨位不超过 200 吨 | 每吨 3 元 | 拖船、非机动驳船分别按照机动船舶税额的 50% 计算；拖船按照发动机功率每 1 千瓦折合净吨位 0.67 吨计算征收车船税 |
| | | 净吨位超过 200 吨但不超过 2 000 吨 | 每吨 4 元 | |
| | | 净吨位超过 2 000 吨但不超过 10 000 吨 | 每吨 5 元 | |
| | | 净吨位超过 10 000 吨 | 每吨 6 元 | |
| | 游艇 | 艇身长度不超过 10 米 | 每米 600 元 | |
| | | 艇身长度超过 10 米但不超过 18 米 | 每米 900 元 | |
| | | 艇身长度超过 18 米但不超过 30 米 | 每米 1 300 元 | |
| | | 艇身长度超过 30 米 | 每米 2 000 元 | |
| | | 辅助动力帆艇 | 每米 600 元 | |

注：① 乘用车是指在设计和技术特性上主要用于载运乘客及随身行李，核定载客人数包括驾驶员在内不超过 9 人的汽车。

② 商用车是指除乘用车外，在设计和技术特性上用于载运乘客、货物的汽车，划分为客车和货车。

③ 半挂牵引车是指装备有特殊装置，用于牵引半挂车的商用车。

④ 三轮汽车是指最高设计车速不超过每小时 50 千米，具有三个车轮的货车。

⑤ 低速载货汽车是指以柴油机为动力，最高设计车速不超过每小时 70 千米，具有四个车轮的货车。

⑥ 挂车是指就其设计和技术特性需由汽车或者拖拉机牵引才能正常使用的一种无动力的道路车辆。

⑦ 专用作业车是指在其设计和技术特性上用于特殊工作的车辆。

⑧ 轮式专用机械车是指有特殊结构和专门功能，装有橡胶车轮可以自行行驶，最高设计车速大于每小时 20 千米的轮式工程机械车。

⑨ 摩托车是指无论采用何种驱动方式，最高设计车速大于每小时 50 千米，或者使用内燃机，其排量大于 50 毫升的两轮或者三轮车辆。

⑩ 船舶是指各类机动、非机动船舶以及其他水上移动装置，但是船舶上装备的救生艇筏和长度小于 5 米的艇筏除外。其中，机动船舶是指用机器推进的船舶；拖船是指专门用于拖（推）动运输船舶的专业作业船舶；非机动驳船，是指在船舶登记管理部门登记为驳船的非机动船舶；游艇是指具备内置机械推进动力装置，长度在 90 米以下，主要用于游览观光、休闲娱乐、水上体育运动等活动，并应当具有船舶检验证书和适航证书的船舶。

⑪ 拖船按照发动机功率每千瓦折合净吨位 0.67 吨计算征收车船税。拖船和非机动驳船按船舶税额的 50% 计算征收车船税。

### （四）车船税的减免

（1）捕捞、养殖渔船，是指在渔业船舶管理部门登记为捕捞船或者养殖船的渔业船舶。

（2）军队、武警专用的车船，是指按照规定在军队、武警车船管理部门登记，并领取军用牌照、武警牌照的车船。

（3）警用车船，是指公安机关、国家安全机关、监狱、劳动教养管理机关和人民法院、人民检察院领取警用牌照的车辆和执行警务的专用船舶。

（4）依照法律规定应当予以免税的外国驻华使领馆、国际组织驻华机构及其有关人员的车船。

（5）对节约能源的车船减半征收车船税，对使用新能源的车船免征车船税；对受严重自然灾害的影响而纳税困难以及有其他特殊原因确需减税、免税的，可以减征或者免征车船税（纯电动汽车、燃料电池汽车和插电式混合动力汽车免征车船税，其他混合动力汽车减半征收税车船税）。

（6）省、自治区、直辖市人民政府根据当地实际情况，可以对公共交通车船，农村居民拥有并主要在农村地区使用的摩托车、三轮汽车和低速载货汽车定期减征或者免征车船税。

## 二、车船税的计算

### （一）车船税的计税依据

（1）载客汽车、摩托车按"辆"为计税依据。

（2）载货汽车、三轮汽车、低速货车按"自重吨位"为计税依据。

（3）船舶按"净吨位"为计税依据。

### （二）应纳税额的计算

（1）购置的新车船，购置当年的应纳税额自纳税义务发生的当月起按月计算。

$$应纳税额 = 年应纳税额 \div 12 \times 应纳税月数$$

（2）在一个纳税年度内，已完税的车船被盗抢、报废、灭失的，纳税人可以凭有关管理机关出具的证明和完税凭证，向纳税所在地的主管税务机关申请退还自被盗抢、报废、灭失月份起至该纳税年度终了期间的税款。

已办理退税的被盗抢车船失而复得的，纳税人应当从公安机关出具相关证明的当月起计算缴纳车船税。

（3）已缴纳车船税的车船在同一纳税年度内办理转让过户的，不另纳税，也不退税。

## 三、车船税的会计处理

企业计算的应纳车船税在"应交税费——应交车船税"账户中核算，并确认为当期的"税金及附加"。按规定计算车船税时，借记"税金及附加"科目，贷记"应交税费——应交车船税"科目。实际缴纳时，借记"应交税费——应交车船税"科目，贷记"银行存款"科目。

某企业拥有 3 辆自重 5 吨的载货汽车，一辆 48 座的大客车和 2 辆小轿车。根据当地政府规定，载货汽车计税额为自重每吨 40 元，大客车每辆年税额为 500 元，小轿车每辆年税额为 300 元。请计算该企业本年应纳车船税税额，并进行相关的会计处理。

**解析**

应纳税额＝5×40×3＋500＋300×2＝1 700(元)

(1) 计提应纳税额时的会计分录如下。

| | |
|---|---|
| 借：税金及附加 | 1 700 |
| 　贷：应交税费——应交车船税 | 1 700 |

(2) 实际缴纳时的会计分录如下。

| | |
|---|---|
| 借：应交税费——应交车船税 | 1 700 |
| 　贷：银行存款 | 1 700 |

**想一想**

如果小轿车是当年 4 月 1 日购买的，应如何计算车船税？

## 四、车船税的纳税申报

### (一) 纳税义务的发生时间

车船税的纳税义务发生时间为取得车船所有权或者管理权的当月。对于在国内购买的机动车，购买日期以机动车销售统一发票所载日期为准；对于进口的机动车，购买日期以"海关关税专用缴款书"所载日期为准；对于购买的船舶，购买日期以购买船舶的发票或者其他证明文件所载日期的当月为准。

### (二) 纳税地点

车船税的纳税地点为车船的登记地或者车船税扣缴义务人所在地。依法不需要办理登记的车船，车船税的纳税地点为车船的所有人或者管理人所在地。

### (三) 纳税期限

车船税按年申报，分月计算，一次性缴纳。纳税年度，自公历 1 月 1 日起至 12 月 31 日止。

### (四) 纳税申报表

自 2021 年 6 月 1 日起，纳税人申报缴纳城镇土地使用税、房产税、车船税、印花税、耕地占用税、资源税、土地增值税、契税、环境保护税、烟叶税中一个或多个税种时，使用《财产和行为税纳税申报表》(见表 4-3 资源税)。纳税人新增税源或税源变化时，需先填报《财产和行为税税源明细表》，其中《车船税税源明细表》见表 7-5。

纳税人识别号（统一社会信用代码）：□□□□□□□□□□□□□□□□□□

纳税人名称：

体积单位：升；质量单位：吨；功率单位：千瓦；长度单位：米

## 表 7-5　车船税税源明细表

### 车辆税税源明细

| 序号 | 车牌号码 | *车辆识别代码（车架号） | *车辆类型 | 车辆品牌 | 车辆型号 | *车辆发票日期或注册登记日期 | 排（气）量 | 核定载客 | 整备质量 | *税额单位 | 减免性质名称和项目代码 | 纳税义务终止时间 |
|---|---|---|---|---|---|---|---|---|---|---|---|---|
| 1 | | | | | | | | | | | | |
| 2 | | | | | | | | | | | | |
| 3 | | | | | | | | | | | | |

### 船舶税税源明细

| 序号 | 船舶登记号 | *船舶识别号 | *船舶种类 | *中文船名 | 初次登记号码 | 船籍港 | 发证日期 | 取得所有权日期 | 建成日期 | 净吨位 | 主机功率 | 艇身长度（总长） | *单位税额 | 减免性质代码和项目名称 | 纳税义务终止时间 |
|---|---|---|---|---|---|---|---|---|---|---|---|---|---|---|---|
| 1 | | | | | | | | | | | | | | | |
| 2 | | | | | | | | | | | | | | | |
| 3 | | | | | | | | | | | | | | | |

主要填列方法如下。

（1）车辆税税源明细。

① 车牌号码：在车辆登记管理部门登记的车辆，必填。根据车辆悬挂号牌填写。

② 车辆识别代码（车架号）：必填。根据整车合格证、机动车登记证书和机动车行驶证等材料填写。

③ 车辆类型：必填。根据整车合格证、机动车登记证书和机动车行驶证等材料所载信息，按照《中华人民共和国车船税法》所附《车船税税目税额表》填写。

④ 车辆品牌：节约能源、使用新能源车辆，必填。根据机动车行驶证同名栏目所载信息，或整车合格证、机动车登记证书所载车辆品牌填写。

⑤ 车辆型号：节约能源、使用新能源车辆，必填。根据机动车行驶证同名栏目所载信息，或整车合格证、机动车登记证书所载车辆型号填写。

⑥ 车辆发票日期或注册登记日期：必填。有机动车销售发票的，填写销售发票日期；确无销售发票的，填写机动车登记证书的注册登记日期。

⑦ 排（气）量：乘用车，必填。根据整车合格证、机动车登记证书和机动车行驶证等材料填写。

⑧ 核定载客：客车，必填。根据整车合格证、机动车登记证书和机动车行驶证等材料填写。

⑨ 整备质量：货车、挂车、专用作业车、轮式专用机械车，必填。根据整车合格证、机动车登记证书和机动车行驶证等材料填写。

⑩ 单位税额：按照《中华人民共和国车船税法》所附《车船税税目税额表》填写。

⑪ 减免性质代码和项目名称：有减免税情况的，必填。按照税务机关最新制发的减免税政策代码表中最细项减免性质代码填写。

⑫ 纳税义务终止时间：发生盗抢、报废、灭失等情况的，必填。填写盗抢、报废、灭失的当月。

（2）船舶税税源明细。

① 船舶登记号：在船舶登记管理部门登记的船舶，必填。根据船舶检验证书、船舶所有权登记证书、船舶国籍证书和船舶最低安全配员证书等材料填写。

② 船舶识别号：必填。根据船舶检验证书、船舶所有权登记证书、船舶国籍证书和船舶最低安全配员证书等材料填写。

③ 船舶种类：必填。根据船舶检验证书、船舶所有权登记证书、船舶国籍证书和船舶最低安全配员证书等材料，按照《中华人民共和国车船税法》所附《车船税税目税额表》填写。

④ 中文船名：必填。根据船舶检验证书、船舶所有权登记证书、船舶国籍证书和船舶最低安全配员证书等材料填写。

⑤ 初次登记号码：选填。根据船舶所有权登记证书等材料填写。

⑥ 船籍港：在船舶登记管理部门登记的船舶，必填。根据船舶所有权登记证书、船舶国籍证书等材料填写。

⑦ 发证日期：在船舶登记管理部门登记的船舶，必填。根据船舶所有权登记证书等材料填写。

⑧ 取得所有权日期：必填。填写取得船舶所有权的日期。

⑨ 建成日期：选填。填写船舶建成的日期。

⑩ 净吨位：机动船舶、非机动驳船，必填。根据船舶检验证书、船舶所有权登记证书、船舶国籍证书和船舶最低安全配员证书等材料填写。

⑪ 主机功率：拖船，必填。拖船按照发动机功率每 1 千瓦折合净吨位 0.67 吨计算征收车船税。

⑫ 艇身长度：游艇，必填。根据船舶检验证书、船舶所有权登记证书、船舶国籍证书和船舶最低安全配员证书等材料填报。

⑬ 单位税额：按照《中华人民共和国车船税法》所附《车船税税目税额表》填写。

⑭ 减免性质代码和项目名称：有减免税情况的必填。按照税务机关最新制发的减免税政策代码表中最细项减免性质代码填写。

⑮ 纳税义务终止时间：发生盗抢、报废、灭失等情况的，必填。填写盗抢、报废、灭失的当月。

# 任务 7.5　印花税会计

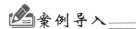案 例 导 入

小白所在的公司 2 月与某客户签订货物运输合同，合同载明货物价值 1 000 万元，运输费用 70 万元（含装卸费 6 万元，货物保险费 4 万元），该公司应缴纳的印花税是多少？

印花税是世界各国普遍征收的税种，有着悠久的历史。1624 年，荷兰出现了严重的经济危机，政府财政十分困难。无奈之下，荷兰当局决定采用公开招标的办法，寻求新税的设计方案。荷兰政府从数以万计的设计方案中选出了一个"完美方案"——印花税。其设计方案可以说是匠心独具：首先，考虑到人们在日常生活中经常使用契约、借贷凭证之类单据的事实，所以一旦征税，税源将十分丰富并会不断扩大。其次，顺应了人们的心理，人们认为在凭证、单据上由政府盖个印戳而成为合法凭证是理所当然的，在诉讼时可以有法律保障，因此也乐于缴纳印花税。正是因为这样，印花税被誉为税负轻微、税源畅旺、手续简便、成本低廉的"良税"。因此，荷兰开征印花税后，很多国家即效法实行。

中华人民共和国成立后，1950 年原国家政务院公布了《印花税条例》，在全国范围内开征印花税。1988 年国务院颁布了《中华人民共和国印花税暂行条例》，同年 10 月 1 日起施行。《中华人民共和国印花税法》已由中华人民共和国第十三届全国人民代表大会常务委员会第二十九次会议于 2021 年 6 月 10 日通过，自 2022 年 7 月 1 日起施行。

## 一、印花税概述

### （一）印花税的定义

印花税是对经济活动和经济交往中书立、使用、领受具有法律效力凭证及进行证券交易的单位和个人征收的一种行为税。

## （二）印花税的纳税义务人

在中华人民共和国境内书立应税凭证、进行证券交易的单位和个人，为印花税的纳税人。在中华人民共和国境外书立在境内使用的应税凭证的单位和个人，应当依照印花税法规定缴纳印花税。印花税的纳税人具体分为以下 7 类。

（1）立合同人，各类合同的纳税人是立合同人，即合同的当事人。

（2）立账簿人，营业账簿的纳税人是立账簿人，即书立并用营业账簿的单位和个人。

（3）立据人，产权转移书据的纳税人是立据人，即书立产权转移书据的单位和个人。

（4）领受人，权利许可证照的纳税人是领受人，即领取并持有该项凭证的单位和个人。

（5）使用人，在国外书立或领受，在国内使用的应税凭证，其使用人是印花税的纳税人。

（6）各类电子应税凭证的签订人，是指电子形式签订的各类应税凭证的当事人。

（7）证券交易人，证券交易的纳税人是证券交易的出让方。证券交易印花税对证券交易的出让方征收，不对受让方征收。

## （三）印花税的征税范围

（1）合同，包括十一大类合同：① 买卖合同；② 承揽合同；③ 建设工程合同；④ 融资租赁合同；⑤ 租赁合同；⑥ 运输合同；⑦ 仓储合同；⑧ 保管合同；⑨ 借款合同；⑩ 财产保险合同；⑪ 技术合同。

此外需要注意三个问题：具有合同性质的凭证应视同合同征税；未按期兑现合同也应贴花；办理一项业务（如货物运输、仓储保管、财产保险、银行借款等），如果既书立合同，又开立单据，只就合同贴花；凡不书立合同，只开立单据，以单据作为合同使用的，其适用的单据应按规定贴花。

（2）产权转移书据，包括：① 土地使用权出让书据；② 土地使用权、房屋等建筑物和构筑物使用权转让书据（不包括土地承包所有权和经营权转移）；③ 股权转让书据；④ 商标专用权、著作权、专利权、专有技术使用权等转移书据。

需注意的是，转让包括买卖（出售）、继承、赠与、互换、分割。

（3）营业账簿，是指反映生产经营单位"实收资本"和"资本公积"金额增减变化的账簿。

（4）证券交易，是指转让在依法设立的证券交易所、国务院批准的其他全国性证券交易场所交易的股票和以股票为基础的存托凭证。

## （四）印花税的税目、税率表

印花税具体征税范围即税目有四大类 17 个小类，其税率采用比例税率。

我国现行印花税的比例税率共有 5 个档次，即 1‰、0.3‰、0.5‰、0.25‰、0.05‰。

印花税税目、税率表见表 7-6。

表 7-6　印花税税目、税率表

| 税目 | | 税率 | 备注 |
|---|---|---|---|
| 合同<br>（指书面合同） | 借款合同 | 借款金额的万分之零点五 | 指银行业金融机构、经国务院银行业监督管理机构批准设立的其他金融机构与借款人（不包括同业拆借）的借款合同 |

续表

| 税目 | | 税率 | 备注 |
|---|---|---|---|
| 合同<br>(指书面合同) | 融资租赁合同 | 租金的万分之零点五 | |
| | 买卖合同 | 价款的万分之三 | 指动产买卖合同(不包括个人书立的动产买卖合同) |
| | 承揽合同 | 报酬的万分之三 | |
| | 建设工程合同 | 价款的万分之三 | |
| | 运输合同 | 运输费用的万分之三 | 指货运合同和多式联运合同(不包括管道运输合同) |
| | 技术合同 | 价款、报酬或者使用的万分之三 | 不包括专利权、专有技术使用权转让书据 |
| | 租赁合同 | 租金的千分之一 | |
| | 保管合同 | 保管费的千分之一 | 单据作为合同使用的,按合同贴花 |
| | 仓储合同 | 仓储费的千分之一 | 仓单或栈单作为合同使用的,按合同贴花 |
| | 财产保险合同 | 保险费的千分之一 | 不包括再保险合同 |
| 产权转移书据 | 土地使用权出让书据 | 价款的万分之五 | 转让包括买卖(出售)、继承、赠与、互换、分割 |
| | 土地使用权、房屋等建筑物和构筑物使用权转让书据(不包括土地承包所有权和经营权转移) | 价款的万分之五 | |
| | 股权转让书据 | 价款的万分之五 | |
| | 商标专用权、著作权、专利权、专有技术使用权等转移书据 | 价款的万分之三 | |
| 营业账簿 | | 实收资本(股本)、资本公积合计金额的万分之二点五 | |
| 证券交易 | | 成交金额的千分之一 | |

### (五) 印花税的减免

下列凭证免征印花税。

(1) 应税凭证的副本或者抄本。

(2) 依照法律规定应当予以免税的外国驻华使馆、领事馆和国际组织驻华代表机构为获得馆舍书立的应税凭证。

(3) 中国人民解放军、中国人民武装警察部队书立的应税凭证。

(4) 农民、家庭农场、农民专业合作社、农村集体经济组织、村民委员会购买农业生产资料或者销售农产品书立的买卖合同和农业保险合同。

(5) 无息或者贴息借款合同、国际金融组织向中国提供优惠贷款书立的借款合同。

（6）财产所有权人将财产赠与政府、学校、社会福利机构、慈善组织书立的产权转移书据。

（7）非营利性医疗卫生机构采购药品或者卫生材料书立的买卖合同。

（8）个人与电子商务经营者订立的电子订单。

根据国民经济和社会发展的需要，国务院对居民住房需求保障、企业改制重组、破产、支持小型微型企业发展等情形可以规定减征或者免征印花税，报全国人民代表大会常务委员会备案。

## 二、印花税的计算

### （一）印花税的计税依据

（1）合同，以凭证所载金额作为计税依据。所载金额和增值税分开注明的，按不含增值税的合同金额确定计税依据；未分开注明的，以合同所载金额为计税依据。

（2）营业账簿中记载资金的账簿，以"实收资本"和"资本公积"两项的合计金额作为计税依据。已缴纳印花税的营业账簿，以后年度记载的实收资本（股本）、资本公积合计金额比已缴纳印花税的实收资本（股本）、资本公积合计金额增加的，按照增加部分计算应纳税额。

（3）应税产权转移书据，以产权转移书据所列的金额为计税依据，不包括列明的增值税税款。

（4）证券交易，以成交金额为计税依据。

（5）应税合同、产权转移书据未列明金额的，印花税的计税依据按照实际结算的金额确定。

计税依据按照上述规定仍不能确定的，按照书立合同、产权转移书据时的市场价格确定；依法应当执行政府定价或者政府指导价的，按照国家有关规定确定。

（6）证券交易无转让价格的，按照办理过户登记手续时该证券前一个交易日收盘价计算确定计税依据；无收盘价的，按照证券面值计算确定计税依据。

### （二）印花税的计算

$$应纳税额＝计税依据×适用税率$$

同一应税凭证载有两个以上税目事项并分别列明金额的，按照各自适用的税目税率分别计算应纳税额；未分别列明金额的，从高适用税率。

同一应税凭证由两方以上当事人书立的，按照各自涉及的金额分别计算应纳税额。

## 三、印花税的会计处理

企业计提缴纳印花税时，应当设置"税金及附加——印花税"科目以及"应交税费——应交印花税"科目核算；企业直接缴纳印花税时，应当设置"税金及附加——印花税"科目以及"银行存款"科目进行核算。

（1）企业计提缴纳印花税时：

借：税金及附加——印花税

　　贷：应交税费——应交印花税

缴纳印花税时：

借:应交税费——应交印花税

    贷:银行存款

（2）企业直接缴纳印花税时：

借:税金及附加——印花税

    贷:银行存款

**典型任务实例 7-12**

某公司主要从事建筑工程机械的生产制造,1月发生以下业务。

（1）启用账簿8本。

（2）签订钢材采购合同一份,采购金额为900万元。

（3）新增实收资本300万元、资本公积50万元。

请计算该公司应缴纳的印花税,并进行相关的会计处理。

**解析**

该公司1月启用账簿不征印花税。

该公司1月签订的购销合同应缴纳的印花税＝9 000 000×0.3‰＝2 700(元)

该公司1月新增记载资金的营业账簿应缴纳的印花税＝（3 000 000＋500 000）×0.25‰＝875(元)

缴纳印花税时的会计分录如下。

借:税金及附加                              3 575

    贷:银行存款                              3 575

## 四、印花税的纳税申报

### （一）纳税义务发生时间

印花税的纳税义务发生时间为纳税人书立应税凭证或者完成证券交易的当日。证券交易印花税扣缴义务发生时间为证券交易完成的当日。

### （二）纳税地点

纳税人为单位的,应当向其机构所在地的主管税务机关申报缴纳印花税;纳税人为个人的,应当向应税凭证书立地或者纳税人居住地的主管税务机关申报缴纳印花税。

不动产产权发生转移的,纳税人应当向不动产所在地的主管税务机关申报缴纳印花税。

纳税人为境外单位或者个人,在境内有代理人的,以其境内代理人为扣缴义务人;在境内没有代理人的,由纳税人自行申报缴纳印花税,具体办法由国务院税务主管部门规定。

证券登记结算机构为证券交易印花税的扣缴义务人,应当向其机构所在地的主管税务机关申报解缴税款以及银行结算的利息。

### （三）纳税期限

印花税按季、按年或者按次计征。实行按季、按年计征的,纳税人应当自季度、年度终了之日起十五日内申报缴纳税款;实行按次计征的,纳税人应当自纳税义务发生之日起十五日内申报缴纳税款。

证券交易印花税按周解缴。证券交易印花税扣缴义务人应当自每周终了之日起五日内申报解缴税款以及银行结算的利息。

印花税可以采用粘贴印花税票或者由税务机关依法开具其他完税凭证的方式缴纳。

印花税票粘贴在应税凭证上的，由纳税人在每枚税票的骑缝处盖戳注销或者画销。印花税票由国务院税务主管部门监制。

### （四）纳税申报表

自 2021 年 6 月 1 日起，纳税人申报缴纳城镇土地使用税、房产税、车船税、印花税、耕地占用税、资源税、土地增值税、契税、环境保护税、烟叶税中一个或多个税种时，使用《财产和行为税纳税申报表》（见表 4-3 资源税）。纳税人新增税源或税源变化时，需先填报《财产和行为税税源明细表》，其中《印花税税源明细表》见表 7-7。

表 7-7　印花税税源明细表

纳税人识别号（统一社会信用代码）：□□□□□□□□□□□□□□□□□□

纳税人名称：　　　　　　　　　　　　　　　　　金额单位：人民币元（列至角分）

| 序号 | *税目 | *税款所属期起 | *税款所属期止 | 应纳税凭证编号 | 应纳税凭证书立（领受）日期 | *计税金额或件数 | 核定比例 | *税率 | 减免性质代码和项目名称 |
|---|---|---|---|---|---|---|---|---|---|
| 按期申报 | | | | | | | | | |
| 1 | | | | | | | | | |
| 2 | | | | | | | | | |
| 3 | | | | | | | | | |
| 按次申报 | | | | | | | | | |
| 1 | | | | | | | | | |
| 2 | | | | | | | | | |
| 3 | | | | | | | | | |

主要填列方法如下。

（1）税目：必填。

（2）税款所属期起：按期申报的，填写所属期的起始时间，应填写具体的年、月、日。按次申报的，如填写了应纳税凭证书立（领受）日期，则为应纳税凭证书立（领受）日期；否则为填表当日。

（3）税款所属期止：按期申报的，填写所属期的终止时间，应填写具体的年、月、日。按次申报的，如填写了应纳税凭证书立（领受）日期，则为应纳税凭证书立（领受）日期；否则为填表当日。

（4）应纳税凭证编号：填写合同或者凭证编号。各省、区、市根据税源管理需要，设置该项是否为必填项，默认为选填。

（5）应纳税凭证书立（领受）日期：填写合同或者凭证书立（领受）日期。各省、区、市根据税源管理需要，设置该项是否为必填项，默认为选填。

（6）计税金额或件数：必填。

（7）核定比例：实行核定征收的，填写核定比例。根据各省、区、市确定的核定比例填写。

（8）税率：填写税目对应的适用税率。

（9）减免性质代码和项目名称：有减免税情况的，必填。按照税务机关最新制发的减免税政策代码表中最细项减免性质代码填写。

# 参考文献

［1］盖地. 税务会计与纳税筹划［M］. 15 版. 大连：东北财经大学出版社，2021.

［2］梁文涛，彭新媛. 税务会计实务［M］. 4 版. 大连：东北财经大学出版社，2021.

［3］黄凤羽，李颖，王晓雪. 税务会计与税收筹划［M］. 北京：人民邮电出版社，2017.

［4］胡顺义，王雅婧，姚和平. 税务会计［M］. 南京：南京大学出版社，2019.

［5］荣国萱，任高飞. 新编税务会计［M］. 2 版. 南京：南京大学出版社，2018.

［6］戴桂荣，何滔滔. 税务会计［M］. 大连：东北财经大学出版社，2021.

［7］张亮，刘彩霞. 税法［M］. 5 版. 大连：东北财经大学出版社，2020.

［8］全国税务师职业资格考试教材编写组. 2021 年全国税务师职业资格考试教材·涉税服务实务
［M］. 北京：中国税务出版社，2021.